#홈스쿨링
#혼자공부하기

우등생
국어

Chunjae
Makes
Chunjae

▼

우등생 국어 4-2

기획총괄	박상남
편집개발	원명희, 김한나, 임주희
디자인총괄	김희정
표지디자인	윤순미, 김효민
내지디자인	박희춘, 우혜림
제작	황성진, 조규영

발행일	2023년 6월 1일 2판 2023년 6월 1일 1쇄
발행인	(주)천재교육
주소	서울시 금천구 가산로9길 54
신고번호	제2001-000018호
고객센터	1577-0902

스마트폰으로 QR코드를 스캔해 주세요

우등생 온라인 학습 활용법

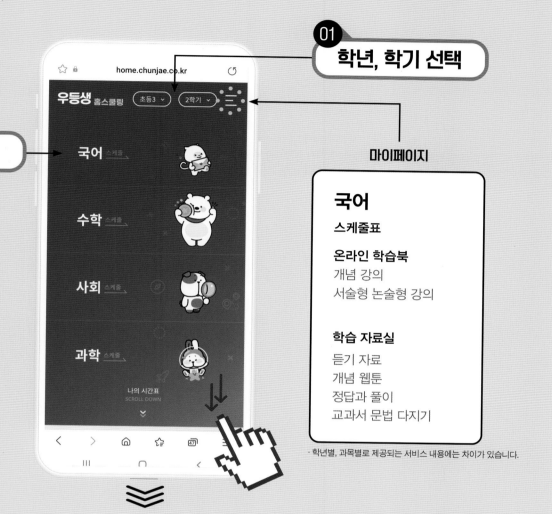

01 학년, 학기 선택

마이페이지

02 과목 선택

국어

스케줄표

온라인 학습북
개념 강의
서술형 논술형 강의

학습 자료실
듣기 자료
개념 웹툰
정답과 풀이
교과서 문법 다지기

· 학년별, 과목별로 제공되는 서비스 내용에는 차이가 있습니다.

마이페이지에서 첫 화면에 보일
스케줄표의 종류를 선택할 수 있어요.

통합 스케줄표
우등생 국어, 수학, 사회, 과학 과목이 함께 있는 12주 스케줄표

꼼꼼 스케줄표
과목별 진도를 회차에 따라 나눈 스케줄표

스피드 스케줄표
온라인 학습북 전용 스케줄표

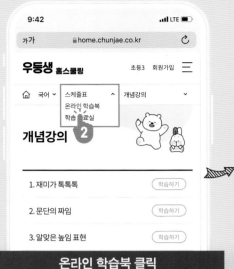

과목 클릭

온라인 학습북 클릭

개념강의 / 서술형 논술형 강의 / 단원평가

❶ 개념 강의

*온라인 학습북 단원별 주요 개념 강의

❷ 서술형 논술형 강의

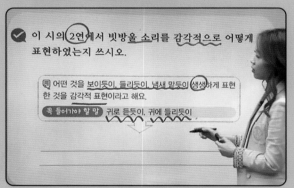

*온라인 학습북 서술형 논술형 강의(3~4년)

❸ 단원평가

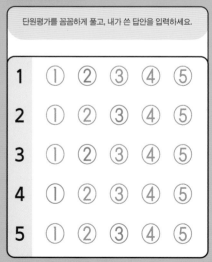

① 내가 푼 답안을 입력하면

② 채점과 분석이 한번에

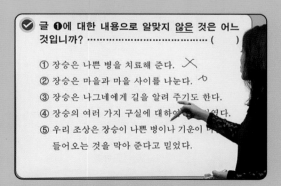

③ 틀린 문제는 동영상으로 꼼꼼히 확인하기!

· 스마트폰의 동영상 구동이 느릴 경우, 기본으로 설정된 비디오 재생 프로그램을 다른 앱으로 교체해 보세요.

· 사용자 사용 환경에 따라 서비스가 원활하지 않을 시에는 컴퓨터를 통한 접속을 권장합니다. 우등생 홈스쿨링 홈페이지(https://home.chunjae.co.kr)로 접속하거나 검색 엔진에서 우등생 홈스쿨링을 입력하여 접속해 주세요.

홈스쿨링 꼼꼼 스케줄표(27회)
우등생 국어 4-2

꼼꼼 스케줄표는 교과서 진도북과 온라인 학습북을
27회로 나누어 꼼꼼하게 공부하는 학습 진도표입니다.

● 교과서 진도북   ● 온라인 학습북

1. 이어질 장면을 생각해요

1회 교과서 진도북 9~15쪽	**2**회 교과서 진도북 16~20쪽	**3**회 온라인 학습북 4~8쪽
월 일	월 일	월 일

2. 마음을 전하는 글을 써요

4회 교과서 진도북 21~26쪽	**5**회 교과서 진도북 27~32쪽	**6**회 온라인 학습북 9~14쪽
월 일	월 일	월 일

3. 바르고 공손하게

7회 교과서 진도북 33~40쪽	**8**회 교과서 진도북 41~46쪽	**9**회 온라인 학습북 15~20쪽
월 일	월 일	월 일

4. 이야기 속 세상

10회 교과서 진도북 47~58쪽	**11**회 교과서 진도북 59~68쪽	**12**회 온라인 학습북 21~26쪽
월 일	월 일	월 일

5. 의견이 드러나게 글을 써요

13회 교과서 진도북 69~75쪽	**14**회 교과서 진도북 76~82쪽	**15**회 온라인 학습북 27~32쪽
월 일	월 일	월 일

● 교과서 진도북   ● 온라인 학습북

6. 본받고 싶은 인물을 찾아봐요

16회	교과서 진도북 83~92쪽	**17**회	교과서 진도북 93~102쪽	**18**회	온라인 학습북 33~38쪽
	월 일		월 일		월 일

7. 독서 감상문을 써요

19회	교과서 진도북 103~110쪽	**20**회	교과서 진도북 111~118쪽	**21**회	온라인 학습북 39~44쪽
	월 일		월 일		월 일

8. 생각하며 읽어요

22회	교과서 진도북 119~126쪽	**23**회	교과서 진도북 127~132쪽	**24**회	온라인 학습북 45~50쪽
	월 일		월 일		월 일

9. 감동을 나누며 읽어요

25회	교과서 진도북 133~137쪽	**26**회	교과서 진도북 138~144쪽	**27**회	온라인 학습북 51~56쪽
	월 일		월 일		월 일

온라인 학습이
강화된

우등생 국어 사용법

QR로 학습 스케줄을 편하게 관리!

공부하고 나서 날개에 있는 QR코드를 스캔하면
온라인 스케줄표에 학습 완료 자동 체크!

※ 스케줄표에 따라 해당 페이지 날개에
[진도 완료 체크] QR이 들어가 있어요!

1
단원

진도 완료
체크

 동영상 강의
개념 / 서술형 · 논술형 문제 / 단원 평가

 온라인 채점과 성적 피드백
정답을 올리기만 하면 채점과 성적 분석이 자동으로

 온라인 학습 스케줄 관리
밀린 공부는 없나 내 스케줄표로 꼼꼼히 체크하기

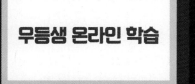

교과서에 실린 작품 소개

단원	영역	제재 이름	지은이	나온 곳	우등생
1 단원	국어 활동	「임금님 귀는 당나귀 귀」	한국방송공사	「배추 도사 무 도사의 옛날 옛적에」, 제1화 – 한국방송공사, 1990.	15쪽
2 단원	국어 ⑦	안창호 선생이 아들에게 쓴 편지	오주영 엮음	『세상에서 가장 유명한 위인들의 편지』 –채우리, 2014.	25쪽
4 단원	국어 ⑦	「사라, 버스를 타다」	윌리엄 밀러 글, 박찬석 옮김, 존 워드 그림	『사라, 버스를 타다』 – (주)사계절출판사, 2004.	49쪽
		「우진이는 정말 멋져!」	강정연	『콩닥콩닥 짝 바꾸는 날』 – 시공주니어, 2009.	54쪽
		「젓가락 달인」	유타루	『젓가락 달인』 – 바람의아이들, 2014.	59쪽
6 단원	국어 ⑭	세종 대왕 초상		–(재)운보문화재단	85쪽
		「김만덕」	신현배	『5000년 한국 여성 위인전 1』 – 홍진피앤엠, 2007.	86쪽
		김만덕 초상	윤여환	–김만덕기념사업회	86쪽

『세상에서 가장 유명한 위인들의 편지』
간디, 베토벤, 고흐, 정약용, 김정희, 안창호 등 세계 여러 나라 위인들의 마음과 생각을 담은 편지를 모아 엮은 책입니다. 편지에 담긴 사랑, 우정, 용기, 희망을 느낄 수 있습니다.

❍ 안창호 선생의 동상

『사라, 버스를 타다』
미국 흑인 권리 운동이 일어나게 된 로사 팍스의 실제 이야기를 바탕으로 한 책입니다. 흑인은 버스 뒤쪽에, 백인은 버스 앞쪽에 타야 한다는 법이 옳지 않다고 여긴 사라의 작은 저항에 사람들이 참여하게 됩니다. 결국 흑인과 백인의 차별은 법 위반이라는 판결을 이끌어 냅니다.

『젓가락 달인』
젓가락질에 서툰 우봉이가 젓가락 달인 대회에 도전하는 이야기입니다. 우봉이는 새로 짝이 된 주은이에게 잘 보이고 싶은 마음이 있습니다. 그리고 할아버지의 멋진 젓가락질을 배우고 싶어서 젓가락질 연습을 열심히 합니다. 마침내 젓가락 달인 결승전에 오르게 된 우봉이는 할아버지의 어떤 말씀을 떠올리고 고민을 하게 됩니다. 과연 할아버지의 말씀은 무엇이었을까요?

단원	영역	제재 이름	지은이	나온 곳	우등생
6 단원	국어 ㉯	「정약용」	김은미	『정약용』 – (주)비룡소, 2010.	90쪽
		「헬렌 켈러」 (원제목: 「사흘만 볼 수 있다면 그리고 헬렌 켈러 이야기」)	신여명	『사흘만 볼 수 있다면 그리고 헬렌 켈러 이야기』 – 두레아이들, 2013.	93쪽
7 단원	국어 ㉯	「어머니의 이슬 털이」	이순원	『어머니의 이슬 털이』 – 북극곰, 2013.	108쪽
		「투발루에게 수영을 가르칠 걸 그랬어!」	유다정	『투발루에게 수영을 가르칠 걸 그랬어!』 – 미래아이, 2008.	113쪽
8 단원	국어 활동	1번 광고	남광민 · 양희원	『여기가 맞을 텐데……?』 – 한국방송광고진흥공사, 2017.	126쪽
9 단원	국어 ㉯	「온통 비행기」	김개미	『쉬는 시간에 똥 싸기 싫어』 – 토토북, 2017.	135쪽
		「지하 주차장」	김현욱	『지각 중계석』 – (주)문학동네, 2015.	136쪽
		「김밥」	한국교육방송공사	『TV로 보는 원작 동화: 김밥』 – 한국교육방송공사, 2011.	137쪽
		「멸치 대왕의 꿈」	천미진	『멸치 대왕의 꿈』 – 도서출판 (주)키즈엠, 2015.	138쪽

『정약용』

조선의 대표적인 실학자 정약용의 일생에 대한 책입니다. 실학을 공부하고 백성과 나라에 도움이 되는 책을 쓴 정약용의 모습과 업적 등이 담겨 있습니다.

『투발루에게 수영을 가르칠 걸 그랬어!』

남태평양의 가운데에 있는 섬으로 된 나라 투발루는 지구 온난화로 바닷물의 높이가 점점 높아지면서 가라앉고 있어요. 이런 투발루의 상황을 수영을 못하는 고양이 투발루를 통해 알리고, 우리가 어떻게 해야 할지 생각해 보도록 합니다.

『멸치 대왕의 꿈』

꿈풀이를 바탕으로 여러 바다 생물들이 어떻게 지금과 같은 생김새를 갖게 되었는지를 재미있게 담은 옛이야기입니다. 멸치의 꿈 하나를 놓고 바다 생물들이 다양하게 푸는 모습을 통해 서로 다른 생각의 재미도 느낄 수 있습니다.

구성과 특징

교과서 진도북

1 쉽고 재미있게 개념 익히기

✓ 재미있는 개념 웹툰도 함께 보아요!

2 『국어』, 『국어 활동』 교과서 학습하기

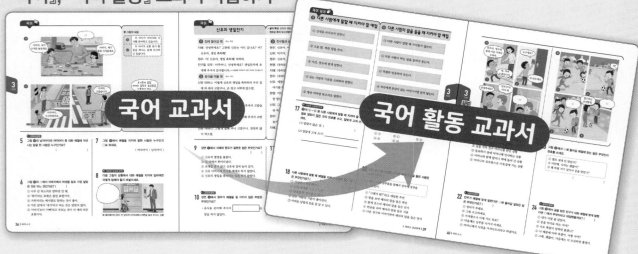

국어 교과서

국어 활동 교과서

3 교과서에 실린 문제는 자습서로 꼼꼼하게!

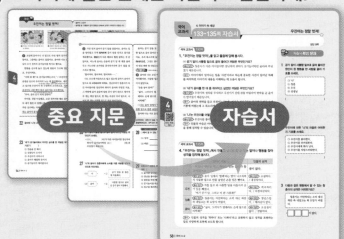

중요 지문

자습서

✓ 「자습서」는 국어 교사용 지도서를 반영한 <교과서 문제 답안 모음집> 입니다.

온라인
학습북

1 개념 학습

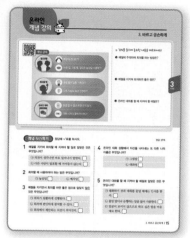

✅ 선생님의 강의를 듣고 확인 문제를 풀어요!

2 서술형·논술형 평가

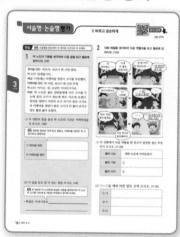

✅ 어려운 서술형 논술형 문제도
강의를 들으며 차근차근 공부해요!

3 단원 평가 풀고 성적 피드백 받기

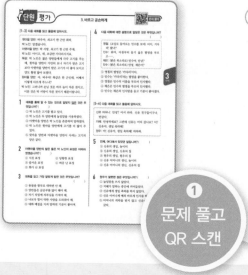

✅ 채점과 성적 분석이 한번에!

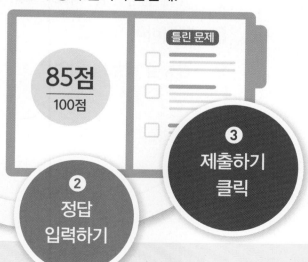

차례

등장인물 소개

시간 수사대

미래에서 감옥을 탈출해 과거로 숨어 버린 범인과 그를 쫓는 시간 수사대!
그리고 우연히 이 추격전에 함께하게 된 우주와 미래!
이들은 어떤 일을 겪을까요?

죄수 3017

과거로 도망가지만 힌트를 남겨 주고
가요. 항상 얼굴은 보이지 않고 어둠
속에 가려져 있어요.

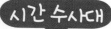

시간 수사대

각종 최첨단 장비를 가지고 다니며
죄수 3017을 쫓고 있어요. 추리
실력이 조금 부족하다는 건 비밀이래요.

우주

공부도 잘하고 운동도
좋아하는 아이예요.
자기 스스로를 너무
자랑스러워한대요.

미래

똑똑하지만 엉뚱한 생각을
자주 하는 호기심 많은 아이예요.
시간 수사대가 죄수 3017을
찾는 데 많은 도움을 줘요.

나는 공부할 준비가 되었나? ✓표를 해 보자.

- 책상은 깨끗이 정리했니? ☑
- 엉덩이는 바짝 붙이고 앉았니? ☐
- 연필과 지우개는 책상에 놓여 있니? ☐
- 연필깎이는 가까이에 두었니? ☐
- 화장실에 갔다 오지 않아도 괜찮겠니? ☐

다 괜찮다면,

이제 내 목소리에 귀 기울일 준비가 되었니?
다른 문은 다 닫고, 나와 이야기할 마음이 되었다면

자, 책장을 넘겨 볼까?

1 이어질 장면을 생각해요

동생에게 전화가 온 것으로 영화가 끝나는 것으로 보아 다음 이야기는 동생과 관련된 이야기일 거야.

감독이 2탄까지 만든다고 했어.

"시간 여행을 해도 지나간 시간은 다시 돌아오지 않아."라는 대사가 기억에 남아.

개념 웹툰

영화를 감상하는 방법은 무엇일까요?
스마트폰에서 확인하세요!

1단원

개념① 만화 영화나 영화를 본 경험 말하기

① 언제, 누구와 함께 보았는지 말합니다.
② 등장인물은 누구누구인지 말합니다.
③ 가장 기억에 남는 장면은 어떤 장면인지 말합니다.
④ 소개해 주고 싶은 친구와 그 까닭은 무엇인지 말합니다.

활동 기억에 남는 만화 영화를 본 경험을 말하기 예

제목은?	「머털 도사」
언제, 누구와 함께?	여름 방학 때, 아버지, 형과 함께
등장인물은?	머털, 누덕 도사 등
가장 기억에 남는 장면은?	머털이 절벽에서 훈련을 받을 때 낭떠러지를 풀밭이라고 생각하는 장면

개념② 영화를 감상하는 방법

① 제목, 광고지, 예고편 등을 보고 내용을 미리 상상합니다.
② 기억에 남는 대사나 인상 깊은 장면을 생각합니다.
③ 영화 내용을 떠올려 보고 느낀 점을 글로 씁니다.

활동 영화 「우리들」 감상하기 예

선이 동생 윤에게 친구 연호와 싸우면서도 계속 노는 이유를 묻자 윤이 대답함.

윤이 친구 연호와 계속 싸우기만 하면 언제 노느냐고 한 말이 기억에 남아.

개념③ 만화 영화 감상하기

① 광고지와 등장인물을 보고 어떤 내용이 펼쳐질지 상상합니다.
② 각 장면을 보고 일이 일어난 차례를 생각하며 내용을 간추립니다.
③ 등장인물의 표정, 몸짓, 말투 등을 바탕으로 성격을 파악합니다.
④ 만화 영화를 감상한 느낌을 여러 가지 방법으로 표현해 봅니다.

활동 만화 영화 「오늘이」를 감상한 느낌 예

등장인물	본받고 싶은 행동	본받고 싶은 까닭
오늘이	처음 본 등장인물들에게 물어보는 모습	처음 만난 인물들에게 스스럼없이 말을 거는 모습이 부러웠습니다.

개념④ 만화 영화를 감상하고 사건을 생각하며 이어질 내용 쓰기

① 일이 일어난 차례를 생각하며 씁니다.
② 앞의 내용과 잘 어울리도록 씁니다.
③ 인물의 성격이나 하는 일을 생각해서 씁니다.
④ 인물이 처한 상황을 다르게 하여 이야기를 상상해서 씁니다.

활동 만화 영화 「오늘이」의 이어질 내용 쓰기 예

❻ 원천강에 햇빛이 사라져 버림.   ❻ 오늘이가 데리고 온 용이 해에게 불을 뿜음.

아버지와 딸이 나눈 대화

• 그림의 내용: 아버지와 딸이 같이 본 만화 영화를 떠올리며 이야기를 나누고 있습니다.

아버지는 딸에 대해서 걱정이 많음.

🔍 만화 영화나 영화를 본 경험 떠올리기

| 언제 |
| 누구와 함께 |
| 등장인물 |
| 가장 기억에 남는 장면 |

「니모를 찾아서」 아기 물고기 '니모'가 사람에게 잡혀가자 아빠 물고기가 니모를 구하기 위하여 모험을 떠나는 내용의 만화 영화.

---

1 두 사람이 본 만화 영화의 제목은 무엇인지 쓰세요.

( )

2 아버지는 만화 영화에 나오는 아빠 물고기를 어떻게 생각하나요? ( )

① 니모를 귀찮게 한다.

② 니모를 계속 살핀다.

③ 니모를 무척 사랑한다.

④ 니모를 어리게만 생각한다.

⑤ 니모에게 잔소리를 심하게 한다.

🔖 교과서 문제

3 딸은 만화 영화에 나오는 아빠 물고기를 어떻게 생각하는지 쓰세요.

• 니모를 사랑하기도 하지만 ☐☐☐ 이 많다.

4 만화 영화나 영화를 본 경험을 떠올린 것으로 알맞지 **않은** 것의 번호를 쓰세요.

① 지난주에 어머니께서 생일 선물로 서점에서 「책 먹는 여우」를 사 주셨어.

②「머털 도사」에서 신기한 도술을 마음대로 부리는 머털이 부러울 때도 있어.

③「안녕 자두야」를 볼 때마다 장난꾸러기 자두가 벌이는 일들이 정말 재미있어.

( )

우리들

• 내용: 언제나 외톨이였던 선이 전학 온 친구 지아를 만나게 되면서 일어나는 이야기입니다.

1. 등장인물의 말, 행동, 마음을 생각하기

내용 1

피구를 하려고 편을 나누는데 계속 선의 이름이 불리지 않음. (선은 반에서 따돌림을 당하고 있음.)

내용 2

선과 지아는 서로의 비밀을 나누는 친한 사이가 됨. (지아의 부모님이 이혼하셔서 지아는 할머니와 살고 있음.)

내용 3

지아가 시험에서 일 등을 하자, 그전까지 반에서 늘 일 등을 하던 보라가 학원에서 엎드려 욺.

내용 4

선이 동생 윤에게 친구 연호와 싸우면서도 계속 노는 이유를 묻자 윤이 대답함.

2. 「우리들」에서 일어난 사건의 차례를 생각하기

1 체육 시간에 피구를 하려고 편을 가르는데 선은 맨 마지막까지 선택을 받지 못한다.

→

2 언제나 혼자인 외톨이 선은 여름 방학을 시작하는 날, 전학생인 지아를 만나 친구가 된다.

→

3 지아와 선은 봉숭아 꽃물을 들이며 여름 방학을 함께 보내고 순식간에 세상 누구보다 친한 사이가 된다.

4 개학을 하고 학교에서 선을 만난 지아는 선을 따돌리는 보라 편에 서서 선을 외면한다.

→

5 선은 지아와 예전처럼 친해지려고 노력했지만 결국 크게 싸우고 만다.

→

6 피구를 할 때 선은 지아가 금을 밟지 않았다고 용기를 내어 친구들에게 말한다.

---

5 내용 1 에서 피구를 하려고 편을 가르면서 친구들 이름이 한 명씩 불릴 때 선의 마음은 어떠했을지 두 가지 고르세요. (,)

① 공에 맞고 싶다.

② 빨리 피구를 하고 싶다.

③ 이름이 불리지 않자 실망스럽다.

④ 자기 이름이 언제 불릴까 기대된다.

⑤ 친한 친구가 있는 편에 들어가고 싶다.

6 지아가 선의 엄마께서 싸 주신 오이김밥을 먹지 않고 과자를 먹은 까닭을 내용 2 와 관련지어 알맞게 말한 것의 기호를 쓰세요.

㉠ 지아가 오이를 싫어하기 때문이다.

㉡ 선이 엄마랑 재미있게 지내는 것이 부러워서 심술이 났기 때문이다.

( )

교과서 문제

7 지아가 생일잔치를 하지 않는다고 선에게 거짓말을 한 까닭에 ○표 하세요.

(1) 생일잔치에 부모님께서 오셔서. ( )

(2) 생일잔치에 선을 초대하면 친구들이 선처럼 따돌릴지도 몰라서. ( )

서술형·논술형 문제

8 「우리들」에서 가장 인상 깊은 내용을 쓰세요.

_____

오늘이

• 내용: 원천강에서 학 야아, 여의주와 행복하게 살던 오늘이가 낯선 곳에 갔다가 다시 원천강으로 돌아가기 위해 여러 인물을 만나 다양한 사건을 겪게 됩니다.

1 오늘이, 야아, **여의주**가 원천강에서 행복하게 산다.

2 수상한 뱃사람들이 야아 몰래 오늘이를 데려가다가 화살로 야아를 쏜 뒤에 원천강이 얼어붙는다.

3 오늘이는 원천강으로 돌아가는 길에 행복을 찾겠다며 책만 읽는 매일이를 만난다.

4 **꽃봉오리**를 많이 가졌지만 꽃이 한 송이밖에 피지 않는 연꽃나무를 만난다.

5 오늘이는 **사막**에서 비와 구름을 벗어나고 싶어 하는 구름이를 만난다.

6 여의주를 많이 가지고도 용이 되지 못한 **이무기**를 만난다.
용이 되지 못하고 물속에 산다는, 여러 해 묵은 큰 구렁이.

7 이무기는 갈라진 얼음 사이로 떨어지는 오늘이를 구해 마침내 용이 되고, 용이 불을 뿜어 원천강이 빛을 되찾는다.

8 구름이는 연꽃을 꺾어서 매일이에게 주고, 둘은 행복한 시간을 보낸다.

9 야아와 다시 만난 오늘이는 행복하게 산다.

여의주 용의 턱 아래에 있는 신기한 힘을 가진 구슬.
꽃봉오리 망울만 맺히고 아직 피지 않은 꽃.
사막 비가 적게 와서 식물이 잘 자라지 않고 사람들이 활동하기에 어려움이 있는 곳.

교과서 문제

9 오늘이가 원천강으로 가려고 한 까닭은 무엇인가요? (　　　)
① 수상한 뱃사람들과 싸우고 싶어서
② 매일이가 많은 책을 읽고 싶어 하여서
③ 친구들이 모두 오늘이를 기다리고 있어서
④ 원천강에 있는 많은 여의주를 찾고 싶어서
⑤ 야아와 행복하게 살았던 원천강으로 다시 돌아가 행복하게 살고 싶어서

10 매일이가 책을 많이 읽은 까닭은 무엇인가요? (　　　)
① 행복이 무엇인지 알고 싶어서
② 원천강으로 가는 길을 알고 싶어서
③ 구름이를 만나는 방법을 알고 싶어서
④ 이무기가 용이 되는 방법을 알고 싶어서
⑤ 연꽃을 많이 피우는 방법을 알고 싶어서

11 이무기는 어떻게 해서 용이 되었는지 쓰세요.
• 용이 되려고 모았던 여의주를 버리면서 　　　　　　　　　　를 구해서 용이 되었다.

12 다음은 어떤 등장인물을 본받고 싶은 까닭이겠는지 이름을 쓰세요.

원천강으로 돌아가는 길에 처음 만난 인물들에게 스스럼없이 말을 거는 모습이 부러웠다.

(　　　　　　　　　)

1. 등장인물의 고민이 무엇인지 생각하며 「오늘이」를 다시 보기

① 오늘이가 원천강에서 학 야아와 행복하게 지냄.

② 오늘이가 책을 읽고 있던 매일이 머리 위로 떨어짐.

③ 오늘이가 사막에서 비를 맞고 있던 구름이를 만남.

④ 오늘이가 원천강으로 가기 위해 이무기 머리 위에 올라탐.

2. 「오늘이」에서 등장인물의 고민과 해결

등장인물	고민	해결
오늘이	㉠	㉮
연꽃나무	㉡	연꽃이 꺾어지자마자 송이송이 다른 꽃들이 피기 시작했다.
이무기	㉢	위험에 빠진 오늘이를 구하려고 품고 있던 여의주를 모두 버려 마침내 용이 되었다.
매일이	㉣	㉯

13 오늘이가 원천강으로 가기 위해 만난 등장인물을 차례대로 쓰세요.

매일이 → 연꽃나무 → (   ) → (   )

🍞 교과서 문제

14 다음은 ㉠~㉣ 중 어디에 들어갈 고민인지 기호를 쓰세요.

행복이 무엇인지 알고 싶다.	(1)
원천강으로 가야 하는데 가는 길을 모른다.	(2)
여의주를 많이 가졌는데도 용이 되지 못한 까닭을 모른다.	(3)
꽃봉오리를 많이 가지고 있는데, 이상하게도 하나만 꽃이 핀 까닭을 알고 싶다.	(4)

15 ㉮와 ㉯에서 등장인물의 고민은 어떻게 해결되었을지 알맞게 이으세요.

(1) ㉮   •

(2) ㉯   •

• ① 책에서 벗어나 구름이와 행복한 시간을 보낸다.

• ② 매일이, 연꽃나무, 구름이, 이무기를 만나 원천강으로 가게 된다.

16 「오늘이」를 보고 이어질 이야기를 계획한 내용으로 알맞지 않은 것은 무엇인가요? (   )

① 중심인물을 누구로 하고 싶은가?

② 중심인물에게 어떤 일이 생기는가?

③ 중심인물은 그 일을 어떻게 해결하는가?

④ 연기를 실감 나게 하는 방법은 무엇인가?

⑤ 고민이 해결된 뒤 어떤 사건이 일어날 것인가?

임금님 귀는 당나귀 귀

임금님

의관을 만드는 노인

노인이 병이 듦.

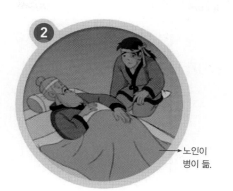

노인이 대나무 숲에 가서 말함.

• 내용: 임금님의 귀가 당나귀 귀라는 비밀을 혼자만 알고 있어서 답답해하던 노인이 대나무 숲에 가서 "임금님 귀는 당나귀 귀."라고 외쳤습니다.

1 단원

진도 완료 체크

「임금님 귀는 당나귀 귀」는 『삼국유사』라는 책에 실린, 신라의 제48대 임금 경문왕에 관련된 이야기야.

 교과서 문제

17 다음은 「임금님 귀는 당나귀 귀」의 내용입니다. 일이 일어난 순서대로 기호를 쓰세요.

> ㉠ 임금님은 큰 귀를 백성의 소리에 귀를 기울이는 어진 임금이 되라는 뜻으로 받아들였다.
> ㉡ 대나무 숲에서 "임금님 귀는 당나귀 귀."라는 소리가 들리자 임금님은 대나무를 모두 베어 버렸다.
> ㉢ 임금님이 자고 일어났더니 귀가 커져 있었다. 그래서 임금님은 의관을 만드는 노인에게 귀를 감출 수 있는 큰 왕관을 만들게 했다.
> ㉣ 노인은 임금님의 귀가 길어졌다는 것을 말하지 못하고 끙끙 앓다가 병이 들고, 마침내 죽기 전에 아무도 없는 대나무 숲에 가서 "임금님 귀는 당나귀 귀."라고 말했다.

( ) → ( ) → ( ) → ( )

18 장면 ❷에서 노인의 마음으로 알맞은 것은 무엇인가요? ( )

① 부끄럽다. ② 재미있다.
③ 답답하다. ④ 화가 난다.
⑤ 깜짝 놀랐다.

19 장면 ❸에서 노인이 아무도 없는 대나무 숲에 간 까닭으로 알맞은 것을 두 가지 고르세요. (,)

① 대나무를 심으려고
② 임금님의 비밀을 말하고 싶어서
③ 대나무를 베어서 왕관을 만들려고
④ 임금님의 비밀을 아무도 듣지 못하게 하려고
⑤ 임금님의 비밀을 다른 사람에게 몰래 말해 주려고

20 「임금님 귀는 당나귀 귀」를 보고 느낀 점으로 가장 알맞은 것은 무엇인가요? ( )

① 임금님은 커진 귀를 가리려고 했어.
② 임금님의 의관을 만드는 노인은 수염이 길어.
③ 자고 일어나서 커진 귀를 보았을 때 임금님이 부끄러워하는 모습에 설렜어.
④ 큰 귀를 어진 임금이 되라는 뜻으로 받아들인 임금님이 훌륭하다고 생각했어.
⑤ 노인이 대나무 숲에 가서 "임금님 귀는 당나귀 귀."라고 말하는 장면에서 미안했어.

국어

「오늘이」의 뒷이야기를 역할극으로 나타내기

1 단원

나는 태윤이가 쓴 내용으로 역할극을 했으면 좋겠어. 야아가 **시름시름** 앓다가 죽자 오늘이는 깊은 슬픔에 빠졌지. 오늘이에게 웃음을 찾아 주고자 ⓐ ㉠ 는 내용이 마음에 들어.

지호가 쓴 이야기를 역할극으로 하면 정말 재미있을 것 같아. 원천강에 갑자기 햇빛이 사라져 버리자 몇 날 며칠 어둠이 내려앉았어. 식물들은 말라 죽어 가고…… . ㉡ 다시 식물들이 살아나서 잔치를 벌이는 것을 역할극으로 했으면 좋겠어.

🎭 역할극 만들기

① 역할을 정하고, 대본이 없는 상태에서 즉흥적으로 이어질 내용에 어울리는 대사를 만들어 가며 연기하기

② 대사가 잘 떠오르지 않을 때에는 모둠 친구들과 함께 직접 연기해 보며 대사를 만들기

③ 대본을 쓰거나 외우지 않으므로 실감 나게 연기하려면 여러 번 연습하기

④ 연기에 필요한 소품을 만들기

시름시름 병이 더 심해지지도 않고 나아지지도 않으면서 오래 끄는 모양.

---

21 ㉠에 들어갈 내용으로 알맞은 것은 무엇인가요?
( )

① 여의주가 사라진다
② 매일이가 매일매일 운다
③ 연꽃나무의 꽃이 시든다
④ 수상한 뱃사람들이 쳐들어온다
⑤ 용이 된 이무기가 오늘이를 등에 태우고 여행을 떠난다

22 ㉡에 들어갈 내용으로 알맞은 것은 무엇인가요?
( )

① 용이 해를 삼켜 버렸지.
② 오랫동안 여름이 계속되었지.
③ 매일이가 식물들을 책으로 덮었지.
④ 용이 날아와서 식물들에게 얼음을 뿌렸지.
⑤ 야아가 용을 데리고 와서 빛을 잃어버린 해에게 불을 뿜자 햇빛이 원천강을 감쌌지.

📝 서술형·논술형 문제

23 「오늘이」의 이어질 내용을 상상하여 쓰세요.

_____

_____

24 만화 영화를 보고 이어질 내용을 역할극으로 나타내려고 할 때 생각해야 할 점으로 알맞지 <u>않은</u> 것은 무엇인가요? ( )

① 대본을 반드시 써서 역할극을 꾸민다.
② 대사를 할 때에는 정확하게 발음을 한다.
③ 역할에 어울리는 표정과 몸짓을 연습한다.
④ 자신이 맡은 역할을 충분히 이해해야 한다.
⑤ 대사를 만들 때에는 친구들과 상황을 직접 연기해 보아도 좋다.

[1~2] 아버지와 딸이 나눈 대화

1 딸은 아버지를 「니모를 찾아서」의 등장인물 중에서 누구와 같다고 하였는지 쓰시오.

(   )

2 두 사람은 만화 영화에 나오는 아빠 물고기를 각각 어떻게 생각하는지 선으로 이으시오.

(1)   아버지 ·   ·①   걱정이 많다.

(2)   딸 ·   ·②   니모를 무척 사랑한다.

3 다음은 어떤 만화 영화를 보고 쓴 것인지, 만화 영화의 제목으로 알맞은 것은 무엇이겠습니까? (   )

가장 기억에 남는 장면	머털의 스승 누덕 도사가 머털을 절벽에서 훈련시키는 장면이 가장 기억에 남는다. 누덕 도사가 머털에게 절벽과 절벽 사이의 폭이 좁은 길을 걸어가라고 한다. 그러자 머털이 주위가 낭떠러지인데 어떻게 가냐고 누덕 도사에게 소리친다. 그런데 누덕 도사는 머털에게 길 주위를 낭떠러지가 아닌 풀밭이라고 생각하라고 말한다.

① 「안녕 자두야」   ② 「머털 도사」
③ 「검정 고무신」   ④ 「장금이의 꿈」
⑤ 「마당을 나온 암탉」

[4~6] 우리들

❶ 「우리들」 광고지: 광고지에 있는 꽃은 봉숭아꽃이고, 선과 지아는 봉숭아 꽃잎을 찧어서 손톱에 물을 들인다.

❷ 「우리들」에서 일어난 사건: 체육 시간에 피구를 하려고 편을 가르는데 선은 맨 마지막까지 선택을 받지 못한다.

4 「우리들」 광고지에서 선과 지아가 손톱에 들이는 봉숭아 꽃물이 뜻하는 것은 무엇이겠는지 번호를 쓰시오.

① 선과 지아의 우정 ② 지아가 전에 다니던 학교에 대한 그리움 ③ 선이 돌아가신 할머니를 보고 싶은 마음

(   )

5 ❷와 같은 일이 생긴 까닭은 무엇입니까? (   )
① 선이 친구들을 괴롭혀서
② 선이 운동을 잘하지 못하여서
③ 선이 동생을 돌보느라 바빠서
④ 선이 공부를 잘하지 못하여서
⑤ 반에서 선이 따돌림을 당하여서

6 다음은 「우리들」을 보고 무엇에 대하여 이야기한 것인지 번호를 쓰시오.

피구를 하려고 편을 나눌 때 선의 표정이 점점 변해 가는 것이 가장 떠올라.

① 가장 인상 깊은 장면 ② 가장 기억에 남는 대사

(   )

1단원

[7~9] 우리들

1 체육 시간에 피구를 하려고 편을 가르는데 선은 맨 마지막까지 선택을 받지 못한다.

↓

2 언제나 혼자인 외톨이 선은 여름 방학을 시작하는 날, 전학생인 지아를 만나 친구가 된다.

↓

3 지아와 선은 봉숭아 꽃물을 들이며 여름 방학을 함께 보내고 순식간에 세상 누구보다 친한 사이가 된다.

↓

4 개학을 하고 학교에서 선을 만난 지아는 선을 따돌리는 보라 편에 서서 선을 외면한다.

↓

5 선은 지아와 예전처럼 친해지려고 노력했지만 결국 크게 싸우고 만다.

↓

6 선이 동생 윤에게 윤이 친구 연호와 싸우면서도 계속 노는 이유를 묻자 윤이 대답한다.

↓

7 선은 피구를 할 때 지아가 금을 밟지 않았다고 용기를 내어 친구들에게 말한다.

7 5와 같은 사건이 일어났을 때 선의 마음은 어떠하였겠습니까? ( )
① 설렌다.
② 속상하다.
③ 궁금하다.
④ 다행스럽다.
⑤ 자신감이 생긴다.

8 다음 6의 내용을 보고 이것을 통해 전하고 싶은 뜻은 무엇일지 쓰시오.

> 윤은 친구 연호와 싸우고 나서도 같이 놀았다고 대답하였다. 잘잘못을 따지며 다투는 것보다는 조금 억울해도 함께 놀 친구가 필요했기 때문이다.

_____

_____

9 「우리들」을 보고 느낀 점을 알맞게 말한 사람의 이름을 쓰시오.

지아와 선이 싸울 때 말리지 않은 친구들이 슬기롭다고 생각해.
수아

다시 외톨이가 된 선이 불쌍해. 친했던 지아에게 상처를 받았을 거야.
민준

( )

10 영화를 감상하는 방법으로 알맞지 <u>않은</u> 것은 무엇입니까? ( )
① 영화의 상영 시간을 재어 본다.
② 기억에 남는 대사나 인상 깊은 장면을 생각한다.
③ 영화의 내용을 떠올려 보고 느낀 점을 써 본다.
④ 등장인물이 말과 행동을 한 까닭을 생각해 본다.
⑤ 제목, 광고지, 예고편 등을 보고 내용을 미리 상상한다.

[11~15] 오늘이

> **❶** 오늘이, 야아, 여의주가 원천강에서 행복하게 산다.
>
> ↓
>
> **❷** 수상한 뱃사람들이 야아 몰래 오늘이를 데려가다가 화살로 야아를 쏜 뒤에 원천강이 얼어붙는다.
>
> ↓
>
> **❸** 오늘이는 원천강으로 돌아가는 길에 행복을 찾겠다며 책만 읽는 매일이를 만난다.
>
> ↓
>
> **❹** 꽃봉오리를 많이 가졌지만 꽃이 한 송이밖에 피지 않는 연꽃나무를 만난다.
>
> ↓
>
> **❺** 오늘이는 사막에서 비와 구름을 벗어나고 싶어 하는 구름이를 만난다.
>
> ↓
>
> **❻** 여의주를 많이 가지고도 용이 되지 못한 이무기를 만난다.
>
> ↓
>
> **❼** 이무기는 갈라진 얼음 사이로 떨어지는 오늘이를 구해 마침내 용이 되고, 용이 불을 뿜어 원천강이 빛을 되찾는다.
>
> ↓
>
> **❽** 구름이는 연꽃을 꺾어서 매일이에게 주고, 둘은 행복한 시간을 보낸다.
>
> ↓
>
> **❾** 야아와 다시 만난 오늘이는 행복하게 산다.

11 구름이의 고민은 무엇인지 쓰시오.

• 비와 ☐☐☐☐ 을 벗어나고 싶다.

12 다음은 어떤 인물의 행동인지 이름을 쓰시오.

> 여의주를 버리고 오늘이를 구한다.

(   )

13 이무기는 어떻게 해서 용이 되었습니까? (   )
① 여의주를 많이 모았다.
② 용이 되게 해 달라고 기도하였다.
③ 다른 이무기의 여의주를 빼앗았다.
④ 오늘이와 친구들이 여의주를 더 모아 주었다.
⑤ 용이 되려고 모았던 여의주를 버리고 오늘이를 구하였다.

🍘 **교과서 문제**

14 등장인물의 성격을 알맞게 이으시오.

(1) 오늘이 •　　• ① 원천강으로 돌아가기 위해 포기하지 않고 열심히 노력한다.

(2) 매일이 •　　• ② 친절하고 성실하다.

15 「오늘이」에서 인상 깊은 내용을 알맞게 말한 것의 번호를 쓰시오.

> ① 원천강이 어디에 있는 곳일지 궁금하다.
> ② 구름이가 연꽃을 매일이에게 주는 내용이 인상 깊다. 매일이의 행복한 마음이 느껴졌기 때문이다.

(   )

 단원 평가

1
단원

진도 완료
체크

[16~18] 오늘이

등장인물	고민	해결
오늘이	㉠	매일이, 연꽃나무, 구름이, 이무기를 만나 원천강으로 가게 된다.
연꽃나무	꽃봉오리를 많이 가지고 있는데, 이상하게도 하나만 꽃이 핀 까닭을 알고 싶다.	㉡
매일이	㉢	㉣

16 ㉠에서 오늘이의 고민은 무엇인지 쓰시오.

- [＿＿＿＿]으로 가야 하는데 가는 길을 모른다.

17 ㉡에서 연꽃나무의 고민은 어떻게 해결되었겠습니까?
(　　)

① 연못에 진흙을 넣어 주었다.
② 용이 연꽃나무에게 불을 뿜었다.
③ 구름이가 연꽃나무에게 비를 내렸다.
④ 매일이가 연꽃나무에게 책을 읽어 주었다.
⑤ 연꽃이 꺾어지자마자 송이송이 다른 꽃들이 피기 시작했다.

📚 서술형·논술형 문제

18 ㉢에 알맞은 매일이의 고민과, ㉣에 알맞은 고민이 해결된 사건을 각각 쓰시오.

고민	(1)
해결	(2)

19 다음 내용을 역할극으로 만들기 위해 의논한 내용으로 알맞지 <u>않은</u> 것은 무엇입니까? (　　)

　원천강에 갑자기 햇빛이 사라져 버리자 몇 날 며칠 어둠이 내려앉았어. 식물들은 말라 죽어 가고…… . 야아가 용을 데리고 와서 빛을 잃어버린 해에게 불을 뿜자 햇빛이 원천강을 감쌌지. 다시 식물들이 살아나서 잔치를 벌이는 것을 역할극으로 했으면 좋겠어.

① 종이로 만든 식물을 쓴다.
② 식물들의 잔치에는 음악을 사용한다.
③ 햇빛은 손전등을 사용해서 표현한다.
④ 야아가 용을 데리고 올 때에는 궁금한 표정이 좋다.
⑤ 어두웠다가 밝아지는 배경이니까 검은색 배경과 흰색 배경이 필요하다.

20 다음은 「오늘이」를 보고 이어질 이야기를 상상하여 쓴 것입니다. 어울리는 제목을 쓰시오.

　오늘이는 매일이의 병을 고치려고 치료법 책을 찾아야 했다. 드디어 치료법 책을 찾아 연꽃나무를 만났는데, 구름이도 다시 구름이 생겨 고민을 한다는 말을 듣게 된다. 오늘이는 용이 된 이무기의 도움을 받아 구름이의 구름을 없애고, 매일이의 병을 고친다.

(　　　　　　　　)

마음을 전하는 글을 써요

2

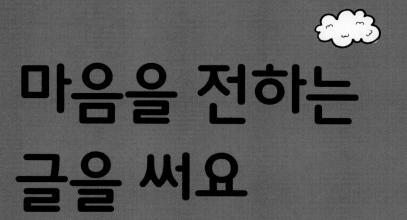

내가 미안한 마음을 전하는 편지를 썼으니 읽어 보렴.

어떻게 된 일인지 설명해 주실 수 있나요?

앗! 그 사람이다!

개념 웹툰

마음을 전하는 글은 어떻게 쓸까요? 스마트폰에서 확인하세요!

개념① 마음을 드러내는 표현 찾기

① 미안한 마음, 고마운 마음, 슬픈 마음, 즐거운 마음 등 마음을 나타내는 표현을 찾습니다.

② 마음을 나타내는 표현을 다른 표현으로 바꾸어 봅니다.

활동 마음을 전하고 싶은 일 떠올리기 예

전시 해설사 선생님 덕분에 많은 것을 알게 되었어.

전시 해설사 선생님께 고마운 마음을 전하고 싶을 거야.

개념② 글을 읽고 글쓴이의 마음을 파악하는 방법

① 누가 누구에게 쓴 글인지 알아봅니다.

② 무슨 일에 대하여 썼는지 알아봅니다.

③ 글쓴이가 마음을 전하려고 사용한 표현은 무엇인지 찾아봅니다.

④ 글쓴이가 전하려는 마음은 무엇일지 파악합니다.

지문 「지우가 쓴 글」에서 글쓴이의 마음을 파악하기 예

존경하는 김하영 선생님께

지난 체험학습에서 도자기를 만들 때 친절하게 가르쳐 주신 일 고맙습니다.

↳ 마음을 전하려고 사용한 표현

제자 전지우 올림

개념③ 마음을 전하는 글을 쓰는 방법

① 마음을 전하고 싶은 일을 떠올립니다.

② 글에서 전하려는 마음을 생각합니다.

③ 마음을 잘 나타낼 수 있는 표현을 사용합니다.

④ 어떤 형식의 글로 전할지 생각합니다.

⑤ 읽는 사람의 마음이 어떠할지 짐작하며 씁니다.

지문 「재환이가 쓴 편지」 살펴보기 예

전하려는 마음		사용한 표현
좋은 이웃이 되고 싶은 마음		앞으로 여러분과 좋은 이웃이 되고 싶습니다.

개념④ 마음을 전하는 글 쓰기

① 일어난 일, 전하고 싶은 마음, 그 일에 대한 생각이나 느낌을 씁니다.

② 고마운 마음, 미안한 마음, 축하하는 마음 등 마음을 드러내는 표현을 씁니다.

③ 자신이 만약 읽는 사람이라면 어떤 기분이 들지 생각하며 씁니다.

활동 마음을 전하는 글을 쓰는 상황 예

네가 우리 학년 달리기 대회에서 상을 받았다고 들었어.

승훈

유빈

태웅이가 쓴 편지

우리 반 친구들에게

친구들아, 안녕?

나 태웅이야. 오늘 운동회에서 있었던 일을 생각하면 아직도 가슴이 두근거려. 그때 그 고마운 마음을 직접 말로 전하고 싶었지만 쑥스러워서 이렇게 편지를 쓰게 되었어.

운동회 날이 되면 나는 기쁘면서도 **두려웠어**. 달리기 경기를 하는 게 늘 걱정이 되었거든. ㉠달리기를 할 때면 나는 어디론가 숨고 싶었어. 잔뜩 **긴장해서** 달리다가 오늘도 그만 넘어지고 말았지. 그런데 그때 너희가 달리다가 돌아와서 나를 일으켜 주었지. 내 손을 꼭 잡은 너희의 따뜻한 마음이 느껴져서 눈물이 날 것 같았어. ㉡힘껏 달리고 싶었을 텐데 나 때문에 참았을 것 같아서 미안한 마음이 들어.

(달리기 경기를 할 때 있었던 일)

고마워, 친구들아!

(마음을 나타내는 낱말)

㉢같이 달려 주고 응원해 준 너희의 따뜻한 마음 잊지 않을게.

20○○년 9월 12일

태웅이가

- **편지의 내용:** 태웅이가 운동회 달리기 경기에서 넘어졌을 때 일으켜 준 반 친구들에게 마음을 전하는 내용입니다.

마음을 나타내는 낱말

쑥스러워서 — 미안한 — 고마워

두려웠어 마음에 꺼리거나 걱정이 되어 불안했어.
예 엄마께서 집에 안 계시자 두려웠어.

긴장해서 마음을 조이고 정신을 바짝 차려서.

1 누가 누구에게 쓴 편지인가요?

• (1) [ ] 이가 (2) [ ] 에게 쓴 편지이다.

교과서 문제

2 ㉠~㉢에 드러난 마음을 보기에서 찾아 쓰세요.

보기: 고마운 마음, 미안한 마음, 부끄러운 마음

(1) ㉠: (   )
(2) ㉡: (   )
(3) ㉢: (   )

3 편지를 쓴 까닭은 무엇인가요? (   )

① 자랑을 하려고
② 마음을 전하려고
③ 자신의 의견을 전하려고
④ 멀리 떨어져 있어서 소식을 전하려고
⑤ 여행을 다녀온 생각이나 느낌을 나타내려고

4 이 편지를 받은 사람이 마음을 전한 말로 알맞지 않은 것은 무엇인가요? (   )

① 나도 함께 뛸 수 있어서 참 행복했어.
② 네가 좋은 기억을 얻게 돼서 너무 기뻐.
③ 평소에도 달리기 못하는 것 아니까 속상해하지 마.
④ 힘차게 달리는 것보다 너와 함께 달리는 것도 보람 있었어.
⑤ 네가 넘어진 것을 보고 안타까웠는데 함께 손을 잡고 달릴 수 있어서 좋았어.

지우가 쓴 글

존경하는 김하영 선생님께 →받는 사람

「선생님, 안녕하세요? 저는 전지우입니다. 그동안 잘 지내셨습니까? 선생님께 고마운 마음을 전하려고 이렇게 글을 쓰게 되었습니다.」「」첫인사
편지

지난 체험학습에서 **도자기**를 만들 때였습니다. 저는 진흙 반죽을 물레 위에 놓고 그릇 모양을 만들려고 했습니다. 그런데 생각처럼 잘되지 않았습니다. 만들고 나니 상상했던 모양과 너무 달라서 당황스러웠습니다.

○제가 속상해서 어찌할 바를 모를 때 선생님께서 오셨습니다. 그리고 어떻게 모양을 내는지 시범을 보여 주셨습니다. 저는 선생님을 따라서 다시 해 보았습니다. 그랬더니 신기하게도 그릇 모양이 잘 만들어졌습니다.

그날 만든 그릇은 지금도 제 책상 위에 놓여 있습니다. 이 그릇을 보면 친절하게 가르쳐 주시던 선생님 모습이 생각납니다.

선생님, 제 마음에 드는 그릇을 만들도록 도와주셔서 고맙습니다. 안녕히 계세요.

20○○년 9월 24일 →쓴 날짜

쓴 사람←제자 전지우 올림

- 글의 형식: 편지
- 글을 읽는 사람: 선생님
- 글을 쓴 까닭: 체험학습 때 있었던 일에 대하여 마음을 전하기 위해서입니다.

🔎 글쓴이의 마음을 파악하는 방법

• 누가 누구에게 쓴 글인지 확인하기
• 무슨 일에 대해 썼는지 알아보기
• 마음을 전하기 위해 어떤 표현을 사용했는지 찾아보기

도자기 흙으로 만든 그릇.
물레 도자기를 만들 때, 흙을 빚거나 무늬를 넣는 데 사용하는 기구. 빙글빙글 돌아감.

---

5 이 글에 대한 설명으로 알맞은 것은 무엇인가요?
( )

① 친구에게 고마운 마음을 편지로 썼다.
② 부모님께 죄송한 마음을 편지로 썼다.
③ 선생님께 고마운 마음을 전하려고 썼다.
④ 읽는 사람이 특별히 정해지지 않은 글이다.
⑤ 동생의 생일을 축하하는 마음을 시로 나타내었다.

🎓 교과서 문제

6 지난 체험학습 때 지우가 당황했던 까닭을 두 가지 고르세요. (,)

① 도자기를 만들 때 생각처럼 잘되지 않아서
② 친구가 실수하여 지우의 도자기가 망가져서
③ 만든 도자기가 상상했던 모양과 너무 달라서
④ 어떻게 만드는지 선생님께서 시범을 보여 주셔서
⑤ 도자기를 너무 빨리 만들어서 시간이 많이 남아서

📋 서술형·논술형 문제

7 이 글을 읽고 다음에 알맞은 내용을 쓰세요.

(1) 있었던 일	
(2) 마음을 전하려고 사용한 표현	

8 ○에서 알 수 있는 선생님의 마음으로 알맞은 것에 ○표 하세요.

(1) 지우를 꾸짖고 싶은 마음 ( )
(2) 지우를 걱정하고 배려하는 마음 ( )

안창호 선생이 아들에게 쓴 편지

• 생각할 점: 아들에 대한 아버지의 마음을 생각하며 읽어 봅니다.

1 사랑하는 아들 필립

어머니의 편지를 받아 보았다. 네가 넘어져 팔을 다쳤다는 소식이 들어 있어 매우 걱정되는구나. 팔이 낫거들랑 내게 바로 알려라. 한 학년 올라가게 된 것을 축하한다. 아버지는 무척 기쁘구나. 「나는 이곳에 편안히 잘 있다. 미국 국회 의원들이 동양에 온다고 해 홍콩으로 왔다만 그들이 이곳에 들르지 않아 만나지는 못했단다. 나는 곧 상하이로 돌아갈 거란다.」
「 」: 자신의 소식을 전함.

중심 내용 1 사랑하는 아들 필립의 다친 팔을 걱정하며, 한 학년 올라간 것을 축하하고 아버지는 곧 상하이로 돌아갈 것이다.

2 내 아들 필립아. 키가 크고 몸이 커지는 만큼 스스로 좋은 사람이 되려고 힘써야 한단다. 네가 어리고 몸이 작았을 때보다 더욱더 힘써야 하지. 스스로 좋은 사람이 되려고 노력하는 네 모습을 내 눈으로 직접 보고 싶구나. 너는 워낙 남을 속이지 않는 진실한 사람
아들의 성격
이라 좋은 사람이 되기도 쉬울 거란다.

중심 내용 2 필립아, 좋은 사람이 되기 위해 힘써야 한다.

3 좋은 사람이 되려면 진실하고 깨끗해야 해. 또 좋은 친구를 가려 사귀어야 한단다. 그게 좋은 사람이 되는 첫 번째 조건이지. 더욱 부지런해져라. 어려운 일도 열심히 견디거라. 책은 부지런히 보고 있니? 아무 책이나 읽지 말고, 좋은 책을 골라 꾸준히 읽어라. 좋은 책을 가려 보는 것이 좋은 사람이 되는 두 번째 조건이란다. 좋은 친구를 사귀고 좋은 책을 읽는 일을 멈추지 말아라. 책은 두 종류를 택하렴. 첫째는 좋은 사람들의 이야기가 담겨 있어 **본받을** 수 있는 책이고, 둘째는 너의 공부에 필요한 **지식**을 얻기 위한 책이다. 또 우리글과 책을 잘 익혀라. 즐거운 마음으로 내 말을 따라 주겠지? 너를 믿는다.

중심 내용 3 필립아, 좋은 책을 골라 꾸준히 읽어야 한다.

1920년 8월 3일 홍콩에서

아버지가

본받을 본보기로 하여 그대로 따라 할.

지식 어떤 대상에 대하여 배우거나 해 보아서 알게 된 것.

교과서 문제

9 안창호 선생이 아들에게 전하는 마음을 세 가지 고르세요. (　 ,　 ,　)
① 다친 일을 걱정하는 마음
② 홍콩으로 와서 설레는 마음
③ 한 학년 올라간 일을 축하하는 마음
④ 우리나라의 독립이 어려운 것을 걱정하는 마음
⑤ 좋은 사람이 되기 위해 힘쓰기를 당부하는 마음

10 안창호 선생의 마음을 나타내는 표현으로 알맞지 <u>않</u>은 것의 번호를 쓰세요.

| ① 축하한다. | ② 걱정되는구나. |
| ③ 힘써야 한단다. | ④ 돌아갈 거란다. |

(　　　　　　　)

11 좋은 사람이 되려면 어떻게 해야 한다고 하였는지 쓰세요.

• (1)　　　　　　 하고 (2)　　　　　　 해야 한다.

12 안창호 선생이 아들에게 읽으라고 한 책을 두 가지 고르세요. (　 ,　)
① 선생님께서 추천하신 책
② 글자 크기가 읽기 좋은 책
③ 사람들에게 감동을 주는 책
④ 공부에 필요한 지식을 얻기 위한 책
⑤ 좋은 사람들의 이야기가 담겨 있어 본받을 수 있는 책

딸들에게

- 글의 종류: 편지
- 글의 내용: 엄마가 큰딸과 작은딸에게 전하고 싶은 마음이 나타나 있습니다.

2
단원

진도 완료
체크

❶ 피아노와 춤을 사랑하는 큰딸 시연아! 십 년 전 막 태어난 너를 처음 안았을 때의 느낌이 아직도 **생생한데** 벌써 4학년이 되었구나. 친구들과 어울려 놀러 다니는 너를 보며 우리 딸이 많이 컸다는 사실을 새삼 **실감하곤** 한단다. 언제나 바르게 생활하고, 하고 싶은 것도 많고 꿈도 많은 시연이가 엄마는 ㉠항상 자랑스럽단다. 앞으로도 지금처럼 건강하고, 좋아하는 일을 열심히 하는 시연이가 되면 좋겠구나.

📝 **중심 내용 ❶** 엄마는 큰딸 시연이가 항상 자랑스럽고 앞으로도 지금처럼 좋아하는 일을 열심히 했으면 좋겠다.

❷ 우리 집 애교쟁이 작은딸 정연아! ㉡퇴근해서 집으로 돌아오면 가장 먼저 현관으로 뛰어나오는 귀염둥이! 엄마를 세상에서 가장 좋아한다는 것을 온몸으로 느끼게 해 주는 딸, 네가 현관에서 나를 맞아 줄 때
(작은딸)

하루의 **피로**가 모두 없어진단다. 언제나 밝고 씩씩하게 자라길 바란다. 주변 사람 모두가 행복을 느끼게 하는 ㉢너의 미소를 언제까지나 보고 싶구나.

📝 **중심 내용 ❷** 엄마는 퇴근하면 반갑게 맞아 주는 애교쟁이 작은딸이 언제나 밝고 씩씩하게 자라길 바란다.

❸ 우리 딸들의 깔깔대는 웃음소리를 들을 때마다 엄마는 ㉣힘이 솟고 행복감을 느낀단다. 엄마에게 너희는 세상 무엇과도 바꿀 수 없는 소중한 보물이야. 엄마는 너희가 건강하고 훌륭하게 자랄 수 있도록 도울게. ㉤언제나 사랑한다.
(딸들)

📝 **중심 내용 ❸** 딸들의 웃음소리를 들을 때마다 엄마는 행복하고 언제나 딸들을 사랑한다.

20○○년 9월 3일

엄마가 →쓴 사람

생생한데 바로 눈앞에 보는 것처럼 또렷한데.
실감하곤 실제로 겪는 듯한 느낌을 받곤.

피로 (疲 피곤할 피 勞 일할 로) 많이 일하여서 정신이나 몸이 지쳐서 힘듦. 📧 피로할 때에는 쉬는 것이 좋습니다.

---

13 이 글에 대한 설명으로 알맞지 <u>않은</u> 것은 무엇인가요? (   )

① 쓴 사람을 알 수 있다.
② 읽는 사람이 정해져 있다.
③ 전하고 싶은 마음이 드러나 있다.
④ 여행에서 있었던 일이 잘 나타나 있다.
⑤ 글을 쓴 사람의 생각이나 느낌이 나타나 있다.

14 글쓴이가 딸들에게 바라는 것을 알맞게 이으세요.

(1) 큰딸 • • ① 밝고 씩씩하게 자라는 것

(2) 작은딸 • • ② 건강하고, 좋아하는 일을 열심히 하는 것

🏷️ **교과서 문제**

15 글쓴이가 딸들에게 전하고 싶은 마음은 무엇인가요? (   )

① 화난 마음
② 설레는 마음
③ 서글픈 마음
④ 쑥스러운 마음
⑤ 사랑하는 마음

16 ㉠~㉤ 중에서 글쓴이의 마음이 드러난 표현으로 알맞지 <u>않은</u> 것의 기호를 쓰세요.

(   )

① 네가 싫어하는 별명을 부르며 놀려서 미안해.

미안한 마음

② 네가 우리 학년 달리기 대회에서 상을 받았다고 들었어.

㉠

③ 괜찮아?

㉡

④

㉢

🔍 그림의 상황 살펴보기

그림 ①	친구가 싫어하는 별명을 부르며 놀린 것을 사과함.
그림 ②	친구가 달리기 대회에서 상을 받은 것에 대하여 말함.
그림 ③	병원에 입원한 친구를 찾아감.
그림 ④	같이 놀던 친구를 그리워함.

2 단원

🎓 교과서 문제

17 ㉠~㉢에 알맞은 마음을 줄로 이으세요.

(1) ㉠ •

(2) ㉡ •

(3) ㉢ •

• ① 그리운 마음

• ② 위로하는 마음

• ③ 축하하는 마음

18 마음을 전하고 싶은 일에 대하여 말한 내용 중 알맞지 <u>않은</u> 것의 번호를 쓰세요.

① 새 신발을 사 주신 어머니께 고마운 마음을 전하고 싶다.
② 친구를 놀린 적이 있는데 바로 사과하지 못해 미안한 마음을 전하고 싶다.
③ 동생과 다투었는데 내가 그때 화를 많이 내서 고마운 마음을 편지로 쓰고 싶다.

(   )

19 마음을 전하는 글을 쓸 때 다음에 들어갈 내용을 보기 에서 찾아 각각 번호를 쓰세요.

보기
① 쓴 날짜, 글쓴이
② 잘 지내는지를 묻는 말
③ 읽는 사람과 함께 겪은 일

처음	가운데	끝
(1)	(2)	(3)

📝 서술형·논술형 문제

20 자신이 겪은 일을 떠올려 다음에 알맞은 내용을 쓰세요.

전하고 싶은 마음	(1)
있었던 일	(2)

재환이가 겪은 일

• 글의 내용: 재환이가 이사를 와서 승강기 안에 붙인 편지에 이웃 사람들이 쪽지를 써서 붙였습니다.

1 재환이는 새로운 동네로 이사를 왔습니다. 재환이는 이웃들에게 인사를 하기로 했습니다. 그래서 재환이가 사는 아파트 승강기 안에 편지를 붙였답니다.

> 안녕하세요? 저는 12층에 이사 온 열한 살 이재
> 자기소개를 함.
> 환입니다.
>   새로 만난 이웃들에게 인사를 드리고 싶어 편지를 씁니다. 저희 가족은 엄마, 아빠, 귀여운 동생 그리고 저, 이렇게 넷입니다. 저희는 아직 이사 온 지 얼마 되지 않아 다니는 길도, 사람들도 낯설기만 합니다. 그래도 저는 나무도 많고 놀이터가 있는 이곳이 마음에 듭니다. 앞으로 여러분과 좋은 이웃
> 전하려는 마음
> 이 되고 싶습니다.
>
>   이재환 올림

중심 내용 1 재환이는 이사를 와서 살고 있는 아파트 승강기 안에 편지를 써서 붙였습니다.

2 하루, 이틀이 지날수록 재환이의 편지에는 신기한 일이 생겼어요.

> 이사 온 것을 축하합니다. 앞으로도 자주 소통하는 이웃이 됩시다.
>
> 환영해요.
>
> 안녕하세요? 저도 12층에 살아요! 좋은 친구가 되었으면 좋겠네요.
>
> 반가워!
>
> 친하게 지내요. 전 7층에 살아요. 집 앞 공원에서 같이 운동해요.
>
> 반가워요.
>
> 좋은 이웃!
>
> ㉠
>
>   이재환 올림

승강기를 탄 이웃 사람들이 편지를 보고 마음을 담은 쪽지를 붙인 것이었어요. 재환이도, 쪽지를 써서 붙인 이웃도 모두 **훈훈한** 마음이 한가득했습니다.

중심 내용 2 재환이의 편지를 읽은 이웃 사람들이 편지 위에 쪽지를 써서 붙였습니다.

소통 (疏 소통할 소 通 통할 통) 뜻이 서로 통하여 오해가 없음.

훈훈한 마음을 부드럽게 녹여 주는 따스함이 있는.

교과서 문제

21 재환이가 승강기 안에 편지를 붙인 까닭은 무엇인지 두 가지 고르세요. (,   )

① 자신의 소식을 알리려고
② 같이 놀 친구를 찾으려고
③ 이사 와서 이웃에게 인사하려고
④ 재활용품 분류를 잘하자고 말하려고
⑤ 아파트에서 반려동물을 키우지 말자고 말하려고

22 재환이가 쓴 편지를 본 이웃 사람들은 어떻게 하였는지 쓰세요.

• 마음을 담은 [   ]를 써서 붙였다.

23 ㉠에 알맞은 쪽지의 내용에 ○표 하세요.

(1) 환영해요! 이렇게 먼저 인사해 줘서 고마워요. 참 예쁜 마음씨네요.   (   )

(2) 우리 집 개가 짖어서 미안해요. 그렇지만 개를 키울 권리도 있다고 생각해요.   (   )

24 재환이의 편지를 읽은 이웃 사람들의 마음은 어떠했나요? (   )

① 무서웠다.   ② 화가 났다.
③ 미안하였다.   ④ 부끄러웠다.
⑤ 훈훈하였다.

[1~2] 마음을 전하고 싶은 일

① 전시 해설사 선생님 덕분에 많은 것을 알게 되었어.

② (그림)

③ 언니와 함께한 잠자리 잡기가 참 재미있었어.

1 그림 ①~③에서 아이들이 전하고 싶은 마음을 줄로 이으시오.

(1) 그림 ① ・ ・ ① 슬픈 마음

(2) 그림 ② ・ ・ ② 고마운 마음

(3) 그림 ③ ・ ・ ③ 즐거운 마음

2 그림 ②에서 아이가 친구에게 편지를 쓸 때의 표현으로 알맞지 <u>않은</u> 것의 기호를 쓰시오.

> ㉠ 잘 지내니?
> ㉡ 네가 많이 보고 싶어.
> ㉢ 겨울 방학 때에 만나서 같이 놀자.
> ㉣ 너와 함께 재미있게 지냈던 기억이 떠올라.
> ㉤ 체험학습 때 많은 것을 알게 해 주어서 고마워.

( )

[3~4] 태웅이가 쓴 편지

> 고마운 마음을 직접 말로 전하고 싶었지만 쑥스러워서 이렇게 편지를 쓰게 되었어.
> 운동회 날이 되면 나는 기쁘면서도 두려웠어. 달리기 경기를 하는 게 늘 걱정이 되었거든. 달리기를 할 때면 나는 어디론가 숨고 싶었어. 잔뜩 긴장해서 달리다가 오늘도 그만 넘어지고 말았지. 그런데 그때 너희가 달리다가 돌아와서 나를 일으켜 주었지. 내 손을 꼭 잡은 너희의 따뜻한 마음이 느껴져서 눈물이 날 것 같았어. 힘껏 달리고 싶었을 텐데 나 때문에 참았을 것 같아서 미안한 마음이 들어.
> 고마워, 친구들아!

3 이 편지를 읽고 알 수 있는 내용으로 알맞은 것은 무엇입니까? ( )

① 운동회 날 체조를 하다가 일어난 일이다.
② 먼저 달려간 친구들은 두려웠지만 기뻤다.
③ 태웅이는 긴장하여 달리다가 눈물이 났다.
④ 태웅이가 넘어졌을 때 친구들이 일으켜 주었다.
⑤ 태웅이는 먼저 달리던 친구의 다리에 걸려 넘어졌다.

4 태웅이가 반 친구들에게 전하고 싶은 마음은 무엇인지 쓰시오.

( )

🟫 서술형·논술형 문제

5 다음 상황에서 지수가 할, 마음을 드러내는 표현을 쓰시오.

내 글의 좋은 점도 말해 주면 좋았을 텐데.

지수

[6~7] 지우가 쓴 글

지난 체험학습에서 도자기를 만들 때였습니다. 저는 진흙 반죽을 물레 위에 놓고 그릇 모양을 만들려고 했습니다. 그런데 생각처럼 잘되지 않았습니다. 만들고 나니 상상했던 모양과 너무 달라서 당황스러웠습니다.

제가 속상해서 어찌할 바를 모를 때 선생님께서 오셨습니다. 그리고 어떻게 모양을 내는지 시범을 보여 주셨습니다. 저는 선생님을 따라서 다시 해 보았습니다. 그랬더니 신기하게도 그릇 모양이 잘 만들어졌습니다.

그날 만든 그릇은 지금도 제 책상 위에 놓여 있습니다. 이 그릇을 보면 친절하게 가르쳐 주시던 선생님 모습이 생각납니다.

선생님, 제 마음에 드는 그릇을 만들도록 도와주셔서 고맙습니다. 안녕히 계세요.

20○○년 9월 24일
제자 전지우 올림

6 이 글의 내용으로 알맞은 것에 ○표 하시오.

(1) 속상해하는 지우를 보고 선생님께서 편지를 써 주셨다. ( )

(2) 지우는 선생님께 고마운 마음을 전하기 위해 글을 썼다. ( )

(3) 지우는 만든 도자기가 생각처럼 되어서 친구들에게 자랑하였다. ( )

7 지우가 책상 위에 그릇을 두고 있는 까닭은 무엇이겠는지 두 가지 고르시오. (,)

① 어머니께 자랑하려고
② 동생 생일 선물로 주려고
③ 내일 박물관에 가져가려고
④ 선생님께서 도와주셨던 일을 기억하려고
⑤ 자신이 직접 멋진 그릇을 만들었다는 것이 뿌듯해서

[8~10] 안창호 선생이 쓴 편지

사랑하는 아들 필립

어머니의 편지를 받아 보았다. 네가 넘어져 팔을 다쳤다는 소식이 들어 있어 매우 ㉠걱정되는구나. 팔이 낫거들랑 내게 바로 알려라. 한 학년 올라가게 된 것을 ㉡축하한다. 아버지는 무척 기쁘구나. 나는 이곳에 편안히 잘 있다. 미국 국회 의원들이 동양에 온다고 해 홍콩으로 왔다만 그들이 이곳에 들르지 않아 ㉢만나지는 못했단다. 나는 곧 상하이로 돌아갈 거란다.

내 아들 필립아. 키가 크고 몸이 커지는 만큼 스스로 좋은 사람이 되려고 ㉮힘써야 한단다. 네가 어리고 몸이 작았을 때보다 더욱더 힘써야 하지. 스스로 좋은 사람이 되려고 노력하는 네 모습을 내 눈으로 직접 보고 싶구나. 너는 워낙 남을 속이지 않는 진실한 사람이라 좋은 사람이 되기도 쉬울 거란다.

8 누구에게 쓴 편지인지 쓰시오.

• 안창호 선생이 ☐☐☐☐ 에게 쓴 편지이다.

9 ㉠~㉢ 중에서 마음을 전하기 위해 사용한 표현으로 알맞지 않은 것의 기호를 쓰시오.

( )

10 ㉮와 같은 표현에서 알 수 있는 마음은 무엇입니까?

( )

① 미안한 마음
② 고마운 마음
③ 걱정하는 마음
④ 축하하는 마음
⑤ 당부하는 마음

[11~12] 안창호 선생이 쓴 편지

좋은 사람이 되려면 진실하고 깨끗해야 해. 또 좋은 친구를 가려 사귀어야 한단다. 그게 좋은 사람이 되는 첫 번째 조건이지. 더욱 부지런해져라. 어려운 일도 열심히 견디거라. 책은 부지런히 보고 있니? 아무 책이나 읽지 말고, 좋은 책을 골라 꾸준히 읽어라. 좋은 책을 가려 보는 것이 좋은 사람이 되는 두 번째 조건이란다. 좋은 친구를 사귀고 좋은 책을 읽는 일을 멈추지 말아라. 책은 두 종류를 택하렴. 첫째는 좋은 사람들의 이야기가 담겨 있어 본받을 수 있는 책이고, 둘째는 너의 공부에 필요한 지식을 얻기 위한 책이다. 또 우리글과 책을 잘 익혀라. 즐거운 마음으로 내 말을 따라 주겠지? 너를 믿는다.

1920년 8월 3일 홍콩에서

아버지가

11 아버지가 아들에게 당부한 내용으로 알맞지 <u>않은</u> 것은 무엇입니까? (   )

① 진실하고 깨끗해야 한다.
② 더욱 부지런해져야 한다.
③ 외국어를 잘 익혀야 한다.
④ 좋은 친구를 가려 사귀어야 한다.
⑤ 어려운 일을 열심히 견디어야 한다.

12 아버지가 아들에게 읽으라고 한 책은 무엇인지 쓰시오.

(1) 좋은 사람들의 이야기가 담겨 있어 ☐
    수 있는 책

(2) 공부에 필요한 ☐ 을 얻기 위한 책

[13~15] 전하려는 마음을 떠올리기

13 그림 ❶에서 ☐ 안에 들어갈 말로 알맞은 것은 무엇입니까? (   )

① 미안해   ② 고마워
③ 서운해   ④ 좋아해
⑤ 훈훈해

14 그림 ❷에서 친구에게 축하하는 마음을 전할 때, 할 말로 알맞지 <u>않은</u> 것은 무엇입니까? (   )

① 생일 축하해.
② 달리기 대회에서 상을 받았더라. 축하해.
③ 수학 경시 대회에서 상을 받은 것을 축하해.
④ 이번에는 못하는 친구들만 나와서 네가 상 받은 거야.
⑤ 열심히 연습하더니 독후감 쓰기 대회에서 상을 받았구나. 잘됐다.

15 그림 ❸과 ❹에서 전하려는 마음으로 알맞은 것을 이으시오.

(1) 그림 ❸ •   • ① 그리운 마음

(2) 그림 ❹ •   • ② 위로하는 마음

[16~17] 재환이가 겪은 일

재환이는 새로운 동네로 이사를 왔습니다. 재환이는 이웃들에게 인사를 하기로 했습니다. 그래서 재환이가 사는 아파트 승강기 안에 편지를 붙였답니다.

> 안녕하세요? 저는 12층에 이사 온 열한 살 이재환입니다.
>
> 새로 만난 이웃들에게 인사를 드리고 싶어 편지를 씁니다. 저희 가족은 엄마, 아빠, 귀여운 동생 그리고 저, 이렇게 넷입니다. 저희는 아직 이사 온 지 얼마 되지 않아 다니는 길도, 사람들도 낯설기만 합니다. 그래도 저는 나무도 많고 놀이터가 있는 이곳이 마음에 듭니다. 앞으로 여러분과 좋은 이웃이 되고 싶습니다.
>
> 이재환 올림

16 재환이가 이웃들에게 인사한 방법은 무엇인지 쓰시오.

• 아파트 승강기 안에 [ ] 를 붙였다.

17 ㉠의 내용으로 알맞지 <u>않은</u> 것은 무엇입니까?

( )

① 읽는 사람은 이웃들이다.
② 재환이는 가족에 대하여 소개하였다.
③ 동네 곳곳의 가게를 알려 달라고 하였다.
④ 새로운 동네로 이사를 와서 낯선 마음이 나타나 있다.
⑤ 재환이는 나무가 많고 놀이터가 있어서 새 동네가 마음에 든다고 하였다.

[18~20] 재환이가 겪은 일

하루, 이틀이 지날수록 재환이의 편지에는 ㉠신기한 일이 생겼어요.

> 이사 온 것을 축하합니다. 앞으로도 자주 소통하는 이웃이 됩시다.
>
> 환영해요.
>
> 안녕하세요? 저도 12층에 살아요! 좋은 친구가 되었으면 좋겠네요.
>
> 반가워!
>
> 친하게 지내요. 전 7층에 살아요. 집 앞 공원에서 같이 운동해요.
>
> 환영해요! 이렇게 먼저 인사해 줘서 고마워요. 참 예쁜 마음씨네요.
>
> 반가워요.
>
> 좋은 이웃!
>
> 이재환 올림

승강기를 탄 이웃 사람들이 편지를 보고 마음을 담은 쪽지를 붙인 것이었어요.

18 ㉠이 뜻하는 것으로 알맞은 것에 ○표 하시오.

(1) 이웃들이 재환이의 집에 찾아온 것 ( )
(2) 재환이의 편지 위에 이웃 사람들이 쓴 쪽지가 붙은 것 ( )

19 이웃 사람들이 붙인 쪽지에서 전하고 싶은 마음으로 알맞지 <u>않은</u> 것은 무엇입니까? ( )

① 재환이를 환영하는 마음
② 재환이와 친하게 지내고 싶은 마음
③ 재환이와 같이 운동하고 싶은 마음
④ 재환이와 좋은 이웃이 되고 싶은 마음
⑤ 재환이네가 키우는 개를 보고 싶은 마음

📄 서술형·논술형 문제

20 재환이의 이웃이 되어 쪽지의 내용을 쓰시오.

_____

바르고 공손하게 3

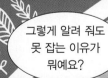

정말 범인이 자기가 있는 곳을 알려 줘요?

그렇게 알려 줘도 못 잡는 이유가 뭐예요?

끙.

다 들린다고!

능력이 없는 것을 너무 뭐라고 하지 마.

개념 웹툰

시간 수사대는 어떻게 말했어야 할까요? 스마트폰에서 확인하세요!

개념 ① 예절을 지키며 대화하면 좋은 점

① 상대의 기분이 좋아집니다.
② 상대와 사이가 더 좋아질 수 있습니다.
③ 즐겁게 대화를 나눌 수 있습니다.

활동 「박바우와 박 서방」의 장면 살펴보기 (예)

○ 고기 파는 박 노인에게 두 양반이 서로 다른 말로 말하였습니다.

개념 ② 일상생활에서 예절을 지키며 대화하는 방법

① 눈을 마주치며 바르게 인사합니다.
② 바르고 고운 말을 사용합니다.
③ 상대가 말할 때 끼어들어 말하지 않습니다.
④ 웃어른께는 알맞은 높임말을 씁니다.

활동 예절을 지킨 대화 (예)

○

아버지, 제가 할게요.

아주머니, 고맙습니다.

개념 ③ 회의를 하면서 지켜야 할 예절

① 다른 사람이 발표할 때 끼어들지 않습니다.
② 회의와 같은 공식적인 상황에서는 높임말을 사용합니다.
③ 의견을 말할 때에는 손을 들어 말할 기회를 얻고 발표합니다.
④ 다른 사람의 의견을 경청합니다.
  → 귀를 기울여 듣습니다.

활동 「우리 반 회의 시간」의 장면 살펴보기 (예)

○ 다른 사람의 의견을 경청해야 합니다.

개념 ④ 온라인 대화를 할 때 지켜야 할 예절

① 바른 말을 사용해야 합니다.
② 상대가 보이지 않으므로 대화 전에 인사하고 끝날 때에도 인사합니다.
③ 얼굴이 보이지 않는다고 해서 함부로 말하지 않습니다.
④ 줄임 말이나 그림말을 너무 많이 사용하지 않습니다.

활동 지혜가 친구들과 나눈 온라인 대화 살펴보기 (예)

자신을
나타내는
대화명
사용하기

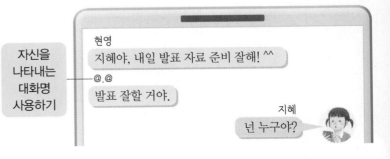

가 박바우와 박 서방

가 해설: 옛날, 어느 마을에 고기 파는 일을 하던 '박 바우'라는 노인이 있었다. 어느 날, 젊은 양반 두 사람이 거의 같은 시간에 고기를 사러 왔다. 윗마을 양반은 박 노인에게 이렇게 말했다.

윗마을 양반: 바우야, 쇠고기 한 근만 줘라.

박 노인: 알겠습니다.

해설: 이번에는 아랫마을 양반이 고기를 주문했다.

아랫마을 양반: 박 서방, 쇠고기 한 근만 주게.

박 노인: 아이고, 네, 조금만 기다리시지요.

해설: 박 노인은 젊은 양반들에게 각각 고기를 주는데 둘의 크기가 한눈에 봐도 다르게 보였다. 윗마을 양반이 가만히 보니 자기가 받은 고기보다 아랫마을 양반이 받은 고기가 더 좋아 보이고 양도 훨씬 많아 보였다.

윗마을 양반: 야, 바우야! 똑같은 한 근인데, 어째서 이렇게 다르게 주느냐?

박 노인: 그러니까 손님 것은 바우 놈이 자른 것이고, 이분 것은 박 서방이 자른 것이기 때문이랍니다.
_{윗마을 양반}
_{아랫마을 양반}

나 오늘 아침 민수네 교실에서 있었던 일

나 영철: 어이, 키다리! 왔냐?

민수: 뭐야, 아침부터 듣기 싫은 별명을 부르고…….

채은: 민수야, 안녕?

민수: 안녕, 채은아? 어제 네가 빌려준 책 참 재미있더라. 고마워.

(마음속으로) 교실에 들어오는 친구들을 보니, 들어올 때 큰 소리로 인사하는 친구, 장난으로 인사하는 친구, 상대를 배려하며 인사하는 친구, 반갑게 인사하는 친구, 아무런 인사도 하지 않는 친구…… 참 다양한 모습이구나. 저학년일 때는 친구들과 손을 흔들며 반갑게 인사를 잘했는데 지금은 왜 이렇게 되었을까?

3
단원

---

1 **가**에서 고기를 사러 온 젊은 양반들은 박 노인을 각각 무엇이라고 불렀는지 쓰세요.

(1) 윗마을 양반	(2) 아랫마을 양반

2 박 노인은 양반들에게 어떻게 하였나요? (   )

① 윗마을 양반에게 친근하게 대하였다.

② 윗마을 양반에게 좋은 고기를 주었다.

③ 윗마을 양반에게 고기를 더 많이 주었다.

④ 아랫마을 양반에게 더 친절하게 대답하였다.

⑤ 아랫마을 양반에게 질이 좋지 않은 고기를 주었다.

교과서 문제

3 박 노인이 2번 문제의 답과 같이 한 까닭은 무엇일까요? (   )

① 두 양반의 생김새가 달랐기 때문에

② 시간이 갈수록 고기 값이 싸지기 때문에

③ 쇠고기와 돼지고기의 값이 다르기 때문에

④ 자신을 더 존중해 주는 느낌이 들었기 때문에

⑤ 박 노인이 두 양반의 말을 잘못 들었기 때문에

4 **나**에서 민수는 왜 기분이 상했나요?

• 영철이가 듣기 싫은 (   )으로 민수를 불렀기 때문이다.

아버지, 내가
수저를 놓을게요.
남자아이

아버지, 제가
물을 가져올게요.
여자아이

🔍 그림의 내용

가	두 아이가 아버지와 식사를 준비하고 있습니다.
나	두 아이가 교통 봉사 활동을 하시는 분께 인사하고 있습니다.

3 단원

남자아이

아저씨,
고맙습니다.

아주머니,
수고하셨어요.

여자아이

웃어른께 말할
때에는 알맞은 높임말을
사용해야 해요.

🍚 **교과서 문제**

5 그림 **가**의 남자아이와 여자아이 중 대화 예절에 어긋나는 말을 한 사람은 누구인가요?

(   )

7 그림 **나**에서 예절을 지키며 말한 사람은 누구인지 ○표 하세요.

(여자아이 / 남자아이)

🔖 **서술형·논술형 문제**

8 다음 그림의 상황에서 대화 예절을 지키며 말하려면 어떻게 말해야 할지 써넣으세요.

6 그림 **가**의 ㉠에서 아버지께서 하셨을 말로 가장 알맞은 것은 어느 것인가요? (   )

① 너무 큰 목소리로 말하면 안 돼.
② '제가'라는 표현은 틀린 표현이야.
③ 가족끼리는 예사말로 말하는 것이 좋아.
④ 어른 앞에서 '내가'라고 하는 것은 알맞지 않아.
⑤ '아버지'보다 '아빠'라고 부르는 것이 더 예의 바른 표현이야.

⬥ 엘리베이터 문이 안 닫히게 아저씨께서 버튼을 눌러 주시는 상황

스마트폰으로 찍어 보아요!
🎧 듣기자료

신유의 생일잔치

• 글의 특징: 신유의 생일잔치를 하기 위해 신유네 집에 간 친구들의 말과 행동을 통해 일상생활에서 지켜야 할 예절을 생각해 볼 수 있습니다.

1 집에 들어갈 때 장소: 현관

지혜: 안녕하세요? 그런데 신유는 어디 갔나요? 어? 신유야, 생일 축하해!

원우: 야! 신유야, 생일 축하해! 하하하.

친구들 모두: 아주머니, 안녕하세요? 생일잔치에 초대해 주셔서 감사합니다. → 얼굴을 바라보며 바른 자세로 인사합니다.

2 음식을 먹을 때 장소: 식탁

신유 어머니: 이렇게 신유의 생일을 축하하러 우리 집에 와 줘서 고맙구나. 손 씻고 식탁에 앉으렴.

친구들 모두: 야, 맛있겠다!

원우: 내가 닭 다리 먹어야지!

지혜: 아주머니, 맛있는 음식을 준비해 주셔서 고맙습니다. 맛있게 먹겠습니다.

친구들: 아주머니, 맛있는 음식을 준비해 주셔서 고맙습니다. 잘 먹겠습니다.

신유 어머니: 그렇게 말해 주니 고맙구나. 천천히 많이 먹으렴.

3 친구들과 놀 때 장소: 신유 방

원우: 신유야, 이제 네 방으로 가서 놀자.

신유: 여기야.

원우: 신유야, 여기는 책이 정말 많구나.

현영: (귓속말로) 신유는 이 많은 책을 다 봤나 봐.

지혜: (귓속말로) 정말 많다. 그래서 공부를 잘하나 봐.

원우: (귓속말로) 역시 책을 좋아하는 신유답다.

신유: 얘들아, 나만 빼고 너희끼리 귓속말로 비밀 이야기를 하는 것 같아 기분이 나빠.

현영: 미안해, 신유야. 아무 생각 없이 우리끼리 그냥 한 말인데, 앞으로는 귓속말하지 않을게.

신유: 그래, 앞으로는 절대 귓속말을 하지 말아 줘. 나만 따돌리는 것 같아 속상하단 말이야.

원우: 신유야, 오늘은 네 생일이니까 이제 재미있게 놀자.

지혜: 그래, 뭐부터 할까?

---

9 장면 ①에서 지혜와 원우가 잘못한 점은 무엇인가요?
( )

① 신유의 별명을 불렀다.
② 집 안에서 뛰어다녔다.
③ 초대를 받지 않고 신유네 집에 놀러 갔다.
④ 신유 어머니께 인사를 제대로 하지 않았다.
⑤ 신유의 생일을 축하하는 말을 하지 않았다.

🍙교과서 문제

10 장면 ②에서 원우가 예절을 잘 지키지 않은 부분은 무엇인가요?

• 음식을 준비해 주셔서 ⬚⬚⬚⬚⬚⬚⬚ 는 말을 하지 않았다.

11 장면 ③에서 신유가 기분이 나쁜 까닭에 ○표 하세요.

(1) 친구들이 책을 찢어서 ( )
(2) 친구들이 귓속말을 해서 ( )
(3) 친구들이 신유 흉을 보아서 ( )

12 다음 중 대화할 때 예절을 잘 지켜 말하지 못한 사람의 이름을 쓰세요.

현준: 시장에서 선생님을 우연히 만나 "안녕하세요?" 하고 인사를 했어.
윤슬: 내가 복도에서 넘어졌는데 친구가 일으켜 주어서 "정말 고마워."라고 했어.
수연: 앞집 아저씨께서 먼저 인사하셨는데 어색해서 인사하지 않고 집에 뛰어 들어왔어.

( )

역할을 정해 역할극 하기

상황 1	사슴이 대화 도중에 끼어드는 상황
상황 2	거북이 거친 말을 하는 상황
상황 3	사자가 남이 하는 말은 듣지 않고 자기 말만 하는 상황

역할극을 한 뒤에 느낀 점 말하기

예)

직접 연기해 보니 평소에 잘 몰랐던 상대의 기분을 잘 이해할 수 있었어.

13 상황 1 에서 토끼의 기분은 어떠할지 두 가지 고르세요. (,)
① 재미있다.
② 기분이 나쁘다.
③ 사슴에게 미안하다.
④ 무시당하는 것 같다.
⑤ 사슴과 더 친해지고 싶다.

14 상황 1 에서 사슴이 한 말 ㉠을 예의 바른 말로 고쳐 말한 것의 번호를 쓰세요.

① 내 말이 끝난 다음에 네가 얘기해.
② 미안해. 네 말이 끝날 때까지 기다릴게.
③ 내 의견이 더 좋으니까 내가 먼저 말할 거야.

( )

15 상황 2 의 거북에게 알맞게 말한 사람은 누구인가요?

태준: 친한 친구끼리는 놀려도 괜찮아.
연석: 친구에게 말할 때에도 높임말을 사용하는 것이 좋아.
정인: 친구에게 거친 말을 쓰지 말고 고운 말을 사용해서 말하자.

( )

🖊 서술형·논술형 문제

16 상황 3 에서 사자는 어떻게 말하는 것이 좋을지 ㉡을 예의 바른 말로 고쳐 쓰세요.

_____

_____

가 다른 사람에게 말할 때 지켜야 할 예절

① 상대를 바라보며 말한다.

② 고운 말, 바른 말을 쓴다.

③ 시간, 장소에 맞게 말한다.

④ 듣는 사람의 기분을 고려하며 말한다.

⑤ 항상 커다란 목소리로 말한다.

나 다른 사람의 말을 들을 때 지켜야 할 예절

㉠ 다른 사람이 말할 때 끼어들지 않는다.

㉡ 다른 사람이 하는 말을 끝까지 듣는다.

㉢ 적절히 반응하며 듣는다.

㉣ 자신에게 관심이 없는 이야기이면 듣지 않는다.

㉤ 책을 읽으며 이야기를 듣는다.

3 단원

서술형·논술형 문제

17 가의 ①~⑤ 중 다른 사람에게 말할 때 지켜야 할 예절로 알맞지 <u>않은</u> 것의 번호를 쓰고, 알맞게 고쳐 쓰세요.

(1) 알맞지 않은 것: (　　　　　　　　)

(2) 알맞게 고쳐 쓰기: _____

_____

교과서 문제

19 나의 ㉠~㉤ 중 다른 사람의 말을 들을 때 지켜야 할 예절로 알맞은 것을 세 가지 고르세요.

(　　, 　　, 　　)

① ㉠　　　　② ㉡　　　　③ ㉢

④ ㉣　　　　⑤ ㉤

20 다음 중 대화 예절을 지키며 예리의 말을 들은 사람은 누구인가요? (　　　　)

> 예리: 어제 심부름을 잘해서 엄마께 칭찬을 받았어.

① "그래서 뭐?"라고 대답한 주연

② 땅을 보며 예리의 말을 들은 택진

③ 밝게 웃으며 예리의 말을 들은 민서

④ 한숨을 쉬며 예리의 말을 들은 지용

⑤ 다른 친구와 이야기하며 예리의 말을 들은 연지

18 다른 사람에게 말할 때 예절을 지켜서 말하면 좋은 점은 무엇인가요? (　　　　)

① 상상력이 풍부해진다.

② 말의 재미를 느낄 수 있다.

③ 상대를 잘 설득할 수 있다.

④ 듣는 사람의 기분이 좋아진다.

⑤ 어려운 낱말의 뜻을 잘 알 수 있다.

21 그림 **다** 에서 민우는 어떤 상황에 있나요? (   )

① 어머니께 꾸중을 듣는 상황
② 길을 가다 친구 어머니를 만난 상황
③ 등교하기 전에 어머니께 인사하는 상황
④ 어머니와 함께 할머니 댁에 놀러 간 상황
⑤ 어머니의 심부름으로 이웃집에 가는 상황

23 그림 **라** 에서 ⓛ에 들어갈 예절에 맞는 말은 무엇인지 번호를 쓰세요.

① 별로 세게 안 맞았지?
② 미안해, 다리는 괜찮아?
③ 왜 하필 거기 있어서 공을 맞았니?

(   )

🎓 교과서 문제

22 민우가 예절에 맞게 말한다면 ㉠에 들어갈 알맞은 말은 무엇인가요? (   )

① 엄마가 주래요.
② 그럼 수고하세요.
③ 가져왔으니 이제 가도 되죠?
④ 다음에는 심부름 시키지 마세요.
⑤ 어머니께서 이것을 가져다드리라고 하셨어요.

🎓 교과서 문제

24 그림 **라** 에서 공을 맞은 친구가 대화 예절에 맞게 말했다면 ⓒ에서 무엇이라고 대답했을까요? (   )

① 내가 이럴 줄 알았어.
② 공을 어디로 차는 거야?
③ 너도 똑같이 당하면 좋겠니?
④ 너 때문에 아파 죽겠어. 어쩔 거야?
⑤ 그래, 괜찮아. 다음에는 더 조심하면 좋겠어.

우리 반 회의 시간

• 회의 주제: 친구들과 사이좋게 지내자.

사회자: 오늘 회의 주제는 다수결의 원칙에 따라 "친구들과 사이좋게 지내자."로 정하겠습니다. 친구들과 사이좋게 지내려면 실천해야 할 일이 무엇인지 발표해 주십시오. 박태영 친구가 의견을 발표해 주십시오.

박태영: 제 의견은 "듣기 싫은 별명으로 부르지 말자."입니다. 기분이 나빠지면 서로 사이좋게 지내기가 어려워지기 때문입니다.

사회자: 좋은 의견입니다. 다른 의견이 더 있습니까? 이희정 친구가 의견을 발표해 주십시오.

이희정: 저는 고운 말을……

강찬우: 잠깐만. "심한 장난을 하지 말자."가 좋겠습니다. 왜냐하면 장난이 심해져서 싸우는 경우가 많기 때문입니다.

사회자: 강찬우 친구, 좋은 의견 감사합니다. 하지만 다른 사람이 의견을 발표할 때 끼어드는 것은 잘못입니다. 다음부터는 꼭 [㉠   ] 발표해 주시기 바랍니다. 이희정 친구는 계속 발표해 주십시오.

이희정: 네, 제 의견은 "고운 말을 사용하자."입니다. 친구들이 나쁜 말을 주고받으면 사이가 안 좋아지는 것을 자주 봤기 때문입니다.

고경희: 쳇, 친할 때 그런 말로 장난치는 것도 모르나?

이희정: 너는 그래서 날마다 친구들과 다투냐?

사회자: 모두 조용히 해 주십시오. <u>말할 기회도 얻지 않고 높임말도 사용하지 않은</u> 고경희 친구 그리고
_{경희가 잘못한 점}
마찬가지로 <u>말할 기회를 얻지 않고 거친 말을 사용한</u> 이희정 친구에게 '주의'를 한 번씩 드립니다. 지금
_{희정이가 잘못한 점}
부터 주제에 대한 실천 내용을 정하도록 하겠습니다. 표결을 하기 전에 추가로 의견을 이야기할 친구는 발표해 주시기 바랍니다. 김찬민 친구가 의견을 발표해 주십시오.

김찬민: 고운 말? 뭐였지? 아무튼 그 의견보다는 '이름 부르지 않기'로 정하면 좋겠습니다. 왜냐하면 우리 반 모두가 싫어할 것 같기 때문입니다.

---

25 학급 회의 주제는 무엇인지 ○표 하세요.

(1) 안전한 학교생활을 하자. (   )

(2) 교실을 깨끗이 사용하자. (   )

(3) 친구들과 사이좋게 지내자. (   )

26 희정이가 자신의 의견을 발표하다가 멈춘 까닭은 무엇인가요? (   )

① 사회자가 희정이의 의견에 반대했기 때문이다.

② 태영이의 의견이 더 좋다고 생각했기 때문이다.

③ 의견에 알맞은 근거가 생각나지 않았기 때문이다.

④ 사회자가 다른 친구에게 말할 기회를 주었기 때문이다.

⑤ 희정이가 말하는 도중에 찬우가 끼어들었기 때문이다.

27 📖 교과서 문제

[㉠]에 들어갈 사회자의 말로 가장 알맞은 것은 어느 것인가요? (   )

① 주제에 알맞은 의견을

② 실천할 수 있는 의견을

③ 알맞은 크기의 목소리로

④ 의견에 알맞은 근거를 들어

⑤ 손을 들어 말할 기회를 얻고 나서

28 찬민이가 잘못한 점에 대하여 회의할 때 지켜야 할 예절을 알맞게 말한 사람은 누구인가요?

> 정선: 다른 사람의 의견을 경청해야 해.
> 미라: 다른 사람의 의견을 비난하면 안 돼.
> 윤서: 회의와 같은 상황에서는 높임말을 사용해야 해.

(   )

3 단원

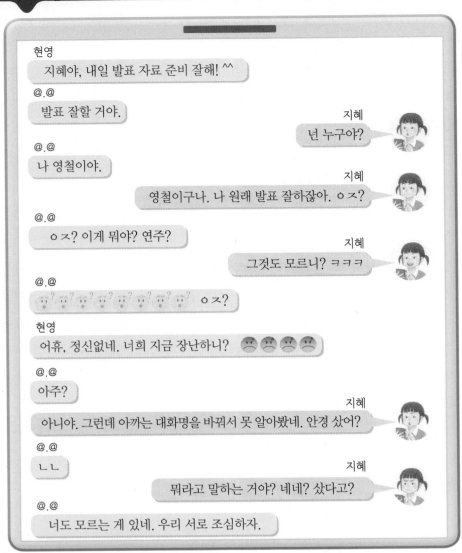

현영
지혜야, 내일 발표 자료 준비 잘해! ^^

@.@
발표 잘할 거야.

지혜
넌 누구야?

@.@
나 영철이야.

지혜
영철이구나. 나 원래 발표 잘하잖아. ㅇㅈ?

@.@
ㅇㅈ? 이게 뭐야? 연주?

지혜
그것도 모르니? ㅋㅋㅋ

😭?😭?😭?😭?😭?😭?😭?😭? ㅇㅈ?

현영
어휴, 정신없네. 너희 지금 장난하니? ☹☹☹☹

@.@
아주?

지혜
아니야. 그런데 아까는 대화명을 바꿔서 못 알아봤네. 안경 샀어?

@.@
ㄴㄴ

지혜
뭐라고 말하는 거야? 네네? 샀다고?

@.@
너도 모르는 게 있네. 우리 서로 조심하자.

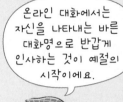

온라인 대화에서 그림말을 사용할 때 주의할 점
• 너무 많이 사용하면 장난스러운 대화가 될 수 있습니다.
• 상대가 잘 이해할 수 있을 정도로만 적절히 사용해야 합니다.
• **그림말**: 컴퓨터나 휴대 전화의 문자와 기호, 숫자 따위를 조합하여 만든 그림 문자. 감정이나 느낌을 전달할 때 사용함.

온라인 대화에서는 자신을 나타내는 바른 대화명으로 반갑게 인사하는 것이 예절의 시작이에요.

---

29 지혜는 영철이를 왜 못 알아보았나요? (   )
① 영철이가 줄임 말을 사용했기 때문이다.
② 영철이가 인사를 하지 않았기 때문이다.
③ 영철이가 다른 사람의 이름을 썼기 때문이다.
④ 영철이가 대화방에서 말을 하지 않았기 때문이다.
⑤ 영철이가 대화명을 이름이 아닌 다른 것으로 썼기 때문이다.

30 친구들이 'ㅇㅈ'나 'ㄴㄴ'을 이해하지 못한 까닭은 무엇인가요? (   )
① 외국어이기 때문이다.
② 친구를 놀리는 말이기 때문이다.
③ 지나치게 줄여 쓴 말이기 때문이다.
④ 어른들이 주로 쓰는 말이기 때문이다.
⑤ 옛날에 사용하다 사라진 말이기 때문이다.

🍙 교과서 문제

31 온라인 대화를 할 때 다음 그림에 나타난 문제는 무엇인지 쓰세요.

갑자기 대화방에서 나가면 어떡해! 난 아직 할 이야기가 남았는데.

점심시간에 한 말이 무슨 뜻이야?

그거 아무것도 아니야. 신경 쓰지 마. 안녕.

△△님이 나갔습니다.

• 친구가 _____

[1~3] 박바우와 박 서방

1 윗마을 양반과 아랫마을 양반이 박 노인을 불렀을 때 박 노인의 표정은 어떠했을지 알맞게 이으시오.

(1) 윗마을 양반 •   • ① 즐거운 표정

(2) 아랫마을 양반 •   • ② 짜증 난 표정

2 박 노인은 윗마을 양반과 아랫마을 양반 중 누구에게 고기를 더 많이 주었겠습니까?

(   )

3 2번 문제의 답과 같이 생각한 까닭을 알맞게 말한 사람의 이름을 쓰시오.

시원: 더 무서운 양반이기 때문이야.
태리: 나이가 많은 양반에게 더 많이 주었기 때문이야.
민영: 자신을 더 존중해 주는 느낌이 들었기 때문이야.

(   )

[4~5] 오늘 아침 민수네 교실에서 있었던 일

영철: 어이, 키다리! 왔냐?
민수: 뭐야, 아침부터 듣기 싫은 별명을 부르고……
채은: 민수야, 안녕?
민수: 안녕, 채은아? 어제 네가 빌려준 책 참 재미있더라. 고마워.

4 영철이와 채은이는 어떻게 인사하였는지 두 가지 고르시오. (,   )

① 영철이는 별명을 불렀다.
② 채은이는 이름을 바르게 불렀다.
③ 채은이는 아무런 인사를 하지 않았다.
④ 영철이는 민수가 좋아하는 별명을 불렀다.
⑤ 채은이는 민수의 기분이 상하게 인사하였다.

📋 서술형·논술형 문제

5 민수의 말에 따라 영철이의 대답은 어떻게 달라질지 쓰시오.

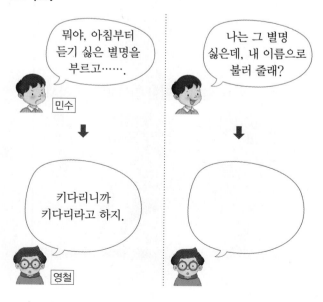

3
단원

[6~7] 아버지와 식사를 준비하는 장면

> 아버지, 내가 수저를 놓을게요.
>
> ⊙

3
단원

6 남자아이의 말에서 예절에 어긋나는 표현은 무엇입니까? (   )

① 아버지
② 내가
③ 수저를
④ 놓을게요
⑤ 어긋나는 표현 없음.

7 남자아이의 말을 대화 예절에 알맞게 고쳐 ⊙에 들어갈 말을 쓰시오.

(   )

8 다음 중 더 알맞게 말한 장면에 ○표 하시오.

> 아저씨, 고맙습니다.
>
> 아주머니, 수고하셨어요.

(1) (   )   (2) (   )

[9~10] 신유의 생일잔치

원우: 신유야, 이제 네 방으로 가서 놀자.

신유: 여기야.

원우: 신유야, 여기는 책이 정말 많구나.

현영: (귓속말로) 신유는 이 많은 책을 다 봤나 봐.

지혜: (귓속말로) 정말 많다. 그래서 공부를 잘하나 봐.

원우: (귓속말로) 역시 책을 좋아하는 신유답다.

신유: 얘들아, 나만 빼고 너희끼리 귓속말로 비밀 이야기를 하는 것 같아 기분이 나빠.

현영: 미안해, 신유야. 아무 생각 없이 우리끼리 그냥 한 말인데, 앞으로는 귓속말하지 않을게.

신유: 그래, 앞으로는 절대 귓속말을 하지 말아 줘. 나만 따돌리는 것 같아 속상하단 말이야.

원우: 신유야, 오늘은 네 생일이니까 이제 재미있게 놀자.

지혜: 그래, 뭐부터 할까?

모두들: 하하하. 호호호.

9 신유 방에 들어간 친구들은 어떤 대화를 나누었는지 쓰시오.

• 책을 좋아하는 신유답게 신유 방에는 ⑴ [   ] 이 많아서 신유가 ⑵ [   ] 를 잘하는 것 같다고 말하였다.

10 신유가 친구들에게 기분이 나쁘다고 말한 까닭은 무엇입니까? (   )

① 친구들이 귓속말을 했기 때문이다.
② 친구들이 집에 돌아가려고 했기 때문이다.
③ 친구들이 신유를 헐뜯는 말을 하였기 때문이다.
④ 친구들이 신유만 따돌리고 놀이를 하였기 때문이다.
⑤ 친구들이 신유의 생일을 축하하는 말을 하지 않았기 때문이다.

11 ㉠을 예의 바른 말로 고친 것에 ○표 하시오.

(1) 친한 사이에 장난도 못 치냐? ( )

(2) 이런 걸로 화를 내니? 이해심이 없구나. ( )

(3) 기분을 상하게 해서 미안해. 이제 그만할게.

( )

[12~15] 우리 반 회의 시간

사회자: 오늘 회의 주제는 다수결의 원칙에 따라 "친구들과 사이좋게 지내자."로 정하겠습니다. 친구들과 사이좋게 지내려면 실천해야 할 일이 무엇인지 발표해 주십시오. 박태영 친구가 의견을 발표해 주십시오.

박태영: 제 의견은 "듣기 싫은 별명으로 부르지 말자."입니다. 기분이 나빠지면 서로 사이좋게 지내기가 어려워지기 때문입니다.

사회자: 좋은 의견입니다. 다른 의견이 더 있습니까? 이희정 친구가 의견을 발표해 주십시오.

이희정: 저는 고운 말을……

강찬우: 잠깐만. "심한 장난을 하지 말자."가 좋겠습니다. 왜냐하면 장난이 심해져서 싸우는 경우가 많기 때문입니다.

사회자: 강찬우 친구, 좋은 의견 감사합니다. 하지만 ㉠ 은 잘못입니다. 다음부터는 꼭 손을 들어 말할 기회를 얻고 나서 발표해 주시기 바랍니다. 이희정 친구는 계속 발표해 주십시오.

이희정: 네, 제 의견은 "고운 말을 사용하자."입니다. 친구들이 나쁜 말을 주고받으면 사이가 안 좋아지는 것을 자주 봤기 때문입니다.

고경희: 쳇, 친할 때 그런 말로 장난치는 것도 모르나?

이희정: 너는 그래서 날마다 친구들과 다투냐?

사회자: 모두 조용히 해 주십시오. 말할 기회도 얻지 않고 높임말도 사용하지 않은 고경희 친구 그리고 마찬가지로 말할 기회를 얻지 않고 거친 말을 사용한 이희정 친구에게 '주의'를 한 번씩 드립니다.

12 태영이의 의견과 근거를 쓰시오.

(1) 의견	
(2) 근거	

13 ㉠ 에 들어갈 알맞은 말은 무엇입니까? ( )

① 거친 말을 사용하는 것

② 너무 큰 목소리로 발표하는 것

③ 의견에 알맞은 근거를 들지 않는 것

④ 주제에 알맞지 않은 의견을 발표하는 것

⑤ 다른 사람이 의견을 발표할 때 끼어드는 것

14 경희와 희정이가 사회자에게 주의를 받은 까닭을 세 가지 고르시오. (, ,)

① 거친 말을 사용하였다.

② 높임말을 사용하지 않았다.

③ 근거를 충분히 제시하지 않았다.

④ 말할 기회를 얻지 않고 말하였다.

⑤ 다른 친구가 발표하는데 둘이서 장난을 쳤다.

15 이 글을 읽고 알 수 있는, 회의할 때 지켜야 할 예절을 알맞게 말하지 <u>못한</u> 사람의 이름을 쓰시오.

희서: 친한 친구의 의견이 가장 좋다고 말해야 해.

기성: 회의와 같은 공식적인 상황에서는 높임말을 사용해야 해.

효연: 의견을 말할 때에는 손을 들어 말할 기회를 얻고 발표해야 해.

( )

[16~17] 온라인 대화

16 ㉠의 그림말은 어떤 의미입니까? (   )

① 화가 났다.
② 친구들의 대화가 재미있다.
③ 지혜를 응원하는 마음이다.
④ 친구들이 쓴 말이 어떤 의미인지 궁금하다.
⑤ 친구들이 자신이 모르는 이야기를 나누어 지루하다.

17 친구들의 대화로 보아 온라인 대화를 할 때 지켜야 할 예절을 두 가지 고르시오. (,   )

① 자신의 감정을 나타내지 않는다.
② 줄임 말을 지나치게 쓰지 않는다.
③ 중요한 내용은 여러 번 반복해서 말한다.
④ 대화명은 자신을 잘 나타내는 것으로 한다.
⑤ 똑똑해 보이도록 어려운 낱말을 많이 사용한다.

18 다음 그림의 친구들에게 온라인 대화 예절에 대하여 알맞게 말한 것의 기호를 쓰시오.

㉠ 뜻을 모르는 표현을 그냥 사용하면 안 돼.
㉡ 친구끼리라도 온라인 대화에서는 높임말을 써야 해.
㉢ 온라인 대화에서는 요즘 유행하는 말을 사용하는 것이 좋아.

(   )

19 대화 예절과 관련된 표어를 만드는 방법으로 알맞지 않은 것은 어느 것입니까? (   )

① 바른 말을 사용하여 만든다.
② 자세하고 길게 나타내어 만든다.
③ 알맞은 대화 예절을 알 수 있게 만든다.
④ 대화 예절을 지키면 좋은 점이 나타나게 만든다.
⑤ 바른 말을 사용하자는 내용이 나타나게 만든다.

서술형·논술형 문제

20 자신의 경험 중 대화 예절을 잘 지켜 말한 경험을 떠올려 조건 에 알맞게 쓰시오.

조건
상황과 그때 자신이 한 말이 드러나게 쓴다.

이야기 속 세상

4

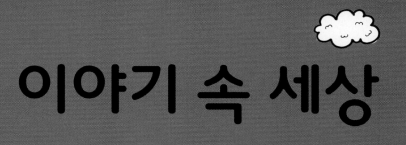

그런데 너무 길지 않아?

이야기의 구성 요소인 인물, 사건, 배경을 찾으면 어떨까요?

벽에 이야기가!

이곳인가?

개념 웹툰

이야기의 구성 요소는 무엇일까요?
스마트폰에서 확인하세요!

개념 ① 인물, 사건, 배경을 생각하며 이야기 읽기

인물	이야기에서 어떤 일을 겪는 사람이나 사물
사건	이야기에서 일어나는 일
배경	이야기가 펼쳐지는 시간과 장소

└ 언제 └ 어디에서

지문 「사라, 버스를 타다」의 배경 정리하기 예

시대적 배경	피부색에 따라 사회적으로 차별이 있었던 시대
시간적 배경	어느 날 아침 → 그날 밤 → 이튿날 아침
공간적 배경	버스 안 → 경찰서 → 사라의 방 → 버스 정류장 앞

개념 ② 인물의 성격을 짐작하며 이야기 읽기

① 인물이 어떤 말을 하였는지 살펴봅니다.
② 인물이 어떤 행동을 하였는지 살펴봅니다.
③ 말이나 행동으로 짐작한 각 인물의 성격을 비교해 봅니다.

지문 「우진이는 정말 멋져!」에 나오는 인물의 성격 짐작하기 예

인물	말이나 행동	인물의 성격
창훈	미안하다는 말 대신 혀만 내밀고는 도망감.	장난스럽다.
윤아	"싫어. 그러다가 벌레라도 손에 닿으면 어떡해?"	조심성이 많다.

개념 ③ 사건의 흐름을 생각하며 이야기 읽기

① 사건이 일어난 차례를 살펴봅니다.
② 인물의 성격에 따라 인물의 행동이 어떻게 달라지는지 살펴봅니다.
③ 인물의 행동에 따라 이어질 이야기가 어떻게 달라질지 예측하며 읽습니다.
미리 헤아려 짐작함.

지문 인물의 성격을 생각하며 「젓가락 달인」 읽기 예

우봉이네 반에서 젓가락 달인 대회를 열게 됨.

우봉이의 성격

성실하고 적극적이다. ➡ 우봉이가 젓가락질 연습을 열심히 함.

만약 우봉이가 게으르고 소극적인 성격이었다면? ➡ 우봉이가 젓가락질 연습을 제대로 하지 않을 것임.

개념 ④ 이야기를 꾸며 책 만들기

① 기억에 남는 이야기의 내용을 떠올려 생각그물로 정리합니다.
② 이야기에서 바꿀 부분을 정해 봅니다.
③ 꾸민 이야기의 내용을 쪽수에 맞게 정리해 봅니다.

활동 책을 꾸며서 만들 때에 떠올릴 점 예

책의 제목은?

이야기 책을 만들 계획 세우기

책의 표지를 어떻게 꾸밀까?

책의 쪽수는?

사라, 버스를 타다

- 글쓴이: 윌리엄 밀러
- 생각할 점: 차별이 있었던 시대적 배경과 인물의 삶이 어떤 관계가 있었는지 생각하며 이야기를 읽어 봅니다.

❶~❷ 사라는 백인들만 앉을 수 있는 버스의 앞자리에 앉았습니다.

❸~❹ 경찰관이 사라를 경찰서로 데려갔습니다.

❺ 많은 사람들이 버스를 타지 않으며 사라를 응원했습니다.

❻ 사람들의 변화에 놀란 시장은 법을 바꾸었습니다.

❶ 아침마다 사라는 어머니와 함께 버스를 탔습니다. 언제나 백인들이 앉는 자리와 구분된 뒷자리에 앉았습니다. 고개를 돌려 자기를 쳐다보는 백인 아이들에게 사라는 얼굴을 찡그렸습니다. 백인 아이들도 얼굴을 찡그리며 웃어 댔습니다. 그러다가 어머니들에게 잔소리를 들은 뒤에야 바로 앉았습니다.

"지금까지 언제나 이래 왔단다. 자리에 앉을 수 있는 것만으로도 만족해야지." → 사라 어머니의 마음: 체념함.

어머니께서는 두 손을 깍지 낀 채 이렇게 말씀하시고는 했습니다. / 어머니께서는 사라보다 먼저 버스에서 내리셨습니다. 사라는 혼자서 학교로 가고, 어머니께서는 백인 가정의 부엌에서 일을 하셨습니다. 어머니를 생각하면 사라는 마음이 아팠습니다. 어머니께서는 주말도 없이 하루 종일 일하셨지만, 신발 한 켤레, 옷 한 벌 사 입으실 형편이 못 되었습니다.

중심 내용 ❶ 사라와 어머니는 버스를 탈 때 언제나 백인들이 앉는 자리와 구분된 버스 뒷자리에 앉습니다.

❷ 어느 날 아침, 사라는 버스 앞쪽 자리가 얼마나 좋은 곳인지 알아보기로 마음먹었습니다. ㉠사라는 자리에서 일어나 좁은 통로로 걸어 나갔습니다. 별다른 것도 없어 보였습니다. 창문은 똑같이 지저분했고, 버스의 시끄러운 소리도 똑같았습니다. 앞쪽 자리가 뭐가 그리 대단하다는 것일까요?

한 백인 아주머니께서 물으셨습니다.

"왜 그리 두리번거리니, 꼬마야?"

"뭐 특별한 게 있는지 알아보고 싶어서요."

아주머니께서 말씀하셨습니다.

"네 자리로 돌아가는 게 좋겠구나."
버스의 뒷자리
모두가 사라를 쳐다보았습니다.

사라는 계속 나아갔습니다. 앞쪽 끝까지 가서 운전사 옆자리에 앉았습니다. 사라는 운전사가 기어를 바꾸고 두 손으로 커다란 핸들을 돌리는 것을 지켜보았습니다. 운전사가 성난 얼굴로 사라를 쏘아보았습니다.

1 사라는 왜 버스 뒷자리에만 앉아야 하였나요?

- ⬚ 이 아닌 사람은 버스에서 뒷자리에 앉게 되어 있었기 때문이다.

2 사라가 ㉠과 같이 행동한 까닭은 무엇인지 (   ) 안의 알맞은 말에 ◯표 하세요.

- 버스의 (앞쪽 / 뒤쪽) 자리가 얼마나 좋은지 알아보고 싶어서이다.

🎓 교과서 문제

3 글 ❷의 공간적 배경은 어디인지 쓰세요.

(   ) 안

4 이 글에서 알 수 없는 것은 어느 것인가요? (   )
① 사라는 백인이 아니다.
② 사라네 집은 넉넉한 형편이 아니다.
③ 사라가 어머니보다 버스에서 더 늦게 내린다.
④ 백인들은 버스의 앞자리에 앉는 것을 싫어한다.
⑤ 버스에서 백인과 흑인이 앉는 자리는 정해져 있다.

"꼬마 아가씨, 뒤로 가서 앉아라. 너도 알다시피 늘 그래 왔잖니?"

<u>꼬마 아가씨</u>
사라

사라는 그대로 앉은 채 마음속으로 말했습니다.

'뒷자리로 돌아갈 아무런 이유가 없어!'

운전사는 뭐라고 중얼거리더니 브레이크를 밟았습니다. 버스가 '끼익' 소리를 내며 갑자기 멈춰 섰습니다.

"㉠<u>규칙을 따르지 못하겠다면 이제부터는 걸어가거라.</u>"

운전사가 '덜컹' 소리를 내며 문을 당겨 열었습니다. 사라는 외롭고 무서웠습니다. 사라 생각에 버스에서 내리는 것도, 학교까지 걸어가는 것도 그리 어려운 일은 아니었습니다. 하지만 걷기에는 꽤 먼 길이었습니다.

사라는 작지만 **당당한** 목소리로 말했습니다.

"<u>문 닫으셔도 돼요. 저는 학교까지 타고 가겠어요.</u>"
사라의 성격: 당당하다

운전사는 자리에서 일어나 쿵쾅거리며 버스 계단을 내려갔습니다. 버스 안에 있던 백인들이 화를 내며 소리쳤습니다.

"빨리 가자고! 이러다 지각하겠어."

잠시 뒤, 운전사는 경찰관과 함께 돌아왔습니다.

경찰관이 물었습니다.

"오늘, 무슨 일이 있니?"

사라는 가슴이 **콩닥거렸습니다.**

"아무 일도 없어요."

"법이 뭔지 너도 알 거다. 그렇지?"

"그럼요. 학교에서 배웠어요."

경찰관이 살짝 웃으며 말했습니다.

"**아무렴.** 법에는 말이다. <u>너희 같은 사람</u>은 버스 뒷
흑인
자리에 앉아야 한다고 나와 있단다. 그래서 말인데, 법을 어기고 싶지 않다면 네 자리로 돌아가거라."
버스의 뒷자리

밖에 사람들이 모여들기 시작했습니다. 사람들이 **흥분**하여 사라에게 큰 소리를 질렀지만, 몇몇은 사라를 응원했습니다. / 한 아저씨께서 소리치셨습니다.

㉡"일어나지 마라. 그 자리는 네 피부색과 아무 상관이 없어."

당당한 남 앞에 내세울 만큼 모습이나 태도가 떳떳한.
콩닥거렸습니다 어떤 일 때문에 가슴이 자꾸 세차게 뛰었습니다.

아무렴 말할 필요 없이 그렇다는 뜻으로, 상대의 말이 맞다고 할 때 쓰는 말.
흥분 어떤 일 때문에 감정이 격하게 생겨남.

📎 **교과서 문제**

5 사라가 버스 뒷자리로 돌아가지 않은 까닭은 무엇인가요? (　　　)

① 학교까지 걸어가고 싶어서
② 규칙을 제대로 알지 못해서
③ 버스에서 얼른 내리고 싶어서
④ 앞자리에 앉을 이유가 없다고 생각해서
⑤ 뒷자리로 돌아갈 이유가 없다고 생각해서

6 ㉠은 무엇을 뜻하는지 알맞은 것에 ○표 하세요.

(1) 흑인은 버스를 탈 수 없음. (　　　)
(2) 흑인은 버스 뒷자리에 앉아야 함. (　　　)
(3) 흑인은 버스 운전사가 될 수 없음. (　　　)
(4) 백인은 버스의 앞쪽 자리에 앉을 수 없음. (　　　)

📘 **서술형·논술형 문제**

7 이 이야기에서 사라가 겪은 중요한 사건을 정리하여 쓰세요.

_____

_____

8 다음과 같은 생각을 갖고 있는 인물의 기호를 모두 쓰세요.

사라는 어서 버스의 뒷자리로 옮겨 앉아야 한다.

㉮ 사라의 어머니　　㉯ 경찰관
㉰ 버스 운전사　　㉱ ㉡을 말한 아저씨

(　　　,　　　)

경찰관이 안타깝다는 듯 고개를 절레절레 흔들더니 사라를 번쩍 안아 올렸습니다. 그러고는 사람들 사이를 지나 경찰서로 향했습니다.

사라는 울기 시작했습니다.

"절 감옥으로 보내실 건가요?"

경찰관은 아무 말도 하지 않았습니다. 하지만 사람들은 더 크게 소리를 질렀습니다.

㉠한 아주머니께서 소리치셨습니다.

"용기를 내!"

그러자 ㉡다른 사람이 되받아쳤습니다.

"법을 어기면 어떻게 되는지 확실히 알게 해 줘!"

중심 내용 2 사라는 버스의 앞쪽 자리에 앉았다가 경찰관과 함께 경찰서에 가게 되었습니다.

❸ 경찰관이 어머니께 전화를 하는 동안, 사라는 커다란 책상 앞에 앉아 있었습니다. 키가 큰 아저씨께서 사진기를 들고 와 사라를 찍으셨습니다.

"신문사에서 왔단다. 용기 있는 행동을 한 사람에 대한 기사를 쓰고 있어."
<small>흑인과 백인을 차별하는 잘못된 법을 따르지 않은 행동</small>

아저씨의 말씀에 경찰관이 크고 거친 손으로 사라의 등을 토닥이며 대꾸했습니다.

"꼬맹이가 잠시 헷갈렸을 뿐이오." → <small>경찰관은 사라의 행동을 대수롭지 않게 여김.</small>

사라의 이야기는 빠르게 퍼져 나갔습니다. 많은 사람이 여기저기에서 사라를 보러 왔습니다. 누구인가 사라에게 초콜릿 과자를 가져다주었습니다. 사라는 과자를 한 입 베어 물고 나서야 자기가 얼마나 배가 고픈지 깨달았습니다.
<small>사라가 몹시 긴장했음을 알 수 있음.</small>

과자를 반쯤 먹었을 때 어머니께서 오셨습니다. 어머니께서 손을 내밀며 말씀하셨습니다.

㉢"가자, 경찰관들이 진짜 범죄자들을 잡으러 가야 할 때인 것 같구나."

경찰관이 사라와 어머니의 뒤에 대고 소리쳤습니다.

"앞으로 당신 딸이 어디에 앉아야 하는지 **단단히** 일러 주시오!"

밖으로 나오자, 신문 기자가 사라의 사진을 좀 더 찍은 뒤에 잘 가라고 손을 흔들어 주었습니다. 사라가 어머니와 함께 사람들 사이를 헤치고 나가며 말했습니다.

---

9 경찰관이 사라를 경찰서에 데려간 까닭은 무엇인가요?

• 사라가 [ ]을/를 어겼기 때문이다.

10 ㉠과 ㉡의 인물은 각각 어떤 생각을 가지고 있을지 알맞게 선으로 이으세요.

(1) [㉠] •

(2) [㉡] •

• ① 사람을 차별하는 법은 옳지 않다.

• ② 법은 어떠한 경우라도 지켜야 한다.

• ③ 법을 지키지 않으면 칭찬을 받을 수 있다.

🎓 교과서 문제

11 사라가 겪은 사건이 아닌 것의 기호를 쓰세요.

> ㉮ 많은 사람이 사라를 보러 왔다.
> ㉯ 사라가 자판기에서 초콜릿을 샀다.
> ㉰ 경찰관이 사라를 경찰서에 데려왔다.
> ㉱ 어머니가 사라를 데리러 경찰서에 왔다.

( )

12 ㉢에서 알 수 있는 사라 어머니의 생각은 무엇인가요?

( )

① 사라가 범죄를 저질러서 슬프다.
② 사라를 범죄자 취급하면 안 된다.
③ 진짜 범죄자가 너무 많아 두렵다.
④ 경찰들이 너무 고생이 많아서 걱정된다.
⑤ 바쁜 경찰들을 귀찮게 해서 죄송스럽다.

"죄송해요, 어머니. 말썽을 일으키려던 것은 아니었어요. 그냥 뭐가 그리 특별한지 알고 싶었을 뿐이에요."

"괜찮다. 넌 아무것도 잘못한 게 없어."

사라와 어머니는 아무 말 없이 집으로 걸어갔습니다.

🖊️ **중심 내용 3** 사라는 어머니와 함께 경찰서를 나왔습니다.

4 그날 밤, 어머니께서는 사라의 방으로 들어와 사라를 안아 주셨습니다.

"사라야, 엄마는 너한테 화나지 않았어. 너는 세상의 어떤 백인 아이 못지않게 착한 아이란다. 너는 특별한 아이야."

일정한 수준이나 정도에 떨어지지 않게.

사라는 몹시 혼란스러웠습니다.

"그런데 왜 저는 버스 앞자리에 타면 안 되나요?"

"법이 그렇기 때문이야. 법이라고 다 좋은 것은 아니지만 말이다."

사라가 어머니의 피곤한 눈을 올려다보며 물었습니다.

"법은 절대 바뀌지 않나요?"

어머니께서 부드럽게 대답하셨습니다.

"언젠가는 바뀌겠지."

🖊️ **중심 내용 4** 사라의 어머니는 사라를 따뜻하게 위로해 주었습니다.

5 이튿날 아침, 어머니께서 사라에게 버스를 타는 대신 걸어가는 것이 어떻겠느냐고 물으셨습니다. 어머니께서는 웃으려고 애를 쓰셨지만, 사라는 어머니의 눈에 고인 눈물을 보았습니다.

"어쨌든 날씨가 그리 춥지는 않구나. 하느님은 우리에게 낡은 버스가 아니라 두 다리를 주셨어. 그렇지?"

"그럼요, 어머니. 저는 걷는 것이 좋아요. 얼마든지요."

사라와 어머니는 버스 정류장을 천천히 지나갔습니다.

『㉠사람들이 고개를 돌려 수군거렸습니다. 사라 또래의 남자아이 하나가 신문과 연필을 가지고 뛰어왔습니다.

『』: 사라가 유명해진 것을 알 수 있는 부분

"사인 좀 해 줄래? 오랫동안 간직하고 싶어."』

어머니께서는 소년한테서 신문을 받아 들고 싱긋 웃으셨습니다.

"우리 딸이 영웅이라도 된 것 같구나."

---

13 사라가 한 일에 대한 어머니의 생각으로 알맞은 것에 ○표 하세요.

(1) 사라는 아무것도 잘못한 것이 없다. ( )

(2) 사라가 한 행동은 부끄러운 일이다. ( )

(3) 사라가 법을 지키지 않아서 화가 난다. ( )

14 글 4의 공간적 배경은 어디인지 찾아 쓰세요.

( )

15 글 5의 시간적 배경을 나타내는 말을 두 가지 고르세요. (,)

① 그날 ② 아침 ③ 이튿날
④ 늦은 밤 ⑤ 점심때쯤

16 이 글로 보아 사라가 살던 때의 법에 대한 설명으로 알맞은 것은 무엇인가요? ( )

① 어린이를 보호하지 않았다.
② 백인들의 사회 활동을 금지했다.
③ 버스 운전사의 권리를 중요하게 여겼다.
④ 백인은 법을 안 지켜도 처벌받지 않았다.
⑤ 인종에 대한 사회적 차별을 당연하게 여겼다.

17 ㉠에서 짐작할 수 있는 것은 무엇인가요? ( )

① 사라의 주변에는 흑인들이 많지 않다.
② 많은 사람들이 사라의 일을 알고 있다.
③ 많은 사람들이 걷는 것을 더 좋아한다.
④ 사람들은 사라와 어머니에게 관심이 없다.
⑤ 사람들은 사라에게 일어난 일을 전혀 모르고 있다.

사라는 신문 첫 장에 난 자신의 사진을 보고 몹시 쑥스러웠습니다.

"어머니, 얼른 가요."

사라가 어머니를 재촉했지만 이미 늦은 뒤였습니다. 흑인이고 백인이고 할 것 없이 많은 사람이 몰려와 사라에게 악수를 청했습니다. 신문 기자가 또다시 사진을 찍으려고 왔습니다. 사람들은 사라를 뒤따라 걸었습니다. / 사라는 마음이 뿌듯했습니다.

*어떤 일을 빨리 하도록 졸랐지만.

어머니께서 말씀하셨습니다.

"웃어도 괜찮아. 넌 특별한 아이잖니?"

중심 내용 5 사라와 어머니는 버스를 타지 않았고, 많은 사람들이 함께 걸으며 응원해 주었습니다.

6 그날은 어떤 흑인도 버스를 타지 않았습니다. 그 다음 날도 마찬가지였습니다. 버스 회사는 당황했습니다. 시장도 어쩔 줄 몰라 했습니다. 그리하여 사람들은 마침내 법을 바꾸었습니다.

운전사가 문을 열어 주며 말했습니다.

"타시죠, 꼬마 아가씨."

사라는 자리에 앉기 전에 뒤돌아서 어머니를 쳐다보았습니다. 평소와 똑같은 외투와 똑같은 신발이었습니다. 그런데 오늘 어머니께서는 무엇인가 달라 보이셨습니다. 자랑과 행복이 두 눈에 가득했습니다.

어머니께서 말씀하셨습니다.

"사라야, 왜 머뭇거리니? 그 자리에 앉을 자격이 있는 사람은 바로 우리 딸인데……."

*말이나 행동을 얼른 정하지 못하고 망설이니.   버스의 앞쪽 자리

운전사가 사라를 쳐다보았습니다. 버스에 있는 모든 사람이 사라를 쳐다보았습니다.

"아니에요, 어머니. 이 자리는 바로 어머니의 자리예요! 앞으로 어머니께서 계속 앉으실 수 있어요."

어머니께서 활짝 웃으셨습니다. 사라와 어머니는 함께 자리에 앉았습니다.

버스가 도시를 가로지르며 달리기 시작했습니다.

중심 내용 6 결국 법이 바뀌어 사라와 어머니는 버스의 앞쪽 자리에 앉을 수 있었습니다.

4 단원

---

18 사라가 쓴 일기입니다. 사라가 겪은 사건이 <u>아닌</u> 것의 기호를 쓰세요.

> 아침에 버스를 타지 않고 걸어서 학교에 갔다. ㉮가는 도중에 사람들이 몰려와 나에게 악수를 하자고 했다. ㉯신문 기자는 우리의 사진을 찍었다. ㉰엄마와 나는 사람들의 뒤를 따라 걸었다. 내가 무엇인가를 해낸 것 같아 마음이 뿌듯했다.

(   )

서술형·논술형 문제

19 사람들이 법을 바꾸게 된 원인이 되는 사건은 무엇인지 쓰세요.

_____

_____

20 사람들은 법을 어떻게 바꾸었나요? (   )
① 흑인들만 버스를 탈 수 있도록 했다.
② 백인들만 버스를 탈 수 있도록 했다.
③ 어린이만 버스의 앞자리에 앉도록 했다.
④ 흑인과 백인이 버스를 따로 타도록 했다.
⑤ 흑인과 백인의 자리를 구분하지 않고 버스를 타도록 했다.

21 법이 바뀐 뒤에 버스를 탄 사라의 어머니는 어떤 마음이었을지 두 가지 고르세요. (,   )
① 사라가 부럽다.
② 사라가 자랑스럽다.
③ 차별이 사라져서 행복하다.
④ 백인들과 버스를 타는 것이 불편하다.
⑤ 버스 운전사가 너무 친절해서 부담스럽다.

우진이는 정말 멋져!

· 글쓴이: 강정연
· 생각할 점: 인물들의 말과 행동을 살펴보며 성격이 어떠한지 떠올립니다.

❶ 우리는 우진이와 공기놀이를 하기로 했어요.

❷ 창훈이 때문에 공기 알이 사물함 밑으로 굴러 들어갔어요.

❸ 우진이가 공기 알과 나비 핀을 꺼내 주었어요.

❹ 창훈이가 또 장난을 쳐서 우진이가 사과를 하라고 붙잡았어요.

4단원

❶ 교실에 들어서니 나 말고도 다섯 명의 친구가 있었어요. 그중에는 윤아도 있었어요. 윤아와 나는 선생님이 오기 전까지 공기놀이를 하기로 했어요.

한참을 신나게 놀고 있는데 뒷문이 드르륵 열렸어요. 우진이예요.

"너희 뭐 해? 또 공기놀이하는구나." / 우진이가 생글생글 웃으며 우리끼리 노는 데 참견했어요. 내가 놀고 있으면 우진이가 꼭 구경하러 오더라고요. 어쩌면 우진이도 나랑 짝이 되고 싶은지도 모르겠어요.
자기와 별로 관계없는 일이나 말에 끼어들어 아는 체함.
'나'는 우진이와 짝이 되고 싶어 함.

"우아, 윤아 공기 되게 잘한다!"

아이참, 정말 이상해요. 조금 전까지만 해도 윤아보다 내가 훨씬 더 잘했는데, 우진이가 나타나자마자 자꾸만 실수하는 거예요. ㉠우진이 칭찬을 듣고 헤벌쭉 웃는 윤아가 참 얄미웠어요.

"나 공기놀이 그만할래."

나는 공기 알들을 주섬주섬 챙기며 일어섰어요. 공기 알 주인도 나고, 공기놀이도 내가 훨씬 더 잘하는데 윤아만 기분이 좋은 것 같아 심통이 난 거죠, 뭐.
마땅치 않게 여기는 나쁜 마음.

그런데 그때 우진이가 내 옷자락을 잡으며 말렸어요.

"승연아, 우리 셋이 공기놀이하자. 나도 공기놀이할 줄 알거든."

"어? 그, 그래."

우진이가 커다란 눈을 끔뻑이며 부탁하는데 어떻게 안 들어줄 수 있겠어요? / 나는 다시 자리에 앉아 공기 알을 바닥에 내려놓았어요. 우리는 가위바위보를 해서 순서를 정했죠. 우진이와 함께 공기놀이를 한다고 생각하니 가슴이 두근거렸어요.
'나'는 우진이를 좋아함.

중심 내용 ❶ '나'는 윤아, 우진이와 함께 공기놀이를 하기로 했습니다.

22 윤아와 '나'는 교실에서 어떤 놀이를 했는지 쓰세요.

( )

23 '내'가 공기놀이에서 자꾸만 실수를 한 까닭은 무엇인가요? ( )

① 연습을 안 해서
② 선생님이 오셔서
③ 우진이가 나타나서
④ 윤아가 헤벌쭉 웃어서
⑤ 공기놀이가 재미없어서

교과서 문제

24 ㉠에 드러난 '나'의 성격은 어떠한가요? ( )

① 활기차다.　　② 샘이 많다.
③ 부지런하다.　　④ 의심이 많다.
⑤ 부끄러움이 많다.

25 우진이의 행동으로 알맞은 것에 모두 ○표 하세요.

(1) 커다란 눈을 끔뻑였다. ( )
(2) '내' 옷자락을 잡으며 말렸다. ( )
(3) 공기 알들을 챙기며 일어섰다. ( )

❷ 가장 먼저 윤아가 공기 알을 잡았어요. 윤아는 입을 앙다물고 무척 **침착하게** 공기 알을 던지고 잡기를 계속했어요. **웬일**인지 다른 때보다 훨씬 잘하는 것 같았어요. 어느새 윤아는 손등에 공기 알 네 개를 올려 두고 가느다란 손가락을 꼼지락거리며 공기 알을 잡으려고 했지요.

'떨어져라, 떨어져라, 떨어져라……'

나도 모르게 마음속으로 빌고 있는데 갑자기 윤아가 앞으로 폭 **고꾸라지지** 뭐예요. 장난꾸러기 창훈이가 다른 아이들이랑 장난치며 뛰다가 윤아와 부딪친 거죠. 그 바람에 윤아 손등에 있던 공기 알이 와르르 떨어져 두 개는 책상 밑으로, 한 개는 우진이 다리 밑으로, 나머지 한 개는 사물함 밑으로 굴러 들어갔어요.

"김창훈! 너 때문에 죽었잖아!" → 윤아가 한 말

"김창훈! 너 때문에 내 공기 알이 사물함 밑으로 들어갔잖아!" → '내'가 한 말

윤아는 공기 알을 못 잡은 게 억울해서, 나는 사물함 밑으로 굴러 들어간 내 공기 알이 걱정돼서 소리쳤어요. 우리 목소리에 놀랐는지 창훈이는 온몸을 **움찔하더라고요**. 그것도 잠시뿐, 창훈이는 미안하다는 소리 대신 혀만 쏙 내밀고는 휙 도망가 버리는 거 있죠.

⟨중심 내용 ❷⟩ 창훈이 때문에 공기 알 하나가 사물함 밑으로 굴러 들어갔습니다.

❸ 윤아와 나는 교실 바닥에 엎드려 사물함 밑을 들여다봤지만, 사물함 밑은 너무 깜깜해서 아무것도 보이지 않았어요.

"손을 넣어 볼까?"

"싫어. 그러다가 벌레라도 손에 닿으면 어떡해?"

㉠나는 윤아 입에서 '벌레'라는 말이 나오자마자 사물함 밑으로 반쯤 넣었던 손을 얼른 **뺐어요.**

윤아와 나는 서로 울상이 되어 마주 보았어요.

침착하게 행동이 들뜨지 않고 조용하여 차분하게.
웬일 어찌 된 일. [주의] 왠일(×) 예 오늘 웬일로 지각을 했니?

고꾸라지지 앞쪽으로 몸을 기울이며 넘어지지.
움찔하더라고요 깜짝 놀라 몸을 갑자기 움츠리더라고요.

📘 교과서 문제

26 공기 알이 사물함 밑으로 굴러 들어가게 된 까닭은 무엇인지 쓰세요.

• (1) ( )이/가 다른 아이들이랑 장난치며 뛰다가 공기놀이하던 (2) ( )와/과 부딪쳤기 때문이다.

27 '나'와 윤아가 창훈이에게 소리를 지른 까닭을 알맞게 선으로 이으세요.

(1) 나 •

(2) 윤아 •

• ① 공기 알을 못 잡은 게 억울해서.

• ② 사물함 밑으로 굴러 간 공기 알이 걱정돼서.

📘 서술형·논술형 문제

28 ㉠에서 알 수 있는 '나'의 성격과 그 까닭을 쓰세요.

(1) 성격: _____

(2) 까닭: _____

_____

29 창훈이의 행동을 보고 알 수 있는 점을 두 가지 고르세요. (,)

① 윤아를 좋아한다.
② 장난을 좋아한다.
③ 잘못을 하면 빨리 반성한다.
④ 공기놀이를 하고 싶어 한다.
⑤ 친구를 배려하는 마음이 부족하다.

"이걸로 꺼내 보자."

우진이는 어디서 가져왔는지 기다란 자를 들고 나타났어요. 그러고는 바닥에 납작 엎드려 자로 사물함 밑을 **더듬거렸어요**. 사물함 밑에서 자가 빠져나올 때마다 먼지 뭉치가 잔뜩 붙은 10원짜리 동전, 연필, 지우개 들이 따라 나왔어요. 자가 다섯 번째쯤 사물함 밑을 더듬거리다가 나왔을 때에야 윤아와 내가 손뼉 치며 소리쳤어요.

"어! 나왔다!"

자 끝에는 분홍색 꽃 모양의 작은 공기 알이 살짝 걸려 있었어요. 작은 물방울무늬가 있는 빨간색 나비 핀도요. ㉠우진이는 공기 알과 나비 핀을 손에 들고 먼지를 **툴툴** 털어 냈어요. 그러고는 우리에게 공기 알과 나비 핀을 쑥 내밀었어요.

"여기 공기 알. 그리고 이 핀 가질래?"

나는 **선뜻** 손을 내밀지 못했어요. 어떻게 하면 좋을지 몰랐거든요.

그때 윤아가 얼굴을 찡그리며 말했어요.

㉡"아유, 더러워! 그 핀을 어떻게 쓰냐?"

그러자 우진이는 공기 알만 나에게 건네주고 나비 핀은 쓰레기통에 넣어 버렸어요.

"그래, 더러울 거야."

우진이의 목소리에는 부끄러운 마음이 묻어 있었어요. 마음 같아서는 윤아를 한 대 콩 쥐어박고 싶었지만 참았어요. 그런데 그때, ㉢창훈이가 다시 나타나 윤아와 나를 또 밀치고 지나가는 거예요. 윤아와 나는 **하마터면** 같이 넘어질 뻔했지요. 그런데 우진이가 갑자기 창훈이 팔을 팍 잡아채더니 윤아와 내 앞으로 창훈이를 돌려세웠어요.

더듬거렸어요 무엇을 찾으려고 이리저리 만져 보았어요.
ⓔ 어두운 방에서 불을 켜려고 벽을 <u>더듬거렸어요</u>.
툴툴 옷 등을 힘 있게 터는 모양.

선뜻 동작이 빠르고 시원스러운 모양.
하마터면 조금만 잘못하였더라면.
ⓔ 길을 건너다가 <u>하마터면</u> 크게 다칠 뻔하였습니다.

📝 서술형·논술형 문제

30 ▨▨▨ 부분에서 다음과 같은 우진이의 성격을 짐작할 수 있는 말과 행동을 쓰세요.

> 우진이의 성격: 적극적이다.

(1) 말	
(2) 행동	

31 우진이가 '나'와 윤아에게 내민 물건 두 가지를 쓰세요.
(,   )

🔖 교과서 문제

32 '내'가 윤아를 한 대 콩 쥐어박고 싶었던 까닭에 ○표 하세요.
(1) 공기놀이를 잘하는 것이 샘나서. (   )
(2) 나비 핀을 갖고 있는 것이 부러워서. (   )
(3) 우진이의 성의를 무시하고 나비 핀이 더럽다고 한 것이 얄미워서. (   )

33 ㉠~㉢의 말과 행동을 보고 알 수 있는 인물의 성격을 선으로 이으세요.

(1) ㉠ •   • ① 깔끔하다.

(2) ㉡ •   • ② 장난스럽다.

(3) ㉢ •   • ③ 다정다감하다.

㉠"너 왜 자꾸 여자애들 괴롭혀? 아까 일도, 지금 일도 얼른 사과해." → 의로운 성격

우진이는 **작정한** 듯이 굳은 얼굴로 창훈이를 다그쳤고, 창훈이는 싱글싱글 웃으며 우진이 손을 억지로 떼어 내려 했어요. 하지만 키가 한 뼘이나 더 큰 우진이를 창훈이가 어떻게 이겨 낼 수 있겠어요?

"너 지금 사과 안 하면 선생님한테 다 이를 거야."

중심 내용 3 우진이는 공기 알을 찾아 주고 창훈이에게 사과를 하라고 하였습니다.

4 일이 이쯤 되자 창훈이는 슬슬 웃기기 작전을 쓰기 시작했어요. 『보일 듯 말 듯한 작은 새우 눈으로 눈웃음을 살살 지으며, 콧구멍을 벌름거리고 입을 펭귄처럼 쭉 내밀고는, "우진아, 한 번만 봐줘잉. 난 선생님이 제일 무서웡." 하고 콧소리를 내며 말하는 거지요.』 아무리 화난 사람도 창훈이의 이런 **우스꽝스러운** 얼굴을 보면 웃지 않고는 못 견딜 거예요. 나와 윤아도 웃지 않으려고 억지로 참았지만 **쿡쿡** 웃음이 새어

『 』: 창훈이의 성격을 짐작할 수 있는 부분

나오고 말았어요.

결국 우진이도 웃는 바람에 손에 힘이 풀려 창훈이를 놓아주었어요. 창훈이는 기다렸다는 듯이 엉덩춤을 실룩실룩 추더니 횡 하고 자리를 떴어요. 그러고는 또다시 친구들이랑 어울려 장난치며 놀기 시작했지요.

창훈이의 성격: 장난을 좋아한다.

우진이는 우리를 돌아보고 씩 웃고는 자리로 가 앉았어요. 윤아와 나도 자리로 돌아와 앉았고요.

나는 아까 우진이가 주려고 했던 머리핀이 자꾸만 생각났어요.

'우진이는 나한테 주고 싶었을까, 윤아한테 주고 싶었을까? 윤아만 아니면 내가 그냥 가졌을 텐데…….'

우진이는 생각하면 할수록 참 멋진 아이예요. 이런 우진이를 어떻게 안 좋아할 수 있겠어요? 이런 우진이와 어떻게 짝이 되고 싶지 않을 수 있겠어요?

중심 내용 4 창훈이는 웃기기 작전을 쓰며 자리를 떴고, 나는 우진이를 멋진 아이라고 생각하였습니다.

작정한 일을 어떻게 하기로 결정한.
예 동생이 초콜릿을 먹지 않기로 작정한 것 같습니다.

우스꽝스러운 말이나 행동이 특이하여 우스운.
쿡쿡 웃음이 갑자기 나는 소리나 모양을 흉내 내는 말.

---

34 ㉠에서 우진이의 마음은 어떠하였을지 쓰세요.
(   )

작정한 듯이 굳은 얼굴로 창훈이를 다그쳤다고 하였어요. 어떤 말투가 어울리는지 떠올려 보세요.

35 창훈이가 한 행동이 <u>아닌</u> 것은 무엇인가요? (   )
① 작은 눈으로 눈웃음을 지었다.
② 우진이 손을 억지로 떼어 내려 했다.
③ 콧소리를 내며 우스꽝스럽게 말했다.
④ 웃지 않으려고 억지로 웃음을 참았다.
⑤ 콧구멍을 벌름거리고 입을 쭉 내밀었다.

📕교과서 문제

36 '나'는 우진이에게 어떤 마음을 가지고 있나요?
(   )
① 화나는 마음   ② 질투하는 마음
③ 좋아하는 마음   ④ 싫어하는 마음
⑤ 뽐내고 싶은 마음

37 '내'가 우진이를 멋진 아이라고 생각하는 이유로 알맞은 것에 모두 ○표 하세요.
(1) 공기 알을 찾아 주었기 때문에   (   )
(2) 창훈이에게 사과하라고 시켰기 때문에   (   )
(3) 잃어버린 머리핀을 찾아 주었기 때문에
(   )

정답 8쪽

국어 교과서 **133쪽**

1. 「우진이는 정말 멋져!」를 읽고 물음에 답해 봅시다.

(1) 공기 알이 사물함 밑으로 굴러 들어간 까닭은 무엇인가요?

예시 답안〉 창훈이가 다른 아이들이랑 장난치며 뛰다가 공기놀이하던 윤아와 부딪쳤기 때문입니다.

풀이〉 이야기에서 일어나는 일을 '사건'이라고 하는데 중요한 사건이 일어난 차례를 파악하면 이야기의 내용을 이해하는 데 도움이 됩니다.

(2) '내'가 윤아를 한 대 콩 쥐어박고 싶었던 까닭은 무엇인가요?

예시 답안〉 우진이의 성의를 무시하고 우진이가 건넨 핀을 더럽다며 면박을 준 윤아가 얄미웠기 때문입니다.

풀이〉 윤아의 면박을 듣고 우진이는 "그래, 더러울 거야."라고 말하면서 핀을 쓰레기통에 버렸는데 그 목소리에 부끄러운 마음이 묻어 있었다고 하였습니다.

(3) '나'는 우진이를 어떻게 생각하나요?

예시 답안〉 우진이를 좋아합니다.

풀이〉 인물의 마음은 이야기에 직접적으로 드러나기도 하지만 인물의 말이나 행동을 통해 짐작할 수 있습니다.

국어 교과서 **135쪽**

4. 「우진이는 정말 멋져!」에서 인물의 성격을 알 수 있는 말이나 행동을 찾아 성격을 짐작해 봅시다.

	말이나 행동	인물의 성격
나	우진이 칭찬을 듣고 헤벌쭉 웃는 윤아가 참 얄미웠어요.	샘이 많다.
	예시 답안〉 윤아 입에서 '벌레'라는 말이 나오자마자 사물함 밑으로 반쯤 넣었던 손을 얼른 뺐어요.	**예시 답안**〉 소심하다. / 내성적이다.
우진	**예시 답안**〉 자를 들고 와 사물함 밑을 더듬거려 공기 알을 빼냈다. "여기 공기 알, 그리고 이 핀 가질래?"	**예시 답안**〉 적극적이다. / 다정다감하다.
창훈	**예시 답안**〉 창훈이는 미안하다는 소리 대신 혀만 쏙 내밀고는 휙 도망가 버렸다.	**예시 답안**〉 장난스럽다. / 배려심이 없다.
윤아	**예시 답안**〉 "싫어. 그러다가 벌레라도 손에 닿으면 어떡해?"	**예시 답안**〉 조심성이 많다. / 깔끔하다.

풀이〉 인물의 성격을 '착하다' 또는 '나쁘다'라고 표현하지 않고 성격을 표현하는 말로 다양하게 표현해 보도록 합니다.

자습서 확인 문제

1 공기 알이 사물함 밑으로 굴러 들어간 원인이 된 행동을 한 사람을 골라 기호를 쓰세요.

> ㉠ '나'
> ㉡ 창훈
> ㉢ 우진
> ㉣ 선생님

(   )

2 우진이에 대한 '나'의 마음은 어떠한지 기호를 쓰세요.

> ㉠ 우진이를 좋아한다.
> ㉡ 우진이를 부러워한다.
> ㉢ 우진이에게 화가 난다.
> ㉣ 우진이를 자랑스러워한다.

(   )

3 다음과 같은 행동에서 알 수 있는 창훈이의 성격은 어떠한가요?

> 창훈이는 미안하다는 소리 대신 혀만 쏙 내밀고는 휙 도망가 버렸다.

• ☐☐☐ 이 없다.

4
단원

진도 완료
체크

젓가락 달인

· 글쓴이: 유타루
· 생각할 점: 사건의 흐름과 인물의 성격을 생각해 봅니다.

❶ 우봉이는 전학 온 주은이와 짝이 되었습니다.

❷ 우봉이는 젓가락질 연습을 열심히 했습니다.

❸ 우봉이는 시장에서 주은이와 주은이의 엄마를 보았습니다.

❹~❺ 우봉이는 젓가락 달인 결승전에서 주은이와 겨루었습니다.

❶ 우봉이는 가방에서 책을 꺼내 책상에 탁 올려놓았어요. / 이때 드르륵 문 열리는 소리가 났어요. 선생님이 웬 여자아이를 데리고 교실로 들어왔어요. 우봉이는 여자아이에게서 눈을 떼지 못했어요. 약간 가무잡잡한 피부색 때문이 아니었어요. 크고 맑은 눈! 우봉이는 여자아이 눈이 참 예쁘다고 생각했어요.

"우리 반에 새로 전학 온 친구가 있어요. 자기 이름을 직접 소개해 보겠어요?"

선생님이 여자아이의 어깨를 한 손으로 가볍게 감싸 주었어요.

"안녕? 나는, 아니 아니, 내 성은 김해 김씨이고 이름은 주은이야. 김해 김씨, 김주은. 잘 부탁해."
_{처음 만난 친구들 앞에서도 부끄러워하지 않는 성격}

주은이가 **또랑또랑** 말했어요. '김해 김씨'를 말할 때는 목에 힘까지 주었어요. 아이들이 "김해 김씨?" 하며 고개를 갸웃했어요. 그러다 누군가가 "아아, 김해 김치!"라고 하자 깔깔거렸어요.

"조용! 여러분, 주은이 친구하고 사이좋게 지내도록 해요. **가만있자,** 주은이가 어디 앉으면 좋을까? 아, 저기, 우봉이 옆에 가 앉을래?"

🏷️**중심 내용 ❶** 우봉이는 전학 온 주은이와 짝이 되었습니다.

또랑또랑 조금도 흐리지 않고 아주 밝고 똑똑한 모양.
예 강아지의 눈이 <u>또랑또랑</u> 빛났습니다.

가만있자 갑자기 떠오르지 않는 기억이나 생각을 더듬을 때에 별 뜻 없이 하는 말.

38 이 이야기의 공간적 배경은 어디인지 찾아 쓰세요.
(   )

39 우봉이가 전학 온 여자아이에게서 눈을 떼지 못한 까닭은 무엇인가요? (   )
① 가무잡잡해서
② 아는 사람이어서
③ 새로 전학을 와서
④ 눈이 크고 맑아서
⑤ 자기소개를 잘해서

🍙**교과서 문제**

40 주은이는 자기를 어떻게 소개하였는지 모두 ○표 하세요.
(1) 또랑또랑한 목소리로 소개하였다. (   )
(2) 김해 김씨이고, 이름은 '주은'이라고 하였다. (   )
(3) 별명은 김해 김치이고 잘 부탁한다고 하였다. (   )

41 우봉이에게 일어난 중요한 사건은 무엇인가요?
· 전학 온 (1) (   )(이)와 (2) (   )이/가 된 일

2 할아버지가 방바닥에 접시 두 개를 놓았어요. 하나는 빈 접시, 다른 하나는 바둑알들이 담긴 접시였어요.

"그러니까 초급은 나무젓가락으로 삼십 초 안에 바둑알을 다섯 개 옮기면 합격이다, 그 말인겨?"

"네. 그리고 중급은 삼십 초 안에 일곱 개고요."

우봉이는 손에 쥔 나무젓가락 끝을 오므렸다 폈다 하며 대답했어요.

할아버지가 손목시계를 보며 준비하라는 눈짓을 했어요. 우봉이는 알았다고 고개를 끄덕였어요.

"준비, 시작!"

우봉이는 나무젓가락으로 바둑알을 집어 옆 접시로 옮기기 시작했어요. 하나, 둘, 셋, 넷, 그리고 다섯 개째 옮기려고 할 때 할아버지 목소리가 들렸어요.

"땡!"

"벌써 삼십 초가 지났어요? 하나만 더 옮겼으면 초급 합격인데."

우봉이가 몹시 아쉬워했어요.

할아버지가 우봉이 등을 다독이며 말씀하셨어요.
가만가만 두드리며.

"우리 우봉이 아주 잘하는구먼. 젓가락을 바르게 사용할 줄 아니까, 조금만 더 연습하면 거뜬하겠구먼."

우봉이는 할아버지 말씀에 용기가 났어요. 할아버지는 접시 한쪽에 바둑알을 수북이 놓았어요. 우봉이는 나무젓가락으로 바둑알을 집어 빈 접시로 옮기는 연습을 계속했어요. 그러면서 문득 생각했어요.

'더 잘하려면 나도 **권법**이나 **수법** 같은 게 있어야 해. 뭐로 하면 좋을까?'

중심 내용 2 우봉이는 할아버지의 도움을 받아 젓가락질 연습을 열심히 하였습니다.

3 "엄마 심부름 좀 해 줄래? 두부 사는 걸 깜빡했어."

엄마가 시장바구니에서 물건들을 꺼내다 말고 말씀하셨어요. 할아버지랑 바둑알로 알 까기를 하던 우봉이가 "네." 하고 자리에서 일어났어요.

"나도 바람 좀 쐬고 싶구먼."

우봉이는 할아버지랑 집을 나섰어요. 우봉이는 집 가까운 마트로 가려고 했어요. 그런데 할아버지가 시장에 가자고 했어요.

권법(拳 주먹 권 法 방법 법) 주먹으로 치거나 발로 차거나 하는 기술을 주로 하는 무술.

수법(手 손 수 法 방법 법) 수단과 방법을 함께 이르는 말.
예 재민이는 특이한 <u>수법</u>으로 딱지치기를 했습니다.

---

42 우봉이는 누구와 함께 젓가락질 연습을 하였나요?

( )

📖 교과서 문제

43 우봉이는 젓가락 달인이 되려고 어떻게 연습했나요?

( )

① 바둑알로 알 까기를 하며 놀았다.
② 콩나물을 집었다 놓았다 하는 연습을 했다.
③ 쌀을 젓가락으로 하나하나 옮기는 연습을 했다.
④ 시간을 재어 가며 바둑알을 옮기는 연습을 했다.
⑤ 숟가락을 쓰지 않고 젓가락만 써서 밥을 먹었다.

44 초급에 합격하려면 어떻게 해야 하는지 빈칸에 알맞은 말을 쓰세요.

• 초급은 나무젓가락으로 ⑴ ( ) 안에 바둑알을 ⑵ ( ) 옮기면 합격이다.

🖊 서술형·논술형 문제

45 우봉이가 젓가락질 연습을 하다가 용기를 얻은 까닭은 무엇인지 쓰세요.

_____

_____

우봉이는 시장 골목으로 들어갔어요. 할아버지는 구경하느라 느릿느릿 걸으며 가다 서다를 반복했어요. 우봉이는 할아버지보다 앞서가며 눈을 굴렸어요. 두부 가게가 어디 있나 하고요.

'어, 주은이잖아!'

주은이가 ㉮채소 ㉯가게 안에서 젓가락질 연습을 하고 있었어요. 나무젓가락으로 강낭콩을 들었다 놓았다 하고 있었어요. 주은이 옆에는 한 아줌마가 있었는데 생김새가 좀 남달랐어요. 얼굴도 가무잡잡했어요. 아줌마가 대나무로 만든 작은 그릇에서 뭔가를 꺼내 **조몰락조몰락했어요.**

"그렇게 먹지 마. 정말 싫어."

주은이가 아줌마에게 화를 내듯 크게 말했어요.

"카오리아오는 이렇게 쏜으로 먹는 꺼야. 우리 꼬향
<small>외국의 음식으로, 아줌마가 다른 나라 사람이라는 것을 알 수 있음.</small>
에선 다 끄래."

아줌마는 목소리도 컸어요. 그렇다고 주은이처럼 화난 건 아니었어요. 웃고 있었으니까요.

그런데 말투가 이상했어요. 사투리도 아닌데 아주 어색하게 들렸어요.

아줌마가 조몰락조몰락하던 것을 입에 쏙 넣었어요. 밥 덩어리 비슷했어요.

'왝! 저걸 먹다니!' / 우봉이는 속이 **메스꺼웠어요.**

"아유, 정말 창피해."

㉠주은이가 콩 집던 나무젓가락을 아줌마한테 얼른 내밀었어요. 그러고는 주위를 두리번거렸어요.

지켜보던 우봉이는 다른 사람 뒤로 얼른 몸을 숨겼어요.
<small>우봉이의 성격: 개방적이지 않고, 적극적이지 않다.</small>

중심 내용 ③ 우봉이가 시장에서 주은이 어머니께서 손으로 음식 드시는 것을 우연히 보게 되었습니다.

④ 저녁때 우봉이는 반찬으로 콩장과 메추리알과 묵만 먹었어요.

"우봉아, 김치랑 콩나물도 좀 먹어 봐."

엄마가 우봉이에게 말씀하셨어요.

"그래, 젓가락 달인도 좋지만 골고루 먹어야지."

아빠도 우봉이에게 한마디 하셨어요. 그래도 우봉이는 젓가락 연습이 되는 것만 골라서 반찬으로 먹었어요. 엄마, 아빠가 ㉡"정말 못 말려." 하는 표정을 지었어요.

메추리알을 집으려던 우봉이는 문득 생각난 게 있어 젓가락질을 멈췄어요.

조몰락조몰락 작은 동작으로 물건을 자꾸 주무르는 모양.
예 추석 때 조몰락조몰락 송편을 만들었습니다.

메스꺼웠어요 먹은 것이 되넘어 올 것같이 속이 몹시 울렁거리는 느낌이 있었어요.

---

46 주은이는 무엇을 들었다 놓았다 하며 젓가락질 연습을 하였나요? ( )

① 밤　　　② 대추　　　③ 강낭콩
④ 완두콩　　⑤ 방울토마토

🍚 교과서 문제

47 ㉮, ㉯와 뜻이 비슷한 낱말을 각각 하나씩 쓰세요.

(1) ㉮ 채소 : ( )
(2) ㉯ 가게 : ( )

48 ㉠에서 주은이의 마음은 어떠할까요? ( )

① 슬프다.　　② 서운하다.　　③ 창피하다.
④ 행복하다.　　⑤ 자랑스럽다.

49 우봉이의 엄마와 아빠가 ㉡과 같은 표정을 지은 까닭으로 알맞은 것에 ○표 하세요.

(1) 우봉이가 콩나물을 많이 먹어서. ( )

(2) 우봉이가 젓가락질 연습이 되는 것만 골라서 반찬으로 먹어서. ( )

(3) 우봉이가 손으로 밥을 조몰락조몰락해서 먹는 것을 나쁘다고 생각해서. ( )

"궁금한 게 있는데요, 손으로 밥을 조몰락조몰락해서 먹는 건 나쁜 거죠? 그런 사람 야만인이죠? 원시인이죠?" / 우봉이가 묻자 아빠가 말씀하셨어요.

"왜? 아는 사람 중에 그런 사람이라도 있어?"

"아, 아니요. 그냥 어디서 봤는데, 우리나라 사람은 아니에요."

"손으로 밥 먹는 사람들도 있긴 있지. 인도라는 나라 알지? 그 나라에도 그냥 맨손으로 밥을 먹는 사람들이 있어."

"정말요? 인도는 내가 좋아하는 카레의 나라인데. 그런 나라에 야만인이 많다니."

뜻밖이어서 우봉이는 고개를 갸우뚱했어요. 그걸 보고 할아버지가 말씀하셨어요.

"손으로 먹는 걸 두고 나쁘다고, 또 야만인이라고 해서는 안 되는겨. 그게 그 나라 풍습이고 문화인겨. 할아버지가 된장찌개 좋아하는데, 외국 사람이 냄새나는 된장 먹는다고 나를 야만인이라고 부르면 기분 나쁠겨. 할아버지 말 알아듣겠능겨?"

"ⓒ그래도 맨손으로 밥을 조몰락거리는 건 더러워요. 병 걸릴 것 같아요."

✏️ **중심 내용 4** 우봉이네 가족이 손으로 음식 먹는 것에 대해 이야기하였습니다.

❺ 우봉이는 물을 마시고 화장실로 가서 오줌을 누었어요. 긴장이 돼서 오줌이 쫄쫄 나왔어요.

교실로 돌아왔을 때, 책상이 칠판 앞으로 옮겨져 있었어요. 주은이 책상도 마찬가지였어요. 그 두 책상 사이에는 교탁이 있었고, 교탁 위에는 스티커가 가득 든 유리병과 상품권이 든 파란 봉투가 놓여 있었어요.

"젓가락왕을 가리는 거니까 아이들이 잘 봐야겠지? 그래서 옮겼어."

선생님 말씀을 듣고 우봉이는 앞으로 나가 앉았어요. 주은이도 자기 책상을 찾아가 앉았어요.

"박우봉, 너 무슨 권법이냐? 내 악어 입 탁탁을 대체 뭐로 이긴 거야?"

성규가 뒤통수를 긁적이며 우봉이에게 물었어요.

"구리구리 딱따구리 권법."

우봉이는 좀 큰 소리로 대답했어요.

"그럼 주은이 너는? 너는 도대체 무슨 수법이니?"

이번에는 민지가 주은이에게 억울하다는 듯 물었어요. 우봉이도 궁금해서 주은이 쪽으로 고개를 돌렸어요.

---

50 우봉이는 손으로 밥을 먹는 사람을 어떤 사람이라고 표현하였는지 한 가지만 쓰세요.

( )

51 손으로 음식을 먹는 것에 대한 할아버지와 우봉이의 생각을 찾아 선으로 이으세요.

(1) | 우봉이 | •   • ① | 그 나라의 풍습이고 문화이므로 나쁘다고 할 수 없다.

(2) | 할아버지 | •   • ② | 맨손으로 밥을 만지는 것은 더럽다.

🎓 **교과서 문제**

52 ⓒ에서 알 수 있는 우봉이의 성격은 어떠한지 ( ) 안의 알맞은 말에 ◯표 하세요.

• 할아버지의 말씀을 제대로 들은 뒤에도, 손으로 음식을 먹는 것이 더럽다고 하는 우봉이는 (융통성이 없는 / 생각을 쉽게 바꾸는) 성격이다.

53 이야기의 내용으로 보아, 젓가락왕을 가리는 결승전에 올라간 사람은 누구누구인가요? (,)

① 민지   ② 성규   ③ 우봉이
④ 주은이   ⑤ 선생님

"쏙쏙 족집게 수법."

주은이가 비밀을 말하듯이 대꾸했어요.

우봉이는 속으로 생각했어요.

'그랬구나. 쏙쏙 족집게 수법. 하지만 어쩔 수 없어. 상품권은 딱 하나고, 나는 왕딱지를 사고 싶어. 구리구리 딱따구리 권법을 쓸 수밖에 없어.'

우봉이와 주은이는 서로 눈이 마주쳤어요. 우봉이는 당황해서 눈을 깜박거렸어요. 주은이는 긴장한 채 살짝 웃음을 지었어요.

"자, 그럼 똑같이 콩 열두 개씩 옮긴 주은이와 우봉이가 한 번 더 젓가락질 솜씨를 뽐내 보세요. 그런데 이번에는 삼십 초가 아니라 일 분으로 하겠어요."

선생님이 우봉이와 주은이 접시에 콩을 각각 한 주먹씩 더 올려놓았어요.

이때 성규가 "구리구리 딱따구리 권법 파이팅!" 하고 소리쳤어요. 그러자 이에 질세라 민지가 "김해 김씨 김주은, 쏙쏙 족집게 수법 짱!" 하고 맞받아쳤어요. 두 패로 갈린 아이들은 '딱따구리'와 '족집게'를 각각 목 터져라 응원했어요. 교실은 금세 후끈 달아올랐어요.

"자, 이제 그만."

선생님이 손을 들자 응원 소리가 잠잠해졌어요.

"준비…… 시작."

주은이와 우봉이는 동시에 쇠젓가락을 집어 들었어요. 우봉이가 콩을 세 개 옮겼을 때, 귓바퀴에 저번처럼 감기는 말이 있었어요.

_{머릿속에 떠오르는}

'더 좋은 것은 따로 있는디. 그냥 달인만 되는 거. 동무들 이길 생각일랑 말고.'

우봉이는 무시하듯 콩을 더 빨리 집어 옮겼어요. 그러자 할아버지 말씀이 귓바퀴에 더 칭칭 감겼어요. 그뿐만이 아니었어요. 주은이 일기도 눈앞에서 아른거리기 시작했어요. 상품권을 타서 젓가락과 머리핀을 사고 싶다던.

'아, 싫은데. 져 주기 싫은데……'

우봉이는 젓가락질을 하면서 다른 손으로 옆통수를 벅벅 긁었어요.

중심 내용 5 우봉이와 주은이가 젓가락 달인 결승전에서 겨루게 되었습니다.

---

54 우봉이가 젓가락왕이 되어 사고 싶은 것은 무엇인지 쓰세요.

( )

교과서 문제

55 우봉이가 결승전에서 머뭇거린 까닭은 무엇인지 쓰세요.

- 우봉이는 젓가락 달인보다 더 좋은 것은 따로 있다던 (1) ( )과/와 상품권을 타서 젓가락과 머리핀을 사고 싶다던 (2) ( )를/을 떠올렸기 때문이다.

56 결승전에서 머뭇거린 것으로 보아, 우봉이의 성격은 어떠한가요? ( )

① 적극적이다. ② 긍정적이다.
③ 인정이 많다. ④ 호기심이 강하다.
⑤ 잘난 체가 심하다.

57 우봉이가 승부욕이 강한 성격이었다면, ▢▢▢▢ 부분이 어떻게 바뀔지 알맞은 것에 ○표 하세요.

(1) 우봉이가 결승전에 집중을 하지 못한다.
( )

(2) 우봉이는 할아버지의 말씀이 떠올라도 오로지 이기는 것만 생각한다. ( )

(3) '이런 것이 다 무슨 소용이 있나……' 하고 생각하면서 천천히 젓가락을 움직인다. ( )

4
단원

3. 「젓가락 달인」을 읽고 물음에 답해 봅시다.

(1) 주은이는 자기를 어떻게 소개했나요?

예시 답안 또랑또랑한 목소리로 성은 김해 김씨이고 이름은 주은이라며 잘 부탁한다고 말했습니다.

풀이 이야기에서 주은이의 엄마는 다른 나라 사람입니다. 주은이가 소개를 하면서 '김해 김씨'라고 말한 것은 우리나라 사람임을 강조하고 싶어서였을 것입니다.

(2) 우봉이와 주은이는 젓가락 달인이 되려고 어떻게 연습했나요?

예시 답안 • 우봉이는 할아버지와 시간을 재며 바둑알로 연습했고 밥을 먹을 때도 젓가락 연습이 되는 반찬만 골라 먹었습니다.

• 주은이는 채소 가게 안에서 나무젓가락으로 강낭콩을 집는 연습을 했습니다.

풀이 '젓가락 달인 뽑기 대회'는 젓가락으로 콩을 많이 옮긴 사람이 이기는 대회입니다.

(3) 우봉이가 결승전에서 머뭇거린 까닭은 무엇인가요?

예시 답안 친구를 이길 생각만 하는 젓가락 달인보다 더 좋은 것은 따로 있다던 할아버지의 말씀과 상품권을 타서 젓가락과 머리핀을 사고 싶다던 주은이의 일기가 생각났기 때문입니다.

풀이 우봉이는 사려 깊고 인정이 많은 성격이라서 주은이를 이길지 말지 망설이고 있습니다.

4. 보기 에서 밑줄 그은 낱말과 뜻이 비슷한 낱말을 알아봅시다.

보기
주은이가 채소 가게 안에서 젓가락질 연습을 하고 있었어요.

• 채소: 야채
• 가게: 예시 답안 점포, 상점, 점방

풀이 뜻이 비슷한 낱말은 바꾸어 썼을 때 뜻이 통하는 낱말입니다.

6. 우봉이의 행동에 대한 자신의 생각을 말해 봅시다.

예시 답안 • 우봉이가 젓가락왕이 되려고 열심히 노력한 것처럼 나도 내가 목표한 일에 최선을 다하고 싶습니다.

• 자신과 다른 문화를 지닌 사람을 쉽게 이해하지 못했던 우봉이의 행동을 보며 나와 다른 문화도 이해하려고 노력하는 태도를 길러야겠다고 생각했습니다.

풀이 인물의 성격과 비슷한 점이나 다른 점 등을 생각해 봅니다.

🔍 **자습서 확인 문제**

1 주은이가 자기를 소개한 내용으로 알맞지 **않은** 것을 골라 기호를 쓰세요.

> ㉠ 성이 김해 김씨라고 하였다.
> ㉡ 이름이 주은이라고 하였다.
> ㉢ 다문화 가정이라고 하였다.

( )

2 우봉이가 젓가락 달인이 되려고 할아버지와 연습할 때 쓴 재료는 무엇인가요?

( )

3 '야채'와 바꾸어 쓸 수 있는 낱말로 알맞은 것의 기호를 쓰세요.

> ㉠ 과일
> ㉡ 채소
> ㉢ 곡식

( )

[1~5] 사라, 버스를 타다

(가) 아침마다 사라는 어머니와 함께 버스를 탔습니다. 언제나 백인들이 앉는 자리와 구분된 뒷자리에 앉았습니다. 고개를 돌려 자기를 쳐다보는 백인 아이들에게 사라는 얼굴을 찡그렸습니다. 백인 아이들도 얼굴을 찡그리며 웃어 댔습니다. 그러다가 어머니들에게 잔소리를 들은 뒤에야 바로 앉았습니다.

"지금까지 언제나 이래 왔단다. ㉠자리에 앉을 수 있는 것만으로도 만족해야지."

어머니께서는 두 손을 깍지 낀 채 이렇게 말씀하시고는 했습니다.

(나) 어느 날 아침, 사라는 버스 앞쪽 자리가 얼마나 좋은 곳인지 알아보기로 마음먹었습니다. 사라는 자리에서 일어나 좁은 통로로 걸어 나갔습니다. 별다른 것도 없어 보였습니다. 창문은 똑같이 지저분했고, 버스의 시끄러운 소리도 똑같았습니다. 앞쪽 자리가 뭐가 그리 대단하다는 것일까요?

한 백인 아주머니께서 물으셨습니다.

"왜 그리 두리번거리니, 꼬마야?"

"뭐 특별한 게 있는지 알아보고 싶어서요."

아주머니께서 말씀하셨습니다.

"㉡네 자리로 돌아가는 게 좋겠구나."

모두가 사라를 쳐다보았습니다.

1 사라의 어머니가 ㉠과 같이 말한 까닭은 무엇이겠는지 ○표 하시오.

(1) 흑인은 늘 차별을 받아 왔기 때문에. ( )

(2) 백인이 편안한 버스 뒷자리를 양보해 주는 것이기 때문에. ( )

2 ㉡은 무엇을 가리키는지 쓰시오.

버스 ( )

3 사라가 타는 버스에는 어떤 규칙이 있습니까? ( )

① 시끄러운 소리를 내면 안 된다.

② 흑인은 자리에 앉으면 안 된다.

③ 백인과 흑인이 함께 타야 한다.

④ 앞자리에는 백인만 앉을 수 있다.

⑤ 앞자리 요금이 뒷자리 요금보다 비싸다.

4 (나)에서 시간적 배경과 공간적 배경을 각각 쓰시오.

(1) 시간적 배경	
(2) 공간적 배경	

5 사라에 대해 알맞게 말한 사람의 이름을 쓰시오.

동수: 정해진 자리에 앉지 않고 버스에서 두리번거리는 것을 보니 사라는 예의가 없는 것 같아.
주현: 버스 앞쪽 자리가 얼마나 좋은지 알아보려고 하는 것을 보니 사라는 호기심이 많은 것 같아.
은하: 사람들의 관심을 끄는 것을 보니 사라는 사람들 앞에 나서는 것을 좋아하는 것 같아.

( )

6 이야기의 인물, 사건, 배경에 대한 설명으로 알맞지 않은 것은 무엇입니까? ( )

① 인물은 이야기에서 일어나는 일이다.

② 사건은 이야기에서 일어나는 일이다.

③ 인물은 이야기를 구성하는 데 꼭 필요하다.

④ 배경은 이야기가 펼쳐지는 시간과 장소이다.

⑤ 배경에는 시간적 배경과 공간적 배경이 있다.

4단원

[7~10] 우진이는 정말 멋져!

(가) 한참을 신나게 놀고 있는데 뒷문이 드르륵 열렸어요. 우진이예요.

"너희 뭐 해? 또 공기놀이하는구나."

우진이가 생글생글 웃으며 우리끼리 노는 데 참견했어요. 내가 놀고 있으면 우진이가 꼭 구경하러 오더라고요. 어쩌면 우진이도 나랑 짝이 되고 싶은지도 모르겠어요.

"우아, 윤아 공기 되게 잘한다!"

아이참, 정말 이상해요. 조금 전까지만 해도 윤아보다 내가 훨씬 더 잘했는데, 우진이가 나타나자마자 자꾸만 실수하는 거예요. 우진이 칭찬을 듣고 헤벌쭉 웃는 윤아가 참 얄미웠어요.

"나 공기놀이 그만할래."

나는 공기 알들을 주섬주섬 챙기며 일어섰어요. 공기 알 주인도 나고, 공기놀이도 내가 훨씬 더 잘하는데 윤아만 기분이 좋은 것 같아 심통이 난 거죠, 뭐.

(나) '떨어져라, 떨어져라, 떨어져라⋯⋯.'

나도 모르게 마음속으로 빌고 있는데 갑자기 윤아가 앞으로 폭 고꾸라지지 뭐예요. 장난꾸러기 창훈이가 다른 아이들이랑 장난치며 뛰다가 윤아와 부딪친 거죠. 그 바람에 윤아 손등에 있던 공기 알이 와르르 떨어져 두 개는 책상 밑으로, 한 개는 우진이 다리 밑으로, 나머지 한 개는 사물함 밑으로 굴러 들어갔어요.

"김창훈! 너 때문에 죽었잖아!"

"김창훈! 너 때문에 내 공기 알이 사물함 밑으로 들어갔잖아!"

윤아는 공기 알을 못 잡은 게 억울해서, 나는 사물함 밑으로 굴러 들어간 내 공기 알이 걱정돼서 소리쳤어요. 우리 목소리에 놀랐는지 창훈이는 온몸을 움찔하더라고요. ㉠그것도 잠시뿐, 창훈이는 미안하다는 소리 대신 혀만 쏙 내밀고는 휙 도망가 버리는 거 있죠.

7 이야기의 인물을 모두 쓰시오.

---

8 이 이야기에 나오는 인물에 대한 설명으로 알맞은 것은 무엇입니까? (　　　)

① 윤아는 우진이를 무서워한다.

② 우진이는 '나'와 짝이 되고 싶어 한다.

③ 공기 알을 잃어버린 것은 '나' 때문이다.

④ '나'는 공기 알을 못 찾을까 봐 걱정한다.

⑤ 창훈이는 공기놀이를 함께 하고 싶어 한다.

9 다음은 인물의 성격에 대해 정리한 내용입니다. 정리한 내용 중 알맞지 <u>않은</u> 것을 두 가지 고르시오.

(　　, 　　)

'나'의 행동	① 우진이 칭찬을 듣고 헤벌쭉 웃는 윤아가 참 얄미웠다. ② 우진이에게 소리를 쳤다.
↓	
'나'의 성격	③ 샘이 많다.
창훈이의 행동	④ 창훈이는 미안하다는 소리 대신 혀만 쏙 내밀고는 휙 도망가 버렸다.
↓	
창훈이의 성격	⑤ 적극적이다.

📋 **서술형·논술형 문제**

10 창훈이가 배려심이 많은 성격이었다면, ㉠ 부분이 어떻게 바뀔지 쓰시오.

[11~12] 우진이는 정말 멋져!

우진이는 공기 알과 나비 핀을 손에 들고 먼지를 툴툴 털어 냈어요. 그러고는 우리에게 공기 알과 나비 핀을 쑥 내밀었어요.

"여기 공기 알. 그리고 이 핀 가질래?"

㉠나는 선뜻 손을 내밀지 못했어요. 어떻게 하면 좋을지 몰랐거든요.

그때 윤아가 얼굴을 찡그리며 말했어요.

㉡"아유, 더러워! 그 핀을 어떻게 쓰냐?"

그러자 우진이는 공기 알만 나에게 건네주고 나비 핀은 쓰레기통에 넣어 버렸어요.

"그래, 더러울 거야."

우진이의 목소리에는 부끄러운 마음이 묻어 있었어요. 마음 같아서는 윤아를 한 대 콩 쥐어박고 싶었지만 참았어요.

11 ㉠과 ㉡에서 알 수 있는 인물의 성격을 바르게 짝 지은 것은 무엇입니까? (   )

	㉠	㉡
①	솔직하다.	질투심이 많다.
②	소심하다.	부지런하다.
③	정의롭다.	다정하다.
④	적극적이다.	배려심이 많다.
⑤	내성적이다.	깔끔하다.

12 이야기를 읽고 인물의 성격을 알맞게 말하지 못한 친구의 이름을 쓰시오.

도연: 우진이가 공기 알과 나비 핀의 먼지를 털어 건네준 것을 보면 우진이의 성격을 알 수 있어.

진희: 그래. 우진이는 친절하고 다정다감한 성격인 것 같아.

정우: 우진이가 친절하지 않은 성격이었어도 공기 알과 나비 핀의 먼지를 털고 건네주었을 거야.

(   )

13 다음 빈칸에 공통으로 들어갈 알맞은 말을 쓰시오.

• 인물의 성격은 (   )의 흐름에 영향을 줍니다.
• 이야기 속의 (   )들은 원인과 결과로 서로 연결되어 있습니다.

(   )

[14~15] 젓가락 달인

선생님이 웬 여자아이를 데리고 교실로 들어왔어요. 우봉이는 여자아이에게서 눈을 떼지 못했어요. 약간 가무잡잡한 피부색 때문이 아니었어요. 크고 맑은 눈! 우봉이는 여자아이 눈이 참 예쁘다고 생각했어요.

㉠"우리 반에 새로 전학 온 친구가 있어요. 자기 이름을 직접 소개해 보겠어요?"

선생님이 여자아이의 어깨를 한 손으로 가볍게 감싸 주었어요.

㉡"안녕? 나는, 아니 아니, 내 성은 김해 김씨이고 이름은 주은이야. 김해 김씨, 김주은. 잘 부탁해."

주은이가 또랑또랑 말했어요. '김해 김씨'를 말할 때는 목에 힘까지 주었어요. 아이들이 "김해 김씨?" 하며 고개를 갸웃했어요. 그러다 누군가가 "아아, 김해 김치!"라고 하자 깔깔거렸어요.

㉢"조용! 여러분, 주은이 친구하고 사이좋게 지내도록 해요. 가만있자, 주은이가 어디 앉으면 좋을까? 아, 저기, 우봉이 옆에 가 앉을래?"

14 ㉠~㉢을 말한 인물은 누구인지 각각 쓰시오.

(1) ㉠ : (   )
(2) ㉡ : (   )
(3) ㉢ : (   )

🖊️ **서술형·논술형 문제**

15 우봉이에게 일어난 일을 간단하게 쓰시오.

_____

_____

[16~20] 젓가락 달인

우봉이는 시장 골목으로 들어갔어요. 할아버지는 구경하느라 느릿느릿 걸으며 가다 서다를 반복했어요. 우봉이는 할아버지보다 앞서가며 눈을 굴렸어요. 두부 가게가 어디 있나 하고요.

'어, 주은이잖아!'

주은이가 채소 가게 안에서 젓가락질 연습을 하고 있었어요. 나무젓가락으로 강낭콩을 들었다 놓았다 하고 있었어요. 주은이 옆에는 한 아줌마가 있었는데 생김새가 좀 남달랐어요. 얼굴도 가무잡잡했어요. 아줌마가 대나무로 만든 작은 그릇에서 뭔가를 꺼내 조몰락조몰락했어요.

"그렇게 먹지 마. 정말 싫어."

주은이가 아줌마에게 화를 내듯 크게 말했어요.

"카오리아오는 이렇게 쏜으로 먹는 꺼야. 우리 꼬향에선 다 끄래."

아줌마는 목소리도 컸어요. 그렇다고 주은이처럼 화난 건 아니었어요. 웃고 있었으니까요.

그런데 말투가 이상했어요. 사투리도 아닌데 아주 어색하게 들렸어요.

아줌마가 조몰락조몰락하던 것을 입에 쏙 넣었어요. 밥 덩어리 비슷했어요.

㉠'왝! 저걸 먹다니!'

우봉이는 속이 메스꺼웠어요.

"아유, 정말 창피해."

주은이가 콩 집던 나무젓가락을 아줌마한테 얼른 내밀었어요. 그러고는 주위를 두리번거렸어요.

지켜보던 우봉이는 ㉡다른 사람 뒤로 얼른 몸을 숨겼어요.

16 우봉이가 시장에서 우연히 보게 된 모습이 <u>아닌</u> 것은 무엇입니까? (   )

① 아줌마가 사투리로 말하는 모습
② 아줌마가 손으로 음식을 먹는 모습
③ 주은이가 주위를 두리번거리는 모습
④ 주은이가 젓가락질 연습을 하는 모습
⑤ 주은이가 콩 집던 나무젓가락을 아줌마에게 내미는 모습

17 아줌마가 '카오리아오'를 손으로 먹은 이유는 무엇입니까? (   )

① 채소 가게 일이 바빠서
② 음식을 빨리 먹고 싶어서
③ 고향에서는 원래 손으로 먹어서
④ 젓가락을 주은이에게 빌려주어서
⑤ 젓가락을 사용하는 방법을 몰라서

📝 서술형·논술형 문제

18 ㉠에서 알 수 있는 우봉이의 생각은 무엇인지 쓰시오.

_____

_____

19 우봉이에게 일어난 일의 차례대로 번호를 쓰시오.

◯ 채소 가게 안에 있던 주은이와 아줌마를 우연히 보게 됨.

◯ 할아버지와 시장에 온 우봉이는 두부 가게를 찾음.

◯ 아줌마가 손으로 음식을 먹는 것을 보고 메스꺼워함.

20 우봉이가 ㉡과 같이 행동한 까닭은 어떤 성격 때문인지 알맞은 것에 ◯표 하시오.

(1) 개방적인 성격 (   )
(2) 융통성이 없는 성격 (   )
(3) 밝고 적극적인 성격 (   )

의견이 드러나게 글을 써요 5

앗! 저 그 사람 본 적 있어요.

어디에서 보셨어요?

어머!

실례합니다. 이렇게 생긴 사람 혹시 못 보셨나요?

이러고 있을 시간이 없어. 빨리 죄수 3017을 찾자!

개념 웹툰

의견을 제시하는 글은 어떻게 써야 할까요? 스마트폰에서 확인하세요!

5단원

개념① 문장의 짜임에 맞게 말하기

문장의 짜임	예
누가/무엇이+무엇이다	김예지는 내 친구입니다.
누가/무엇이+어떠하다(성질이나 상태를 나타냄.)	내 친구 예지는 친절합니다.
누가/무엇이+어찌하다(움직임을 나타냄.)	친절한 예지는 친구들을 잘 도와줍니다.

활동 문장의 짜임을 알면 좋은 점 예

문장을 두 부분으로 끊어 읽으면 이해하기가 쉽습니다.

문장을 두 부분으로 나누어서 앞뒤 연결이 자연스러운지 생각하며 글을 쓸 수 있습니다.

개념② 문장의 짜임에 맞게 문장 쓰기

① 문장을 살펴보고 '누가/무엇이' 부분까지 나눕니다.
② 문장에서 '무엇이다/어찌하다/어떠하다'인 뒷부분을 찾습니다.
③ '누가/무엇이' 부분과 '무엇이다/어찌하다/어떠하다' 부분이 잘 어울리는지 살펴봅니다.

지문 글 「목홧값을 누가 물어야 하나?」를 읽으며 문장 나누기 예

목화 장수들은 고양이 때문에 큰 손해를 입어 투덜거렸다.

↓

목화 장수들은	고양이 때문에 큰 손해를 입어 투덜거렸다.
누가	어찌하다

개념③ 자신의 의견을 제시하는 글 쓰기

① 왜 이런 의견을 내게 되었는지 문제 상황을 제시합니다.
② 자신의 의견과 의견을 뒷받침하는 까닭을 분명하게 씁니다.
③ 읽는 사람을 생각하며 예의 바르게 글을 씁니다.
④ 문장의 짜임에 맞는 자연스러운 문장을 씁니다.

지문 「효은이가 쓴 편지」에서 효은이의 의견 예

문제 상황	상수리에 댐을 건설하려고 하는 상황
효은이의 의견	상수리에 댐을 건설하는 것을 반대합니다.

개념④ 학급 신문에 의견을 제시하는 글을 쓰고 의견 나누기

① 학급 신문의 주제와 이름을 정합니다.
② 자신의 의견을 뒷받침할 자료를 찾습니다.
③ 자신의 의견과 뒷받침할 까닭을 적습니다.
④ 자신의 의견과 까닭을 적은 종이를 붙여서 학급 신문을 완성합니다.

활동 학급 신문 만들기 예

환경을 주제로 정할까?

건강을 주제로 정하는 것은 어떠니?

학급 신문의 이름을 뭐라고 정하지?

주제와 어울리게 정해야겠지?

❶ 학급 신문의 주제를 정한다.
❷ 학급 신문의 이름을 정한다.

늙은 농부의 세 아들은 게을렀습니다.

늙은 농부의 세 아들은	게을렀습니다.
누가	어떠하다

⬇

늙은 농부는 세 아들에게 밭에 보물이 있다고 말해 주었습니다.

늙은 농부는	세 아들에게 밭에 보물이 있다고 말해 주었습니다.
누가	어찌하다

⬇

세 아들은 밭으로 달려갔습니다.

세 아들은	밭으로 달려갔습니다.
누가	어찌하다

⬇

아버지께서 밭에 묻어 두신 보물은 주렁주렁 열린 포도송이였습니다.

아버지께서 밭에 묻어 두신 보물은	주렁주렁 열린 포도송이였습니다.
무엇이	무엇이다

💡 문장의 짜임

① 누가(무엇이) + 무엇이다
　예 이것은 책입니다.
② 누가(무엇이) + 어찌하다
　예 책이 떨어집니다.

'어찌하다'는 움직임을 나타내는 말이에요.

③ 누가(무엇이) + 어떠하다
　예 책이 재미있습니다.

'어떠하다'는 성질이나 상태를 나타내는 말이에요.

5단원

---

1 문장의 짜임에 맞게 선으로 이으세요.

(1) [어찌하다] •
(2) [누가] •

• ① [세 아들은]
• ② [열심히 땅을 팠습니다.]

---

2 세 아들이 밭으로 달려간 까닭은 무엇인가요? (　　　)

① 포도를 따려고
② 열심히 일하려고
③ 보물을 찾으려고
④ 평소에 부지런해서
⑤ 아버지가 밭으로 가라고 해서

---

3 다음 중 '어떠하다'에 들어갈 수 있는 낱말이 <u>아닌</u> 것은 무엇인가요? (　　　)

① 게으릅니다　　② 씩씩합니다
③ 친절합니다　　④ 달려갑니다
⑤ 부지런합니다

📚 교과서 문제

4 ㉠과 ㉡에 알맞은 말은 무엇인지 쓰세요.

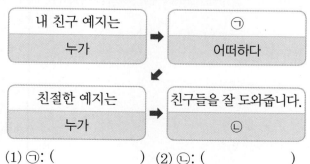

내 친구 예지는	㉠
누가	어떠하다

⬇

친절한 예지는	친구들을 잘 도와줍니다.
누가	㉡

(1) ㉠: (　　　　　)　　(2) ㉡: (　　　　　)

목홧값을 누가 물어야 하나?

- 글의 종류: 옛이야기
- 생각할 점: 등장인물의 의견을 비교하며 이야기를 읽어 봅니다.

1 옛날 어느 마을에 목화 장수 네 사람이 살았다. 그들은 싼 목화가 있으면 함께 사서 큰 광 속에 보관해 두었다가 값이 오르면 팔았다. 그런데 그 광에는
_{살림살이에 필요한 여러 가지 물건을 넣어 두는 곳.}
쥐가 많아 목화를 어지럽히기도 하고 오줌을 싸기도 했다. 목화 장수들은 궁리 끝에 광에 고양이를 기르기
_{수단과 방법을 아울러 이르는 말.}
로 하고 똑같이 돈을 내어 고양이를 샀다. 그러고는 공동 책임을 지려고 고양이의 다리 하나씩을 각자 몫으로 정하고 고양이를 보살피기로 했다.

📖 **중심 내용 1** 쥐 때문에 손해를 보던 목화 장수들은 고양이를 기르기로 했다.

2 어느 날, 고양이가 다리 하나를 다쳤다. 그 다리를 맡은 목화 장수는 고양이 다리에 산초기름을 발라
_{산초나무 열매로 짠 기름.}
주었다. 그런데 마침 추운 겨울철이라, 아궁이 곁에서 불을 쬐던 고양이의 다리에 불이 붙고 말았다. 고양이는 얼른 시원한 광 속으로 도망을 쳐서 목화 더미 위에서 굴렀다. 순식간에 목화 더미에 불이 번져 광 속의 목화가 몽땅 타 버리고 말았다.

📖 **중심 내용 2** 어느 날 고양이 때문에 광에 불이 나서 목화가 몽땅 타 버렸다.

3 목화 장수 네 명은 뜻하지 않게 큰 손해를 보게 되었다. 그러자 고양이의 성한 다리를 맡았던 목화 장수 세 명이 투덜투덜 불평을 늘어놓았다.

"이번 불은 순전히 고양이의 아픈 다리를 맡았던 저 사람 때문이야. 하필이면 불이 잘 붙는 산초기름을 발라 줄 게 뭐야?"

"맞아, 그러니 목홧값을 그 사람에게 물어 달라고 하자."

㉮세 사람은 고양이의 ㉯아픈 다리를 맡았던 사람에게 목홧값을 물어내라고 했다. 억울한 그 목화 장수는 절대 목홧값을 물어 줄 수 없다며 큰 싸움을 벌였다.

"불이 붙은 고양이가 광으로 도망칠 때는 성한 세 다리로 도망쳤잖아? 그러니까 광에 불이 난 것은 순전히 너희가 맡은 세 다리 때문이야."

아무리 싸워도 해결이 나지 않자, 네 사람은 고을 사또를 찾아가 판결을 해 달라고 부탁했다.

📖 **중심 내용 3** 목홧값을 누가 물어야 할지 다투던 목화 장수들은 사또를 찾아갔다.

---

5 목화 장수들은 광에 무엇을 기르기로 하였나요?

( )

🎓 교과서 문제

6 등장인물의 의견을 찾아 알맞게 선으로 이으세요.

(1)  ・

・① 고양이의 아픈 다리를 맡았던 목화 장수가 목홧값을 물어야 한다.

(2)  ・

・② 고양이의 성한 다리를 맡았던 목화 장수들이 목홧값을 물어야 한다.

7 이야기에서 일어난 사건의 순서대로 기호를 쓰세요.

㉠ 목화 장수들의 광에 쥐가 많았다.
㉡ 목화 장수들은 사또에게 판결을 부탁했다.
㉢ 목화 장수들의 광에 불이 나서 목화가 탔다.

( ) → ( ) → ( )

8 문장의 짜임에 맞게 나눈 것은 무엇인가요? ( )

① 목화 장수들이 고양이를 + 샀다.
② 목화 + 장수들이 고양이를 샀다.
③ 목화 장수들은 + 사또에게 판결을 부탁했다.
④ 목화 장수들은 사또에게 + 판결을 부탁했다.
⑤ 목화 장수들은 사또에게 판결을 + 부탁했다.

국어 교과서 **169쪽**

4. 「목홧값을 누가 물어야 하나?」에서 등장인물의 의견을 찾아 써 봅시다.

예시 답안 ▸ 고양이의 성한 다리를 맡은 목화 장수 세 명: "이번 불은 순전히 고양이의 아픈 다리에 불이 잘 붙는 산초기름을 발라 준 저 사람 때문이야. 그러니 목홧값은 저 사람이 물어야 해."

▸ 고양이의 아픈 다리를 맡은 목화 장수: "다리에 불이 붙은 고양이가 광으로 도망칠 때는 성한 세 다리로 도망쳤으니 광에 불이 난 것은 순전히 너희가 맡은 세 다리 때문이야."

풀이 ▸ 다리에 불이 붙은 고양이가 광으로 도망쳐 목화가 몽땅 타 버리자 그 책임을 서로에게 돌리고 있습니다.

5. 「목홧값을 누가 물어야 하나?」에 대한 의견을 나누어 봅시다.

(1) 목화 장수들의 의견을 비교하여 자신이 사또가 되어 판결을 내려 보세요.

예시 답안 ▸ "목홧값을 고양이의 아픈 다리를 맡은 목화 장수가 물어야 한다. 고양이 다리에 불이 잘 붙는 산초기름을 발라 주었기 때문이다."

▸ "목홧값을 고양이의 성한 다리를 맡은 목화 장수가 물어야 한다. 다리에 불이 붙은 고양이가 광으로 도망칠 때는 성한 다리로 도망쳤기 때문이다."

풀이 ▸ 누구의 의견과 근거가 더 알맞은지 생각해 봅니다.

국어 교과서 **170쪽**

6. 이야기의 흐름을 생각하며 다음 문장을 '누가+어찌하다'로 나누어 봅시다.

목화 장수들이 고양이를 샀다.	
목화 장수들이	고양이를 샀다.
누가	어찌하다

목화 장수들은 고양이 때문에 큰 손해를 입어 투덜거렸다.	
목화 장수들은	고양이 때문에 큰 손해를 입어 투덜거렸다.
누가	어찌하다

목화 장수들은 사또에게 판결을 부탁했다.	
목화 장수들은	사또에게 판결을 부탁했다.
누가	어찌하다

풀이 ▸ '어찌하다'는 움직임을 나타내는 말입니다.

🔍 **자습서 확인 문제**

1 고양이의 성한 다리를 맡은 목화 장수 세 명의 의견은 무엇인가요?

고양이의 다리에 ☐ ☐ ☐

☐을 발라 준 사람이 목홧값을 물어야 한다.

2 사또가 다음과 같이 판결한 까닭은 무엇이겠나요?

> "목홧값을 고양이의 성한 다리를 맡은 목화 장수가 물어야 한다."

다리에 불이 붙은 고양이가 광으로 도망칠 때는 ☐ ☐ 다리로 도망쳤기 때문이다.

3 다음 문장을 '누가 + 어찌하다'로 나눌 때 어디에서 나누어야 할지 기호를 쓰세요.

> 목화 ㉠ 장수들은 ㉡ 사또에게 ㉢ 판결을 ㉣ 부탁했다.

( )

효은이가 쓴 편지

• 생각할 점: 상수리에 댐을 건설하려는 계획에 대한 효은이의 의견과 의견을 뒷받침하는 까닭을 살펴봅니다.

댐 건설 기관 담당자님께 → 받는 사람

안녕하세요? / 저는 산 깊고 물 맑은 상수리에 사는 김효은입니다. 우리 마을은 앞으로 만강이 흐르고, 뒤로는 우뚝 솟은 산봉우리들이 **병풍**처럼 둘러싸여 한 폭의 그림처럼 아름답습니다. / 숲에는 천연기념물인 황조롱이, 까막딱따구리 같은 새들과 하늘다람쥐가 삽니다. 그리고 만강에는 쉬리나 배가사리, 금강모치 같은 우리나라의 **토종** 물고기가 많이 삽니다.

그런데 어제 만강에 댐을 건설할 수 있는지 알아보려고 담당자들께서 우리 마을을 방문하셨습니다. 담당자들께서는 작년에 비가 많이 와서 만강 **하류**에 있는 도시에 물난리가 났다고 말씀하셨습니다. 그래서 **홍수**를 막으려면 우리 마을에 댐을 건설해야 한다고 하셨습니다.

하지만 저는 댐을 건설하는 것에 반대합니다. 우리 상수리에 댐을 건설하면 숲에 사는 동물들이 살 곳을 잃고, 우리는 만강의 물고기들을 다시는 볼 수 없게 될 것입니다. 그리고 마을 어른들께서는 평생 살아온 고향을 떠나야 한다고 말씀하십니다. 우리 마을에 댐을 건설하기로 한 계획을 **취소**해 주시기를 부탁합니다.

20○○년 10월 ○○일 / 김효은 올림

병풍 바람을 막거나 무엇을 가리거나 또는 장식용으로 방 안에 치는 물건.

토종 본디부터 그곳에서 나는 것.
하류 강이나 내의 아래쪽 부분.
홍수 비가 많이 와서 강이나 개천에 갑자기 크게 불은 물.
취소 하기로 한 일을 없애 버림.

9 효은이가 편지를 쓴 사람은 누구인가요? (   )
① 상수리 마을 이장
② 댐 건설 기관 담당자
③ 도청 관광 부서 담당자
④ 토종 물고기를 연구하는 학자
⑤ 텔레비전 뉴스 프로그램 담당자

10 효은이가 쓴 편지에서 알 수 있는 문제 상황은 무엇인지 쓰세요.
• 작년에 비가 많이 와서 만강 하류에 있는 도시에 (1) (   )가 났다. → (2) (   )를 막으려면 상수리에 (3) (   )을 건설해야 한다.

🍬 교과서 문제

11 효은이의 의견으로 알맞은 것은 무엇인가요? (   )
① 상수리를 관광지로 개발해야 한다.
② 상수리에 댐을 건설하는 것을 반대한다.
③ 만강의 토종 물고기를 다른 지역으로 보내야 한다.
④ 댐 건설 기관 담당자가 상수리를 방문해야 한다.
⑤ 상수리 마을에서 홍수 대책 회의를 열어야 한다.

12 효은이의 의견을 뒷받침하는 까닭으로 알맞은 것을 세 가지 고르세요. (,   ,   )
① 마을이 스산한 곳으로 바뀐다.
② 숲에 사는 동물들이 살 곳을 잃는다.
③ 마을에 도시 사람들이 많이 들어온다.
④ 만강의 물고기들을 다시는 볼 수 없다.
⑤ 마을 어른들께서 평생 살아온 고향을 떠나야 한다.

댐 건설 기관 담당자가 쓴 편지

김효은 학생에게 → 받는 사람

안녕하세요? / 김효은 학생의 편지를 잘 읽었습니다.

아름다운 상수리가 댐 건설로 겪게 될 어려움을 잘 압니다. 하지만 상수리 주변에 사는 주민들이 홍수로 겪는 정신적·물질적 **피해**는 해마다 늘어나고 있습니다.

만강에 댐을 건설하면 여름철에 **폭우**로 생기는 문제를 막을 수 있습니다. 비가 내리는 대로 내버려 두면, 강 하류에서는 강물이 넘쳐서 논밭이 빗물에 잠기기도 합니다.

그리고 집과 길이 부서지고 심지어 사람이 목숨까지 잃을 만큼 위험합니다. 하지만 댐을 건설하면 홍수로 인한 이런 피해를 막을 수 있습니다.

상수리에 댐을 건설해야 합니다. 우리는 상수리 마을 주민들에게 피해가 가지 않도록 주민들이 이사하는 데 모든 **지원**을 아끼지 않을 것입니다. 댐 건설에는 상수리 마을 주민들의 **협조**가 필요합니다. 김효은 학생도 이러한 점을 잘 이해해 주시기를 바랍니다.

20○○년 10월 ○○일

댐 건설 기관 담당자 드림

• 생각할 점: 상수리에 댐을 건설하려는 계획에 대한 댐 건설 기관 담당자의 의견과 의견을 뒷받침하는 까닭을 살펴봅니다.

> 댐 건설 기관 담당자는 댐을 건설하면 좋은 점을 들어서 효은이를 설득하고 있어요.

피해 생명이나 몸, 재산 따위에 손해를 입음. 또는 그 손해.
⑩ 불이 나서 큰 피해를 입었습니다.
폭우 갑자기 세차게 쏟아지는 비.
⑩ 폭우로 마을이 물에 잠겼습니다.
지원 지지하여 도움.
⑩ 산불 피해 지역에 지원을 나가기로 하였습니다.
협조 힘을 보태어 도움.
⑩ 가족 모두 대청소에 협조해 주세요.

---

13 댐 건설 기관 담당자가 쓴 편지에서 알 수 있는 문제 상황은 무엇인지 쓰세요.

• 상수리 주변에 사는 주민들이 (1) (   )로 겪는 정신적·물질적 (2) (   )가 해마다 늘어나고 있다.

📖 교과서 문제

14 댐 건설 기관 담당자의 의견에는 '의견', 의견에 대한 까닭에는 '까닭'이라고 쓰세요.

(1) 상수리에 댐을 건설해야 한다. (   )
(2) 홍수로 인한 피해를 막을 수 있다. (   )
(3) 폭우로 생기는 문제를 막을 수 있다. (   )

15 이와 같이 의견을 제시하는 글을 쓰는 방법으로 알맞지 않은 것은 무엇인가요? (   )

① 문제 상황을 제시한다.
② 짜임이 자연스러운 문장을 쓴다.
③ 의견과 의견에 알맞은 까닭을 제시한다.
④ 읽는 사람을 생각하며 예의 바르게 쓴다.
⑤ 의견이 잘 이해되도록 의견을 최대한 여러 번 반복하여 쓴다.

📖 서술형·논술형 문제

16 자신은 댐 건설에 찬성하는지 반대하는지 까닭과 함께 쓰세요.

국어 교과서 173쪽

2. 글쓴이가 댐 건설을 어떻게 생각하는지 두 의견을 비교해 봅시다.

예시 답안

효은	의견	상수리에 댐을 건설하는 것을 반대한다.
	그렇게 생각한 까닭	• 숲에 사는 동물들이 살 곳을 잃기 때문이다. • 만강의 물고기들을 다시는 볼 수 없기 때문이다. • 마을 어른들께서 평생 살아온 고향을 떠나셔야 하기 때문이다.

댐 건설 기관 담당자	의견	상수리에 댐을 건설해야 한다.
	그렇게 생각한 까닭	• 폭우로 생기는 문제를 막을 수 있다. • 홍수로 인한 피해를 막을 수 있다.

풀이 상수리에 댐을 건설하려는 계획에 대하여 효은이와 댐 건설 기관 담당자는 각각 다른 의견을 가지고 있습니다.

국어 교과서 174쪽

4. 의견을 제시하는 글을 쓰는 방법을 생각하며 효은이와 댐 건설 기관 담당자가 쓴 편지의 내용을 알맞게 선으로 이어 봅시다.

예시 답안

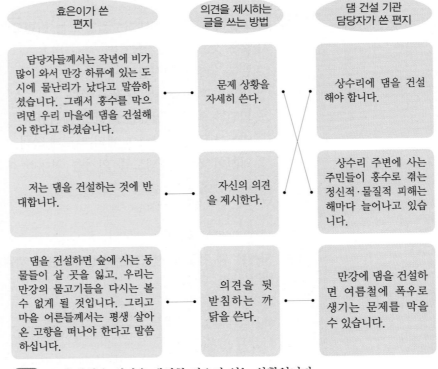

풀이 문제 상황은 의견을 제시할 필요가 있는 상황입니다.

자습서 확인 문제

1 효은이의 의견은 무엇인가요?

상수리에 댐을 건설하는 것을 ▢▢한다.

2 댐 건설 기관 담당자가 상수리에 댐을 건설해야 한다고 생각한 까닭은 무엇이겠나요?

▢▢로 생기는 문제를 막을 수 있고, ▢▢로 인한 피해를 막을 수 있다.

3 다음은 의견을 제시하는 글에 들어가는 내용 중에서 무엇인지 ○표 하세요.

> 상수리 주변에 사는 주민들이 홍수로 겪는 정신적·물질적 피해는 해마다 늘어나고 있습니다.

(1) 의견 ( )
(2) 문제 상황 ( )
(3) 의견을 뒷받침하는 까닭 ( )

주변에서 의견 제시가 필요한 상황

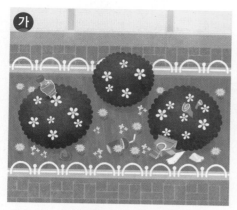
가

나

다

라

📌 그림의 문제 상황

가	화단(꽃밭)에 쓰레기가 함부로 버려져 있습니다.
나	인터넷을 보고 숙제를 그대로 베끼고 있습니다.
다	휴대 전화만 보면서 길을 건너고 있습니다.

문제를 해결할 수 있는 의견을 떠올려 보아요.

📍 의견을 제시하는 글 쓰기

문제 상황이 무엇인지 써요.

↓

문제를 해결하기 위한 의견을 써요.

↓

의견에 대한 까닭을 써요.

5
단원

📒 교과서 문제

17 위 그림에 나타나 있지 <u>않은</u> 문제 상황을 두 가지 고르세요. (,)

① 인터넷에서 숙제를 그대로 베끼는 상황
② 화단에 쓰레기가 많이 버려져 있는 상황
③ 도움이 필요한 사람에게 도움을 주는 상황
④ 횡단보도를 건너면서 휴대 전화만 보는 상황
⑤ 거친 말을 함부로 하여 친구에게 상처를 주는 상황

18 다음 빈칸에 알맞은 말을 써넣으세요.

의견을 제시하는 글에는 먼저 (1) (   )이 무엇인지 분명하게 밝혀서 써야 해요. 그리고 자신의 (2) (   )과 그렇게 생각한 까닭을 써야 해요.

📕 서술형·논술형 문제

19 가 의 상황에 낼 수 있는 의견과 그 까닭을 쓰세요.

_____
_____
_____

20 의견을 제시하는 글을 고쳐 쓸 때 주의할 점이 <u>아닌</u> 것은 무엇인가요? (   )

① 문제 상황이 잘 드러나게 고친다.
② 자신의 의견이 분명히 드러나게 고친다.
③ 의견을 뒷받침하는 까닭이 잘 드러나게 고친다.
④ 자신의 의견에 대한 반대 의견도 잘 드러나게 쓴다.
⑤ 읽는 사람을 고려하여 예의 바른 표현으로 고쳐 쓴다.

학급 신문에 의견을 제시하는 글 쓰기

① 학급 신문의 주제를 정한다.
② 학급 신문의 이름을 정한다.
③ 자신의 의견을 뒷받침할 자료를 찾는다.

④ 자신의 의견과 의견을 뒷받침하는 까닭을 종이에 적는다.
⑤ 각자가 적은 종이를 모둠별로 학급 신문에 붙인다.
⑥ 학급 신문을 완성한다.

21 학급 신문을 만들 때 떠올리지 <u>않아도</u> 되는 내용은 무엇인가요? (   )

① 학급 신문의 주제
② 학급 신문의 이름
③ 의견을 뒷받침할 자료
④ 학급 신문을 만들 장소
⑤ 학급 신문에 실을 의견

22 학급 신문에 의견을 제시하는 글을 쓸 때 주의할 점으로 알맞은 것을 세 가지 고르세요. (,   ,   )

① 문제 상황이 무엇인지 쓴다.
② 자신의 의견을 분명히 밝힌다.
③ 의견을 뒷받침할 자료는 없어도 된다.
④ 읽는 사람이 들어줄 수 있는 의견을 쓴다.
⑤ 읽는 사람을 모르기 때문에 편하게 글을 쓴다.

23 학급 신문 만들기에 대해 바르게 말한 친구는 누구인지 두 명 쓰세요.

> 민국: 우리 반의 건강을 주제로 신문을 만들자.
> 주현: 그 주제라면 나는 우리 반 친구들이 건강해질 수 있는 방법을 의견으로 제시하고 싶어.
> 종희: 신문을 만들 때는 의견을 잘 쓰는 것보다 신문을 예쁘게 꾸미는 것이 더 중요해.

(,   )

📖 서술형·논술형 문제

24 다음 학급 신문의 주제에 알맞은 의견과 까닭을 쓰세요.

> 우리 반에 편식하는 친구들이 많다.

의견	(1)
까닭	(2)

[1~4]

> (가) 예지는 ㉠초등학생입니다.
> (나) 초등학생인 예지는 ㉡친절합니다.
> (다) 친절한 예지가 ㉢열심히 공부를 합니다.
> (라) 열심히 공부를 하는 예지는 ㉣과학자를 꿈꿉니다.
> (마) 과학자를 꿈꾸는 예지가 ㉤바로 제 친구입니다.

1 (가)와 짜임이 같은 문장은 어느 것입니까? ( )
① 동생이 잠을 잡니다.
② 누나가 꽃을 심었습니다.
③ 우리 삼촌은 요리사입니다.
④ 책이 학교 도서관에 많습니다.
⑤ 밤하늘의 별이 반짝반짝 빛납니다.

2 ㉠~㉤ 중, '어찌하다'에 해당하는 것을 두 가지 고르시오.

(,)

3 (가)~(마) 중, 다음 문장과 짜임이 같은 문장의 기호를 쓰시오.

> 제 친구 예지는 항상 부지런합니다.

( )

4 문장 (라)에 대하여 알맞게 설명한 친구는 누구인지 쓰시오.

> 도훈: '열심히 공부를 하는'이 '누가'에 해당되는 부분이야.
> 지영: '과학자를 꿈꿉니다.'는 기분을 나타내는 말이야.
> 종윤: '과학자를 꿈꿉니다.'는 움직임을 나타내는 말이야.

( )

5 문장의 짜임을 알면 좋은 점에 ○표, 그렇지 않은 것에 ×표 하시오.
(1) 문장을 두 부분으로 끊어 읽으면 이해하기 쉽다. ( )
(2) 문장을 두 부분으로 나누어 보면 글씨를 더 빨리 쓸 수 있다. ( )
(3) 문장의 뒷부분을 살피면서 앞부분을 보면 어색한 문장을 자연스럽게 고칠 수 있다. ( )

6 문장을 읽고 [보기]와 같이 나누어 쓰시오.

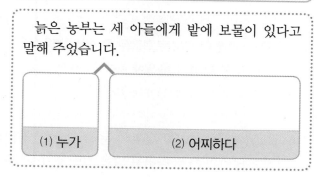

5
단원

[7~10] 목홧값을 누가 물어야 하나?

어느 날, 고양이가 다리 하나를 다쳤다. 그 다리를 맡은 목화 장수는 고양이 다리에 산초기름을 발라 주었다. 그런데 마침 추운 겨울철이라, 아궁이 곁에서 불을 쬐던 고양이의 다리에 불이 붙고 말았다. 고양이는 얼른 시원한 광 속으로 도망을 쳐서 목화 더미 위에서 굴렀다. 순식간에 목화 더미에 불이 번져 광 속의 목화가 몽땅 타 버리고 말았다.

목화 장수 네 명은 뜻하지 않게 큰 손해를 보게 되었다. 그러자 고양이의 성한 다리를 맡았던 목화 장수 세 명이 투덜투덜 불평을 늘어놓았다.

"이번 불은 순전히 고양이의 아픈 다리를 맡았던 저 사람 때문이야. 하필이면 불이 잘 붙는 산초기름을 발라 줄 게 뭐야?"

"맞아, 그러니 목홧값을 그 사람에게 물어 달라고 하자."

세 사람은 고양이의 아픈 다리를 맡았던 사람에게 목홧값을 물어내라고 했다. 억울한 그 목화 장수는 절대 목홧값을 물어 줄 수 없다며 큰 싸움을 벌였다.

"불이 붙은 고양이가 광으로 도망칠 때는 성한 세 다리로 도망쳤잖아? 그러니까 광에 불이 난 것은 순전히 너희가 맡은 세 다리 때문이야."

아무리 싸워도 해결이 나지 않자, ㉠ 네 사람은 고을 사또를 찾아가 판결을 해 달라고 부탁했다.

7 목화 장수들이 싸우는 까닭은 무엇입니까? ( )

① 사또의 판결이 마음에 들지 않아서
② 목화를 어디에서 가져올지 못 찾아서
③ 고양이를 누가 맡아야 하는지 못 정해서
④ 목홧값을 누가 물어야 하는지 의견이 달라서
⑤ 고양이의 아픈 다리를 맡을 사람을 못 정해서

8 고양이의 아픈 다리를 맡은 사람이 목홧값을 물어야 한다는 의견을 뒷받침하는 까닭의 기호를 쓰시오.

> ㉮ 고양이가 광으로 도망칠 때 아픈 다리로 도망쳤기 때문에
> ㉯ 고양이를 광에 넣어 두자고 주장한 사람이기 때문에
> ㉰ 고양이에게 산초기름을 발라 주어 불이 붙었기 때문에

( )

9 ㉠을 다음과 같이 나누어 쓰시오.

(1) 누가	
(2) 어찌하다	

서술형·논술형 문제

10 내가 사또라면 어떻게 판결을 할지 (1)에 ○표 하고, 그 까닭을 쓰시오.

(1) 고양이의 (아픈 / 성한) 다리를 맡았던 사람이 목홧값을 물어야 한다.

(2) 왜냐하면 _____

댐 건설 기관 담당자님께
안녕하세요?

저는 산 깊고 물 맑은 상수리에 사는 김효은입니다. 우리 마을은 앞으로 만강이 흐르고, 뒤로는 우뚝 솟은 산봉우리들이 병풍처럼 둘러싸여 한 폭의 그림처럼 아름답습니다.

숲에는 천연기념물인 황조롱이, 까막딱따구리 같은 새들과 하늘다람쥐가 삽니다. 그리고 만강에는 쉬리나 배가사리, 금강모치 같은 우리나라의 토종 물고기가 많이 삽니다.

그런데 어제 만강에 댐을 건설할 수 있는지 알아보려고 담당자들께서 우리 마을을 방문하셨습니다. ㉠담당자들께서는 작년에 비가 많이 와서 만강 하류에 있는 도시에 물난리가 났다고 말씀하셨습니다. 그래서 홍수를 막으려면 우리 마을에 댐을 건설해야 한다고 하셨습니다.

하지만 저는 댐을 건설하는 것에 반대합니다. 우리 상수리에 댐을 건설하면 숲에 사는 동물들이 살 곳을 잃고, 우리는 만강의 물고기들을 다시는 볼 수 없게 될 것입니다. 그리고 마을 어른들께서는 평생 살아온 고향을 떠나야 한다고 말씀하십니다. 우리 마을에 댐을 건설하기로 한 계획을 취소해 주시기를 부탁합니다.

20○○년 10월 ○○일
김효은 올림

11 누가 누구에게 보내는 편지인지 쓰시오.

(1) 보내는 사람	
(2) 받는 사람	

12 효은이의 의견은 무엇인지 쓰시오.

_____

_____

13 효은이가 의견에 대한 까닭으로 말한 내용을 세 가지 고르시오. (,   ,   )
① 폭우 문제를 막을 수 있어서
② 만강의 물고기를 다시 볼 수 없어서
③ 숲에 사는 동물들이 살 곳을 잃어서
④ 마을 어른들께서 평생 살아온 고향을 떠나야 해서
⑤ 다른 곳으로 이사를 하면 친한 친구를 볼 수 없어서

14 ㉠은 어떤 짜임의 문장입니까? (   )
① 누가 + 무엇이다
② 누가 + 어떠하다
③ 누가 + 어찌하다
④ 무엇이 + 어떠하다
⑤ 무엇이 + 무엇이다

15 의견을 제시하는 글을 쓰는 방법으로 알맞은 것에 모두 ○표 하시오.
(1) 자신의 의견만 반복해서 쓴다. (   )
(2) 문제 상황이 무엇인지 자세히 쓴다. (   )
(3) 의견을 뒷받침하는 까닭을 분명히 쓴다.
(   )

단원 평가

서술형·논술형 문제

16 다음 보기와 같은 짜임의 속담을 한 가지 쓰시오.

보기

무엇이	어떠하다
빈 수레가	요란하다.

_____

5 단원

진도 완료 체크

[17~18] 댐 건설 기관 담당자가 쓴 편지

안녕하세요?

김효은 학생의 편지를 잘 읽었습니다.

아름다운 상수리가 댐 건설로 겪게 될 어려움을 잘 압니다. 하지만 상수리 주변에 사는 주민들이 홍수로 겪는 정신적·물질적 피해는 해마다 늘어나고 있습니다. / 만강에 댐을 건설하면 여름철에 폭우로 생기는 문제를 막을 수 있습니다. 비가 내리는 대로 내버려 두면, 강 하류에서는 강물이 넘쳐서 논밭이 빗물에 잠기기도 합니다.

그리고 집과 길이 부서지고 심지어 사람이 목숨까지 잃을 만큼 위험합니다. 하지만 댐을 건설하면 홍수로 인한 이런 피해를 막을 수 있습니다.

상수리에 댐을 건설해야 합니다. 우리는 상수리 마을 주민들에게 피해가 가지 않도록 주민들이 이사하는 데 모든 지원을 아끼지 않을 것입니다. 댐 건설에는 상수리 마을 주민들의 협조가 필요합니다. 김효은 학생도 이러한 점을 잘 이해해 주시기를 바랍니다.

20○○년 10월 ○○일 / 댐 건설 기관 담당자 드림

17 이 편지를 읽고 알 수 있는 내용으로 알맞지 <u>않은</u> 것은 어느 것입니까? (　　　)

① 김효은 학생에게 보낸 편지이다.

② 댐 건설에 대한 내용의 편지이다.

③ 댐을 건설하면 홍수 피해를 막을 수 있다.

④ 댐이 없어서 폭우와 홍수로 피해를 입어 왔다.

⑤ 댐 건설 기관 담당자도 댐 건설에 반대하고 있다.

18 이 편지를 읽고 나눈 대화입니다. <u>잘못</u> 이해한 친구의 이름을 쓰시오.

준우: 이 편지에는 상수리에 댐을 건설해야 한다는 의견이 잘 드러나 있어.

민하: 효은 학생에게 이해해 달라고만 억지를 부리는 부분은 다시 고쳐 써야 할 것 같아.

희진: 댐이 폭우로 생기는 문제를 막을 수 있다고 하면서 의견을 뒷받침하는 까닭도 잘 썼어.

(　　　　　　　)

19 다음과 같은 문제 상황에 제시할 의견으로 알맞은 것의 기호를 쓰시오.

㉠ 횡단보도를 건널 때에는 좌우를 살핍시다.

㉡ 집 밖으로 휴대 전화를 가지고 다니지 맙시다.

㉢ 자전거를 탈 때에는 꼭 안전 장비를 갖춥시다.

(　　　　　　　)

20 학급 신문을 만드는 방법으로 알맞으면 ○표, 틀린 것에는 ×표를 하시오.

(1) 신문의 이름은 신문의 주제와 어울리게 짓는다.

(　　　　)

(2) 신문에 사진이나 그림은 많으면 많을수록 좋기 때문에 글은 거의 싣지 않는다. (　　　　)

(3) 신문에 자신의 의견을 제시할 때에는 의견을 뒷받침할 수 있는 자료도 함께 싣는다. (　　　　)

본받고 싶은 인물을 찾아봐요 6

> 그런데 위대한 선생님은 누구지?

> 당연히 앤 설리번 선생님이지요!

> 내가 가장 존경하는 인물이라면 헬렌 켈러지!

> 함께하는 아가씨가 가장 존경하는 인물이 위대한 선생님을 만난 곳.

개념 웹툰

시간 수사대는 앤 설리번 선생님을 만나 무엇을 알아낼까요? 스마트폰에서 확인하세요!

6단원

개념 ① 전기문의 특성

① 전기문은 인물의 삶을 사실에 근거해 쓴 글입니다.

② 전기문에는 인물이 살았던 시대 상황이 나타나 있습니다.

③ 전기문에는 인물이 한 일과 인물의 가치관이 나타나 있습니다.

지문 「김만덕」에서 전기문의 특성 알아보기

전기문의 특징	내용
인물이 살았던 시대 상황	• 조선 시대에는 양반과 양민에 대한 신분 차별이 있었다. • 1790년부터 제주도에 4년 동안 흉년이 들었고, 이듬해 태풍으로 큰 피해를 입었다.
인물이 한 일	제주도에 흉년이 들어 사람들이 굶어 죽을 위기에 처했을 때 전 재산을 들여 곡식을 사 오게 했고, 그것을 제주도 사람들에게 나누어 주었다.
인물의 가치관	자신이 가진 것을 나누고 베푸는 삶

개념 ② 전기문의 특성을 생각하며 읽는 방법

① 인물이 살았던 시대 상황을 생각하며 읽습니다.

② 인물이 한 일을 생각하며 읽습니다.

③ 인물의 가치관을 짐작하며 읽습니다.

지문 「정약용」에서 전기문의 특성을 살려 내용 요약하기

인물이 살았던 시대 상황	정약용이 살았던 시대의 백성은 이른 아침부터 해가 떨어질 때까지 한시도 쉬지 않고 일했지만 늘 배불리 먹지 못했다.
인물이 한 일	• 거중기를 발명했다. • 암행어사가 되었다. • 『목민심서』를 펴냈다.
짐작할 수 있는 인물의 가치관	백성의 어려운 삶을 지켜보면서 백성에게 도움이 되려고 맡은 일을 열심히 했다.

개념 ③ 인물에게 본받을 점을 생각하며 전기문 읽기

① 인물이 한 일을 생각하며 전기문을 읽습니다.

② 전기문을 읽고 인물의 생각을 짐작해 봅니다.

③ 인물의 말이나 행동에서 본받을 점을 찾습니다.

④ 인물이 앞으로 어떤 일을 할지 짐작해 봅니다.

활동 「헬렌 켈러」를 읽고 헬렌 켈러가 한 일을 통해 본받을 점 말하기

헬렌 켈러가 한 일 ①	헬렌 켈러가 한 일 ②
퍼킨스학교에서 배우는 동안, 말하기를 배우는 것이 너무 힘들었지만 포기하지 않고 끊임없이 노력했다.	열 살이 된 헬렌은 자신처럼 장애를 가진 소년 토미가 퍼킨스학교에 다닐 수 있도록 모금 활동을 벌였다.

 자신의 장애를 극복하기 위해 열심히 노력한 점을 본받고 싶습니다.

어린 소녀임에도 자신처럼 장애를 지닌 어린이를 돕기로 나선 점이 훌륭합니다.

[1~2] 다음 대화를 보고 물음에 답하세요.

1 정원이가 전기문에서 알고 싶은 것은 무엇인가요?

( )

① 전기문과 이야기의 다른 점
② 자신이 읽은 전기문의 특징
③ 전기문에 나오는 인물의 생각
④ 책에서 본 인물이 남달리 한 일
⑤ 전기문에 나오는 인물의 생김새

📖 교과서 문제

2 정원이와 수아는 전기문을 어느 책꽂이에서 찾을 수 있을지 쓰세요.

( ) 책꽂이

3 다음은 어떤 인물에 대한 설명인지 보기 에서 찾아 이름을 쓰세요.

> 보기
>
> 유관순   이순신   세종 대왕
> 안중근   주시경   마리 퀴리

( )은/는 한자가 너무 어려워 많은 백성이 글로 자신의 생각을 표현하지 못하는 것을 안타깝게 여겨 여러 학자와 함께 훈민정음을 만들었다.

[4~6] 다음 대화를 읽고 물음에 답하세요.

> 지석: 주시경 선생님은 어떤 일을 하셨기에 본받고 싶다는 거니?
> 수지가 본받고 싶은 인물
>
> 수지: 백 년 전만 해도 글을 읽지 못하는 사람들이 대부분이었는데, 주시경 선생님의 노력 덕분에 지금은 우리글을 쉽게 배울 수 있는 거래.
>
> 지석: 주시경 선생님은 왜 그런 노력을 하셨을까?
>
> 수지: 우리나라가 외세의 침략을 받지 않고 잘 살려면 우리글을 모두가 알아야 한다고 생각하셨고, 그래서 누구나 쉽게 배울 수 있도록 문법을 연구하셨대.

4 백 년 전의 시대 상황은 어떠했나요? ( )
① 우리글을 모두 잘 읽었다.
② 한자를 모두 잘 사용했다.
③ 우리글의 문법이 잘 정리되어 있었다.
④ 우리글에 대한 연구를 활발하게 했다.
⑤ 우리글을 읽지 못하는 사람들이 대부분이었다.

5 주시경 선생님이 한 일은 무엇인가요? ( )
① 훈민정음을 만들었다.
② 화학 무기를 만들었다.
③ 우리글의 문법을 연구했다.
④ 나라의 독립을 위해 무기를 들고 싸웠다.
⑤ 학생들에게 우리나라가 독립을 하려면 돈을 모아야 한다고 가르쳤다.

6 주시경 선생님이 5번 문제의 답과 같은 일을 한 까닭은 무엇인지 쓰세요.

• 우리나라가 (1) [   ] 의 침략을 받지 않고 잘 살려면 (2) [   ] 을 모두가 알아야 한다고 생각하셨기 때문이다.

김만덕

• 글의 종류: 전기문   • 글쓴이: 신현배
• 글의 특징: 자신이 모은 전 재산을 내놓아 제주도 사람들을 살린 김만덕에 대한 이야기입니다.

❶ 어쩔 수 없이 기생이 되었던 김만덕은 다시 양민이 되었습니다.

❷~❸ 김만덕은 객줏집을 열어 부자가 되었지만 검소하게 살았습니다.

❹ 제주도 사람들이 굶주리자 전 재산으로 곡식을 사서 나눠 주었습니다.

❺ 김만덕은 어려운 사람들을 도우며 이웃과 더불어 살았습니다.

6 단원

❶ "사또, 부탁드릴 일이 있어 왔습니다. 저는 본디 **양민**의 딸이었습니다. 그런데 어린 나이에 부모를 여의고 친척 집에 맡겨졌다가 어쩔 수 없이 기생이 되었습니다. 사또께서는 제 억울한 사정을 헤아리시어 저를 양민의 신분으로 되돌려 주시기 바랍니다."

⊙ 김만덕 초상

김만덕은 눈물을 흘리며 제주 **목사**에게 간절히 말하였다. 제주 목사는 김만덕의 말이 사실인지 관리를 불러 조사하게 하였다. 그리고 김만덕의 ㉠억울한 사정이 밝혀지자 명을 내렸다.

"만덕의 이름을 **기안**에서 지우고 양민의 신분으로 되돌려 주어라."

김만덕은 뛸 듯이 기뻤다. 이제 자유의 몸이 되어
_{자유의 몸이 되어 새로운 인생을 살게 되어서}
새로운 인생을 살게 된 것이다.

김만덕은 1739년에 제주도의 가난한 선비 집안에서 태어났다. 비록 가난하였으나 사랑과 정이 깊은 부모님 밑에서 자랐다. 그러나 열두 살이 되던 해에 심한 흉년과 전염병 때문에 부모님을 차례로 여의고 말았다. 친척 집을 이리저리 옮겨 다니며 살던 김만덕은 기생의 수양딸이 되었다가 스물세 살이 되던 해에 드디어 기생의 신분에서 벗어났다.
_{김만덕이 기생의 신분에서 벗어난 때}

중심 내용 1 어려서 부모님을 여의고 기생이 되었던 김만덕은 다시 양민이 되었습니다.

양민(良 어질 양 民 백성 민) 신분제 사회에서 지배 계급이 아닌 일반인을 뜻하는 말. ⑩ 양민은 세금을 많이 냈습니다.

목사(牧 칠 목 使 부릴 사) 조선 시대에 지방에 파견했던 행정 관리.
기안(妓 재주 기 案 책상 안) 관아에서 기생의 이름을 기록해 두던 책.

---

7 김만덕이 제주 목사에게 부탁한 것에 ○표 하세요.

(1) 양민 신분으로 되돌려 달라는 것   (   )

(2) 부모님을 볼 수 있게 해 달라는 것   (   )

(3) 육지에 나갈 수 있게 해 달라는 것   (   )

8 ㉠ '억울한 사정'은 무엇인가요? (   )

① 부모님이 편찮으신 것
② 친척과 사이가 나쁜 것
③ 기생의 딸로 태어난 것
④ 양민인데 어쩔 수 없이 기생이 된 것
⑤ 사또에게 자신의 사정을 알릴 수 없는 것

9 김만덕의 부모님이 돌아가신 까닭은 무엇인지 쓰세요.

• (   ) 때문이다.

10 이 글에 나타난 시대 상황을 골라 기호를 쓰세요.

㉮ 신분 제도가 있었다.
㉯ 여자는 양민이 될 수 없었다.
㉰ 부모가 없는 아이들은 보육원에서 키웠다.

(   )

❷ <u>자유의 몸</u>이 된 김만덕은 제주도의 **포구**에 객줏
_{양민이 됨.}
집을 열었다. 객줏집은 상인의 물건을 맡아 팔기도 하
고 물건을 사고파는 데 **흥정**을 붙이기도 하며, 상인들
을 먹여 주고 재워 주기도 하는 집을 말하였다. 육지
에서 온 상인들은 김만덕의 객줏집에서 묵어 갈 뿐만
아니라 김만덕에게 육지의 물건을 맡기기도 하였다.

"쌀, 무명이오. 좋은 값에 팔아 주시오."

김만덕은 육지의 물건을 제주도 사람들에게 팔아
이익을 남길 수 있었다. 또 김만덕은 녹용, 약초, 귤,
미역, 전복 같은 제주도의 **특산물**에 눈길을 돌렸다.
이러한 물건들을 제주도 사람들에게 사들여 육지 상
인들에게 팔았다. 육지 상인들은 제주도의 특산물을
적당한 가격에 사들일 수 있어 김만덕의 객줏집으로
몰려들었다.

김만덕은 장사를 하면서 세 가지 원칙을 지켰다. 첫
째는 이익을 적게 남기고 많이 판다. 둘째는 적당한

가격에 물건을 사고판다. 그리고 셋째는 반드시 신용
을 지키고 정직한 거래를 한다. 이러한 세 가지 원칙
을 철저히 지켰기 때문에 김만덕의 사업은 나날이 번
창하였다.

✏️ **중심 내용 2** 김만덕은 객줏집을 열어 장사를 하면서 세 가지 원칙을 지켜 사업
이 번창했습니다.

❸ 몇십 년이 흘렀다. 김만덕은 제주도에서 손꼽히
는 큰 상인이 되었다. 많은 돈을 벌어들여 '제주도 부
자 김만덕' 하면 모르는 사람이 없을 정도였다. 그러
나 김만덕은 돈이 많다고 하여 함부로 돈을 낭비하지
않았다. 오히려 더 절약하고 **검소한** 생활을 하였다.

"풍년에는 흉년을 생각하여 더욱 절약해야 돼. 그리
고 편안히 사는 사람은 어렵게 사는 사람을 생각하
여 하늘의 은혜에 감사하며 검소하게 살아야 하
고……."

김만덕은 주위 사람들에게 늘 이렇게 말하였다.

✏️ **중심 내용 3** 김만덕은 부자가 되었지만 항상 절약하고 검소하게 살았습니다.

포구 배가 드나드는 강이나 내에 바닷물이 드나드는 곳의 어귀.
흥정 물건을 사거나 팔기 위하여 가격 따위를 의논함.
⑩ 엄마는 시장에서 물건값을 흥정했습니다.

특산물(特 특별할 특 産 낳을 산 物 물건 물) 어떤 지역에서 생산되
는 물건.
검소한 사치스럽거나 화려하지 않고 평범한.

---

11 김만덕이 객줏집을 열어 한 일이 <u>아닌</u> 것에 ×표 하
세요.

(1) 상인의 물건을 맡아 주었다. ( )
(2) 육지에서 온 상인들을 재워 주었다. ( )
(3) 제주도의 특산물인 귤을 재배하였다. ( )

13 김만덕이 장사를 하면서 지킨 세 가지 원칙을 모두 고
르세요. (, ,)

① 이익을 많이 남기고 적게 판다.
② 이익을 적게 남기고 많이 판다.
③ 적당한 가격에 물건을 사고판다.
④ 귀한 물건은 반드시 비싸게 판다.
⑤ 반드시 신용을 지키고 정직한 거래를 한다.

12 육지 상인들이 김만덕의 객줏집으로 몰려든 까닭은
무엇인가요? ( )

① 음식을 무료로 제공해 주어서
② 포구에서 가장 가까운 객줏집이어서
③ 품질이 나쁜 물건도 비싼 값에 사 주어서
④ 제주도에서 나지 않는 물건을 구할 수 있어서
⑤ 제주도의 특산물을 적당한 가격에 살 수 있어서

14 글 ❸에서 알 수 있는 김만덕의 가치관에 ○표 하세요.

(1) 어린이는 어른을 공경해야 한다. ( )
(2) 절약하며 검소하게 살아야 한다. ( )
(3) 어려운 사람은 희망을 가져야 한다. ( )

4 1790년부터 4년 동안 제주도에는 흉년이 계속되었다. 그 바람에 양식이 없어 굶주리는 사람들이 늘어났다. 제주도 사람들은 모두 굶어 죽게 되었다며 근심에 잠겼다. 그러나 다행스럽게도 **이듬해**에는 농사가 잘되었다. 때맞추어 비가 내려 들판에는 곡식이 익어 갔다. 이대로라면 그해 농사는 대풍년이었다. 그런데 수확을 앞두고 제주도에 태풍이 몰려왔다. 그동안 애써 가꾸어 놓은 농산물이 모두 심한 피해를 입어 제주도 사람들은 이제 꼼짝없이 굶어 죽을 지경에 이르렀다. 제주 목사는 그해 9월에 ㉠이러한 사정을 편지로 써서 조정에 알렸다.

> 태풍으로 올해 농사를 망쳐 제주도 사람 모두가 굶어 죽을 위기에 처했습니다. 곡식 이만 석을 급히 보내 주십시오.

정조 임금은 이 편지를 받고 신하들과 회의를 하였다. 그리고 곡식 이만 석을 보내 제주도 사람들을 살리기로 결정하였다. <u>곡식 이만 석을 보내 제주도 사람들을 살리기로 결정하였다.</u> _{정조 임금이 신하들과 회의한 결과} 임금의 명으로 신하들은 곡식을 여러 배에 나누어 실어 제주도로 보냈다. 하지만 그 배들은 제주도에 닿지 못하였다. 갑자기 태풍이 불어닥쳐 배가 모두 바닷속으로 가라앉아 버린 것이다. ㉡배가 **침몰**하였다는 소식을 들은 제주도 사람들은 이제는 굶어 죽을 수밖에 없다며 절망에 빠졌다. 이것을 보고 김만덕은 생각하였다.

'제주도 사람들을 굶어 죽게 내버려 둘 수는 없다. 내가 나서서 그들을 살려야겠다.'

김만덕은 전 재산을 들여 육지에서 곡식을 사 오게 하였다. 그 곡식은 총 오백여 석이었다.

"제가 전 재산을 들여 육지에서 사들인 곡식입니다. 굶주린 사람들에게 나누어 주십시오."

제주 목사는 김만덕의 말을 듣고 깜짝 놀랐다.

이듬해 바로 다음의 해.

침몰 물속에 가라앉음.

---

15 글 **4**에서 알 수 있는 시대 상황을 쓰세요.

• 1790년부터 4년 동안 제주도에 (   )이 계속되어 많은 사람이 굶어 죽을 위기에 처했다.

16 ㉠은 어떤 일을 가리키나요? (   )

① 1790년에 농사가 잘된 일
② 김만덕이 큰 상인이 된 일
③ 김만덕이 제주도 사람들을 도운 일
④ 때맞추어 비가 내려 곡식이 잘 익은 일
⑤ 태풍으로 올해 농사를 망쳐 제주도 사람들이 굶어 죽게 된 일

17 ㉡의 소식을 들은 제주도 사람들의 마음은 어떠할지 쓰세요.

(   )

18 김만덕의 가치관에 대해 알맞게 말한 사람의 이름을 쓰세요.

> 지혜: 나눔을 가치 있게 생각했어.
> 형민: 도움을 받았다면 은혜를 꼭 갚아야 한다고 생각했어.
> 주영: 정직보다는 돈을 많이 버는 것이 더 중요하다고 생각했어.

(   )

'양반도 아닌 상인이 피땀 흘려 모은 재산을 제주도 사람들을 구하겠다고 모두 내놓다니 정말 어진 사람이구나.'
너그럽고 인정이 많은.

관청 마당에는 곡식이 산더미같이 쌓여 있었다. 제주 목사는 곡식을 풀어 굶주린 사람들에게 나누어 주었다. 그리하여 제주도 사람들은 목숨을 건질 수 있었다.

중심 내용 ④ 제주도 사람들이 굶주리자 김만덕은 전 재산으로 곡식을 사서 굶주린 사람들에게 나누어 주게 했습니다.

⑤ "그분이 없었다면 우리는 어떻게 되었을까?"

"모두 굶어 죽었겠지. 그분은 제주도 사람들의 은인이야."

제주도 사람들은 모이기만 하면 김만덕의 업적과 어진 덕을 칭찬하였다. 제주 목사는 임금에게 김만덕의 행동을 칭찬하는 글을 올렸다. ⑤임금은 제주 목사의 편지를 받고 눈이 **화등잔**만 해졌다.

"제주도에 사는 여인이 전 재산을 내놓아 굶주린 사람들을 살렸다고? 참으로 고마운 일이로구나. 김만

덕의 소원을 들어주도록 하여라."

제주 목사가 김만덕에게 소원을 묻자, 김만덕은 임금의 **용안**을 뵙는 것과 금강산 구경을 말하였다. 임금은 김만덕에게 벼슬을 내려 임금을 만날 수 있게 해 주었다. 양민의 신분으로는 임금을 만날 수 없었기 때문이다. 그리고 제주도 여자는 제주도를 떠날 수 없었던 그 당시의 **규범**을 깨고 김만덕에게 금강산을 구경하도록 해 주었다.
지켜야 할 행동 양식.

김만덕은 일 년여 동안 서울에서 지낸 뒤에 다시 고향 제주도로 돌아왔다. 그리고 예전과 다름없이 장사를 하며 어려운 사람들을 도왔다. 김만덕은 자신만 풍요롭게 살기보다는 자신이 가진 것을 사람들과 나누며 함께 살았다. 김만덕의 삶은 이웃과 더불어 살며 나누고 베푸는 따뜻한 마음이 무엇인지 우리에게 잘 보여 준다.
김만덕의 삶에서 우리가 배울 점

중심 내용 ⑤ 김만덕은 소원대로 임금을 만나고 금강산을 구경한 뒤에 제주도로 돌아와 예전과 다름없이 생활했습니다.

화등잔 놀라거나 두려워 커다래진 눈을 비유적으로 이르는 말.
예 어머니는 <u>화등잔</u>처럼 눈을 크게 뜨고 나를 바라보았습니다.

용안(龍 용 용 顔 얼굴 안) 임금의 얼굴을 높여 이르는 말.
예 임금의 <u>용안</u>에 슬픔이 가득했습니다.

19 ⑤에 드러난 임금의 마음은 어떠한가요? ( )
① 놀랍다.　　　　　② 두렵다.
③ 답답하다.　　　　④ 불안하다.
⑤ 너무 아쉽다.

서술형·논술형 문제

21 임금이 김만덕에게 벼슬을 내린 까닭은 무엇이었는지 쓰세요.

_____

_____

20 이 글에서 알 수 있는 시대 상황을 두 가지 고르세요.
(,)
① 신분 차별이 있었다.
② 여자는 장사를 할 수 없었다.
③ 여자는 나라의 관리를 만날 수 없었다.
④ 제주도 여자는 제주도를 떠날 수 없었다.
⑤ 육지에서 제주도로 곡식을 들여올 수 없었다.

22 글 ⑤에서 알 수 있는 김만덕의 가치관은 무엇인가요?
( )
① 도전하는 가치관
② 배우기 위해 노력하는 삶
③ 언제든지 돈을 벌어야 한다는 생각
④ 돈을 가장 중요하게 생각하는 마음
⑤ 모든 사람을 공평하게 대하려는 생각

정약용

- **글의 종류**: 전기문
- **글쓴이**: 김은미
- **글의 특징**: 정약용이 한 일을 통해 백성을 생각하는 정약용의 마음을 알 수 있는 글입니다.

❶~❷ 남양주에서 태어난 정약용은 백성의 힘든 삶을 지켜보았습니다.

❸~❹ 정약용은 성을 쉽게 쌓을 수 있는 거중기를 발명했습니다.

❺ 정약용은 정조의 비밀 명령을 받고 암행어사가 되었습니다.

❻ 정약용은 지방 관리의 자세를 담은 『목민심서』를 펴냈습니다.

6단원

❶ 정약용은 1762년 지금의 경기도 남양주에 있는 마재에서 태어났어요. 지방 관리였던 아버지 덕분에 정약용은 어릴 때부터 백성의 삶을 가까이서 지켜볼 수 있었어요.
(정약용이 태어난 때 / 정약용이 태어난 곳)

㉠백성은 이른 아침부터 해가 떨어질 때까지 한시도 쉬지 않고 일했지요. 그런데도 백성은 늘 배불리 먹지 못했어요. 세금을 내지 못해 남의 집 머슴살이를 하는 사람도 많았어요. ㉡어린 정약용의 눈에 그것은 참 이상한 일이었어요.

📌**중심 내용 ❶** 정약용은 하루 종일 열심히 일하는 백성이 배불리 먹지 못하는 것을 이해할 수 없었습니다.

❷ 열다섯 살 때, 아버지를 따라 한양으로 간 ㉢정약용은 많은 사람을 만나 학문을 배우고 익혔어요. 훗날 정약용에게 큰 영향을 준 이익의 책을 처음 본 것
(조선 영조 때의 학자)

도 이즈음이었지요. 그때까지 정약용은 사람이 바르게 사는 도리를 따지는 성리학을 주로 공부했어요. 그런데 이익이 사물에 폭넓게 관심을 두고 해박한 지식을 쌓은 것을 보면서 정약용의 생각도 조금씩 달라졌어요. 백성이 잘 사는 데 도움이 되는 실학에 관심을 갖게 된 거예요.

📌**중심 내용 ❷** 정약용은 열다섯 살 때 한양으로 가서 학문을 배우고 익혔습니다.

❸ 1792년 진주 목사로 있던 정약용의 아버지가 돌아가셨어요. 정약용은 벼슬을 그만두고 아버지의 무덤을 지키는 '시묘살이'를 했어요. 조선 시대에는 부모님이 돌아가시면 삼 년간 그 무덤 앞에 움막을 짓고 살면서 부모님의 명복을 빌었거든요.
(시묘살이)

23 ㉠~㉢ 중 정약용이 살았던 시대 상황을 알 수 있는 부분의 기호를 쓰세요.

(   )

24 정약용이 어릴 때 본 백성의 삶으로 알맞은 것을 찾아 기호를 쓰세요.

> ㉮ 늘 배불리 먹었다.
> ㉯ 늦게 일어나 쉬엄쉬엄 일했다.
> ㉰ 열심히 일해도 세금을 내지 못해 남의 집 머슴살이를 하는 사람도 많았다.

(   )

25 정약용이 한양으로 간 때는 언제인지 쓰세요.

- (   ) 살 때

26 정약용에 대한 설명으로 알맞지 않은 것은 어느 것인가요? (   )
① 동생이 죽자 시묘살이를 했다.
② 이익의 책을 읽고 실학에 관심을 가졌다.
③ 한양에서 많은 사람을 만나 학문을 배웠다.
④ 열다섯 살 이전에는 성리학을 주로 공부했다.
⑤ 어릴 때부터 백성의 삶을 가까이서 지켜보았다.

하지만 정조는 시묘를 살던 정약용을 가만히 내버려 두지 않았어요. 그즈음 정조는 수원에 성을 크게 쌓을 계획을 세우고 있었어요. 정조는 정약용에게 책을 보내며 ㉠좋은 방법을 생각해 보라고 했어요.

"수원에 새로이 성을 지으려 하네. 성을 짓는 데 드는 돈을 줄이면서 백성의 수고도 덜 수 있는 방법을 찾아보게."

중심 내용 ③ 시묘살이를 하는 정약용에게 정조는 성을 쌓는 일을 맡겼습니다.

④ 정약용은 정조가 보내 준 책들을 꼼꼼히 읽으며 고민에 빠졌어요. 정약용이 생각하기에 성을 쌓을 때 가장 큰 문제는 돌을 옮기는 일이었어요. 힘을 덜 들이고 크고 무거운 돌을 옮길 방법을 찾던 정약용은 서른한 살 되던 해, 마침내 거중기를 만들었어요. 도르
정약용이 거중기를 만든 때
래의 원리를 이용해 작은 힘으로도 무거운 물건을 들
거중기의 원리
수 있도록 만든 기계였지요.

거중기 덕분에 백성은 성을 짓는 일에 자주 나오지 않아도 되어 마음 편히 농사를 지을 수 있었어요. 나라에서도 성을 짓는 데 드는 비용을 크게 줄일 수 있었어요. 정약용 덕분에 나라 살림도 아끼고 백성의 수고도 덜게 된 거예요.

중심 내용 ④ 서른한 살이 되던 해에 정약용은 거중기를 만들었습니다.

⑤ 서른세 살 때, 정약용은 정조의 비밀 명령을 받고
정약용이 암행어사가 된 때
암행어사가 되었어요. 암행어사는 임금을 대신해 지

방 관리들이 백성을 잘 다스리는지 알아보는 중요한 벼슬이었어요.

어느 날 연천 지역을 돌던 정약용은 주막에서 들려오는 이야기 소리에 귀가 번쩍 뜨였어요.

"아이고, 못 살겠다. 흉년이 들어 나라에서는 세금을 면제해 주었다는데, 왜 우리 사또는 세금을 걷는 거야? 그걸로 자기 재산 불리려는 속셈을 누가 모를 줄 알고? 흉년이 들어 먹을 것도 없는데 욕심 많은 사또 때문에 아주 죽겠네그려." → 연천 지역 백성이 현감에 대해 불평을 함.

정약용은 서둘러 사실을 알아보았어요. 그러고는 백성의 재물을 빼앗아 자기 배를 불린 연천 현감 김양직을 크게 벌했어요.
조선 시대에 작은 현을 다스리던 지방관.

중심 내용 ⑤ 서른세 살 때 정약용은 암행어사가 되었습니다.

⑥ 정약용은 암행어사로 일하는 동안 지방 관리가 어떤 마음을 가져야 하는지에 대해 깊이 생각했어요. 임금이 아무리 나라를 잘 다스려도 지방 관리가 나쁜 짓을 일삼으면 백성은 어렵게 살 수밖에 없다는 것을 알게 되었거든요. 어릴 때 아버지 옆에서 보았던 백성의 어려운 삶도 머릿속을 떠나지 않았어요. 정약용은 쉰일곱 살이 되던 1818년, 이런 생각들을 자세히 담은 『목민심서』라는 책을 펴냈어요.

중심 내용 ⑥ 정약용은 쉰일곱 살이 되던 해에 『목민심서』를 펴냈습니다.

---

27 ㉠'좋은 방법'에 ○표 하세요.

(1) 성을 짓는 데 드는 돈을 걷는 방법 (   )

(2) 성을 짓는 데 드는 돈을 줄이는 방법 (   )

서술형·논술형 문제

28 정약용이 만든 거중기는 백성에게 어떤 도움을 주었는지 쓰세요.

_____

_____

29 정약용이 한 일이 아닌 것은 무엇인가요? (   )

① 암행어사가 됨. ② 거중기를 발명함.

③ 『목민심서』를 펴냄. ④ 김양직을 크게 벌함.

⑤ 백성에게 세금을 많이 걷음.

30 정약용이 한 일에서 알 수 있는 가치관을 쓰세요.

• (   )에게 도움이 되려고 맡은 일을 열심히 했다.

2. 「정약용」을 읽고 인물이 살아온 과정을 차례대로 정리해 봅시다.

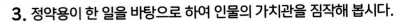

| 1762년에 태어났으며, 열다섯 살 때에는 아버지를 따라 한양으로 가서 학문을 익힘. | ➡ | 서른한 살 때, 임금의 명으로 (예시 답안) 거중기를 만들었음. |

| ➡ | 서른세 살 때, (예시 답안) 정조의 비밀 명령을 받고 암행어사가 되었음. | ➡ | 쉰일곱 살 때, (예시 답안) 『목민심서』라는 책을 펴냈음. |

3. 정약용이 한 일을 바탕으로 하여 인물의 가치관을 짐작해 봅시다.

(1) 정약용이 만든 거중기는 백성에게 어떤 도움을 주었나요?

(예시 답안) 성을 짓는 일에 자주 나오지 않아도 되어 마음 편히 농사를 지을 수 있었습니다.

(풀이) 거중기는 작은 힘으로도 무거운 물건을 들 수 있도록 만든 기계로, 거중기 덕분에 백성은 성을 짓는 일에 자주 나오지 않아도 되었습니다.

(2) 정약용은 암행어사로 일하는 동안 어떤 생각을 했나요?

(예시 답안) 지방 관리가 어떤 마음을 가져야 하는지 깊이 생각했습니다.

(풀이) 정약용은 암행어사로 일하는 동안 지방 관리가 어떤 마음을 가져야 하는지에 대해 깊이 생각했습니다.

(3) 정약용이 『목민심서』를 펴낸 까닭은 무엇인가요?

(예시 답안) 임금이 아무리 나라를 잘 다스려도 지방 관리가 나쁜 짓을 일삼으면 백성은 어렵게 살 수밖에 없다는 것을 깨닫고 지방 관리가 어떤 마음을 가져야 하는지 말하고 싶었기 때문입니다.

(풀이) 『목민심서』는 정약용이 쉰일곱 살 때 펴낸 책으로 지방 관리가 어떤 마음가짐으로 일해야 하는지를 담은 책입니다.

5. 전기문의 특성을 살려 「정약용」의 내용을 요약해 봅시다.

전기문의 특성	내용
인물이 살았던 시대 상황	정약용이 살았던 시대의 백성은 (예시 답안) 이른 아침부터 해가 떨어질 때까지 한시도 쉬지 않고 일했지만 늘 배불리 먹지 못했다.
인물이 한 일	• 거중기를 발명했다. • (예시 답안) 암행어사가 되었다. • (예시 답안) 『목민심서』를 펴냈다.
짐작할 수 있는 인물의 가치관	백성의 어려운 삶을 지켜보면서 (예시 답안) 백성에게 도움이 되려고 맡은 일을 열심히 했다.

🔍 **자습서 확인 문제**

1 정약용이 어린 시절 백성의 삶을 보면서 이상하게 생각한 것은 무엇인가요?

> ㉠ 농사를 짓는 사람이 많은 것
> ㉡ 여자들이 학교에 다니지 못하는 것
> ㉢ 백성이 열심히 일해도 늘 배불리 먹지 못하는 것

(   )

2 시묘살이를 하던 정약용에게 정조는 어떤 것을 생각해 보라고 하였나요?

☐ 을 짓는 데 드는 돈을 줄이면서 백성의 수고도 덜 수 있는 방법

3 서른세 살 때 정약용은 정조의 비밀을 명령을 받고 무엇이 되었나요?

(   )

4 시간이 흘러도 변함없는 정약용의 생각은 무엇인가요?

☐☐ 을 편히 살게 하고 싶다는 생각

헬렌 켈러

- 글의 종류: 전기문
- 글의 특징: 열병으로 듣지도 보지도 못하게 된 헬렌은 노력하여 다른 사람과 의사소통을 하고, 남을 돕는 일을 합니다.

❶~❷ 열병을 앓은 헬렌은 듣지도 보지도 못하게 되었습니다.

❸~❹ 헬렌은 앤 설리번 선생님을 만나 글자를 배웠습니다.

❺ 헬렌은 퍼킨스학교에 다니는 동안 말하는 방법을 배웠습니다.

❻ 헬렌은 열 살 때 자신처럼 장애가 있는 어린이를 도왔습니다.

6단원

❶ 1882년 2월, 태어난 지 열아홉 달밖에 되지 않은 헬렌의 **열병**이 좀처럼 낫지 않았습니다. 엄마는 헬렌을 가슴에 안고 며칠 동안 밤낮을 가리지 않고 돌보며 달랬지만 소용이 없었습니다. 헬렌은 거의 잠도 자지 않고 온몸을 뒤척이며 괴로워했습니다. (열이 너무 심하게 나서) ㉠며칠이 지난 뒤 헬렌의 열병은 마침내 가라앉았습니다. 헬렌은 겉으로 보기에는 아무런 이상이 없었으며, 깊은 잠에 빠져 있는 것 같았습니다. 엄마는 딸을 끌어안고 살아남은 것을 거듭 고마워했습니다. 그러나 엄마도, 의사들도 이 열병 때문에 헬렌에게 무슨 일이 일어났는지 그때는 알지 못했습니다.

엄마는 딸이 누워 있는 침대로 갔습니다. 햇빛이 유리창을 뚫고 헬렌의 얼굴을 밝게 비춰 주고 있었습니다. 헬렌은 눈을 뜨고 있으면서도 빛을 피하지 않은 채 그대로 있었습니다. 이전 같았으면 눈이 부셔 얼굴을 돌렸을 겁니다. 이상하게 생각한 엄마는 (헬렌이 열병을 앓기 전) ㉡헬렌의 눈 가까이에 손을 흔들어 보았지만 눈을 전혀 깜박이지 않았습니다. 식탁에서 **램프**를 가져와 얼굴 가까이 비춰 보았지만 아무런 반응이 없었습니다. 헬렌은 열병 때문에 시력을 잃고 만 것입니다.

📍 헬렌이 태어난 지 열아홉 달이 되었을 때의 일

> 열병이 나서 며칠 동안 가라앉지 않음.
>
> ↓
>
> 열병이 가라앉았음.
>
> ↓
>
> 시력을 잃음.

열병(熱 더울 **열** 病 병 **병**) 열이 심하게 오르는 병.
램프 석유를 넣은 그릇의 심지에 불을 붙이고 유리 덮개를 씌운 등.

---

31 태어난 지 열아홉 달밖에 되지 않은 헬렌에게 일어난 일은 무엇인지 쓰세요.

- 헬렌의 (　　　　　　)이 좀처럼 낫지 않았다.

32 ㉠'며칠이 지난 뒤'의 일이 아닌 것에 ×표 하세요.

(1) 헬렌의 열병이 가라앉았다. (　　　)
(2) 엄마는 헬렌이 살아난 것에 감사했다. (　　　)
(3) 헬렌이 겉으로 보기에는 이상이 없었다. (　　　)
(4) 의사는 열병 때문에 헬렌에게 일어난 일을 알고 있었다. (　　　)

33 ㉡ 헬렌의 모습을 보고 엄마는 어떻게 했는지 쓰세요.

- 램프를 가져와 헬렌의 (　　　　　　) 가까이 비춰 보았다.

34 이 글의 내용으로 알맞지 않은 것은 어느 것인가요?
(　　　)

① 헬렌은 처음부터 보지 못했다.
② 헬렌은 며칠 동안 열병을 앓았다.
③ 헬렌은 열병 때문에 시력을 잃었다.
④ 헬렌은 얼굴에 햇빛이 비춰도 피하지 않았다.
⑤ 엄마는 헬렌이 빛을 피하지 않는 것이 이상했다.

며칠 뒤였습니다. 저녁 식사를 알리는 종이 울렸을 때 엄마는 헬렌과 함께 있었습니다. <u>헬렌은 먹는 것을 좋아해서 언제나 종소리가 울리기 무섭게 식탁으로 다가오고는 했습니다.</u> _{열병을 앓기 전 헬렌의 모습} 그런데 어쩐 일인지 이번에는 아무것도 알아듣지 못한 것 같았습니다. <u>㉠엄마는 깡통에 돌을 넣은 딸랑이를 헬렌의 귀에 대고 흔들었습니다.</u> 그런데 헬렌의 엄마는 또 한 번 큰 충격을 받았습니다. 헬렌이 아무런 반응도 보이지 않았기 때문입니다. 더 크게 흔들어도 마찬가지였습니다. 열병은 헬렌의 ㉡ 까지 **빼앗아** 간 것입니다.

📝 **중심 내용 1** 헬렌은 열병을 앓은 뒤에 보지도 듣지도 못하게 되었습니다.

2 헬렌의 부모는 헬렌을 치료하려고 먼 곳까지 여행하면서 의사들을 찾아다녔지만 어떤 의사도 도움이 되지 못했습니다. 헬렌은 어둠과 **침묵**의 세계 속에 갇힌 채 몸부림쳤습니다. _{헬렌이 보지도 듣지도 못해서} 오랜 시간이 지난 뒤 헬렌은 그 시절을 되돌아보며 이렇게 말했습니다.

㉢"나는 너무 어려서 무슨 일이 일어났는지 알지 못했다. 잠에서 깨어나 보니 모든 것이 깜깜하고 조용했다. 나는 밤이 되었다고 생각했다."

다른 사람들과 **의사소통**을 할 수 없게 되자 헬렌은 슬퍼하는 날이 많아졌습니다. 그리고 화를 잘 내고 소리를 지르며 걷어차고 물어뜯고 때렸습니다. 헬렌은 제멋대로였고 성격이 **난폭해져서** 집안 식구들을 괴롭혔습니다. 그러나 자신이 다른 사람을 얼마나 괴롭히는지 알지 못했습니다.

📝 **중심 내용 2** 헬렌은 다른 사람과 의사소통을 할 수 없게 되자 난폭해져서 집안 식구들을 괴롭혔습니다.

💡 전기문을 읽을 때 살펴볼 것

인물이 한 일이 무엇인지 살펴봐야 해.

인물의 생각이나 행동도 살펴봐야지.

인물의 가치관을 짐작할 수 있는 내용을 찾아보는 것도 좋아.

침묵(沈 잠길 **침** 默 잠잠할 묵) 아무 말 없이 조용히 있음. 또는 그런 상태.
의사소통(意 뜻 의 思 생각 사 疏 소통할 소 通 통할 통) 생각이나 말 등이 서로 통함.
난폭(亂 어지러울 난 暴 사나울 폭)해져서 행동이 거칠고 사나워져서.

---

35 엄마가 ㉠과 같이 한 까닭은 무엇인가요? ( )
① 헬렌에게 재미있는 놀이를 알려 주려고
② 헬렌이 듣지 못하는 것 같아 알아보려고
③ 저녁 식사 시간이라는 것을 알려 주려고
④ 조용히 할 시간이라는 것을 알려 주려고
⑤ 놀이를 그만할 시간이라는 것을 알려 주려고

36 ㉡ 에 알맞은 말은 어느 것인가요? ( )
① 보는 능력 ② 듣는 능력
③ 먹는 즐거움 ④ 노는 즐거움
⑤ 여러 가지 장난감

37 ㉢으로 알 수 있는 것은 무엇인가요? ( )
① 헬렌은 어두운 것을 좋아했다.
② 헬렌은 조용한 것을 좋아했다.
③ 헬렌은 혼자 있는 것을 좋아했다.
④ 헬렌은 다른 사람과 말하는 것을 싫어했다.
⑤ 헬렌은 어려서 자신에게 장애가 생긴 것을 몰랐다.

38 다른 사람들과 의사소통을 할 수 없게 된 헬렌의 행동으로 알맞지 않은 것은 어느 것인가요? ( )
① 화를 잘 냈다. ② 조용히 지냈다.
③ 소리를 질렀다. ④ 물어뜯고 때렸다.
⑤ 슬퍼하는 날이 많아졌다.

3 1887년 3월 3일은 ⊙헬렌 켈러의 **생애**에서 가장 중요한 날입니다. 헬렌의 운명을 바꾸어 놓은 앤 설리번 선생님을 만난 날이기 때문입니다. 헬렌은 여덟 살 때 설리번 선생님을 만난 것입니다. 앤은 마차에서 내려서 헬렌의 아버지와 인사를 나누자마자 물었습니다.

"헬렌은요?"

현관문 앞에 헬렌이 서 있었습니다. 앤은 작은 소녀를 안았습니다. 그러나 헬렌(헬렌)은 안기려 하지 않고 몸을 빼려고 했습니다. 헬렌의 엄마는 헬렌이 볼 수도 들을 수도 없게 된 뒤부터 엄마한테만 안길 뿐 다른 사람이 안는 것

을 싫어한다고 말해 주었습니다. 그러나 잠시 후 헬렌이 앤에게 다가왔습니다. 그러더니 손으로 이 **낯선** 사람을 만지기 시작했습니다. 얼굴을 만지고 코와 입과 먼지 묻은 옷을 차례로 만지는 것이었습니다. 앤은 헬렌의 손이 곧 눈이라는 것을 바로 알아차렸습니다. 이 손을 통해 헬렌에게 새로운 세계를 열어 주(장애를 극복한 세계)어야 할 일이 앤에게 맡겨진 것입니다. ⓒ이 손이 어둠 속에 갇힌 헬렌을 빛의 세계로 끌어내 줄 것입니다.

✏️ **중심 내용 3** 헬렌은 여덟 살 때 앤 설리번 선생님을 만났습니다.

📍 헬렌이 여덟 살 때 일어난 중요한 일

> 헬렌이 앤 설리번 선생님을 만남.
> ↓
> 앤 설리번 선생님이 헬렌의 손이 눈이라는 것을 알아차림.
> ↓
> 앤 설리번 선생님이 헬렌의 손을 통해 교육을 할 것임을 짐작할 수 있음.

생애 살아 있는 한평생의 기간.
낯선 전에 본 기억이 없어서 익숙하지 않은.

---

39 ⊙이 뜻하는 것은 무엇인가요? (　　　)
① 헬렌의 동생이 태어난 날
② 헬렌의 장애가 없어진 날
③ 헬렌이 학교에 들어간 날
④ 헬렌이 함께 지낼 친구를 만난 날
⑤ 헬렌이 앤 설리번 선생님을 만난 날

40 헬렌은 앤 설리번 선생님을 만난 후에 어떻게 행동했나요? (　　　)
① 앤 설리번 선생님을 물어뜯고 때렸다.
② 앤 설리번 선생님을 반가워하며 안았다.
③ 앤 설리번 선생님께 같이 놀자고 졸랐다.
④ 앤 설리번 선생님의 얼굴과 옷을 만졌다.
⑤ 앤 설리번 선생님을 자신의 방으로 데려갔다.

41 40번 문제의 답과 같은 헬렌의 행동을 통해 앤 설리번 선생님이 알아차린 것은 무엇인가요? (　　　)
① 헬렌은 친구가 많다.
② 헬렌의 손이 곧 눈이다.
③ 헬렌은 낯선 사람을 좋아한다.
④ 헬렌은 배우는 것을 좋아한다.
⑤ 헬렌은 혼자 있는 것을 좋아한다.

42 ⓒ이 뜻하는 것으로 알맞은 것은 무엇인지 기호를 쓰세요.

> ㉮ 헬렌이 스스로 불을 켜고 끌 수 있게 될 것이다.
> ㉯ 헬렌의 손을 통해 교육을 해서 장애를 극복할 수 있을 것이다.

(　　　　　　　)

4 헬렌은 선생님에게 날마다 새로운 낱말들을 배웠지만 낱말과 사물의 관계가 어떤 것인지 이해하지 못하고 있었습니다.

그러던 1887년 4월 5일, 마침내 ㉠**기적** 같은 일이 일어났습니다. 아름다운 봄날 아침이었습니다. 앤 선생님에게 새로운 생각이 번쩍 떠올랐습니다. 헬렌은 **펌프** 주변의 마당에서 노는 것을 좋아했는데, 펌프를 이용해 '물'이라는 낱말의 관계를 실감 나게 알게 해 줄 수 있지 않을까 하는 생각이 들었습니다. 선생님은 헬렌의 손을 잡고 펌프가로 데리고 갔습니다. ㉡펌프로 물을 퍼 올리자 헬렌의 손바닥으로 시원한 물이 쏟아져 내렸습니다. 선생님은 헬렌의 손바닥에 처음에는 천천히, 나중에는 빨리 'w-a-t-e-r'라고 거듭 써 주었습니다. 그러자 헬렌의 얼굴이 환히 빛났습니다. 그러더니 선생님에게 'w-a-t-e-r'라고 여러 번 써 보여 주는 것이었습니다. 그 순간 헬렌은 자기 손에 쏟아지는 물을 나타내는 낱말이 'water'이고, 세상의 모든 것은 각각 이름을 가지고 있다는 것을 비로소 깨닫게 된 것입니다. 마침내 헬렌의 앞에 빛의 세계가 열렸습니다. 헬렌은 배우고 싶다는 뜨거운 마음이 생겼습니다. 헬렌은 아침에 일찍 일어나자마자 글자를 쓰기 시작해 하루 종일 글을 쓰고는 했습니다. 결국 헬렌은 글자를 통해 다른 사람에게 자기 생각을 전할 수 있게 되었습니다.

중심 내용 4 헬렌은 앤 설리번 선생님에게 글자를 배워 다른 사람에게 자기 생각을 전할 수 있게 되었습니다.

● **앤 설리번 선생님이 헬렌을 가르친 방법**

앤 설리번 선생님이 헬렌의 손으로 물을 만져 보게 함.

↓

헬렌의 손에 'water'라고 써 줌.

→ 헬렌에게 직접 사물을 만져 보게 한 다음 이름을 손바닥에 써 주어 사물의 이름을 알려 줌.

기적 보통 알고 있는 것으로는 생각할 수 없는 이상한 일.
펌프 압력을 이용해 액체나 기체를 빨아 올리거나 이동시키는 기계.
water '물'이라는 뜻의 외국어. '워터'라고 읽음.

---

43 ㉠이 뜻하는 것으로 알맞은 것은 무엇인가요?
( )
① 헬렌이 말을 하게 된 일
② 헬렌이 수영을 할 수 있게 된 일
③ 헬렌이 집안일을 할 수 있게 된 일
④ 헬렌이 낱말과 사물의 관계를 처음 알게 된 일
⑤ 헬렌이 앤 설리번 선생님을 진심으로 믿게 된 일

44 앤 설리번 선생님이 ㉡과 같이 한 까닭은 무엇일까요?
( )
① 물소리가 어떤지 알려 주기 위해서
② '물'이라는 낱말을 알려 주기 위해서
③ 펌프의 구조가 어떤지 알려 주기 위해서
④ 물소리와 다른 소리를 비교해 주기 위해서
⑤ 헬렌이 밖에서도 활발하게 돌아다니는 것을 바라서

교과서 문제

45 헬렌이 처음으로 낱말과 사물의 관계를 깨달았을 때 어떤 생각을 했을까요? ( )
① 두렵고 무서운 느낌이었을 것이다.
② 더 알고 싶지 않아 도망치고 싶었을 것이다.
③ 이해할 수 없고 귀찮은 생각이 들었을 것이다.
④ 당황스럽고 짜증스러운 생각이 들었을 것이다.
⑤ 답답했던 세상에 빛이 비추는 느낌이었을 것이다.

46 이 글에서 헬렌이 자신의 어려움을 줄이기 위해 한 일은 무엇인가요? ( )
① 하루 종일 엄마를 따라다니며 질문을 했다.
② 야외로 나가 사물의 이름을 외우고 다녔다.
③ 부모님에게 학교에 보내 달라고 떼를 썼다.
④ 언니나 오빠에게 자신이 배운 글자를 자랑했다.
⑤ 아침 일찍 일어나자마자 글을 쓰기 시작해 하루 종일 글을 썼다.

5 1889년 가을, 헬렌은 퍼킨스학교에 다니게 되었습니다. 앤 선생님은 변함없이 헬렌을 가르쳤고, 다른 선생님들도 헬렌을 도와주었습니다. ㉠퍼킨스학교에 머무는 동안 헬렌은 **시각·청각·**언어 장애를 지닌 노르웨이의 한 소녀가 입으로 말하는 법을 배웠다는 소식을 들었습니다. 이 소식을 듣자 헬렌은 너무나 기뻤으며, 자신도 이것을 배우게 해 달라고 선생님을 졸랐습니다. 말하기를 배우는 것이 너무 힘들었지만 헬렌은 포기하지 않았습니다. 뜻대로 말이 되지 않아 어려움을 많이 겪었지만 자신도 마침내 말을 할 수 있을 것이라는 희망을 버리지 않고 끊임없이 노력했습니다. 새에게도 말을 걸고 장난감과 개에게도 말을 했습니다.

(밑줄: 1889년 가을에 있었던 일)

📖**중심 내용 5** 헬렌은 퍼킨스학교에 다니면서 말을 하기 위해 노력했습니다.

6 열 살이 된 헬렌은 퍼킨스학교에 있는 동안 자신처럼 장애를 지닌 어린이를 돕는 일에 나섰습니다. 펜실베이니아주에 살고 있는 토미를 퍼킨스학교에 데려와 교육받을 수 있도록 **모금**을 하기로 한 것입니다. 다섯 살의 토미는 헬렌처럼 보지도 듣지도 말하지도 못하는 아이였습니다. 토미는 부모님도 안 계시고 가난한 아이여서 학교에 갈 수 없었습니다. 헬렌은 토미가 퍼킨스학교에 다닐 수 있도록 도와 달라는 글을 여러 사람과 신문사에 보냈습니다. 헬렌도 이 모금에 참여하기 위해 사치스러운 물건을 사지 않고 돈을 보탰습니다. 다행히 많은 성금이 모여 토미는 아무 걱정 없이 학교에 다닐 수 있게 되었습니다. 헬렌은 매우 기뻤습니다. 남을 도우면 이렇게 큰 기쁨을 누릴 수 있다는 깨달음을 얻었습니다.

(밑줄: 토미가 학교에 갈 수 없는 까닭)
(밑줄: 헬렌이 토미를 돕고 깨달은 것)

📖**중심 내용 6** 헬렌은 자신처럼 장애를 지닌 어린이를 도왔습니다.

🔎 **헬렌이 퍼킨스학교에 다닐 때 있었던 일**

> 1889년 가을, 퍼킨스학교에 다니게 됨.

⬇

> 자신과 같은 장애를 가진 노르웨이의 한 소녀가 말하는 법을 배웠다는 소식을 들음.

⬇

> 힘들어도 포기하지 않고 말하는 법을 배움.

⬇

> 자신처럼 장애를 가진 토미를 도와줌.

시각 물체의 모양이나 움직임, 빛깔 등을 보는 눈의 감각.
청각 귀로 소리를 듣고 느끼는 감각.
모금(募 모을 모 金 쇠 금) 기부금이나 성금 등을 모음. 예 성금 모금 활동을 적극적으로 했습니다.

---

47 ㉠을 들은 헬렌이 했을 생각에 ○표 하세요.

(1) 자신도 말을 배우고 싶다. ( )
(2) 그 소녀와 친구가 되고 싶다. ( )
(3) 그 소녀와 이야기를 하고 싶다. ( )

48 이 글을 읽고 알 수 있는 헬렌의 가치관을 알맞게 말한 사람의 이름을 쓰세요.

> 은지: 나보다 어려운 사람을 도와야 한다.
> 상은: 경제적으로 부유한 삶이 가치가 있다.
> 규호: 다른 사람에게 도움을 받지 않도록 해야 한다.

( )

🖊 **서술형·논술형 문제**

49 다음을 보고 헬렌에게 본받을 점은 무엇인지 쓰세요.

> 헬렌은 토미가 퍼킨스학교에 다닐 수 있도록 도와 달라는 글을 여러 사람과 신문사에 보냈다.

> 헬렌도 이 모금에 참여하기 위해 사치스러운 물건을 사지 않고 돈을 보탰다.

↘ ↙

> 자신도 장애 때문에 배우는 것이 힘든데도,
> _____
> _____

국어 교과서 **208쪽**

2. 「헬렌 켈러」를 읽고 인물의 생각을 짐작해 봅시다.

(1) 헬렌이 설리번 선생님을 처음 만났을 때 어떤 생각을 했을까요?

예시 답안 > 안기려 하지 않고 몸을 빼려고 한 것으로 보아 두려워하는 것 같습니다. / 설리번 선생님의 얼굴과 옷을 만진 것으로 보아 낯선 사람에 대한 호기심이 있었던 것 같습니다.

풀이 > 설리번 선생님이 헬렌을 안으려 했을 때 헬렌은 안기려 하지 않았지만 잠시 후 다가와서 손으로 설리번 선생님의 코와 입과 옷을 만졌습니다.

(2) 헬렌이 처음으로 낱말과 사물의 관계를 알았을 때 어떤 생각을 했을까요?

예시 답안 > 배우고 싶다는 뜨거운 마음이 생겼습니다.

풀이 > 헬렌은 세상의 모든 것이 각각 이름을 가지고 있다는 것을 깨닫고 얼굴이 환히 빛났습니다.

국어 교과서 **209쪽**

3. 헬렌 켈러에게서 본받을 점을 찾아봅시다.

(1) 헬렌 켈러는 어떻게 자신의 어려움을 줄일 수 있었나요?

헬렌은 아침에 일찍 일어나자마자 글자를 쓰기 시작해 하루 종일 글을 쓰고는 했습니다.

예시 답안 > 말하기를 배우는 것이 너무 힘들었지만 헬렌은 포기하지 않았습니다.

↓

다른 사람에게 자기 생각을 전할 수 있게 되었습니다.

풀이 > 헬렌은 사물의 이름을 익히려고 아침에 일찍 일어나자마자 글자를 쓰기 시작해 하루 종일 글을 쓰고, 말하기 위해 포기하지 않고 끊임없이 노력했습니다.

(2) 헬렌 켈러에게서 본받을 점은 무엇인가요?

헬렌은 토미가 퍼킨스학교에 다닐 수 있도록 도와 달라는 글을 여러 사람과 신문사에 보냈습니다.

예시 답안 > 남을 도우면 큰 기쁨을 누릴 수 있다는 깨달음을 얻었습니다.

↓

자신도 장애 때문에 배우는 것이 힘든데도, 예시 답안 > 남을 도와주는 것을 기뻐했습니다.

풀이 > 장애를 지닌 토미는 부모님도 안 계시고 가난한 아이여서 학교에 갈 수 없었는데, 헬렌은 장애를 지닌 어린이를 돕는 일에 나섰고 남을 도우면 큰 기쁨을 누릴 수 있다는 깨달음을 얻었습니다.

🔍 **자습서 확인 문제**

1 헬렌은 열병을 앓은 후에 어떻게 되었는지 알맞지 <u>않은</u> 것은 어느 것인가요?

㉠ 볼 수 없게 되었다.
㉡ 들을 수 없게 되었다.
㉢ 냄새를 맡을 수 없게 되었다.

(   )

2 설리번 선생님은 헬렌의 무엇이 곧 눈이라는 것을 알아차렸나요?

(   )

3 다음에서 알 수 있는 헬렌 켈러의 가치관에 ○표 하세요.

시각 · 청각 · 언어 장애를 가진 노르웨이의 한 소녀가 입으로 말하는 법을 배웠다는 소식을 듣고 자신도 말할 수 있다는 희망을 버리지 않고 끊임없이 노력했다.

(1) 어려운 처지의 사람들을 도와주는 삶 (   )

(2) 목표를 이루기 위해 힘들어도 참고 견디는 삶 (   )

[50~53] 다음 유관순의 삶을 생각해 보고 물음에 답하세요.

ㄱ : 1919년 3월 1일. 유관순은 일본의 침략에서 벗어나고자 사람들과 함께 독립 만세 운동을 함.

어려움: 1919년 3월 10일. 일본은 만세 운동을 하는 사람들에게 총칼을 휘두르고, 강제로 학교 문을 닫게 함.

어려움을 이겨 내려는 노력: 고향에 돌아와서 태극기를 만들고, 아우내 장터에 모인 사람들과 독립 만세를 외침.

본받고 싶은 것: 백여 년이 지난 지금까지도 우리에게 나라를 사랑하는 마음을 일깨워 줌.

50 ㄱ에 알맞은 내용은 무엇인가요? (   )

① 시대 상황
② 인물의 고향
③ 인물의 외모
④ 인물의 가족 관계
⑤ 인물이 태어난 때

51 유관순이 겪은 어려움은 무엇이었나요? (   )

① 일본이 학교를 다니게 해 주었다.
② 일본이 강제로 학교 문을 닫게 했다.
③ 시장이 문을 닫아 먹을 것을 구할 수 없었다.
④ 일본이 강제로 학생들에게 운동을 하게 했다.
⑤ 일본이 강제로 학생들을 일본으로 유학가게 했다.

52 유관순이 어려움을 이겨 내려고 노력한 일을 두 가지 고르세요. (,   )

① 집에서 열심히 공부를 했다.
② 총칼을 들고 일본에 맞서 싸웠다.
③ 고향에 돌아와 태극기를 만들었다.
④ 학교를 다니며 열심히 만세 운동을 했다.
⑤ 아우내 장터에 모인 사람들과 함께 독립 만세를 외쳤다.

53 유관순이 한 일을 보고 본받고 싶은 점을 알맞게 말한 사람의 이름을 쓰세요.

승주: 난 유관순이 부모님께 효도한 점을 본받고 싶어.
재경: 난 유관순의 나라를 사랑하는 마음을 본받고 싶어.
윤호: 난 유관순이 어려운 상황에서도 열심히 공부한 점을 본받고 싶어.

(   )

6단원

🧩 서술형·논술형 문제

54 다음 김만덕에게 본받을 점을 생각하며 미래의 자기 모습을 상상하여 빈칸에 쓰세요.

김만덕은 많은 돈을 혼자 쓰면서 편하게 살 수 있었지만, 어려운 사람을 위해 전 재산을 내놓았다.

나는 (   )을/를 할 것입니다.

왜냐하면 _____

55 다음과 같이 변화된 미래에 하고 싶은 일을 바르게 상상한 사람에 ○표 하세요.

• 교통수단이 발달해 자동차가 하늘을 난다.
• 환경 오염이 심해져서 공기를 사 마셔야 한다.
• 종이책을 읽지 않아서 도서관이 없어진다.

(1) 민서: 길거리에서 교통 안내를 하는 교통경찰이 되고 싶다. (   )

(2) 지우: 도서관에서 좋은 책을 추천해 주는 사서 선생님이 되고 싶다. (   )

(3) 연우: 대체 에너지를 개발해서 지구 환경을 깨끗하게 하는 과학자가 되고 싶다. (   )

[1~2] 수아와 정원이의 대화

1 정원이가 도서관에서 찾는 책의 종류를 쓰시오.

( )

2 수아와 정원이가 찾고 있는 책에서 알고 싶은 것을 두 가지 고르시오. (,)

① 인물이 한 일
② 인물이 태어난 곳
③ 인물의 가정 환경
④ 인물에게 영향을 준 사람
⑤ 인물이 살았던 시대와 지금의 다른 점

3 다음에서 설명하는 인물에 ○표 하시오.

"장애는 불편하다. 하지만 불행하지는 않다."라는 말을 남긴 (마리 퀴리 / 헬렌 켈러)는 장애에 대한 편견을 없애는 데 큰 역할을 했다.

4 친구들에게 본받고 싶은 인물을 소개할 때 말하면 좋은 내용이 아닌 것은 어느 것입니까? ( )

① 인물의 이름
② 인물이 한 일
③ 본받고 싶은 까닭
④ 인물이 좋아한 음식
⑤ 인물이 살았던 시대 상황

[5~6] 지석이와 수지의 대화

지석: 주시경 선생님은 어떤 일을 하셨기에 본받고 싶다는 거니?

수지: 백 년 전만 해도 글을 읽지 못하는 사람들이 대부분이었는데, 주시경 선생님의 노력 덕분에 지금은 우리글을 쉽게 배울 수 있는 거래.

지석: 주시경 선생님은 왜 그런 노력을 하셨을까?

수지: 우리나라가 외세의 침략을 받지 않고 잘 살려면 우리글을 모두가 알아야 한다고 생각하셨고, 그래서 ㉠누구나 쉽게 배울 수 있도록 문법을 연구하셨대.

5 백 년 전에는 지금과 어떻게 달랐는지 알맞은 것의 기호를 쓰시오.

㉮ 대부분의 사람들이 글을 잘 읽었다.
㉯ 대부분의 사람들이 글을 읽지 못했다.
㉰ 우리글에 대한 연구를 활발하게 하고 있었다.

( )

6 주시경 선생님이 ㉠과 같은 일을 한 까닭은 무엇입니까? ( )

① 우리글의 문법이 쉬워서
② 일본이 우리글의 문법을 연구하라고 해서
③ 사람들이 문법을 연구해 달라고 부탁해서
④ 학교에서 문법을 연구해 달라고 부탁해서
⑤ 외세의 침략을 받지 않고 잘 살려면 모두가 우리글을 알아야 한다고 생각해서

7 전기문의 특성으로 알맞은 것에 ○표 하시오.

(1) 인물의 가치관을 알 수 없다. ( )
(2) 인물의 좋은 점만을 꾸며서 나타냈다. ( )
(3) 인물이 살았던 시대 상황이 나타나 있다. ( )

[8~12] 김만덕

제주도 사람들은 모이기만 하면 ㉠김만덕의 업적과 어진 덕을 칭찬하였다. 제주 목사는 임금에게 김만덕의 행동을 칭찬하는 글을 올렸다. ㉡임금은 제주 목사의 편지를 받고 눈이 화등잔만 해졌다.

"제주도에 사는 여인이 전 재산을 내놓아 굶주린 사람들을 살렸다고? 참으로 고마운 일이로구나. 김만덕의 소원을 들어주도록 하여라."

제주 목사가 김만덕에게 소원을 묻자, 김만덕은 임금의 용안을 뵙는 것과 금강산 구경을 말하였다. 임금은 김만덕에게 벼슬을 내려 임금을 만날 수 있게 해 주었다. 양민의 신분으로는 임금을 만날 수 없었기 때문이다. 그리고 제주도 여자는 제주도를 떠날 수 없었던 그 당시의 규범을 깨고 김만덕에게 금강산을 구경하도록 해 주었다.

8 ㉠이 뜻하는 것은 무엇입니까? (　　　)
① 김만덕이 장사를 잘한 일
② 김만덕이 정직하게 장사한 일
③ 김만덕이 친척들을 돌봐준 일
④ 김만덕이 제주 목사의 부탁으로 임금을 만난 일
⑤ 김만덕이 전 재산을 내놓아 굶주린 사람들을 살린 일

9 임금이 제주 목사의 편지를 받고 ㉡과 같이 놀란 까닭은 무엇입니까? (　　　)
① 제주도 여인이 제주도를 떠나서
② 김만덕이 사람들을 치료해 주어서
③ 제주 목사가 굶주린 사람들을 살려서
④ 제주도 사람들이 스스로 식량을 구해서
⑤ 여인이 전 재산을 내놓아 굶주린 사람들을 살려서

10 김만덕이 제주 목사에게 말한 소원을 쓰시오.
• ((1)　　　　　　　　　)을 뵙는 것과
　((2)　　　　　　　　　)을 구경하는 것

11 이 글에서 알 수 있는 시대 상황으로 알맞은 것을 세 가지 고르시오. (　　,　　,　　)
① 신분 차별이 있었다.
② 모든 사람이 평등했다.
③ 양민 신분으로는 임금을 만날 수 없었다.
④ 제주도 여자는 제주도를 떠날 수 없었다.
⑤ 금강산을 보려면 임금의 허락을 받아야 했다.

12 김만덕의 가치관이 **아닌** 것의 기호를 쓰시오.

㉮ 도전하는 정신
㉯ 돈을 마음껏 쓰는 삶
㉰ 자신이 가진 것을 나누고 베푸는 삶

(　　　　　　　　　)

[13~14] 정약용

정약용은 1762년 지금의 경기도 남양주에 있는 마재에서 태어났어요. 지방 관리였던 아버지 덕분에 정약용은 어릴 때부터 백성의 삶을 가까이서 지켜볼 수 있었어요.

백성은 이른 아침부터 해가 떨어질 때까지 한시도 쉬지 않고 일했지요. 그런데도 백성은 늘 배불리 먹지 못했어요. 세금을 내지 못해 남의 집 머슴살이를 하는 사람도 많았어요.

13 정약용이 어릴 때부터 백성의 삶을 가까이서 지켜볼 수 있었던 까닭은 무엇입니까? (　　　)
① 부자여서　　　　　② 놀기 좋아해서
③ 한양에 살아서　　　④ 신분이 낮아서
⑤ 아버지가 지방 관리여서

🖥 서술형·논술형 문제

14 정약용이 살았던 시대 상황을 쓰시오.

_____

_____

[15~20] 헬렌 켈러

(가) 1889년 가을, 헬렌은 퍼킨스학교에 다니게 되었습니다. 앤 선생님은 변함없이 헬렌을 가르쳤고, 다른 선생님들도 헬렌을 도와주었습니다. 퍼킨스학교에 머무는 동안 헬렌은 시각·청각·언어 장애를 지닌 노르웨이의 한 소녀가 입으로 말하는 법을 배웠다는 소식을 들었습니다. 이 소식을 듣자 헬렌은 너무나 기뻤으며, 자신도 이것을 배우게 해 달라고 선생님을 졸랐습니다. 말하기를 배우는 것이 너무 힘들었지만 헬렌은 포기하지 않았습니다. 뜻대로 말이 되지 않아 어려움을 많이 겪었지만 자신도 마침내 말을 할 수 있을 것이라는 희망을 버리지 않고 끊임없이 노력했습니다. 새에게도 말을 걸고 장난감과 개에게도 말을 했습니다.

(나) 열 살이 된 헬렌은 퍼킨스학교에 있는 동안 자신처럼 장애를 지닌 어린이를 돕는 일에 나섰습니다. 펜실베이니아주에 살고 있는 토미를 퍼킨스학교에 데려와 교육받을 수 있도록 모금을 하기로 한 것입니다. 다섯 살의 토미는 헬렌처럼 보지도 듣지도 말하지도 못하는 아이였습니다. 토미는 부모님도 안 계시고 가난한 아이여서 학교에 갈 수 없었습니다. 헬렌은 토미가 퍼킨스학교에 다닐 수 있도록 도와 달라는 글을 여러 사람과 신문사에 보냈습니다. 헬렌도 이 모금에 참여하기 위해 사치스러운 물건을 사지 않고 돈을 보탰습니다. 다행히 많은 성금이 모여 토미는 아무 걱정 없이 학교에 다닐 수 있게 되었습니다. 헬렌은 매우 기뻤습니다. 남을 도우면 이렇게 큰 기쁨을 누릴 수 있다는 깨달음을 얻었습니다.

15 헬렌이 퍼킨스학교에 다닐 때 있었던 중요한 일은 무엇입니까? (   )

① 입으로 말하는 법을 배웠다.
② 친구들과 어울리는 법을 배웠다.
③ 손으로 감촉을 느끼는 법을 배웠다.
④ 앤 설리번 선생님에게 점자로 글을 읽는 법을 배웠다.
⑤ 앤 설리번 선생님에게 손가락으로 글자를 쓰는 법을 배웠다.

16 말하기를 배울 때 헬렌은 어떻게 했습니까? (   )

① 실망해서 포기했다.
② 쉬운 소리만 연습했다.
③ 포기하지 않고 끊임없이 노력했다.
④ 앤 설리번 선생님에게 도움을 청했다.
⑤ 뜻대로 되지 않으면 짜증을 내고 화를 냈다.

17 글 (가)에서 짐작할 수 있는 헬렌의 성격은 어떠하겠습니까? (   )

① 친절하다.   ② 조용하다.
③ 소극적이다.   ④ 인정이 많다.
⑤ 의지가 강하다.

18 헬렌은 토미를 어떻게 도와주고 싶어 했는지 ○표 하시오.

(1) 부모님을 찾아 주고 싶어 했다. (   )
(2) 퍼킨스학교에 보내고 싶어 했다. (   )
(3) 잘사는 가정으로 입양을 보내고 싶어 했다. (   )

19 토미를 돕기 위해 헬렌이 한 일을 두 가지 고르시오. (,   )

① 토미의 부모님을 설득했다.
② 모금에 참여하기 위해 돈을 보탰다.
③ 방송에 나가 토미의 사정을 설명했다.
④ 토미를 도와 달라는 글을 신문사에 보냈다.
⑤ 앤 설리번 선생님을 통해 학교에 편지를 보냈다.

서술형·논술형 문제

20 이 글을 읽고 헬렌에게서 배울 점은 무엇인지 쓰시오.

독서 감상문을 써요

독서 감상문은 책을 읽고 책을 읽은 동기, 책 내용, 책을 읽고 생각하거나 느낀 점을 쓴 글이야.

독서 감상문이 뭐예요?

그 책 안에 죄수 3017이 쓴 독서 감상문이 있었지.

개념 웹툰

시간 수사대는 서점에서 죄수 3017을 잡을 수 있을까요? 스마트폰에서 확인하세요!

개념 1 독서 감상문을 쓰는 방법

쓸 책을 정할 때	읽으면서 여러 가지 생각을 한 책이나 새로 알게 된 내용이 많은 책 고르기
책 내용을 정리할 때	인상 깊은 부분을 떠올리고, 생각이나 느낌을 나타낼 수 있는 부분 간략하게 쓰기
생각이나 느낌을 쓸 때	새롭게 알거나 생각한 점, 책을 읽고 느낀 점을 쓰고, 그 까닭도 함께 쓰기
고쳐 쓸 때	제목, 책 내용과 생각이나 느낌이 잘 어울리는지 확인하기

지문 『세시 풍속』을 읽고 쓴 독서 감상문

책을 읽은 동기	학교 도서관에서 책을 고르다가 『세시 풍속』이라는 책을 읽었습니다.
책 내용	• 책은 계절의 차례대로 봄, 여름, 가을, 겨울의 세시 풍속을 소개했습니다. • 옛날 사람들은 병을 옮기는 나쁜 귀신이 팥을 싫어한다고 믿었답니다. 그래서 동지에 팥으로 죽을 만들어 귀신이 못 오게 집 앞에 뿌렸답니다. 이 일에서 동지에 팥죽 먹는 풍습이 생겼답니다.
책을 읽고 생각하거나 느낀 점	• 한 가지를 볼 때 여러 가지 시각으로 봐야겠다고 생각했습니다. • 계절의 변화 하나하나에 의미를 부여하고 삶을 즐겁게 보내려는 마음을 듬뿍 느꼈습니다.

개념 2 글에서 감동받은 부분을 찾는 방법

① 인물의 행동이나 말에서 교훈을 얻을 수 있는 부분에서 감동을 느낄 수 있습니다.
② 자신의 경험이나 생각이 글 내용과 비슷해 공감할 수 있는 부분에서 감동을 느낄 수 있습니다.
③ 질문이나 생각이 많이 생기는 내용을 읽을 때 감동을 느낄 수 있습니다.
④ 기쁨, 슬픔, 화남, 즐거움 등의 감정을 강하게 느낀 부분에서 감동을 느낄 수 있습니다.

지문 『어머니의 이슬 털이』에서 감동받은 부분 찾기 예

	감동받은 부분	어머니께서 품속에 넣어 온 새 양말과 새 신발을 아들에게 갈아 신겨 주는 장면
	그 까닭	아들에게 좋은 것만 주고 싶은 어머니의 마음이 느껴졌기 때문이다.

개념 3 글에 대한 생각이나 느낌을 여러 가지 형식으로 표현하기

형식	특징
편지	생각이나 느낌을 누군가에게 말하듯이 씁니다.
일기	자신의 경험과 관련지어 생각이나 느낌을 씁니다.
시	자신의 생각이나 느낌을 재미있는 표현을 사용해 씁니다.

지문 『투발루에게 수영을 가르칠 걸 그랬어!』를 읽고 형식을 정해 생각이나 느낌 표현하기 예

형식	내용
편지	투발루섬을 떠나는 로자의 마음이 안타깝게 느껴져 로자를 위로하는 편지를 써서 내 마음을 전하고 싶다.

표현하고 싶은 생각이나 느낌을 떠올려 형식을 정해요.

[1~2] 다음 대화를 보고 물음에 답하세요.

내가 읽은 책은 주인공이 자신의 일을 슬기롭게 해결하는 과정이 흥미진진했어.

『아낌없이 주는 나무』를 읽고 아이에게 모든 것을 주는 나무의 행동에서 감동받았어.

민주

준수

상진

규영

『백두산 이야기』는 배경 그림과 내용이 조화를 이루어 인상 깊었어.

『심청전』에서…….

1 이와 같이 재미있게 읽은 책에 대해 이야기할 때 떠올릴 내용이 <u>아닌</u> 것은 무엇인가요? ( )

① 책 제목
② 인상 깊은 장면
③ 사건이나 내용
④ 책에 나오는 인물
⑤ 인기가 많은 책

2 규영이가 말할 내용이 <u>아닌</u> 것은 무엇인가요? ( )

① 주인공은 여자야.
② 부모님께 효도해야겠다고 느꼈어.
③ 주인공이 공양미 삼백 석에 팔려 갔어.
④ 용궁에서 보물을 얻어 오는 장면이 인상 깊었어.
⑤ 주인공이 아버지를 위해 바다에 뛰어드는 장면이 기억에 남아.

3 다음 책 내용을 보고 **보기** 에서 알맞은 책 제목에 ○표 하세요.

옥황상제 때문에 은하수를 사이에 두고 다시 만나지 못한 견우와 직녀를 까치, 까마귀 들이 도와주는 내용

보기
『견우와 직녀』 『김구 위인전』 『레 미제라블』

4 다음은 종아가 재미있게 읽은 책에 대한 생각이나 느낌을 쓴 것입니다. 종아가 읽은 책 제목을 쓰세요.

책 제목	
생각이나 느낌	연못에서 산신령이 나타나는 부분에서 큰 재미를 느꼈습니다. 산신령이 정직한 나무꾼에게 상으로 도끼 세 개를 모두 주는 장면이 인상 깊었기 때문입니다. 나도 앞으로 정직한 사람이 되어야겠다고 생각했습니다.

5 다음은 미소가 읽은 책에 대한 생각이나 느낌을 이야기한 것입니다. 미소는 무엇에 대해 이야기했나요?

( )

『갈매기의 꿈』에서 조나단이 포기하지 않고 계속 노력한 끝에 결국 진정한 자유를 얻는 장면이 가장 인상 깊었어. 자신이 하고 싶은 일을 할 때 큰 어려움이 있어도 참고 견딜 수 있기 때문이야.

① 인물의 생각
② 인상 깊은 장면
③ 인물이 끼친 영향
④ 인물이 좋아하는 것
⑤ 인물이 겪은 어려움

6 책에 대한 설명을 보고 책 제목에 ○표 하세요.

(1)
• 나라를 구한 영웅의 이야기입니다.
• 적은 수의 군사로 많은 적을 물리쳤습니다.
• 거북 모양의 유명한 배를 만들었습니다.

(『이순신 위인전』 / 『강감찬 위인전』)

(2)
• 이 책의 주인공은 형제입니다.
• 형이 제비 다리를 부러뜨려 벌을 받습니다.
• 책을 읽고 욕심을 부리지 말고 착하게 살아야 복을 받는다는 교훈을 얻었습니다.

(『흥부 놀부』 / 『혹부리 영감』)

- 글의 종류: 독서 감상문
- 글의 특징: 시후가 『세시 풍속』이라는 책을 읽고 쓴 독서 감상문입니다.

① ㉠ 학교 도서관에서 책을 고르다가 『세시 풍속』이라는 책을 읽었습니다. 이 책은 우리 조상이 농사일로 **고된** 일상 속에서 빼먹지 않고 지켜 오던 일 년의 세시 풍속을 담은 책입니다. 세시 풍속은 옛날에만 있었던 것인 줄 알았는데 <u>오늘날 우리 삶에도 많이 남아 있어서 신기했습니다.</u>
글쓴이가 신기하게 생각한 점

중심 내용 ① 우리나라의 세시 풍속을 담은 책인 『세시 풍속』을 읽었습니다.

② ㉡ 책은 계절의 차례대로 봄, 여름, 가을, 겨울의 세시 풍속을 소개했습니다. 지금 계절이 겨울이므로 겨울 부분부터 읽어 보았습니다. 겨울의 세시 풍속 가운데에서 인상 깊었던 것은 동지의 풍속입니다.

동지는 **음력** 십일월인데, 세시 풍속으로 팥죽을 끓여 먹습니다. <u>얼마 전에 학교에서 팥죽이 나온 것이 떠올라 반가워서 읽었습니다.</u>
'동지'라는 내용이 반가운 까닭
동짓날이 그냥 팥죽을 먹는 날인 줄만 알았는데 생각보다 재미있는 이야기가 얽혀 있었습니다. ㉢ 옛날 사람들은 병을 옮기는

나쁜 귀신이 팥을 싫어한다고 믿었답니다. 그래서 동지에 팥으로 죽을 만들어 귀신이 못 오게 집 앞에 뿌렸답니다. 이 일에서 동지에 팥죽 먹는 풍습이 생겼답니다.

이런 재미있는 이야기를 지닌 동지는 낮이 길어지기 시작하는 날로, 사람들은 이날부터 태양의 기운이 다시 살아난다고 생각했다고 합니다. <u>동지가 밤이 가장 길고 낮이 가장 짧은 날이라고만 생각했는데,</u> 우리
책을 읽기 전 글쓴이의 생각
조상은 태양의 기운이 다시 살아나면서 낮이 길어지는 것이라고 생각한 점이 인상 깊었습니다. 그래서 ㉣ 한 가지를 볼 때 여러 가지 시각으로 봐야겠다고 생각했습니다.

중심 내용 ② 동지는 음력 십일월의 세시 풍속입니다.

③ 『세시 풍속』을 읽고 나니 조상의 지혜를 더 잘 알 수 있었습니다. ㉤ 계절의 변화 하나하나에 의미를 **부여하고** 삶을 즐겁게 보내려는 마음을 듬뿍 느꼈습니다.

중심 내용 ③ 『세시 풍속』을 읽고 조상의 지혜를 더 잘 알게 되었습니다.

세시 풍속(歲 해 세 時 때 시 風 바람 풍 俗 풍속 속) 해마다 절기나 달, 계절에 맞추어 하는 여러 가지 놀이나 일.
고된 육체적, 정신적으로 하는 일이 괴롭고 힘든.

음력(陰 그늘 음 曆 책력 력) 달이 지구를 한 바퀴 도는 데 걸리는 시간을 기준으로 하여 날짜를 세는 달력.
부여하고 가치, 권리, 의미, 임무 등을 지니게 하거나 그렇다고 여기고.

---

7 독서 감상문을 쓸 때 들어갈 내용을 생각하며 ㉠~㉤은 무엇에 해당하는지 내용에 알맞게 줄로 이으세요.

(1) ㉠ •

(2) ㉡ •

(3) ㉢ •

(4) ㉣ •

(5) ㉤ •

• ㉮ 책 내용

• ㉯ 책을 읽은 동기

• ㉰ 책을 읽고 생각하거나 느낀 점

서술형·논술형 문제

8 책 제목이 드러나게 ⬭ 에 알맞은 독서 감상문의 제목을 쓰세요.

_____

9 독서 감상문을 쓰면 좋은 점이 아닌 것은 어느 것인가요? (   )
① 감명 깊게 읽은 부분을 기억할 수 있다.
② 다른 친구에게 읽은 책을 자랑할 수 있다.
③ 읽은 책 내용을 다시 한번 생각할 수 있다.
④ 재미나 감동을 다른 사람과 함께 나눌 수 있다.
⑤ 책을 읽은 동기와 책 내용, 읽고 난 뒤의 생각이나 느낌 등을 정리할 수 있다.

나의 꿈, 나의 미래

❶ 학교에서 자신의 꿈이 무엇인지 발표했다. ㉠ 나연이가 『꿈의 다이어리』라는 책을 읽고, 자신도 꿈에 대해 깊이 생각해 볼 수 있었다며 이 책을 적극 추천했다.

✏️**중심 내용 1** 나연이가 『꿈의 다이어리』라는 책을 적극 추천해 주었습니다.

❷ ㉡ 이 책의 주인공인 하은이는 꿈이 많은 아이이다. 가수, 우주 비행사, 요리사와 같이 날마다 꿈이 바뀐다. 하지만 하은이는 꿈의 다이어리를 받고 난 뒤, 꿈을 이루려면 노력해야 한다는 사실을 깨닫게 된다.

㉮ 나는 사실 내 꿈이 무엇인지 모른다. 예전에는 과학자였지만 지금은 연예인이 되고 싶기도 하다. 하은이처럼 내 꿈은 계속 바뀌고 나는 한 번도 꿈에 대해 진지하게 생각한 적이 없다.

✏️**중심 내용 2** '나'도 책의 주인공 하은이처럼 꿈에 대해 한 번도 진지하게 생각한 적이 없습니다.

❸ 하지만 이 책을 읽고 꿈은 내가 살아가면서 목표를 두고 노력해야 하는 것이라는 사실을 깨달았다. ㉢ 앞으로는 내가 좋아하고 즐길 수 있는 것을 발견해서 그것을 이루려고 더 노력해야겠다.
(책을 읽고 깨달은 것)

✏️**중심 내용 3** 책을 읽고 꿈은 목표를 두고 노력해야 하는 것이라는 사실을 깨달았습니다.

- 글의 종류: 독서 감상문
- 글의 내용: 글쓴이가 친구의 추천으로 『꿈의 다이어리』라는 책을 읽고 깨달은 점과 느낀 점 등을 썼습니다.

🖍 글의 내용 정리

책 제목	『꿈의 다이어리』
책을 읽은 동기	친구가 추천해서
책 내용	날마다 꿈이 바뀌는 주인공 하은이가 꿈의 다이어리를 받고 난 뒤 꿈을 이루려면 노력해야 한다는 사실을 깨닫는다.
앞으로의 다짐	내가 좋아하고 즐길 수 있는 것을 발견해서 그것을 이루려고 더 노력해야겠다.

7 단원

---

10 나연이가 글쓴이에게 『꿈의 다이어리』를 추천한 까닭은 무엇인가요? (   )

① 표지가 예뻐서
② 자신도 친구가 추천해 주어서
③ 책을 읽고 친구와 어떻게 지내야 하는지 깨달아서
④ 책을 읽고 자신도 꿈에 대해 깊이 생각해 볼 수 있어서
⑤ 글쓴이가 꿈을 정하지 못하고 있는 모습이 안타까워서

11 책의 주인공 하은이가 꿈의 다이어리를 받고 난 뒤 깨달은 점은 무엇인가요? (   )

① 꿈은 크게 가져야 한다.
② 꿈을 이루려면 노력해야 한다.
③ 책을 읽으면 자신의 꿈을 돌아보게 된다.
④ 친구와 같은 꿈을 갖는 것도 좋은 일이다.
⑤ 꿈을 이루려면 다른 사람의 도움이 필요하다.

12 ㉠~㉢을 내용에 알맞게 줄로 이으세요.

(1) ㉠ •   • ① 책 내용

(2) ㉡ •   • ② 앞으로의 다짐

(3) ㉢ •   • ③ 책을 읽은 동기

13 ㉮에 대해 알맞게 말한 사람의 이름을 쓰세요.

> 지율: 책 내용과 관련해 자신을 되돌아보았어.
> 태민: 책에서 가장 인상 깊었던 내용을 정리했어.
> 상진: 책의 주인공에게 하고 싶은 말을 솔직하게 썼어.
> 미소: 앞으로 자신이 해야 할 일이 무엇인지 자세히 썼어.

(   )

어머니의 이슬 털이

- **글의 종류:** 이야기
- **글쓴이:** 이순원
- **글의 특징:** 아들이 학교에 가기 싫어하자 어머니가 앞장서서 이슬을 털어 주며 아들을 학교에 보내는 감동적인 이야기입니다.

①~② '나'는 어머니에게 학교에 가기 싫다고 했습니다.

② 어머니는 '나'를 신작로까지 데려다준다며 학교에 가자고 재촉했습니다.

③ 어머니는 발과 지겟작대기로 산길의 이슬을 털며 앞장서서 갔습니다.

③ 신작로에 도착하자 어머니는 품속에서 새 양말과 새 신발을 꺼내 '나'에게 신겨 주었습니다.

① 어릴 때 나는 학교 다니기가 싫었다. 학교로 가는 길 중간에 산에 올라가 아무 산소가에나 가방을 놓고 앉아 멀리 대관령을 바라보다가 점심때가 되면 그곳에서 혼자 청승맞게 도시락을 까먹기도 했다. 그러다 점점 대담해져서 아예 집에서부터 학교에 가지 않는 날도 있었다. ㉠배가 아프다, 머리가 아프다, 어제는 비가 와서, 어제는 눈이 와서, 오늘은 무서운 선생님 시간에 준비물을 제대로 갖추지 못해서, 하는 식으로 갖은 핑계를 댔다.

산소가에나: 사람의 무덤 주변.
청승맞게: 궁상맞고 처량하여 보기에 좋지 않게.

중심 내용 ① 어릴 때 '나'는 학교에 가기 싫어서 갖은 핑계를 대고 학교에 가지 않았습니다.

② 오월 어느 날이었다. 그날도 학교에 가기 싫다고 말했다. 어머니가 왜 안 가느냐고 물어 공부도 재미가 없고, 학교 가는 것도 재미가 없다고 말했다.

"그래도 얼른 교복으로 갈아입어라."

"학교 안 간다니까."

"안 가면?"

"그냥 이렇게 자라다가 이다음 농사지을 거라고."

㉡"농사는 뭐 아무나 짓는다더냐?"

"그러니 내가 짓는다고."

"에미가 신작로까지 데려다줄 테니까 얼른 교복 갈아입어."

신작로: 자동차가 다닐 수 있을 정도로 넓게 새로 낸 길.

몇 번 옥신각신하다가 나는 마지못해 교복으로 갈아입었다. 어머니가 먼저 마당에 나와 내가 나오길 기다리고 있었다.

옥신각신하다가: 말로 다투다가.

◎ 신작로

---

14 '내'가 ㉠의 핑계를 댄 까닭은 무엇인가요? (   )

① 학교에 가기 싫어서
② 어머니와 함께 있고 싶어서
③ 동생과 집에서 놀고 싶어서
④ 친구들과 집에서 놀고 싶어서
⑤ 바쁜 어머니를 도와 드리고 싶어서

15 '내'가 학교에 가기 싫어하는 까닭은 무엇인지 쓰세요.

- 공부와 (   ) 다니는 것이 재미가 없기 때문이다.

16 ㉡의 뜻으로 알맞은 것에 ○표 하세요.

(1) 농사는 짓기 쉽다.   (   )
(2) 농사는 짓기 어렵다.   (   )
(3) 농사는 아무나 지을 수 있다.   (   )

17 글 ②의 어머니의 마음은 어떠한가요? (   )

① 아들이 학교에 꼭 가야 한다.
② 아들이 학교에 가지 않아도 된다.
③ 아들의 의견을 존중해 주고 싶다.
④ 학교에 다니는 일은 중요하지 않다.
⑤ 아들이 하고 싶은 일을 했으면 좋겠다.

가방을 들고 밖으로 나오자 어머니가 지겟작대기를 들고 서 있었다. 나는 어머니가 그걸로 말 안 듣는 나를 때리려고 그러는 줄 알았다. 이제까지 어머니는 한 번도 나를 때린 적이 없었다. 그런 어머니의 모습이 조금은 낯설기도 하고 무섭기도 해 나는 신발을 신고도 **봉당**에서 한참 동안 멈칫거리다가 마당으로 내려섰다.

"얼른 가자."

어머니가 재촉했다.

"누구든 재미로 학교 다니는 사람은 없다."

"그래도 나는 싫어."

🖊중심 내용 ② 어머니가 '나'를 신작로까지 데려다준다며 가자고 재촉했습니다.

❸ 어머니는 한 손엔 내 가방을 들고 또 한 손엔 지겟작대기를 들고 나보다 앞서 마당을 나섰다. 나는 말

없이 어머니의 뒤를 따랐다. 그러다 신작로로 가는 산길에 이르러 어머니가 다시 내게 가방을 내주었다.

"자, 여기서부터는 네가 가방을 들어라."

나는 어머니가 내가 학교에 가기 싫어하니 중간에 학교로 가지 않고 다른 길로 **샐까** 봐 신작로까지 데려다주는 것으로 생각했다.

"너는 뒤따라오너라."

거기에서부터는 **이슬받이**였다. 사람 하나 겨우 다닐 좁은 산길 양옆으로 풀잎이 우거져 길 한가운데로 늘어져 있었다. 아침이면 풀잎마다 이슬방울이 조롱조롱 매달려 있었다. 어머니는 내게 가방을 넘겨준 다음 내가 가야 할 산길의 이슬을 털어 내기 시작했다. 어머니의 일 바지 **자락**이 이내 아침 이슬에 **흥건히** 젖었다. 어머니는 발로 이슬을 털고, 지겟작대기로 이슬을 털었다.

봉당(封 봉할 **봉** 堂 집 **당**) 안방과 건넌방 사이의 마루를 놓을 자리에 마루를 놓지 않고 흙바닥 그대로 둔 곳.
샐까 모임이나 대열에서 슬그머니 빠져나갈까.

이슬받이 양쪽에 이슬 맺힌 풀이 우거진 좁은 길.
자락 옷이나 천의 아래로 늘어진 부분.
흥건히 물 등이 푹 잠기거나 고일 정도로 많이.

---

18 지겟작대기를 들고 마당에 서 있는 어머니를 보고 '내'가 한 생각을 찾아 기호를 쓰세요.

> ㉮ 논으로 일을 나가려고 한다.
> ㉯ 말을 안 듣는 '나'를 때리려고 한다.
> ㉰ 학교에 가기 싫어하는 '내'게 일을 시키려고 한다.

( )

19 학교 가는 것에 대한 어머니의 생각은 어떠할지 알맞은 것에 ○표 하세요.

• 학교에는 가기

(싫어도 가야 한다 / 싫으면 가지 않아도 된다).

20 산길에 도착했을 때 어머니가 '나'에게 가방을 다시 준 까닭은 무엇일지 쓰세요.

• 어머니는 지겟작대기로 ( )을 털어야 하기 때문이다.

🐚교과서 문제

21 학교에 가기 싫어하는 '나'를 위해 어머니는 어떻게 했나요? ( )

① 지겟작대기로 아들을 쫓았다.

② 아들에게 큰 소리로 야단만 쳤다.

③ 학교에 가지 않는 대신 일을 하라고 했다.

④ 아들을 신작로까지 업어서 데려다주었다.

⑤ 이슬을 털며 아들 앞에 서서 산길을 걸었다.

그런다고 뒤따라가는 아들 교복 바지가 안 젖는 것
도 아니었다. 신작로까지 십오 분이면 넘을 산길을 삼
십 분도 더 걸려 넘었다. 어머니의 옷도, 그 뒤를 따라

이슬을 털며 걸어서 더 오래 걸림.

간 내 옷도 흠뻑 젖었다. 어머니는 고무신을 신고 나
는 검은색 운동화를 신었다. 걸음을 옮길 때마다 물에
빠졌다가 나온 것처럼 시커먼 땟국물이 찔꺽찔꺽 발
목으로 올라왔다. 그렇게 어머니와 아들이 무릎에서
발끝까지 옷을 흠뻑 적신 다음에야 신작로에 닿았다.

"자, 이제 이걸 신어라."

거기서 어머니는 품속에 넣어 온 새 양말과 새 신발
을 내게 갈아 신겼다. 학교 가기 싫어하는 아들을 위
해 아주 마음먹고 준비해 온 것 같았다.

"앞으로는 매일 털어 주마. 그러니 이 길로 곧장 학
교로 가. 중간에 다른 데로 새지 말고."

그 자리에서 울지는 않았지만, 왠지 눈물이 날 것
같았다.

어머니의 마음을 느낄 수 있어서

"아니, 내일부터 나오지 마. 나 혼자 갈 테니까."

📝 **중심 내용 ③** 산길을 넘어 신작로까지 왔을 때 어머니는 품속에 넣어 온 새 양말과 새 신발을 '내'게 갈아 신겼습니다.

---

❹ 다음 날도 그다음 날도 어머니가 매일 이슬을 털
어 준 것은 아니었다. 그러나 어떤 날 가끔 어머니는
그렇게 아들 학굣길에 이슬을 털어 주었다. 또 새벽처
럼 일어나 그 길의 이슬을 털어놓고 올 때도 있었다.

어른이 된 지금도 나는 그렇게 생각한다. 그때 어머
니가 이슬을 털어 주신 길을 걸어 지금 내가 여기까지
왔다고.

📝 **중심 내용 ❹** 어른이 된 '나'는 어머니가 이슬을 털어 주신 길을 걸어 지금의 '내'가 여기까지 왔다고 생각합니다.

◉ 감동받은 부분에 대한 생각이나 느낌 쓰기 ⑩

글의 내용	신작로에 도착하자 어머니가 품속에서 새 양말과 새 신발을 꺼내 아들에게 신겨 줌.
감동받은 부분	어머니께서 품속에 넣어 온 새 양말과 새 신발을 아들에게 갈아 신기는 장면
그 까닭	아들에게 좋은 것만 주고 싶은 어머니의 마음이 느껴졌기 때문이다.

---

22 산길을 넘어가는 어머니와 아들에 대해 **잘못** 말한 것은 어느 것인가요? ( )

① '내' 교복 바지는 젖지 않았다.

② 어머니의 바지는 무릎까지 젖었다.

③ 신작로까지 삼십 분이 넘게 걸렸다.

④ 신발이 이슬에 젖어 걸을 때마다 물이 올라왔다.

⑤ 신작로에 도착했을 때 어머니도 '나'도 무릎에서 발끝까지 흠뻑 젖었다.

23 어머니의 품속에 있었던 것은 무엇인가요? ( )

① 학용품   ② 책과 간식

③ 손수건과 양말   ④ 용돈과 도시락

⑤ 새 양말과 새 신발

24 글 ❸, ❹에서 무엇을 느낄 수 있나요? ( )

① 어머니의 분노

② 형제간의 우애

③ 아들에 대한 어머니의 사랑

④ 아들에 대한 어머니의 실망

⑤ 어머니에 대한 아들의 반항심

25 이 글을 읽고 감동받은 부분과 까닭을 알맞게 말한 사람의 이름을 쓰세요.

> 희주: 나는 어머니가 아들을 신작로까지 데려다주는 장면이 인상 깊었어. 아들이 학교에 가기 싫어했기 때문이야.
>
> 세진: 나는 아들이 다음부터는 혼자 학교에 가겠다고 한 장면이 감동적이었어. 아들이 어머니께 죄송한 마음을 느낀 것 같아서.

( )

[26~27] 친구들이 독서 감상문을 쓸 책을 어떻게 정했는지 보고 물음에 답하세요.

26 '이 책'을 정하는 기준이 될 수 <u>없는</u> 것은 무엇인가요?

(　　　　)

① 새로 안 내용이 많은 책

② 책을 읽고 교훈을 얻은 책

③ 기억에 남는 내용이 있는 책

④ 주인공을 그린 그림이 예쁜 책

⑤ 남에게 알리고 싶은 생각이 들었던 책

27 친구들이 말한 '이 책'의 종류가 서로 같을 때 알맞은 설명에 ○표 하세요.

(1) 책의 종류가 같으면 생각도 같다. (　　　)

(2) 책의 종류가 같으면 책을 읽을 때 걸리는 시간도 같다. (　　　)

(3) 책의 종류가 같더라도 책을 고른 까닭은 모두 다를 수 있다. (　　　)

28 독서 감상문을 쓸 책을 정하는 방법으로 알맞은 것을 골라 기호를 쓰세요.

> ㉮ 비싸거나 표지가 예쁜 책을 고른다.
> ㉯ 동생이 재미있어할 만한 책을 고른다.
> ㉰ 관심이 가는 내용이 많은 책을 고른다.

(　　　　　　)

29 독서 감상문을 쓸 때 떠올릴 내용으로 알맞지 <u>않은</u> 것은 무엇인가요? (　　　　)

① 책 제목

② 책을 읽은 까닭

③ 책을 구입한 가격

④ 독서 감상문을 쓰고 싶은 까닭

⑤ 책을 읽고 생각하거나 느낀 점

30 준표가 고른 책에서 ㉠에 들어갈 내용이 <u>아닌</u> 것은 어느 것인가요? (　　　　)

① 달의 크기

② 달의 온도

③ 달의 모양 변화

④ 지구와 태양과의 거리

⑤ 달과 지구의 크기 비교

31 친구들의 독서 감상문을 읽고 잘된 점이나 고칠 점을 이야기할 때 적절하지 <u>않은</u> 것은 어느 것인가요?

(　　　　)

① 독서 감상문을 길게 썼나요?

② 내용에 알맞은 제목을 붙였나요?

③ 인상 깊게 읽은 부분이 나타났나요?

④ 내용을 잘 전할 수 있는 형식인가요?

⑤ 자신의 생각이나 느낌이 드러났나요?

가 『아름다운 꼴찌』를 읽고 쓴 ㉠

그러면 되는 줄 알았는데

김가은

꼴찌만 아니면 될 줄 알았는데
꼴찌를 해도 좋았다.

등수만 중요한 줄 알았는데
더 큰 것이 있었다.

이기기만 하면 될 줄 알았는데
더 큰 마음이 있었다.

나 『나무 그늘을 산 총각』에서 욕심쟁이 영감이 되어 쓴 ㉡

20○○년 11월 ○○일   날씨: 맑음

제목: 함께일 때 더 시원한 나무 그늘

나는 내 것이면 뭐든지 나 혼자 써도 된다고 생각했다.
_{욕심쟁이 영감}
그래서 나무 그늘도 혼자 쓰는 것이 당연하다고 여겼다.
<u>내 것인데 다른 사람에게 왜 빌려주어야 한단 말인가?</u>
_{'내'가 다른 사람과 나무 그늘을 함께 쓰지 않은 까닭을 알 수 있는 생각}
하지만 지금 나는 그렇게 생각하지 않는다. 다른 사람들
과 더불어 행복을 느끼는 일이 훨씬 더 가치 있고 소중
한 것임을 알았다. 총각이 어리석은 나를 일깨워 주었
기 때문이다. 총각에게 고마운 마음을 꼭 전하고 싶다.
_{'내'가 총각에게 전하고 싶은 마음}

나는 새로 이사 온 집의 나무 그늘에 이웃을 초대했
고, 지금은 이웃들과 사이좋게 지낸다. 혼자 많은 것
을 차지할 때보다 다른 사람들과 함께하는 내가 더 행
복하다. 이제 나는 욕심쟁이가 아니라 가진 것을 이웃
들과 나눌 줄 아는 사람이 되었다.

다 『초록 고양이』를 읽고 꽃담이에게 쓴 ㉢

엄마를 냄새로 찾아낸 꽃담이에게

꽃담아, 안녕? 나는 얼마 전에 도서관에서 『초록 고
양이』를 읽었어. 초록 고양이가 데려간 엄마를 네가
냄새로 찾아 다시 엄마와 만난다는 내용에서 감동을
받았어.

나는 엄마를 사랑하기는 하지만 엄마에 대한 것을
기억하려고 애쓰지는 않았던 것 같아. 네가 엄마를 냄
새로 찾은 것은 늘 엄마에게 관심과 애정이 있었다는
거잖아.

이 이야기를 읽고 부모님에게 좀 더 많은 관심을 가
져야겠다고 생각했어. 가족의 소중함을 일깨워 줘서
정말 고마워.

그럼 안녕.

20○○년 11월 ○○일

친구 박성준

32 ㉠ ~ ㉢ 에 알맞은 형식을 줄로 이으세요.

(1) ㉠ •   • ① 시

(2) ㉡ •   • ② 편지

(3) ㉢ •   • ③ 일기

33 글 **가**~**다** 중 생각이나 느낌을 누군가에게 말하듯이
전달할 수 있는 글은 어느 것인지 기호를 쓰세요.

글 (   )

34 글 **다** 에서 알 수 없는 내용은 무엇인가요? (   )

① 날씨   ② 감동받은 점
③ 앞으로의 다짐   ④ 편지를 받는 이
⑤ 주인공이 고마운 점

35 같은 내용을 여러 가지 형식으로 바꾸어 쓰면 좋은 점
을 두 가지 골라 ○표 하세요.

(1) 읽는 사람이 지겹지 않다.   (   )

(2) 생각이나 느낌을 다양하게 표현할 수 있다.
(   )

(3) 모두 같은 느낌을 받는다는 것을 알 수 있다.
(   )

투발루에게 수영을 가르칠 걸 그랬어!

- 글의 종류: 이야기
- 글쓴이: 유다정
- 글의 내용: 로자네 가족은 바닷물이 자꾸 불어나서 섬이 점점 물에 잠기게 되어 섬을 떠나게 되었습니다.

❶~❷ 보름이 되자 바닷물이 로자네 마당까지 들이닥쳤습니다.

❸ 로자네 가족은 투발루섬을 떠나기 위해 짐을 쌌습니다.

로자야.

❹ 로자는 바다를 보러 갔다가 고양이 투발루와 헤어지게 되었습니다.

❹ 로자는 고양이 투발루에게 수영을 가르치지 않은 것을 후회했습니다.

❶ 넓은 바다 한복판, 아홉 개의 작은 섬으로 이루어진 나라 투발루에 로자와 고양이 투발루가 살았어. 로자와 투발루는 밥도 같이 먹고, 잠도 같이 자고, 노래도 같이 부르며 늘 함께했지. 하지만 다른 게 딱 하나 있었어.

"언니 수영하고 올게!"

로자가 투발루의 털을 쓰다듬고 바다로 가면 투발루는 긴 꼬랑지를 바짝 세우고 야자나무 숲으로 들어가지. <u>투발루는 물을 너무너무 싫어하거든.</u> 둘은 이렇게 따로따로 한참을 신나게 놀아. 하지만 돌아오는 길에는 꼭 만났어. 투발루가 길가에 오도카니 앉아 로자를 기다려 주었거든.

_{고양이 투발루가 수영을 못한다는 뜻}

✏️ 중심 내용 ❶ 로자와 고양이 투발루는 늘 함께했지만 투발루가 물을 싫어해서 수영은 같이 하지 못했습니다.

❷ "엄마, 물이 마당까지 들어와요."

둥근달이 떠오르는 보름이 되자 바닷물이 마당으로 들이닥쳤어.

"바닷물이 불어나서 큰일이구나!"

물은 자꾸만 불어났어. <u>투발루는 안절부절못하더니 나무 위로 올라갔지.</u> / "야옹 야옹 이야옹."

_{고양이 투발루가 수영을 못해서}

그러고는 야자나무 위에서 몸을 웅크리고 마구 울었어.

"그러게 수영을 배우면 좋잖아."

로자가 나무 위에서 떨고 있는 투발루를 안고 내려왔어.

"아빠, 바닷물이 왜 자꾸 불어나요?"

로자가 파란 바다를 보며 나직이 물었어.

_{소리가 조금 낮고 조용하게.}

"지구가 더워져서 빙하가 녹아내리고 있거든. 그래서 바닷물이 불어나는 거야."

---

36 로자와 고양이 투발루가 사는 나라의 이름은 무엇인지 쓰세요.

(   )

37 로자와 고양이 투발루가 함께하지 않는 것을 찾아 기호를 쓰세요.

㉮ 잠자기	㉯ 밥 먹기
㉰ 수영하기	㉱ 노래 부르기

(   )

38 보름이 되자 어떤 일이 생겼나요? (   )

① 고양이 투발루가 사라졌다.
② 고양이 투발루가 수영을 배웠다.
③ 로자와 아빠가 함께 수영을 했다.
④ 로자가 투발루와 함께 수영을 했다.
⑤ 바닷물이 로자네 집 마당까지 들이닥쳤다.

39 아빠는 왜 바닷물이 불어난다고 했는지 쓰세요.

- 지구가 더워져 (   )가 녹아내리고 있기 때문이다.

"바다가 저렇게 넓은데 빙하가 녹는다고 물이 불어 나요?"

"엄청나게 큰 빙하가 녹아내리니까 불어날 수밖 에……."

로자는 아빠의 말을 들으며 손톱만 물어뜯었어. 그 러자 투발루가 까칠한 혀로 로자의 손을 싸악싸악 핥 아 주었지. 로자가 슬퍼 보였나 봐.
슬퍼 보이는 로자를 위로해 주려고

"우리도 이제 투발루를 떠나야 한단다."

아빠는 한숨을 푸욱 내쉬며 저녁노을로 붉어진 바다를 바라보았어. / "여기를 떠나 어떻게 살지 걱정이구나."

엄마도 멍하니 바다만 바라보았어.

"아직 우리 집은 물에 잠기지 않았잖아요. 난 여기 가 좋단 말예요."

"아빠 엄마도 너처럼 여기서 살고 싶단다. 하지만 바닷물이 자꾸 불어나서 곧 나라 전체가 물에 잠기 게 될 거래. 어제는 마당까지 물이 들어왔잖아. 떠 나기 싫지만 어쩔 수 없구나."

로자의 가족은 아주 슬픈 밤을 보냈지.

중심 내용 ② 바닷물이 불어나 투발루섬이 점점 물에 잠기자 로자네도 투발루 섬을 떠나기로 결정했습니다.

③ "로자야, 며칠 뒤면 떠나야 하니까 짐을 챙겨야지."

로자는 투발루와 함께 짐을 싸기 시작했어. 투발루 가 좋아하는 담요, 밥그릇, 놀이 공, 장난감 쥐를 모두
로자는 고양이 투발루도 데려갈 생각임.

챙겼지. 그러고 나서 자기 것을 챙겼어. 그런데 그 모 습을 보고 아빠가 그러는 거야.

"로자야, 투발루는 할아버지한테 맡기고 가자!"

로자는 깜짝 놀랐어.

㉠"아빠, 투발루를 두고 갈 수는 없어요. 그럼 나도 안 갈 거예요!"

"다른 나라에 가면 지금보다 훨씬 힘들게 살 거야. 그러니까 투발루를 할아버지한테 맡기고 가자."

"싫어요. 절대로 안 돼요! 투발루는 수영을 못하니 까 물이 불어나면 물에 빠져 죽을 거예요. 꼭 데려 가야 해요. 아빠, 투발루도 데리고 가요! 네?"

로자는 아빠의 팔에 매달리며 애원했어.

"그럼 어쩔 수 없구나." / 떠나기 전날 로자는 투발 루를 데리고 하루 종일 돌아다녔어.

"여기는 우리가 어렸을 때 그네를 타던 곳이야. 저 로자와 고양이 투발루
기는 아빠랑 같이 공을 차던 곳, 엄마랑 같이 채소 를 가꾸던 곳, 난 이곳 투발루가 좋은데……."

친구들이랑 신나게 놀던 곳, 나무 위에서 바다로 풍 덩 뛰어들던 곳, 저 야자나무에는 우리 둘이 자주 올 라갔었지. 난 죽을 때까지 잊지 않을 거야. 내가 태어 나고 자란 이곳 투발루를…….

중심 내용 ③ 투발루섬을 떠나기 전날 로자는 고양이 투발루와 함께 추억이 깃 든 곳을 돌아보았습니다.

---

40 로자네 가족이 투발루섬을 떠나려고 하는 까닭은 무 엇인가요? (   )

① 투발루섬에 비가 너무 많이 내려서 홍수가 나서

② 다른 나라에 사는 친척의 초대를 받아 가 보아 야 해서

③ 엄마가 다른 나라에 가서 살아 보고 싶다고 말 을 해서

④ 아빠의 직장이 다른 나라로 옮겨져서 그 나라로 가야 해서

⑤ 바닷물이 점점 불어나 나라 전체가 곧 물에 잠 기게 될 것이어서

41 아빠는 고양이 투발루를 누구에게 맡기자고 했나요?

(   )

42 로자가 ㉠과 같이 말한 까닭을 찾아 기호를 쓰세요.

> ㉮ 할아버지를 믿지 못해서
> ㉯ 고양이 투발루가 아파서
> ㉰ 투발루가 수영을 못하기 때문에 물이 불어나면 물에 빠져 죽을 것이라고 생각해서

(   )

4 "엄마, 잠깐 바다에 갔다 와도 돼요?"

투발루를 떠나는 날, 로자는 마지막으로 바다가 보고 싶었어.

"조금 이따 떠나니까 빨리 와야 한다."

로자가 투발루의 털을 쓰다듬고 바다로 가자, 투발루는 늘 하던 대로 긴 꼬랑지를 바짝 세우고 ㉠ 으로 들어갔어.

<small>로자가 수영을 하면 고양이 투발루는 야자나무 숲으로 가는 것</small>

로자는 바닷가를 거닐다 돌아왔어.

그런데 투발루가 보이지 않았어.

"엄마, 투발루 어디 갔어요?"

"글쎄, 너랑 같이 나가지 않았니?"

로자는 숨이 턱에 차오르도록 달렸어. 로자가 바다로 가면 투발루는 야자나무 숲으로 간다는 걸 알고 있었거든.

"투발루야, 어디 있어? 이 바보야, 이제 가야 한단 말이야. 얼른 나와, 제발……."

로자의 눈에선 쉬지 않고 눈물이 흘러내렸고, <u>코는 새빨개졌어.</u>

<small>로자가 울어서</small>

"로자야, 이제 비행기를 타러 가야 해. 투발루는 할아버지가 잘 키워 주실 거야."

"싫어요, 아빠! 난 투발루랑 같이 갈 거예요."

로자가 더 깊은 숲으로 들어가려 하자 아빠가 로자를 안아 올렸어.

"아빠, 조금만 더 찾아봐요, 네? 아빠!"

하지만 아빠는 로자를 안고 비행장으로 급하게 걸어갔어. 비행기 탈 시간이 다 되었거든. 비행기가 요란한 소리를 내며 활주로를 달리기 시작했어.

"투발루다!"

그 순간 창밖으로 멀리 콩알만 하게 투발루가 보였어. 로자는 안전띠를 풀려고 했어. <u>하지만 그럴 수 없었어.</u>

<small>비행기가 이미 출발해서</small>

"로자야, 안 돼! 비행기는 이미 출발했잖아. 멈출 수 없어!"

로자는 창밖으로 작아지는 투발루를 보며 후회하고 또 후회했지.

"투발루에게 수영을 가르칠 걸 그랬어!"

"로자야, 사람들이 환경을 오염시키지 않으면 다시 투발루에 돌아올 수 있을 거야."

아빠의 말을 들으며 로자는 간절히 빌었어.

"저는 투발루에서 투발루와 함께 살고 싶어요. 제발 도와주세요!"

중심 내용 4 투발루섬을 떠나는 날 바다에 갔다가 고양이 투발루와 헤어지게 된 로자는 고양이 투발루에게 수영을 가르치지 않은 것을 후회했습니다.

---

43 ㉠ 에 알맞은 말은 무엇인지 쓰세요.

( )

44 로자의 바람은 무엇인가요? ( )

① 투발루섬에 물이 풍부해지는 것

② 투발루섬이 더 잘사는 곳이 되는 것

③ 투발루섬에 사람이 많이 찾아오는 것

④ 투발루섬에서 고양이 투발루와 함께 사는 것

⑤ 할아버지가 고양이 투발루를 잘 키워 주는 것

45 로자네 가족이 투발루섬으로 돌아올 수 있는 방법에 ○표 하세요.

(1) 사람들이 평화롭게 사는 것 ( )

(2) 사람들이 환경을 오염시키지 않는 것 ( )

서술형·논술형 문제

46 이 글을 읽고 어떤 생각이나 느낌을 표현하고 싶은지 형식과 함께 쓰세요.

_____

_____

[1~2] 읽은 책에 대한 생각이나 느낌 나누기

『갈매기의 꿈』에서 조나단이 포기하지 않고 계속 노력한 끝에 결국 진정한 자유를 얻는 장면이 가장 인상 깊었어.

『흥부 놀부』 에서……

미소   윤후

7단원

1 미소는 『갈매기의 꿈』에서 어떤 장면이 인상 깊다고 했는지 알맞은 것에 ○표 하시오.

(1) 조나단이 어려움을 겪는 장면 ( )
(2) 조나단이 친구와 여행을 하는 장면 ( )
(3) 조나단이 진정한 자유를 얻는 장면 ( )

2 윤후가 『흥부 놀부』에 대해 말할 내용으로 알맞지 않은 것을 찾아 기호를 쓰시오.

⑦ 이 책의 주인공은 친구입니다.
㉯ 흥부가 탄 박 안에서 많은 보물이 나왔습니다.
㉰ 이 책을 읽고 욕심부리지 말고 착하게 살아야 복을 받는다는 교훈을 얻었습니다.

( )

서술형·논술형 문제

3 책을 소개하는 내용을 보기 와 같이 한 문장으로 쓰시오.

보기
『이순신 위인전』은 [용기를 주는] 책이다.

• 『피노키오』는 [   ]
책이다.

[4~6] 시후가 쓴 독서 감상문

(가) ㉠학교 도서관에서 책을 고르다가 『세시 풍속』이라는 책을 읽었습니다. ㉡이 책은 우리 조상이 농사일로 고된 일상 속에서 빼먹지 않고 지켜 오던 일 년의 세시 풍속을 담은 책입니다.
(나) ㉢동지는 음력 십일월인데, 세시 풍속으로 팥죽을 끓여 먹습니다. 얼마 전에 급식으로 팥죽이 나온 것이 떠올라 반가워서 읽었습니다.
(다) ㉣『세시 풍속』을 읽고 나니 조상의 지혜를 더 잘 알 수 있었습니다. 계절의 변화 하나하나에 의미를 부여하고 삶을 즐겁게 보내려는 마음을 듬뿍 느꼈습니다.

4 ㉠~㉣ 중 책을 읽은 동기는 무엇인지 기호를 쓰시오.

( )

5 글쓴이가 읽은 『세시 풍속』의 주요 내용은 무엇입니까? ( )

① 일 년의 세시 풍속이 담겨 있다.
② 각 나라에 얽힌 이야기를 소개했다.
③ 동지에 대해서만 자세하게 설명했다.
④ 조상들의 지혜로운 점만 소개한 책이다.
⑤ 조상들의 복장에 대한 내용이 담겨 있다.

6 글 (가)~(다) 중 책을 읽고 생각하거나 느낀 점이 가장 잘 드러나 있는 글의 기호를 쓰시오.

글 ( )

7 다음 중 독서 감상문을 쓸 때 가장 먼저 해야 하는 것은 무엇입니까? ( )

① 책 내용을 떠올린다.
② 독서 감상문을 쓸 책을 고른다.
③ 인상 깊은 장면이나 내용을 정한다.
④ 책에 대한 생각이나 느낌을 정리한다.
⑤ 독서 감상문에 알맞은 제목을 붙인다.

[8~10] 어머니의 이슬 털이

어머니는 발로 이슬을 털고, 지겟작대기로 이슬을 털었다.

그런다고 뒤따라가는 아들 교복 바지가 안 젖는 것도 아니었다. 신작로까지 십오 분이면 넘을 산길을 삼십 분도 더 걸려 넘었다. 어머니의 옷도, 그 뒤를 따라간 내 옷도 흠뻑 젖었다. 어머니는 고무신을 신고 나는 검은색 운동화를 신었다. 걸음을 옮길 때마다 물에 빠졌다가 나온 것처럼 시커먼 땟국물이 찔꺽찔꺽 발목으로 올라왔다. 그렇게 어머니와 아들이 무릎에서 발끝까지 옷을 흠뻑 적신 다음에야 신작로에 닿았다.

"자, 이제 이걸 신어라."

거기서 어머니는 품속에 넣어 온 새 양말과 새 신발을 내게 갈아 신겼다. 학교 가기 싫어하는 아들을 위해 아주 마음먹고 준비해 온 것 같았다.

8 어머니와 '내'가 신작로에 닿았을 때의 모습으로 알맞은 것을 찾아 기호를 쓰시오.

> ㉮ 어머니는 바지만 젖었다.
> ㉯ '나'의 신발은 젖지 않았다.
> ㉰ 두 사람 다 바지와 신발이 젖었다.

(   )

9 학교에 가기 싫어하는 '나'를 위해 어머니는 어떻게 했는지 쓰시오.

• (   )을 털며 '내' 앞에서 산길을 걸었다.

🏷️ **서술형·논술형 문제**

10 이 글을 읽고 감동받은 부분과 그 까닭을 쓰시오.

(1) 감동받은 부분	
(2) 그 까닭	

[11~14] 독서 감상문

> 『아름다운 꼴찌』를 읽고 쓴 [㉠]
> 그러면 되는 줄 알았는데
> 김가은
> 꼴찌만 아니면 될 줄 알았는데
> 꼴찌를 해도 좋았다.
>
> 등수만 중요한 줄 알았는데
> 더 큰 것이 있었다.
>
> 이기기만 하면 될 줄 알았는데
> 더 큰 마음이 있었다.

11 [㉠]에 알맞은 독서 감상문의 형식을 쓰시오.

(   )

12 『아름다운 꼴찌』를 읽기 전 가은이의 생각은 무엇이었습니까? (   )

① 꼴찌를 해도 괜찮다.
② 꼴찌만 아니면 된다.
③ 등수는 중요하지 않다.
④ 등수보다 더 큰 것이 있다.
⑤ 이기는 것은 중요하지 않다.

13 가은이가 『아름다운 꼴찌』를 읽고 생각이 어떻게 바뀌었는지 쓰시오.

• (   )를 해도 좋다.

14 이 글의 특징은 무엇입니까? (   )

① 외국어를 많이 썼다.
② 긴 문장 대신에 짧은 글로 썼다.
③ 글의 처음에 날짜와 날씨를 썼다.
④ 육하원칙에 맞게 책 내용을 정리했다.
⑤ 느낌을 누군가에게 말하듯이 전달할 수 있다.

7
단원

진도 완료
체크

[15~16] 『초록 고양이』를 읽고 쓴 독서 감상문

> 엄마를 냄새로 찾아낸 꽃담이에게
>
> 꽃담아, 안녕? ㉠ 나는 얼마 전에 도서관에서 『초록 고양이』를 읽었어. ㉡ 초록 고양이가 데려간 엄마를 네가 냄새로 찾아 다시 엄마와 만난다는 내용에서 감동을 받았어.
>
> ㉢ 나는 엄마를 사랑하기는 하지만 엄마에 대한 것을 기억하려고 애쓰지는 않았던 것 같아. ㉣ 네가 엄마를 냄새로 찾은 것은 늘 엄마에게 관심과 애정이 있었다는 거잖아.

15 민규와 선아 중 이 글을 쓴 사람은 누구일지 이름을 쓰시오.

> 민규: 나는 책을 읽으면서 주인공에게 하고 싶은 말이 있었어. 그래서 편지를 쓰려고 해.
> 선아: 나는 책을 읽고 느낀 감동을 간단한 말로 표현하고 싶어. 생각이나 느낌이 잘 드러나게 시를 지어 보려고 해.

( )

16 ㉠~㉣ 중 글쓴이가 감동을 받은 부분을 쓴 것은 어디인지 기호를 쓰시오.

( )

[17~19] 투발루에게 수영을 가르칠 걸 그랬어!

> "로자야, 안 돼! 비행기는 이미 출발했잖아. 멈출 수 없어!"
> 로자는 창밖으로 작아지는 투발루를 보며 후회하고 또 후회했지.
> "투발루에게 수영을 가르칠 걸 그랬어!"
> "로자야, 사람들이 환경을 오염시키지 않으면 다시 투발루에 돌아올 수 있을 거야."
> 아빠의 말을 들으며 로자는 간절히 빌었어.
> "저는 투발루에서 투발루와 함께 살고 싶어요. 제발 도와주세요!"

17 로자가 후회한 것은 무엇입니까? ( )

① 엄마 말을 듣지 않은 것
② 아빠를 따라 비행기를 탄 것
③ 고양이 투발루에게 먹이를 많이 준 것
④ 고양이 투발루를 데리고 바다에 나간 것
⑤ 고양이 투발루에게 수영을 가르치지 않은 것

18 로자가 투발루섬으로 돌아올 수 있는 방법을 알맞게 말한 사람의 이름을 쓰시오.

> 무진: 물을 많이 마셔야 해.
> 아영: 일회용품 사용을 줄여야 해.
> 민성: 플라스틱 제품을 많이 사용해야 해.

( )

🖊️ 서술형·논술형 문제

19 이 글을 읽고 인상 깊은 장면과 그 까닭을 쓰시오.

_____

_____

20 독서 감상문에 들어갈 내용에 맞게 줄로 이으시오.

(1) 책 표지의 도깨비 표정이 재미있어서 책을 선택했습니다.	•	• ㉮ 책 내용
(2) 혹부리 할아버지는 도깨비 앞에서 노래를 불렀습니다.	•	• ㉯ 책을 읽은 동기
(3) 책을 다 읽고 나니 욕심을 부리지 말아야겠다는 생각이 들었습니다.	•	• ㉰ 책을 읽고 생각하거나 느낀 점

생각하며 읽어요 8

그렇긴
하지만
…….

그의 행동은 오히려
인류에 도움이 되지
않았나요?

나는 그 의견이
적절하지 않다고
생각해요. 그가 시간
여행을 하면서 나쁜
짓을 했나요?

개념 웹툰
의견이 적절한지 어떻게 평가할까요?
스마트폰에서 확인하세요!

불법이기
때문에 악당인
거예요.

이 사람은 정부의
허가 없이 불법으로
시간 여행을 했어요.

개념① 의견이 적절한지 판단해야 하는 까닭

① 사람마다 생각이 다르기 때문입니다.
② 적절하지 못한 의견을 따라 결정하면 잘못된 판단을 할 수 있기 때문입니다.
③ 잘못된 의견을 따르면 문제를 해결하지 못할 수도 있기 때문입니다.
④ 뜻하지 않게 잘못된 결과가 나올 수 있기 때문입니다.

지문 「당나귀를 팔러 간 아버지와 아이」에 나온 인물의 의견

인물	의견
농부	당나귀를 타고 가야 한다.
노인	아이 대신 아버지가 당나귀를 타고 가야 한다.
아낙	둘 다 타고 가야 한다.
청년	당나귀를 메고 가야 한다.

8단원

개념② 글쓴이의 의견이 적절한지 평가하는 방법

① 의견이 주제와 관련 있는지 살펴봅니다.
② 의견과 뒷받침 내용이 관련 있는지 따져 봅니다.
③ 뒷받침 내용이 사실이고, 믿을 만한지 확인합니다.
④ 문제 상황을 해결할 수 있는지 살펴봅니다.

활동 글쓴이의 의견을 평가하는 방법

→ 주제   → 글쓴이의 의견

바람직한 독서 방법은 도서관의 편의 시설을 늘리는 것입니다. 휴게실을 많이 만들면 편안히 쉴 수 있습니다. 체육관이 생기면 운동을 자주 할 수 있습니다. 컴퓨터를 많이 설치하면 인터넷을 쉽게 이용할 수 있습니다.

글쓴이의 의견이 주제와 관련 있나요?

아니요. 도서관의 편의 시설을 늘리는 것은 바람직한 독서 방법과 관련이 없기 때문이에요.

개념③ 글을 읽고 글쓴이의 의견을 평가하기

① 글쓴이의 의견과 뒷받침 내용을 파악하며 글을 읽습니다.
② 의견의 적절성을 평가하는 기준에 따라 글쓴이의 의견을 평가합니다.
③ 글쓴이의 의견을 평가한 후 자신의 생각과 비교해 봅니다.

활동 글쓴이의 의견 평가하기

의견	문화재를 개방해야 한다.
뒷받침 내용	• 옛 조상이 살았던 때를 생생하게 느낄 수 있다. • 여름 장마철에 생기는 문화재 훼손을 막을 수 있다. • 문화재를 개방하면 자신이 체험한 문화재를 보호하려고 노력하는 사람이 늘어날 것이다.

뒷받침 내용이 모두 사실이고 믿을 만해.
→ 뒷받침 내용의 사실 여부 판단

➡

문제 상황이 나타나지 않을 것 같아.
→ 문제 상황의 해결 가능성 판단

➡

글쓴이의 의견은 적절하다고 생각해.
→ 의견의 적절성 판단

당나귀를 팔러 간 아버지와 아이

- 글의 종류: 이야기
- 글의 내용: 당나귀를 팔러 시장에 가던 아버지와 아이가 만나는 사람마다 하는 말을 그대로 따르다 당나귀를 잃는 이야기입니다.

❶ 아버지와 아이는 농부와 노인의 말대로 둘이 번갈아 당나귀를 타고 갔어요.

❶ 아버지는 아낙의 말대로 아이도 당나귀에 태우고 둘 다 당나귀를 타고 갔어요.

❶ 아버지와 아이는 청년의 말대로 당나귀에서 내려 당나귀를 메고 갔어요.

❷ 아버지와 아이는 외나무다리를 건너다가 당나귀를 빠뜨려 잃었어요.

❶ 햇볕이 내리쬐는 무척 더운 날이었어요. 아버지와 아이가 당나귀를 끌고 시장에 가고 있었어요. 아버지와 아이는 땀을 뻘뻘 흘렸어요. <u>그 모습을 본 농부가 비웃으며 말했어요.</u>
아버지와 아이가 당나귀를 끌고 땀을 흘리며 가는 모습

"쯧쯧, 당나귀를 타고 가면 될 걸 저렇게 **미련해서야**······."

농부의 말을 듣고 보니 정말 그렇지 않겠어요?

'맞아, 당나귀는 원래 짐을 싣거나 사람을 태우는 동물이잖아.'

아버지는 당장 아이를 당나귀에 태웠어요.

그렇게 한참을 가는데 한 노인이 **호통**을 쳤어요.

"아버지는 걷게 하고 자기는 편하게 당나귀를 타고 가다니. 요즘 아이들이란 저렇게 버릇이 없단 말이지!"

노인의 말을 듣고 보니 정말 그렇지 않겠어요?

<u>아이는 얼른 당나귀에서 내리고 아버지를 태웠어요.</u> 또 그렇게 한참을 가는
노인의 말을 그대로 따름.
데 이번에는 한 **아낙**이 깜짝 놀라며 혀를 찼어요.

🔑 농부의 의견과 그 의견을 아버지와 아이가 받아들인 까닭

의견	당나귀를 타고 가야 한다.
의견을 받아들인 까닭	당나귀는 원래 짐을 싣거나 사람을 태우는 동물이기 때문이다.

미련해서야 터무니없는 고집을 부릴 정도로 매우 어리석고 둔해서야.
호통 몹시 화가 나서 크게 소리 지르거나 꾸짖음. 또는 그 소리.
　예 아버지는 화가 나셨는지 처음으로 아들에게 호통을 쳤습니다.
아낙 남의 집 여자.

1 이야기의 계절을 짐작할 수 있는 말은 무엇인가요?
(　　　)

① 추운 날　　　② 더운 날
③ 시원한 날　　④ 바람 부는 날
⑤ 비가 내리는 날

2 아버지는 누구의 말을 듣고 아이를 당나귀에 태웠는지 쓰세요.

(　　　　　　　)

🏷 **교과서 문제**

3 노인의 의견에 ○표 하세요.
(1) 당나귀를 팔지 말아야 한다. 　　(　　)
(2) 아이 대신 아버지가 당나귀를 타고 가야 한다.
(　　)

4 아버지와 아이가 문제 **3**번에서 답한 노인의 의견을 받아들인 까닭은 무엇인가요? (　　　)
① 동물을 사랑해야 하기 때문이다.
② 당나귀를 팔면 안 되기 때문이다.
③ 어린이를 보호해야 하기 때문이다.
④ 당나귀가 다칠 수도 있기 때문이다.
⑤ 어른인 아버지가 우선이기 때문이다.

"세상에! 이렇게 더운 날 어린아이는 걷게 하고 자기만 편하게 당나귀를 타고 가다니. 저런 사람이 **아비**라고 할 수 있나, 원! 나라면 아이도 함께 태울 텐데."

아버지 혼자 편하게 당나귀를 타고 가서

아낙의 말을 듣고 보니 정말 그런 것도 같았어요. 아버지는 아이도 당나귀에 태웠어요. 아버지와 아이를 태운 당나귀는 힘에 **부친** 듯 비틀비틀 걸음을 옮겼어요.

아버지와 아이를 둘 다 태웠기 때문에

시장에 거의 다다랐을 때, 그 모습을 본 청년이 말했어요.

"불쌍한 당나귀! 이 더운 날 두 명이나 태우고 가느라 힘이 다 빠졌네. 나라면 당나귀를 메고 갈 텐데."

청년의 말을 듣고 보니 그런 것 같았어요.

'그래, 이대로 가다가는 시장에 가기도 전에 당나귀가 지쳐 쓰러져 버릴 거야.'

둘은 당나귀에서 내렸어요. 그러고 나서 아버지는 당나귀의 앞발을, 아이는 뒷발을 각각 어깨에 올렸지요.

✏️**중심 내용 1** 아버지와 아이는 농부, 노인, 아낙, 청년이 말하는 대로 따랐습니다.

2 이제 외나무다리 하나만 건너면 시장이에요.

"으히힝."

그때 당나귀가 버둥거리는 바람에 두 사람은 그만 당나귀를 놓치고 말았답니다. 강에 빠진 당나귀는 **물살**에 떠내려가고 말았어요.

당나귀가 강에 빠진 까닭

"다른 사람의 말만 듣다가 결국 귀한 당나귀를 잃고 말았구나!"

아버지와 아이는 뒤늦게 후회했지만 아무 소용이 없었답니다.

✏️**중심 내용 2** 아버지와 아이는 당나귀가 강에 빠져 물살에 떠내려가서 당나귀를 잃고 말았습니다.

📍 **다른 사람의 의견을 들은 아버지와 아들의 행동과 그 결과**

행동	다른 사람이 말할 때마다 그것이 적절한지 그렇지 않은지 판단하지 않고 그대로 따름.
결과	당나귀를 잃음.

📍 **당나귀를 타는 것에 대한 자신의 생각 말하기 예**

아무도 타지 않고 당나귀를 끌고 가야 해. 왜냐하면 당나귀가 힘이 들어 지치면 팔리지 않을 수 있기 때문이야.

아비 '아버지'의 낮춤말.
부친 모자라거나 미치지 못한.
예 그 일이 힘에 **부친** 듯 피곤해 보였습니다.
물살 물이 흘러 내뻗는 힘.

📏 **교과서 문제**

5 아낙과 청년의 의견을 알맞게 선으로 이으세요.

(1) 아낙 •

(2) 청년 •

• ① 둘 다 당나귀를 타고 가야 한다.

• ② 당나귀를 메고 가야 한다.

6 아버지와 아이가 아낙의 의견을 받아들인 까닭을 찾아 기호를 쓰세요.

ㄱ 당나귀에 둘 다 탈 수 있기 때문이다.
ㄴ 아버지와 아이가 싸울 수 있기 때문이다.
ㄷ 다른 사람이 보고 흉을 볼 수 있기 때문이다.

( )

7 아버지와 아이는 결국 어떻게 되었나요? ( )
① 당나귀를 팔았다.
② 당나귀를 잃었다.
③ 당나귀를 집에 데려갔다.
④ 주인에게 당나귀를 돌려주었다.
⑤ 이웃 사람에게 당나귀를 주었다.

📝 **서술형·논술형 문제**

8 아버지와 아이의 행동이 적절한지 판단하여 그 까닭과 함께 쓰세요.

_____

8
단원

혜원

바람직한 독서 방법은 도서관의 편의 시설을 늘리는 것입니다. 휴게실을 많이 만들면 편안히 쉴 수 있습니다. 체육관이 생기면 운동을 자주 할 수 있습니다. 컴퓨터를 많이 설치하면 인터넷을 쉽게 이용할 수 있습니다. 이와 같이 올바른 독서 방법은 도서관의 편의 시설을 늘리는 것입니다.

민서

바람직한 독서 방법은 여러 분야의 책을 읽는 것입니다. 여러 분야의 책을 읽으면 ㉠배경지식이 풍부해집니다. 풍부한 배경지식은 학교 공부를 하는 데 도움을 줍니다. ㉡한 분야의 책만 읽으면 시력이 나빠집니다. 제가 여러 분야의 책을 읽었을 때는 시력이 좋아졌는데 한 분야의 책만 읽었을 때는 시력이 나빠졌습니다. 따라서 여러 분야의 책을 읽는 것은 좋은 독서 방법입니다.

준우

바람직한 독서 방법은 자신이 좋아하는 책만 읽는 것입니다. 좋아하는 분야의 책을 읽으면 흥미를 느끼며 즐겁게 읽을 수 있습니다. 그 분야에 깊이 있는 지식을 쌓을 수 있습니다. 자신이 좋아하는 분야이기 때문에 책 내용을 더 쉽게 이해할 수 있습니다. 따라서 저는 이보다 (자신이 좋아하는 책만 읽는 것보다) 더 바람직한 독서 방법은 없다고 생각합니다.

📍 '바람직한 독서 방법'에 대한 글쓴이의 의견 평가하기

주제와 관련이 있는가?	⇨	**혜원이의 의견** 도서관의 편의 시설을 늘리는 것은 바람직한 독서 방법과 관련이 매우 적음.
뒷받침 내용이 믿을 만한가?	⇨	**민서의 뒷받침 내용** 한 분야의 책만 읽으면 시력이 나빠진다는 뒷받침 내용은 믿을 만한 내용이 아님.
문제 상황을 해결할 수 있는가?	⇨	**준우의 의견** 자신이 좋아하는 책만 읽을 경우에 여러 가지 문제가 생길 수 있음.

---

9 혜원이와 민서, 준우가 쓴 글의 주제는 무엇인지 쓰세요.

(   )

🚩 교과서 문제

10 혜원이의 의견이 주제와 관련이 적다고 판단한 까닭으로 알맞은 것의 번호를 쓰세요.

① 책을 많이 읽지 않기 때문이다.
② 책을 써 본 경험이 없기 때문이다.
③ 책을 읽는 방법이나 태도 등에 대한 내용이 아니기 때문이다.

(   )

8단원

11 ㉠과 ㉡ 중에서 다음과 같은 까닭으로 믿을 만한 뒷받침 내용인 것의 기호를 쓰세요.

학교에서 공부하는 분야가 다양하므로 여러 내용을 미리 책으로 공부하면 학교 공부에 도움이 될 것이다.

(   )

🚩 서술형·논술형 문제

12 준우의 의견대로 했을 경우에 생길 수 있는 문제를 한 가지 쓰세요.

_____

정답 18쪽

국어 교과서 255쪽

2. 혜원이의 의견과 '바람직한 독서 방법'이 관련 있는지 판단해 봅시다. 빈칸에 자신이 판단한 결과를 표시해 봅시다.

예시 답안

판단 결과	그렇게 생각한 까닭
△	바람직한 독서 방법은 책을 읽는 방법이나 태도와 관련된 내용이어야 하기 때문이다.

(매우 관련이 있다: ◎, 관련이 있다 ○, 관련이 없다: △)

풀이 주제와 관련 없는 의견은 뒷받침 내용이 믿을 만하다고 해도 적절하다고 볼 수 없습니다.

국어 교과서 256쪽

3. 민서가 쓴 글을 읽고 의견과 뒷받침 내용을 정리해 봅시다.

(1) **민서의 의견을 써 보세요.**

예시 답안 바람직한 독서 방법은 여러 분야의 책을 읽는 것입니다.

풀이 민서는 주제와 관련 있는 의견을 말하였습니다.

(2) **민서의 의견과 뒷받침 내용이 관련 있는지 생각하며 빈칸에 뒷받침 내용을 정리하고 판단해 보세요.**

예시 답안

		관련 있는가?
뒷받침 내용 1	배경지식이 풍부해져서 공부에 도움이 된다.	**예**, 아니요
뒷받침 내용 2	한 분야의 책만 읽으면 시력이 나빠진다.	예, **아니요**

풀이 뒷받침 내용이 의견과 관련이 없으면 적절하지 않습니다.

국어 교과서 258쪽

7. 준우가 쓴 글에 제시된 의견을 평가해 봅시다.

(1) **준우의 의견은 '바람직한 독서 방법'과 관련이 있나요?**

예시 답안 관련이 있습니다.

풀이 준우의 의견은 '바람직한 독서 방법은 자신이 좋아하는 책만 읽는 것이다.'입니다.

(2) **준우가 제시한 뒷받침 내용들은 준우가 내세운 의견과 관련이 있나요?**

예시 답안 관련이 있습니다.

풀이 준우는 흥미를 느끼며 즐겁게 읽을 수 있어 그 분야에 깊이 있는 지식을 쌓을 수 있다고 하였습니다.

🔍 **자습서 확인 문제**

1 다음 혜원이의 의견이 바람직한 독서 방법과 관련 있는지 판단하여 알맞은 것에 ○표 하세요.

> 바람직한 독서 방법은 도서관의 편의 시설을 늘리는 것입니다.

(1) 매우 관련이 있다. (　　　)
(2) 관련이 있다. (　　　)
(3) 관련이 없다. (　　　)

2 민서의 의견은 무엇인가요?

바람직한 독서 방법은 □□ 분야의 책을 읽는 것이다.

3 다음 준우의 의견을 보고 알맞게 말한 사람의 이름을 쓰세요.

> 바람직한 독서 방법은 자신이 좋아하는 책만 읽는 것이다.

> 희도: 의견이 '바람직한 독서 방법'과 관련이 있어.
> 이진: 준우의 의견을 따르면 문제가 하나도 생기지 않아서 완벽한 의견이라고 할 수 있어.

(　　　　　　　　　)

문화재를 **개방해야** 합니다. 문화재를 직접 **관람하면** 옛 조상이 살았던 때를 생생하게 느낄 수 있습니다. 저는 가족과 함께 고인돌 유적지를 보러 갔습니다. <u>거대한 고인돌이 생생하게 기억에 남았습니다.</u>

_{문화재를 직접 보았기 때문에}

누리집에서 고인돌에 대한 정보를 찾아보았고, 학교 도서관에서 고인돌에 대한 책을 빌려 읽기도 했습니다.

또 문화재를 개방해야만 문화재 **훼손**을 막을 수 있습니다. 20○○년 7월 ○○일 신문 기사를 보니 고궁 가운데 한 곳인 ○○궁에 곰팡이가 **번식했다는** 내용이 있었습니다. <u>장마인데 문을 닫고만 있어서 바람이 통하지 않아 곰팡이가 궁궐 안으로 퍼진 것입니다.</u>

_{○○궁에 곰팡이가 번식한 까닭}

사람들이 드나들면서 바람이 통하게 하면 이와 같은 문제는 해결될 것입니다.

문화재를 개방하면 자신이 체험한 문화재를 보호하려고 노력하는 사람이 늘어날 것입니다. 어디에 있는지도 모르는 유물이 아니라 우리 곁에 있는 문화재가 되어야 합니다. 우리가 함께 가꾸고 보존해 나간다고 생각한 뒤에 힘을 모으면 '살아 있는' 문화재가 될 것입니다.

○ 고인돌

○ 첨성대

○ 창덕궁

- **생각할 점:** '문화재를 개방해야 하는가' 에 대한 글쓴이의 의견이 적절한지 평가해 봅니다.

📍 **문화재를 보호하는 방법에 대한 의견 예**

> 문화재 보호의 중요성에 대한 교육을 해야 해.

> 문화재 관람료를 올려서 관리를 잘하는 방법도 있어.

개방해야 문이나 어떠한 공간 등을 열어 자유롭게 드나들고 이용하게 해야.
관람하면 연극, 영화, 운동 경기, 미술품 등을 구경하면.
훼손 헐거나 깨뜨려 못 쓰게 만듦.
　예 이곳에 도로를 만들면 산림이 <u>훼손</u>됩니다.
번식했다는 붙고 늘어서 많이 퍼졌다는.

13 글쓴이의 의견에 ○표 하세요.

(1) 문화재를 개방해야 한다. (　　　　)
(2) 새로운 문화재를 만들어야 한다. (　　　　)

🍞 교과서 문제

14 글쓴이의 의견을 뒷받침하는 내용이 <u>아닌</u> 것의 기호를 쓰세요.

> ㉠ 세계 여러 나라의 문화재에 대해 알 수 있다.
> ㉡ 옛 조상이 살았던 때를 생생하게 느낄 수 있다.
> ㉢ 여름 장마철에 생기는 문화재 훼손을 막을 수 있다.
> ㉣ 자신이 체험한 문화재를 보호하려고 노력하는 사람이 늘어날 것이다.

(　　　　　　　　)

15 이 글에서 의견을 뒷받침하기 위해 사용한 자료의 종류는 무엇인가요? (　　　　)

① 책의 내용　② 신문 기사　③ 전문가의 말
④ 친구의 경험　⑤ 인터넷 정보

16 글쓴이의 의견이 적절하다고 판단한 사람의 이름을 쓰세요.

> 서희: 많은 사람이 문화재를 관람하다 보면 어쩔 수 없이 훼손되기 때문이야.
> 창수: 문화재는 예전에 살았던 사람들의 모습이 담긴 것이기 때문에 관람객이 직접 체험해야 더 가치 있기 때문이야.

(　　　　　　　　)

• 글의 특징: 벌목되고 낭비되는 나무들로 인해 사라진 동식물들의 보금자리를 지켜 주자는 내용의 광고입니다.

• 글의 종류: 주장하는 글
• 글의 특징: 숲이 파괴되고 생물들의 보금자리가 사라지는 문제 상황을 해결하기 위한 의견을 쓴 글입니다.

가

숲을 보호합시다

나
사람들은 숲에서 생활에 필요한 여러 가지 물건을 얻습니다. 이로 말미암아 숲이 파괴되고 생물들의 보금자리가 사라집니다. 우리는 이런 숲을 보호하고 생물들의 보금자리를 지켜 주어야 합니다. 그렇게 하려면 어떻게 해야 할까요?

첫째, 자원의 낭비를 막아야 합니다. 우리가 물건을 아껴 쓰고, 버리는 물건을 재활용하면 숲이 파괴되는
_{자원의 낭비를 막기 위한 일}
것을 줄일 수 있습니다.

둘째, 나무를 베어 낸 숲은 다시 가꾸어야 합니다. 한번 파괴된 숲은 저절로 복원되는 데 오랜 시간이 걸
_{원래의 상태나 모습으로 돌아가게 되는}
리지만, 사람들이 노력하면 조금 더 빨리 새로운 숲을 만들 수 있습니다.

셋째, 숲의 파괴를 최소화해야 합니다. 숲을 이용할 때에는 정해진 곳만 이용하고, 보호된 숲에서는 식물과 동물이 살아갈 수 있게 해야 합니다.

17 가와 나에 나타난 문제 상황은 무엇인가요? ( )
① 사람들이 숲을 떠나고 있다.
② 숲에서 필요한 물건을 얻을 수 없다.
③ 생물들의 보금자리가 사라지고 있다.
④ 숲에 심은 나무들이 잘 자라지 않고 있다.
⑤ 생물들이 사람들의 보금자리를 뺏고 있다.

18 생물들의 보금자리가 사라지는 까닭으로 알맞은 것에 ○표 하세요.
(1) 숲이 울창해져서 생물들의 수가 많아졌기 때문이다. ( )
(2) 사람들이 숲에서 필요한 물건을 얻으면서 숲이 파괴되었기 때문이다. ( )

🐚교과서 문제

19 글 나에서 글쓴이의 의견은 무엇인가요? ( )
① 동식물과 친하게 지냅시다.
② 숲에서 맑은 공기를 마십시다.
③ 음식물 쓰레기를 버리지 맙시다.
④ 환경 보호를 위해서 걸어 다닙시다.
⑤ 숲을 보호하고 생물들의 보금자리를 지켜 줍시다.

20 글 나에서 글쓴이의 의견을 뒷받침하는 내용이 **아닌** 것의 기호를 쓰세요.

> ㉠ 자원의 낭비를 막아야 한다.
> ㉡ 크고 높은 건물을 많이 지어야 한다.
> ㉢ 나무를 베어 낸 숲은 다시 가꾸어야 한다.

( )

21 다음 친구들과 같이 편식과 관련한 경험을 찾아 ○표 하세요.

당근이 들어간 음식은 맛이 없어서 못 먹겠어.

나는 고기만 골라서 먹는 습관 때문에 부모님께서 걱정하셔.

(1) "한식은 반찬의 가짓수가 많아." ( )

(2) "생선을 싫어해서 입에도 대지 않아." ( )

22 편식과 관련한 자신의 생각을 써 보았습니다. 알맞지 않은 것의 기호를 쓰세요.

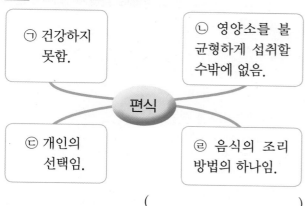

㉠ 건강하지 못함.

㉡ 영양소를 불균형하게 섭취할 수밖에 없음.

편식

㉢ 개인의 선택임.

㉣ 음식의 조리 방법의 하나임.

( )

23 편식과 관련한 자신의 의견을 뒷받침할 수 있는 내용을 찾는 방법으로 알맞지 않은 것의 기호를 쓰세요.

㉠ 관련 있는 책 읽기
㉡ 전문가에게 물어보기
㉢ 친구들과 인기 투표하기
㉣ 믿을 만한 누리집 찾아보기

( )

24 편식과 관련한 의견을 뒷받침할 내용을 알맞게 말하지 못한 사람의 이름을 쓰세요.

전문가의 면담 기사를 뒷받침 내용으로 넣으려고 해.

철민

텔레비전에서 보았던 편식의 문제점을 다룬 프로그램을 편집해서 넣으려고 해.

동희

엄마께서 알려 주신 음식 만드는 방법에 대하여 설명하는 내용을 넣으려고 해.

시현

( )

25 '편식하면 안 된다.'는 의견을 뒷받침하는 내용으로 알맞은 것을 두 가지 골라 기호를 쓰세요.

㉠ 싫어하는 음식까지 억지로 먹을 필요는 없다.
㉡ 먹기 싫은 음식을 억지로 먹게 하는 것은 바람직하지 않다.
㉢ 편식을 하면 영양이 불균형해져서 성장이 늦어질 수 있다.
㉣ 음식을 골고루 먹으면 여러 가지 영양소를 균형 있게 섭취할 수 있어서 건강해진다.

(,)

26 다음과 같은 편식과 관련한 의견을 뒷받침하는 내용을 한 가지 쓰세요.

의견	편식해도 된다.
뒷받침 내용	_____ _____

27 즐겁고 행복한 학교의 모습에 대해 떠올린 사람의 이름을 쓰세요.

친구들끼리 사이좋게 지내는 학교라고 생각해.

가족들끼리 집안일을 나누어 하는 것이라고 생각해.

상미 　　　　　　　　　　　 진수

(　　　　　　　　　)

28 즐겁고 행복한 학교 만들기에 대한 의견으로 알맞지 않은 것은 어느 것인가요? (　　　)

① 별명을 부르지 말자.
② 교실 청소를 함께 해야 한다.
③ 하루에 한 가지씩 칭찬을 하자.
④ 지하철을 탈 때 차례를 지켜야 한다.
⑤ 돌아가면서 모두와 짝을 해 보아야 한다.

🗋 서술형·논술형 문제

29 즐겁고 행복한 학교 만들기에 대한 자신의 의견과 까닭을 쓰세요.

(1) 의견	
(2) 까닭	

30 모둠 구성원이 각자 역할을 나누어 자료를 모으면 좋은 점으로 알맞지 않은 것은 무엇인가요? (　　　)

① 빠른 시간 안에 찾을 수 있다.
② 정확하지 않은 자료를 걸러 낼 수 있다.
③ 자신이 맡은 역할을 친구에게 대신 부탁할 수 있다.
④ 한 명이 할 때보다 여러 종류의 정보를 얻을 수 있다.
⑤ 서로의 역할에 충실해야 하기 때문에 책임감과 보람을 느낄 수 있다.

31 의견이 드러나는 글을 쓰기 위한 자료를 모을 때 필요한 모둠 구성원들의 역할로 알맞지 않은 것은 무엇인가요? (　　　)

① 기록하는 사람
② 모둠을 이끄는 사람
③ 누리집을 찾는 사람
④ 책 자료를 찾는 사람
⑤ 모둠의 이름을 지을 사람

32 의견이 드러나는 글을 쓸 때 주의할 점으로 알맞지 않은 것의 기호를 쓰세요.

> ㉠ 사실 근거의 경우 출처를 밝힐 필요는 없다.
> ㉡ 맞춤법이나 띄어쓰기에 주의하며 써야 한다.
> ㉢ 책에서 읽은 내용 등을 근거로 들어 써야 한다.
> ㉣ 주제에 맞게 자신의 의견을 분명하게 써야 한다.

(　　　　　　　　　)

[1~4] 당나귀를 팔러 간 아버지와 아이

(가) 아버지와 아이가 당나귀를 끌고 시장에 가고 있었어요. 아버지와 아이는 땀을 뻘뻘 흘렸어요. 그 모습을 본 농부가 비웃으며 말했어요.

"쯧쯧, 당나귀를 타고 가면 될 걸 저렇게 미련해서야……."

농부의 말을 듣고 보니 정말 그렇지 않겠어요?

'맞아, 당나귀는 원래 짐을 싣거나 사람을 태우는 동물이잖아.'

아버지는 당장 아이를 당나귀에 태웠어요.

(나) "아버지는 걷게 하고 자기는 편하게 당나귀를 타고 가다니. 요즘 아이들이란 저렇게 버릇이 없단 말이지!"

노인의 말을 듣고 보니 정말 그렇지 않겠어요?

아이는 얼른 당나귀에서 내리고 아버지를 태웠어요. 또 그렇게 한참을 가는데 이번에는 한 아낙이 깜짝 놀라며 혀를 찼어요.

"세상에! 이렇게 더운 날 어린아이는 걷게 하고 자기만 편하게 당나귀를 타고 가다니. 저런 사람이 아비라고 할 수 있나, 원! 나라면 아이도 함께 태울 텐데."

(다) "불쌍한 당나귀! 이 더운 날 두 명이나 태우고 가느라 힘이 다 빠졌네. 나라면 당나귀를 메고 갈 텐데."

청년의 말을 듣고 보니 그런 것 같았어요.

'그래, 이대로 가다가는 시장에 가기도 전에 당나귀가 지쳐 쓰러져 버릴 거야.'

1 아버지와 아이가 처음 만난 사람은 누구입니까?

( )

① 농부　　② 노인　　③ 아낙
④ 어부　　⑤ 청년

2 알맞게 요약한 순서대로 기호를 쓰시오.

> ㉠ 아버지와 아이는 다른 의견을 들을 때마다 생각 없이 행동을 바꾼다.
> ㉡ 당나귀를 팔려고 떠난 아버지와 아이는 가는 길에 여러 사람을 만나게 된다.
> ㉢ 만나는 사람마다 아버지와 아이에게 당나귀를 타는 것에 서로 다른 의견을 말해 준다.

( ) → ( ) → ( )

3 인물의 의견을 알맞게 선으로 이으시오.

(1) 농부　　•　　•① 둘 다 당나귀를 타고 가야 한다.

(2) 노인　　•　　•② 당나귀를 메고 가야 한다.

(3) 아낙　　•　　•③ 당나귀를 타고 가야 한다.

(4) 청년　　•　　•④ 아이 대신 아버지가 당나귀를 타고 가야 한다.

4 아버지와 아이가 청년의 의견을 받아들인 까닭에 ○표 하시오.

(1) 당나귀는 귀한 동물이기 때문이다. ( )

(2) 시장에 가기 전에 당나귀가 지쳐 쓰러질 것이기 때문이다. ( )

[5~6] 당나귀를 팔러 간 아버지와 아이

"불쌍한 당나귀! 이 더운 날 두 명이나 태우고 가느라 힘이 다 빠졌네. 나라면 당나귀를 메고 갈 텐데."
청년의 말을 듣고 보니 그런 것 같았어요.
'그래, 이대로 가다가는 시장에 가기도 전에 당나귀가 지쳐 쓰러져 버릴 거야.'
둘은 당나귀에서 내렸어요. 그러고 나서 아버지는 당나귀의 앞발을, 아이는 뒷발을 각각 어깨에 올렸지요.
이제 외나무다리 하나만 건너면 시장이에요.
"으히힝."
그때 당나귀가 버둥거리는 바람에 두 사람은 그만 당나귀를 놓치고 말았답니다. 강에 빠진 당나귀는 물살에 떠내려가고 말았어요.
"다른 사람의 말만 듣다가 결국 귀한 당나귀를 잃고 말았구나!"

5 아버지와 아이가 다른 사람의 의견을 듣고 어떻게 행동했는지 알맞게 말한 사람의 이름을 쓰시오.

준우: 아버지와 아이는 다른 사람들의 말을 하나도 듣지 않았어.
시은: 다른 사람이 말할 때마다 그것이 적절한지 그렇지 않은지 판단하지도 않고 그대로 따랐어.

(   )

서술형·논술형 문제
6 자신이 아버지와 아이의 처지였다면 어떻게 했을지 까닭과 함께 쓰시오.

_____

7 다른 사람의 의견을 받아들일 때 의견이 적절한지 판단해야 하는 까닭이 <u>아닌</u> 것은 무엇입니까? (   )
① 사람마다 생각이 다르기 때문이다.
② 잘못된 판단을 할 수 있기 때문이다.
③ 문제를 해결하지 못할 수 있기 때문이다.
④ 자기 뜻대로 문제를 해결할 수 있기 때문이다.
⑤ 뜻하지 않게 잘못된 결과가 나올 수 있기 때문이다.

[8~10] 의견을 쓴 글

바람직한 독서 방법은 자신이 좋아하는 책만 읽는 것입니다. 좋아하는 분야의 책을 읽으면 흥미를 느끼며 즐겁게 읽을 수 있습니다. 그 분야에 깊이 있는 지식을 쌓을 수 있습니다. 자신이 좋아하는 분야이기 때문에 책 내용을 더 쉽게 이해할 수 있습니다. 따라서 저는 이보다 더 바람직한 독서 방법은 없다고 생각합니다.

8 글쓴이의 의견으로 알맞은 것의 기호를 쓰시오.

㉠ 바람직한 독서 방법은 자신이 좋아하는 책만 읽는 것이다.
㉡ 바람직한 독서 방법은 내용이 쉽게 이해되는 책을 읽는 것이다.

(   )

9 의견에 대한 뒷받침 내용이 <u>아닌</u> 것의 기호를 쓰시오.

㉠ 흥미를 느끼며 즐겁게 읽을 수 있어 그 분야에 깊이 있는 지식을 쌓을 수 있다.
㉡ 자신이 좋아하는 분야이기 때문에 책의 내용을 모두 외울 수 있다.

(   )

10 다음은 어떤 기준에 의해 글쓴이의 의견을 평가한 것인지 알맞은 것에 ○표 하시오.

> 글쓴이의 의견을 따랐을 때 한 분야의 책만 읽게 되고, 한 가지 문제만 생각해 다양한 사고를 할 수 없다.

(1) 의견과 주제와의 연관성을 살펴본다. (   )

(2) 의견을 따랐을 때 생길 문제점에 대해서 생각한다. (   )

11 ㉠과 ㉡ 중에서 의견과 밀접하게 관련 있는 뒷받침 내용의 기호를 쓰시오.

> 바람직한 독서 방법은 여러 분야의 책을 읽는 것입니다. ㉠ 여러 분야의 책을 읽으면 배경지식이 풍부해집니다. 풍부한 배경지식은 학교 공부를 하는 데 도움을 줍니다. ㉡ 한 분야의 책만 읽으면 시력이 나빠집니다. 제가 여러 분야의 책을 읽었을 때는 시력이 좋아졌는데 한 분야의 책만 읽었을 때는 시력이 나빠졌습니다.

(   )

[12~15] 글쓴이의 의견이 나타난 글

> 문화재를 개방해야 합니다. 문화재를 직접 관람하면 옛 조상이 살았던 때를 생생하게 느낄 수 있습니다. 저는 가족과 함께 고인돌 유적지를 보러 갔습니다. 거대한 고인돌이 생생하게 기억에 남았습니다. 누리집에서 고인돌에 대한 정보를 찾아보았고, 학교 도서관에서 고인돌에 대한 책을 빌려 읽기도 했습니다.
>
> 또 문화재를 개방해야만 문화재 훼손을 막을 수 있습니다. 20○○년 7월 ○○일 신문 기사를 보니 고궁 가운데 한 곳인 ○○궁에 곰팡이가 번식했다는 내용이 있었습니다. 장마인데 문을 닫고만 있어서 바람이 통하지 않아 곰팡이가 궁궐 안으로 퍼진 것입니다. 사람들이 드나들면서 바람이 통하게 하면 이와 같은 문제는 해결될 것입니다.
>
> 문화재를 개방하면 자신이 체험한 문화재를 보호하려고 노력하는 사람이 늘어날 것입니다.

12 글쓴이의 의견은 무엇입니까?

• 문화재를 (개방해야 / 개방하지 말아야) 한다.

13 글쓴이의 의견을 뒷받침하는 내용을 모두 고르시오.

(,   ,   )

① 문화재 보호 방법에 대하여 연구할 수 있다.

② 해외에 있는 우리 문화재를 찾아올 수 있다.

③ 옛 조상이 살았던 때를 생생하게 느낄 수 있다.

④ 여름 장마철에 생기는 문화재 훼손을 막을 수 있다.

⑤ 자신이 체험한 문화재를 보호하려고 노력하는 사람이 늘어날 것이다.

14 글쓴이의 의견에 대한 적절성을 다음과 같이 판단한 까닭으로 알맞은 것에 ○표 하시오.

> • 글쓴이의 의견은 적절하다.

(1) 많은 사람이 문화재를 관람하다 보면 어쩔 수 없이 훼손되기 때문이다. (   )

(2) 문화재는 우리가 알고, 가꾸어 나가며 후손에게 전해 주어야 할 소중한 민족의 자산이기 때문이다. (   )

🗿 서술형·논술형 문제

15 다음은 문화재 보호 방법에 대한 의견입니다. 한 가지 더 쓰시오.

> • 문화재 보호의 중요성에 대한 교육을 한다.
>
> • _____
>
>   _____

단원 평가

16 다음 의견의 뒷받침 내용으로 알맞은 것의 기호를 쓰시오.

의견	편식해도 된다.

> ㉠ 편식을 하면 영양이 불균형해져서 성장이 늦어질 수 있다.
> ㉡ 좋아하는 음식 위주로 다양하게 먹어도 충분히 영양소를 섭취할 수 있다.
> ㉢ 편식하지 않고 골고루 먹으면 여러 가지 영양소를 균형 있게 섭취할 수 있어서 건강해진다.

( )

8
단원

17 다음 뒷받침 내용에 대한 의견으로 알맞은 것은 어느 것입니까? ( )

> 말싸움 때문에 다른 큰 싸움으로 번지는 경우가 많기 때문이다.

① 서로 인사하기
② 비속어 쓰지 않기
③ 함께 교실 청소하기
④ 하루에 한 가지씩 칭찬하기
⑤ 돌아가면서 모두와 짝해 보기

18 자료의 종류를 보고 그 자료가 가장 효과적인 이유를 찾아 기호를 쓰시오.

> ㉠ 검증이 되었을 가능성이 높다.
> ㉡ 학생들이 생생하고 인상적으로 기억할 수 있다.
> ㉢ 관련된 지식과 전문성이 풍부해서 비전문가들이 해결할 수 없는 여러 문제를 해결할 수 있다.

(1) 책 ( )
(2) 전문가 ( )
(3) 동영상 ( )

19 학교 누리집 게시판에 의견이 드러나는 글을 올리기 위하여 모둠 구성원들이 역할을 나눌 때 빈칸에 알맞은 역할에 대해 말한 사람의 이름을 쓰시오.

> • 누리집을 찾는 사람
> • [   ]
> • 전문가를 찾고, 면담을 요청하는 사람

책 자료를 찾는 사람이 있어야 해.
남수

모둠원들의 간식을 준비할 사람이 있어야 해.
지희

선생님께 의견을 말할 사람이 있어야 해.
태수

( )

20 모둠별로 의견이 드러나는 글을 학급 누리집 게시판에 올리는 순서에 따라 기호를 쓰시오.

> ㉠ 학급 누리집 게시판에 올리기
> ㉡ 의견이 드러나는 글 쓰기
> ㉢ 모둠별로 한 가지 의견 정하기
> ㉣ 모둠 구성원별로 역할을 나누어 의견을 뒷받침하는 내용을 찾고 정리하기

( ) → ( ) → ( ) → ( )

9 감동을 나누며 읽어요

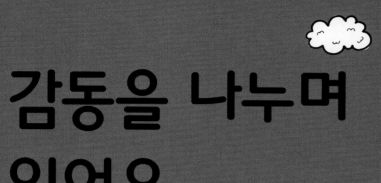

나는 죽으면 천당에 갈 거야! 왜냐하면 지옥은 내가 잡은 악당들로 이미 가득 찼을 테니까.

마지막으로 주인공의 인상적인 대사를 실감 나게 들려 드리겠습니다.

저는 '시간을 헤엄치는 삼촌'이라는 영화를 보고 느낌과 생각을 감상문으로 써 보았습니다.

개념 웹툰

작품에 대한 생각이나 느낌을 어떻게 표현할까요? 스마트폰에서 확인하세요!

개념 ① 시를 읽고 경험 말하기

① 시를 읽고 내용을 파악합니다.
② 시에 나오는 장면을 떠올려 봅니다.
③ 시의 내용과 관련된 경험을 떠올려 봅니다.

지문 「온통 비행기」를 읽고 경험 떠올리기

난 비행기가 좋아.
비행기를 구경하는 것도
비행기를 그리는 것도
비행기를 생각하는 것도.

커서 뭐가 되고 싶으냐고 묻지 마.
내 마음에는 비행기가 날아.

└→ 말하는 이는 비행기를 좋아함.

◎ 시의 내용과 관련된 경험 떠올리기

개념 ② 시를 읽고 느낌 표현하기

① 시의 내용을 파악합니다.
② 시에 대한 느낌을 떠올려 봅니다.

> ◎ 시에 대한 느낌을 떠올리는 방법
> • 시에 나오는 인물이 되어 봅니다.
> • 시에 나오는 장면을 떠올려 봅니다.
> • 시에 나오는 인물과 자신의 경험을 비교해 봅니다.
> • 시에 나오는 인물에게 묻고 싶은 물음을 만들어 봅니다.

③ 시에 대한 느낌을 여러 가지 방법으로 표현해 봅니다.
  ㉾ 낭독하기, 노랫말 만들기, 역할극 하기, 장면을 이야기로 들려주기 등

지문 「지하 주차장」의 인물과 면담하기

> 질문자: 아빠가 한참 동안 나타나지 않았을 때 어떤 마음이 들었나요?
> 아이: 답답하고 지루했어요.

↓ ┌→ 인물을 면담하고 떠올린 느낌

> 아빠가 빨리 나오기를 기다린 아이의 마음을 느낄 수 있어요.

개념 ③ 이야기를 읽고 다른 사람에게 들려주기

① 이야기를 읽고 인물의 특성을 정리합니다.
② 상황과 인물의 특성에 알맞은 인물의 말을 써 봅니다.
③ 인물의 특성에 맞게 인물이 한 말을 표현해 봅니다.
④ 이야기에서 강조하고 싶은 부분을 정해 실감 나게 표현해 봅니다.

지문 「멸치 대왕의 꿈」에서 인물의 행동과 성격

인물	행동	성격
멸치 대왕	넓적 가자미의 뺨을 때린다.	화를 참지 못하고 기분이 쉽게 변한다.
넓적 가자미	삐쳐서 멸치 대왕의 꿈풀이를 나쁘게 한다.	속이 좁다.
망둥 할멈	멸치 대왕의 꿈풀이를 좋게 한다.	윗사람에게 아부를 잘 한다.

온통 비행기

- 글쓴이: 김개미
- 중심 글감: 비행기
- 글의 특징: 비행기를 좋아하여 온통 비행기 생각뿐인 말하는 이의 마음을 표현하였습니다.

내 스케치북에는 비행기가 날아.

필통에도
지우개에도 ── 필통과 지우개에 비행기
비행기가 날아. ── 그림이 그려져 있음.

조종석에는 언제나
내가 앉아 있어.

조수석에는 엄마도 앉고
동생도 앉고
송이도 앉아.
오늘은 우리 집 개가 앉았어.

난 비행기가 좋아.
비행기를 구경하는 것도
비행기를 그리는 것도
비행기를 생각하는 것도.

㉠ 커서 뭐가 되고 싶으냐고 묻지 마.
내 마음에는 비행기가 날아.

조종석(操 잡을 조 縱 세로 종 席 자리 석) 비행기를 움직이는 사람이 앉는 자리.

조수석 운전석의 옆자리.
⑩ 우리 집 강아지는 항상 조수석에 앉으려고 합니다.

🍪 교과서 문제

1 이 시에서 말하는 이가 상상한 것은 무엇인가요?
( )
① 수영을 하는 상상
② 학교에 가는 상상
③ 달리기를 하는 상상
④ 학용품을 사는 상상
⑤ 비행기 조종석에 앉아 있는 상상

2 이 시를 읽고 떠오르는 장면으로 알맞지 <u>않은</u> 것은 무엇인가요? ( )
① 비행기를 그리는 장면
② 비행기를 구경하는 장면
③ 개와 함께 산책하는 장면
④ 비행기를 가지고 노는 장면
⑤ 맑은 하늘에 비행기가 떠다니는 장면

3 ㉠과 같이 말한 까닭은 무엇인가요? ( )
① 대답하고 싶지 않기 때문이다.
② 되고 싶은 것이 없기 때문이다.
③ 생각하는 것이 귀찮기 때문이다.
④ 마음의 결정을 내리지 않았기 때문이다.
⑤ 물어볼 필요 없이 정해져 있기 때문이다.

4 이 시에서 말하는 이와 비슷한 경험에 대하여 말한 사람의 이름을 쓰세요.

경수: 동물을 좋아해서 여러 동물을 그렸던 경험이 떠올라.
정미: 동생과 싸우고 나서 엄마에게 혼이 났던 경험이 떠올라.

( )

지하 주차장

- **글쓴이**: 김현욱
- **중심 글감**: 지하 주차장
- **글의 특징**: 지하 주차장으로 차를 가지러 가신 아빠께서 차를 찾지 못해 헤매고 다니신 일을 재미있게 표현하였습니다.

지하 주차장으로
차 가지러 내려간 아빠
한참 만에
차 몰고 나와 한다는 말이

내려가고 내려가고 또 내려갔는데 글쎄, 계속 지하로 계단이 있는 거야! 그러다 아이쿠, 발을 헛디뎠는데 아아아…… 이상한 나라의 앨리스처럼 깊은 동굴 속으로 끝없이 떨어지지 않겠니? 정신을 차려 보니까 호빗이 사는 마을이었어. 호박처럼 생긴 집들이 **미로**처럼 **뒤엉켜** 있는데 갑자기 흰머리 간달프가 나타나 말하더구나. 이 새 자동차가 네 자동차냐? 내가 말했지. 아닙니다, 제 자동차는 10년 다 된 **고물** 자동차입니다. 오호, 정직한 사람이구나. 이 새 자동차를…….

_{오래된 아빠의 차}

에이, 아빠!
차 어디에 세워 놨는지 몰라서 그랬죠?
차 찾느라
온 지하 주차장 헤매고 다닌 거
㉠ 다 알아요.
피이!

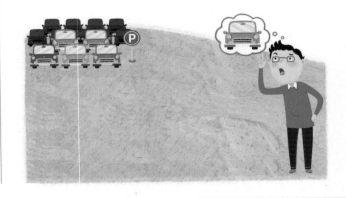

미로(迷 헤맬 미 路 길 로) 어지럽게 갈래가 져서, 한번 들어가면 다시 빠져나오기 어려운 길.

뒤엉켜 마구 엉켜. ⑩ 차들이 뒤엉켜 빠져나갈 수 없었습니다.
고물 헐거나 낡은 물건. ⑩ 고물 자전거를 새것으로 바꾸었습니다.

---

5 아빠께서 다녀오신 곳은 어디인가요? (   )
① 집   ② 운동장
③ 체육관   ④ 영화관
⑤ 지하 주차장

6 아빠께서 늦게 나타나신 까닭은 무엇인가요? (   )
① 차 안에서 잠이 들었기 때문이다.
② 차의 열쇠를 잃어버렸기 때문이다.
③ 운전을 하다가 차가 멈추었기 때문이다.
④ 지하 주차장이 너무 어두웠기 때문이다.
⑤ 차를 어디에 두었는지 기억나지 않아 이리저리 찾았기 때문이다.

7 아이가 아빠께 ㉠과 같이 말한 의미로 알맞은 것에 ◯표 하세요.
(1) 아빠의 이야기가 재밌다고 생각한다. (   )
(2) 아빠의 이야기가 변명이라고 생각한다.
(   )

🔖 교과서 문제
8 이 시에 대한 느낌을 알맞게 말한 사람의 이름을 쓰세요.

> 수희: 아빠를 기다리는 아이의 즐거운 마음이 느껴졌어.
> 도진: 아이에게 차를 찾다 늦은 것을 들키고 싶지 않았던 아빠의 마음이 느껴졌어.

(   )

김밥

❶

❷ 동숙이는 엄마께 소풍 때 달걀이 들어간 김밥을 싸 달라고 투정을 부리지만 엄마께서는 집안 사정이 어렵다고 하시면서 동숙이를 나무라신다.

❸ 동숙이는 쑥을 팔아서 달걀을 사고 싶었지만 아무도 쑥을 사지 않았다. 그런데도 선생님께 도시락을 싸 가겠다고 하고 어머니께 김밥을 싸 달라고 말씀드린다.

❸ 동숙이는 아버지의 병원비로 달걀 한 줄을 사게 되어 기뻤다. 하지만 오는 길에 넘어져서 달걀이 깨지고 만다.

❹ 소풍날 선생님께서는 김밥을 못 먹고 있는 동숙이에게 자신은 배탈이 나서 못 먹겠다고 하며 김밥을 주신다.

- **이야기의 내용:** 달걀이 귀했던 시절에 달걀이 들어간 김밥을 먹고 싶었던 한 소녀의 이야기입니다.

- 「김밥」에서 일어난 일에 대한 자신의 생각 말하기 예

동숙이는 아버지께서 달걀을 안 먹는다고 말씀하시자 달걀이 먹고 싶었을 것 같아.

교과서 문제

9 동숙이가 소풍에 가져가고 싶은 것은 무엇인가요?
( )

① 팥이 들어간 떡
② 꿀이 들어간 호떡
③ 고기가 들어간 만두
④ 달걀이 들어간 김밥
⑤ 채소가 들어간 볶음밥

11 ❹에 나타난 선생님의 행동에 대한 생각으로 알맞은 것의 기호를 쓰세요.

㉮ 정직한 분이라고 생각한다.
㉯ 엄격한 분이라고 생각한다.
㉰ 마음이 따뜻한 분이라고 생각한다.

( )

진도 완료
체크

10 동숙이는 어떻게 계란을 살 수 있었는지 알맞은 것의 기호를 쓰세요.

㉮ 친구네 집에서 일을 하고 번 돈으로 샀다.
㉯ 장난감을 만들어서 친구들에게 판 돈으로 샀다.
㉰ 선생님 김밥을 싸야 한다고 어머니께 말씀드려서 아버지의 병원비로 샀다.

( )

서술형·논술형 문제

12 다음과 같은 엄마의 행동에 대한 자신의 생각을 쓰세요.

엄마의 행동	달걀이 들어간 김밥을 싸 달라고 하는 동숙이를 나무람.

_____

_____

멸치 대왕의 꿈

- 글쓴이: 천미진
- 글의 종류: 이야기
- 글의 특징: 여러 바다 생물들의 생김새에 대한 유래를 꿈풀이와 관련지어 재미있게 표현한 이야기입니다.

1 옛날 동쪽 바다에 멸치 대왕이 살고 있었어. 그런데 어느 날 아주 이상한 꿈을 꾸었지. 꿈속에서 멸치 대왕이 하늘을 오르락내리락, 구름 속을 왔다 갔다, 그러다가 갑자기 흰 눈이 펄펄 내리더니 추웠다가 더웠다가 하는 거야. 멸치 대왕은 무슨 꿈인지 몹시 궁금했어. 그래서 멸치 대왕은 넓적 가자미한테 꿈풀이를 잘한다는 망둥 할멈을 데려오라고 했지.

넓적 가자미는 너무너무 졸려서 정말 가기 싫었지<u>만</u> 대왕님의 명령이라 어쩔 수 없었지. 넓적 가자미는
_{졸렸기 때문에}
하루, 이틀, 사흘, 나흘 여러 날이 걸려서 망둥 할멈이 살고 있는 서쪽 바다에 도착했어. 넓적 가자미는 망둥 할멈을 데리고 또다시 하루, 이틀, 사흘, 나흘 그렁저렁 여러 날이 걸려 동쪽 바다로 돌아왔단다. 멸치 대
_{그렇게 저렇게 하는 사이에 어느덧.}
왕은 먹을 것을 잔뜩 준비하고, 꼴뚜기, 메기, 병어 정승

들을 불렀지. 그리고 망둥 할멈을 반갑게 맞아들였어.

중심 내용 1 멸치 대왕은 이상한 꿈의 내용이 궁금해서 넓적 가자미에게 꿈풀이를 잘한다는 망둥 할멈을 데려오라고 했어.

2 하지만 넓적 가자미한테는 알은척도 하지 않고 먹을 것도 주지 않자 넓적 가자미는 잔뜩 화가 나서 토라져 버렸어. 멸치 대왕이 망둥 할멈에게 꿈 이야기를 해 주자 망둥 할멈은 ㉠벌떡 일어나 절을 하면서 "대왕마마, 용이 될 꿈입니다."라고 말했어. 그러면서 하늘을 오르락내리락 구름 속을 왔다가 갔다가 하는 것은 용이 되어서 하늘을 날아다니는 것이고, 흰 눈이 내리면서 추웠다가 더웠다가 하는 것은 용이 되어 날씨를 마음대로 다스리게 되는 것이라고 풀이해 주었어. 망둥 할멈의 꿈풀이에 멸치 대왕은 기분이 좋아 덩실덩실 춤을 추었지.

9단원

📚 **교과서 문제**

13 멸치 대왕이 궁금하게 생각한 것은 무엇인가요?
( )

① 자신의 꿈　　　② 내일의 날씨
③ 백성들의 생활　④ 신하들의 재산
⑤ 이웃 나라의 상황

14 다음 중 멸치 대왕의 꿈 내용으로 알맞지 <u>않은</u> 것은 무엇인가요? ( )

① 흰 눈이 펄펄 내렸다.
② 굵은 비가 잔뜩 내렸다.
③ 추웠다가 더웠다가 하였다.
④ 하늘을 오르락내리락하였다.
⑤ 구름 속을 왔다 갔다 하였다.

15 ㉠을 통하여 알 수 있는 망둥 할멈의 성격은 어떠한가요? ( )

① 엄격하다.　　　② 정직하다.
③ 눈치가 없다.　　④ 아부를 잘한다.
⑤ 짜증을 잘 낸다.

16 넓적 가자미가 잔뜩 화가 나서 토라진 까닭은 무엇인가요? ( )

① 멸치 대왕에게 샘이 나서
② 망둥 할멈이 자신에게 인사하지 않아서
③ 망둥 할멈을 데리고 오느라 너무 지쳐서
④ 멸치 대왕이 자신의 꿈 이야기를 해 주어서
⑤ 멸치 대왕이 알은척도 하지 않고 먹을 것도 주지 않아서

하지만 넓적 가자미는 멸치 대왕한테 용이 되는 꿈이 아니라 큰 **변**을 당하게 될, 아주 나쁜 꿈이라고 말했어. 그러면서 하늘을 오르락내리락한다는 것은 낚싯대에 걸린 것이고, 구름은 모락모락 **숯불** 연기이고, 또 흰 눈은 소금이고, 추웠다가 더웠다가 한다는 것은 잘 익으라고 뒤집었다 엎었다 하는 것이라고 멸치 대왕의 꿈을 풀이했어.

넓적 가자미의 꿈풀이를 듣던 멸치 대왕은 화가 나 얼굴이 점점 붉어졌지. 꿈풀이를 다 듣고 난 뒤 멸치 대왕은 너무나도 화가 나 넓적 가자미의 **뺨**을 때렸는데 어찌나 세게 때렸던지 넓적 가자미의 눈이 한쪽으로 찍 몰려가 붙어 버리고 말았던 거야. 그 모양을 보고 있던 꼴뚜기는 자기도 **뺨**을 맞을까 봐 겁이 나서 자기의 눈을 떼어서 엉덩이에 찰싹 붙여 버렸고, 망둥 할멈은 너무 놀라 <u>눈이 툭 튀어나와</u> 버렸지. 메기는 기가 막혀 너무 크게 웃다가 <u>입이 쫙 찢어져</u>
<small>망둥 할멈의 생김새</small>　　　　　　　　　　　　　　　　　　　　<small>너무 크게 웃어서</small>
버렸고, 병어는 자기도 입이 찢어질까 봐 입을 꼭 움켜쥐고 웃다가 그만 <u>입이</u>
<u>뾰쪽해지고</u> 말았어.
<small>병어의 생김새</small>

✏️중심 내용 ② 망둥 할멈은 멸치 대왕이 용이 될 꿈이라고 하고, 넓적 가자미는 큰 변을 당할 아주 나쁜 꿈이라고 했어. 넓적 가자미의 꿈풀이를 들은 멸치 대왕은 화가 나서 넓적 가자미의 뺨을 아주 세게 때렸어.

변 갑자기 생긴 불행한 사고나 이상한 일.
숯불 숯이 타는 불. **예** 숯불이 활활 타오릅니다.

♀「멸치 대왕의 꿈」의 인물의 특성

망둥 할멈	
	멸치 대왕의 꿈을 좋게 풀이함.
➡ 아부를 잘하는 성격	

넓적 가자미	
	삐쳐서 멸치 대왕의 꿈이 아주 나쁜 꿈이라고 풀이함.
➡ 속이 좁은 성격	

멸치 대왕	
	화가 나서 넓적 가자미의 뺨을 때림.
➡ 화를 참지 못하고 기분이 쉽게 변하는 성격	

🎓 **교과서 문제**

17 망둥 할멈과 넓적 가자미의 꿈풀이를 알맞게 선으로 이으세요.

(1) 망둥 할멈　•　　　•① 멸치 대왕이 용이 될 꿈

(2) 넓적 가자미　•　　　•② 큰 변을 당할 아주 나쁜 꿈

18 꼴뚜기가 자신의 눈을 엉덩이에 붙인 까닭에 ○표 하세요.

(1) 뒤에서 오는 적을 쉽게 알아보기 위해서. (　　)

(2) 멸치 대왕에게 뺨을 맞을까 봐 겁이 났기 때문에. (　　)

19 다음 상황에 맞는 인물의 말을 찾아 각각 기호를 쓰세요.

> ㉮ "오, 아주 훌륭한 꿈풀이로다. 하하하, 아주 마음에 든다."
> ㉯ "내가 고생해서 망둥 할멈을 데리고 왔는데, 나를 이런 식으로 대접해?"

(1) 멸치 대왕이 망둥 할멈의 꿈풀이를 들었을 때 (　　)

(2) 넓적 가자미가 멸치 대왕에게 푸대접을 받았을 때 (　　)

📝 **서술형·논술형 문제**

20 다음과 같은 멸치 대왕의 말을 실감 나게 표현하는 방법을 쓰세요.

> "뭐라고? 너 이놈! 감히 그런 꿈풀이를 하다니. 괘씸하다!"

정답 21쪽

2. 「멸치 대왕의 꿈」을 읽고 물음에 답해 봅시다.

(1) 멸치 대왕이 궁금하게 생각한 것은 무엇인가요?

예시 답안 > 자신의 꿈입니다.

풀이 > 멸치 대왕은 아주 이상한 꿈을 꾸고 꿈풀이를 듣고 싶었습니다.

(2) 망둥 할멈과 넓적 가자미의 꿈풀이는 어떻게 다른가요?

예시 답안 > 망둥 할멈은 멸치 대왕이 용이 될 꿈이라고 했지만, 넓적 가자미는 큰 변을 당할 아주 나쁜 꿈이라고 했습니다.

풀이 > 넓적 가자미는 화가 나서 멸치 대왕의 꿈풀이를 나쁘게 하였습니다.

(3) 꼴뚜기의 눈이 엉덩이에 있는 까닭은 무엇인가요?

예시 답안 > 넓적 가자미가 멸치 대왕에게 뺨을 맞는 것을 보고 자기도 뺨을 맞을까 봐 겁이 나서 자기 눈을 떼어 엉덩이에 붙였기 때문입니다.

풀이 > 「멸치 대왕의 꿈」은 물고기의 생김새가 왜 그렇게 되었을까 상상하여 재미있게 쓴 이야기입니다.

3. 「멸치 대왕의 꿈」에 나오는 인물의 특성을 알아봅시다.

예시 답안 >

인물	모습	행동	성격
멸치 대왕	몸이 말랐고 길쭉하다.	넓적 가자미의 뺨을 때린다.	화를 참지 못하고 기분이 쉽게 변한다.
넓적 가자미	넓적하다. / 눈이 한쪽 뺨에 몰렸다.	삐쳐서 멸치 대왕의 꿈풀이를 나쁘게 한다.	속이 좁다.
망둥 할멈	등이 굽고 눈이 툭 튀어나왔다.	멸치 대왕의 꿈풀이를 좋게 한다.	윗사람에게 아부를 잘한다.

풀이 > 인물의 생김새를 눈에 보이듯이 표현한 부분이나 인물의 말이나 행동을 살펴보고 성격을 짐작해 봅니다.

4. 상황과 인물의 특성에 알맞은 말을 해 봅시다.

(1) 상황에 알맞은 인물의 말을 써 보세요.

예시 답안 >

멸치 대왕	• "오, 아주 훌륭한 꿈풀이로다. 하하하, 아주 마음에 든다."
넓적 가자미	• "멸치 대왕께서 꿈풀이를 부탁하셨습니다."
망둥 할멈	• "대왕님께서 저를 이렇게나 반갑게 맞아 주시니 고마울 따름입니다."

풀이 > 이야기의 장면을 상상하며 인물이 한 말을 생각해 봅니다.

🔍 **자습서 확인 문제**

1 다음은 망둥 할멈과 넓적 가자미 중에서 누가 멸치 대왕의 꿈풀이를 한 것인지 쓰세요.

> 멸치 대왕이 큰 변을 당할 아주 나쁜 꿈이다.

(   )

2 멸치 대왕의 특성으로 알맞지 <u>않은</u> 것의 기호를 쓰세요.

> ㉠ 넓적하다.
> ㉡ 넓적 가자미의 뺨을 때린다.
> ㉢ 화를 참지 못하고 기분이 쉽게 변한다.

(   )

3 다음과 같은 말을 할 인물에 ○표 하세요.

> "멸치 대왕께서 꿈풀이를 부탁하셨습니다."

(1) 멸치 대왕   (   )
(2) 넓적 가자미   (   )
(3) 망둥 할멈   (   )

9
단원

[1~5] 온통 비행기

내 스케치북에는 비행기가 날아.

필통에도
지우개에도
비행기가 날아.

조종석에는 언제나
내가 앉아 있어.

조수석에는 엄마도 앉고
동생도 앉고
송이도 앉아.
㉠ 오늘은 우리 집 개가 앉았어.

난 비행기가 좋아.
비행기를 구경하는 것도
비행기를 그리는 것도
비행기를 생각하는 것도.

커서 뭐가 되고 싶으냐고 묻지 마.
내 마음에는 비행기가 날아.

1 이 시에서 말하는 이가 상상하고 있는 것은 무엇인지 쓰시오.

• 비행기 [   ]에 앉아 있는 상상

2 ㉠에 대한 설명으로 알맞은 것의 번호를 쓰시오.

① 말하는 이의 가족들이 개를 데리고 비행기를 타고 여행을 떠났다.
② 말하는 이가 조수석에 개를 태우고 비행기를 조종하는 모습을 상상하였다.

(   )

3 이 시를 읽고 떠오르는 장면으로 알맞은 것은 무엇입니까? (   )
① 말하는 이가 자동차를 운전하는 장면
② 말하는 이가 강아지와 함께 노는 장면
③ 말하는 이가 문방구에서 필통을 사는 장면
④ 말하는 이의 머릿속에 비행기가 떠다니는 장면
⑤ 말하는 이가 구름 하나 없이 맑은 날에 친구들과 마당에서 노는 장면

4 이 시에서 말하는 이가 하고 싶은 일이 <u>아닌</u> 것의 기호를 쓰시오.

㉮ 비행기와 관련된 일
㉯ 가족들과 식사하는 것
㉰ 많은 생각을 하지 않고 비행기를 좋아하는 일

(   )

서술형·논술형 문제

5 다음 말하는 이처럼 자신의 머릿속에 어떤 생각으로 가득했던 경험을 떠올려 쓰시오.

_____

_____

[6~9] 지하 주차장

> 지하 주차장으로
> 차 가지러 내려간 아빠
> 한참 만에
> 차 몰고 나와 한다는 말이
>
> 내려가고 내려가고 또 내려갔는데 글쎄, 계속 지하로 계단이 있는 거야! 그러다 아이쿠, 발을 헛디뎠는데 아아아…… 이상한 나라의 앨리스처럼 깊은 동굴 속으로 끝없이 떨어지지 않겠니? 정신을 차려 보니까 호빗이 사는 마을이었어. 호박처럼 생긴 집들이 미로처럼 뒤엉켜 있는데 갑자기 흰머리 간달프가 나타나 말하더구나. 이 새 자동차가 네 자동차냐? 내가 말했지. 아닙니다. 제 자동차는 10년 다 된 고물 자동차입니다. 오호, 정직한 사람이구나. 이 새 자동차를…….
>
> 에이, 아빠!
> 차 어디에 세워 놨는지 몰라서 그랬죠?
> 차 찾느라
> 온 지하 주차장 헤매고 다닌 거
> 다 알아요.
> 피이!

6 이 시에서 일어난 일을 찾아 기호를 쓰시오.

> ㉮ 아빠의 낡은 자동차가 새 자동차로 바뀌었다.
> ㉯ 지하 주차장에서 아빠는 앨리스와 호빗을 만났다.
> ㉰ 지하 주차장으로 차를 가지러 가신 아빠께서 차를 찾지 못해 헤매고 다니셨다.

( )

7 이 시에서 아이가 기다리고 있는 사람은 누구입니까?
( )

① 친구　　② 아빠　　③ 엄마
④ 삼촌　　⑤ 할머니

8 이 시에 나오는 인물의 마음을 알맞게 이으시오.

(1) 아빠 •　　• ① 기다리다가 지친 마음

(2) 아이 •　　• ② 걱정되고 다급한 마음

9 시 속의 인물과 면담하여 느낌을 떠올려 볼 때, 다음 인물에게 할 물음을 알맞지 <u>않게</u> 말한 사람의 이름을 쓰시오.

묻고 싶은 인물	아빠

동수　지하 주차장에서 겪었다는 일이 정말입니까?

선우　기다리면서 어떤 생각을 했나요?

미진　어제 무슨 일이 있었기에 주차한 곳을 못 찾은 겁니까?

( )

10 시의 느낌을 생생하게 떠올리기 위한 방법으로 알맞지 <u>않은</u> 것은 무엇입니까? ( )

① 시에 나오는 인물이 되어 본다.
② 담임 선생님과 면담을 해 본다.
③ 시에 나오는 장면을 떠올려 본다.
④ 시에 나오는 인물과 자신의 경험을 비교해 본다.
⑤ 시에 나오는 인물에게 하고 싶은 물음을 만들어 본다.

[11~15] 김밥

(가)

☀ 동숙이는 엄마께 소풍 때 달걀이 들어간 김밥을 싸 달라고 투정을 부리지만 엄마께서는 집안 사정이 어렵다고 하시면서 동숙이를 나무라신다.

(나)

☀ 동숙이는 쑥을 팔아서 달걀을 사고 싶었지만 아무도 쑥을 사지 않았다. 그런데도 선생님께 도시락을 싸 가겠다고 하고 어머니께 김밥을 싸 달라고 말씀드린다.

(다)

☀ 동숙이는 아버지의 병원비로 달걀 한 줄을 사게 되어 기뻤다. 하지만 오는 길에 넘어져서 달걀이 깨지고 만다.

(라)

☀ 소풍날 선생님께서는 김밥을 못 먹고 있는 동숙이에게 자신은 배탈이 나서 못 먹겠다고 하며 김밥을 주신다.

11 동숙이가 먹고 싶은 음식은 무엇입니까? (   )

① 빵   ② 김밥   ③ 사탕
④ 과자   ⑤ 비빔국수

12 동숙이가 달걀을 사기 위해 한 행동으로 알맞은 것의 기호를 쓰시오.

> ㉮ 쑥을 팔려고 하였다.
> ㉯ 엄마의 일을 도우려고 하였다.
> ㉰ 친구에게 돈을 빌리려고 하였다.

(   )

13 다음 장면을 보고 자신의 생각을 알맞게 말한 사람의 이름을 쓰시오.

> 근수: 김밥을 준 친구가 고맙게 느껴질 것 같아.
> 세연: 김밥을 주지 않는 친구에게 서운했을 것 같아.

(   )

9 단원

14 선생님께서 배탈이 났다고 한 까닭으로 알맞은 것에 ○표 하시오.

(1) 선생님은 김밥을 싫어하기 때문이다. (   )
(2) 김밥을 못 먹는 동숙이가 안쓰러워서 자신의 김밥을 주기 위해서이다. (   )

🔖 서술형·논술형 문제

15 (가)에 나타난 동숙이의 행동에 대하여 자신의 생각을 쓰시오.

_____

_____

단원 평가

[16~20] 멸치 대왕의 꿈

멸치 대왕은 먹을 것을 잔뜩 준비하고, 꼴뚜기, 메기, 병어 정승 들을 불렀지. 그리고 망둥 할멈을 반갑게 맞아들였어.

하지만 넓적 가자미한테는 알은척도 하지 않고 먹을 것도 주지 않자 ㉠넓적 가자미는 잔뜩 화가 나서 토라져 버렸어. 멸치 대왕이 망둥 할멈에게 꿈 이야기를 해 주자 망둥 할멈은 벌떡 일어나 절을 하면서 "대왕마마, 용이 될 꿈입니다."라고 말했어. 그러면서 하늘을 오르락내리락 구름 속을 왔다가 갔다가 하는 것은 용이 되어서 하늘을 날아다니는 것이고, 흰 눈이 내리면서 추웠다가 더웠다가 하는 것은 용이 되어 날씨를 마음대로 다스리게 되는 것이라고 풀이해 주었어. 망둥 할멈의 꿈풀이에 멸치 대왕은 기분이 좋아 덩실덩실 춤을 추었지.

하지만 넓적 가자미는 멸치 대왕한테 용이 되는 꿈이 아니라 큰 변을 당하게 될, 아주 나쁜 꿈이라고 말했어. 그러면서 하늘을 오르락내리락한다는 것은 낚싯대에 걸린 것이고, 구름은 모락모락 숯불 연기이고, 또 흰 눈은 소금이고, 추웠다가 더웠다가 한다는 것은 잘 익으라고 뒤집었다 엎었다 하는 것이라고 멸치 대왕의 꿈을 풀이했어.

넓적 가자미의 꿈풀이를 듣던 멸치 대왕은 화가 나 얼굴이 점점 붉어졌지. 꿈풀이를 다 듣고 난 뒤 멸치 대왕은 너무나도 화가 나 넓적 가자미의 뺨을 때렸는데 어찌나 세게 때렸던지 넓적 가자미의 눈이 한쪽으로 찍 몰려가 붙어 버리고 말았던 거야. 그 모양을 보고 있던 꼴뚜기는 자기도 뺨을 맞을까 봐 겁이 나서 자기의 눈을 떼어서 엉덩이에 찰싹 붙여 버렸고, 망둥 할멈은 너무 놀라 눈이 툭 튀어나와 버렸지.

16 ㉠의 까닭은 무엇입니까? ( )
① 심부름을 계속 시켜서
② 높은 벼슬을 주지 않아서
③ 서쪽 바다로 이사 가라고 하여서
④ 추운 겨울에 밖에 나가라고 하여서
⑤ 알은척도 하지 않고 먹을 것도 주지 않아서

17 망둥 할멈의 꿈풀이 내용은 무엇입니까? ( )
① 멸치 대왕이 용이 될 꿈이다.
② 멸치 대왕이 전쟁을 일으킬 꿈이다.
③ 이웃 나라와 평화롭게 지낼 꿈이다.
④ 신하들이 멸치 대왕을 미워할 꿈이다.
⑤ 나라에 가뭄이 들어 백성들이 고생할 꿈이다.

18 망둥 할멈의 꿈풀이를 듣고 멸치 대왕이 할 말로 알맞은 것은 무엇입니까? ( )
① "정말 나한테 너무하는군."
② "고생한 나를 이런 식으로 대접해?"
③ "오, 아주 훌륭한 꿈풀이로다. 하하하!"
④ "뭐라고? 너 이놈! 감히 그런 말을 하다니!"
⑤ "이렇게나 반갑게 맞아 주시니 고맙습니다."

19 다음 행동을 통하여 알 수 있는 넓적 가자미의 성격으로 알맞은 것은 무엇입니까? ( )

> 넓적 가자미는 멸치 대왕에게 화가 나서 멸치 대왕의 꿈이 아주 나쁜 꿈이라고 풀이했다.

① 속이 좁다.　　② 다정다감하다.
③ 남을 배려한다.　　④ 참을성이 있다.
⑤ 충성심이 있다.

20 넓적 가자미와 망둥 할멈의 생김새를 알맞게 이으시오.

(1) 망둥 할멈　·　　·① 눈이 툭 튀어나왔다.

(2) 넓적 가자미　·　　·② 눈이 한쪽 뺨에 몰렸다.

문제 읽을 준비는
저절로 되지 않습니다.

문해력을 키우는 시간

하루 10분

똑똑한 하루 국어 시리즈

문제풀이의 핵심, 문해력을 키우는 승부수

예비초~초6 각 A·B
교재별14권

예비초 A·B, 초1~초6: 1A~4C
총 14권

뭘 좋아할지 몰라 다 준비했어♥
전과목 교재

전과목 시리즈 교재

●무등생 해법시리즈
- 국어/수학 · · · · · · · · · · · · · · · · · · 1~6학년, 학기용
- 사회/과학 · · · · · · · · · · · · · · · · · · 3~6학년, 학기용
- 봄·여름/가을·겨울 · · · · · · · · · 1~2학년, 학기용
- SET(전과목/국수, 국사과) · · · · 1~6학년, 학기용

●똑똑한 하루 시리즈
- 똑똑한 하루 독해 · · · · · · · · · · · · 예비초~6학년, 총 14권
- 똑똑한 하루 글쓰기 · · · · · · · · · · 예비초~6학년, 총 14권
- 똑똑한 하루 어휘 · · · · · · · · · · · · 예비초~6학년, 총 14권
- 똑똑한 하루 한자 · · · · · · · · · · · · 예비초~6학년, 총 14권
- 똑똑한 하루 수학 · · · · · · · · · · · · 1~6학년, 학기용
- 똑똑한 하루 계산 · · · · · · · · · · · · 예비초~6학년, 총 14권
- 똑똑한 하루 도형 · · · · · · · · · · · · 예비초~6학년, 총 8권
- 똑똑한 하루 사고력 · · · · · · · · · · 1~6학년, 학기용
- 똑똑한 하루 사회/과학 · · · · · · · 3~6학년, 학기용
- 똑똑한 하루 봄/여름/가을/겨울 · · 1~2학년, 총 8권
- 똑똑한 하루 안전 · · · · · · · · · · · · 1~2학년, 총 2권
- 똑똑한 하루 Voca · · · · · · · · · · · · 3~6학년, 학기용
- 똑똑한 하루 Reading · · · · · · · · · 초3~초6, 학기용
- 똑똑한 하루 Grammar · · · · · · · · 초3~초6, 학기용
- 똑똑한 하루 Phonics · · · · · · · · · 예비초~초등, 총 8권

●독해가 힘이다 시리즈
- 초등 문해력 독해가 힘이다 비문학편 · · · 3~6학년
- 초등 수학도 독해가 힘이다 · · · · · · · · · · · 1~6학년, 학기용
- 초등 문해력 독해가 힘이다 문장제수학편 · · 1~6학년, 총 12권

영어 교재

●초등영어 교과서 시리즈
- 파닉스(1~4단계) · · · · · · · · · · · · 3~6학년, 학년용
- 영단어(1~4단계) · · · · · · · · · · · · 3~6학년, 학년용
●LOOK BOOK 영단어 · · · · · · · 3~6학년, 단행본
●원서 읽는 LOOK BOOK 영단어 · · · 3~6학년, 단행본

국가수준 시험 대비 교재

●해법 기초학력 진단평가 문제집 · · · 2~6학년·중1 신입생, 총 6권

#홈스쿨링 ×

우등생

개념 동영상 강의

단원평가 온라인 성적 피드백

온라인 학습북

서술형·논술형 동영상 강의

×

국어 4·2

온라인 학습북
포인트 ❸가지

▶ 「개념 동영상 강의」로 교과서 핵심만 정리!

▶ 「서술형 문제 강의」로 사고력도 향상!

▶ 「온라인 성적 피드백」으로 단원별로 내가 부족한 부분 꼼꼼하게 체크!

우등생 온라인 학습북 활용법

home.chunjae.co.kr

온라인 강의
개념 / 서술형·논술형 평가
/ 단원평가

**온라인 학습
스케줄 관리**
맞춤형 홈스쿨링 스케줄표 제공

**온라인 채점과
성적 피드백**
정답을 입력하면 채점과 성적 분석까지

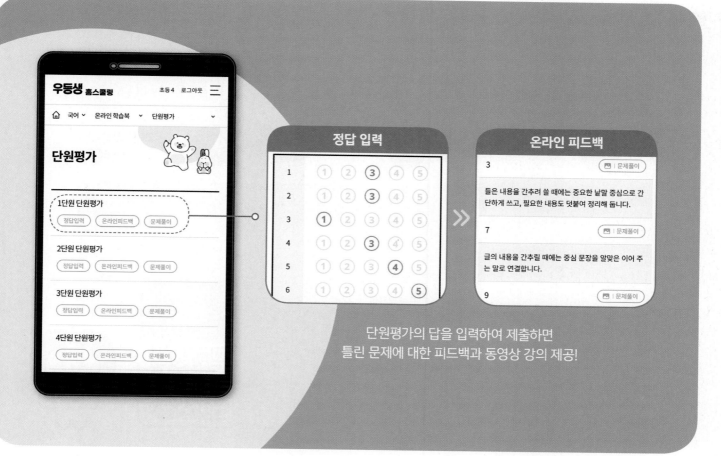

단원평가의 답을 입력하여 제출하면
틀린 문제에 대한 피드백과 동영상 강의 제공!

우등생 국어 4-2
홈스쿨링 스피드 스케줄표(9회)

스피드 스케줄표는 온라인 학습북을 9회로 나누어
빠르게 공부하는 학습 진도표입니다.

1. 이어질 장면을 생각해요	2. 마음을 전하는 글을 써요	3. 바르고 공손하게
1회 온라인 학습북 4~8쪽	**2회** 온라인 학습북 9~14쪽	**3회** 온라인 학습북 15~20쪽
월 일	월 일	월 일

4. 이야기 속 세상	5. 의견이 드러나게 글을 써요	6. 본받고 싶은 인물을 찾아봐요
4회 온라인 학습북 21~26쪽	**5회** 온라인 학습북 27~32쪽	**6회** 온라인 학습북 33~38쪽
월 일	월 일	월 일

7. 독서 감상문을 써요	8. 생각하며 읽어요	9. 감동을 나누며 읽어요
7회 온라인 학습북 39~44쪽	**8회** 온라인 학습북 45~50쪽	**9회** 온라인 학습북 51~56쪽
월 일	월 일	월 일

스피드
스케줄표
바로가기

차례

온라인 학습북

1
단원

개념 강의

영화나 만화 영화를
감상하는 방법

제목, 광고지, 예고편 보기

기억에 남는 대사, 인상 깊은 장면

느낀 점 쓰기

✱ 강의를 들으며 중요한 내용을 메모하세요

● 영화를 감상하는 방법은?

● 만화 영화를 감상하는 방법은?

● 만화 영화를 감상하고 이어질 내용을 쓰는 방법은?

개념 확인하기   정답에 ✔표를 하시오.   정답 23쪽

1 영화를 감상하기 전에 내용을 미리 상상할 때 살펴볼 것은 무엇입니까?

㉠ 예고편 ☐

㉡ 감독의 이름 ☐

2 영화를 감상할 때 주의 깊게 생각해야 할 것은 무엇입니까?

㉠ 기억에 남는 대사 ☐

㉡ 등장인물의 피부색 ☐

3 만화 영화를 감상할 때 살펴볼 것은 무엇입니까?

㉠ 등장인물이 한 일 ☐

㉡ 만화 영화의 상영 시간 ☐

4 만화 영화를 보고 이야기할 내용으로 알맞지 <u>않은</u> 것은 무엇입니까?

㉠ 인상 깊은 장면 ☐

㉡ 등장인물에게 본받고 싶은 행동 ☐

㉢ 만화 영화에 나온 흉내 내는 말 ☐

5 만화 영화를 감상하고 이어질 내용을 쓰는 방법으로 알맞은 것은 무엇입니까?

㉠ 인물의 성격은 생각하지 않는다. ☐

㉡ 앞의 내용과 잘 어울리도록 쓴다. ☐

㉢ 일이 일어난 차례를 생각하지 않는다. ☐

연습　🐱 도움말을 참고하여 내 생각을 차근차근 써 보세요.

1 등장인물의 마음을 생각하며 「우리들」의 앞부분 내용을 보고 물음에 답하시오. [8점]

> ❶ 피구를 하려고 편을 나누는데 계속 선의 이름이 불리지 않음.
> ❷ 여름 방학에 선과 지아는 비밀을 나누는 친한 사이가 됨. 지아는 부모님이 이혼하셔서 할머니 댁에서 살고 있음.

(1) 피구를 하려고 편을 가르는 장면에서 친구들 이름이 한 명씩 불릴 때 선의 마음은 어떠하였을지 쓰시오. [4점]

> 🐱 친구들이 마지막까지 선을 자기편으로 선택하지 않았어요.

친구들 이름이 차례대로 불릴 때	자기 이름이 언제 불릴까 기대된다.
마지막이 될 때까지 자기 이름이 불리지 않았을 때	

(2) ❷에서 선과 친한 사이가 된 지아의 마음은 어떠할지 쓰시오. [4점]

> 🐱 지아가 처한 상황을 생각해 보세요.
> **꼭 들어가야 할 말** 선 / 친구

(　　　　　　　　　　　　　　　　　　　　)

2 「오늘이」의 각 내용을 보고 일이 일어난 차례를 생각하며 물음에 답하시오. [8점]

> ❶ 오늘이, 야아, 여의주가 원천강에서 행복하게 산다.
> ❷ 수상한 뱃사람들이 야아 몰래 오늘이를 데려가다가 화살로 야아를 쏜 뒤에 원천강이 얼어붙는다.
> ❸ 오늘이는 원천강으로 돌아가는 길에 행복을 찾겠다며 책만 읽는 매일이를 만난다.
> ❹ 꽃봉오리를 많이 가졌지만 꽃이 한 송이밖에 피지 않는 연꽃나무를 만난다.
> ❺ 오늘이는 사막에서 비와 구름을 벗어나고 싶어 하는 구름이를 만난다.
> ❻ 여의주를 많이 가지고도 용이 되지 못한 이무기를 만난다.

(1) 오늘이가 원천강으로 돌아가기 위해 만난 인물을 차례대로 쓰시오. [4점]

(　　　　　　　) → (　　　　　　　) → (　　　　　　　) → (　　　　　　　)

(2) 매일이가 많은 책을 읽은 까닭은 무엇인지 쓰시오.
[4점]

_____

_____

[1~2] 다음 대화를 보고 물음에 답하시오.

1 두 사람의 대화 내용으로 보아 ㉠ 에 알맞은 만화 영화의 제목은 무엇이겠습니까? (   )

① 「머털 도사」
② 「장금이의 꿈」
③ 「안녕 자두야」
④ 「니모를 찾아서」
⑤ 「검정 고무신」

2 아버지는 만화 영화에 나오는 아빠 물고기를 어떻게 생각합니까? (   )

① 자식을 무척 사랑한다.
② 자식에게 궁금한 것이 많다.
③ 사랑하기도 하지만 걱정이 많다.
④ 자식과 이야기하는 것을 좋아한다.
⑤ 엄마가 없는 자식을 불쌍하게 여긴다.

3 영화를 감상하기 위해 미리 살펴볼 것을 보기에서 찾아 알맞게 짝 지은 것은 무엇입니까? (   )

보기
㉠ 제목   ㉡ 예고편   ㉢ 광고지
㉣ 영화 음악   ㉤ 만든 비용   ㉥ 같이 볼 사람

① ㉣, ㉤
② ㉤, ㉥
③ ㉣, ㉥
④ ㉠, ㉥
⑤ ㉠, ㉡, ㉢

[4~6] 다음 영화 「우리들」의 줄거리를 읽고 물음에 답하시오.

　체육 시간에 피구를 하려고 편을 가르는데 선은 맨 마지막까지 선택을 받지 못한다. 언제나 혼자인 외톨이 선은 여름 방학을 시작하는 날, 전학생인 지아를 만나 친구가 된다. 지아와 선은 봉숭아 꽃물을 들이며 여름 방학을 함께 보내고 순식간에 세상 누구보다 친한 사이가 된다. 개학을 하고 학교에서 만난 지아는 선을 따돌리는 보라 편에 서서 선을 외면한다. 선은 지아와 예전처럼 친해지려고 노력했지만 결국 크게 싸우고 만다. 선은 지아가 금을 밟지 않았다고 용기를 내어 친구들에게 말한다.

4 언제나 외톨이였던 선이 지아와 친구가 되었을 때, 선의 마음으로 알맞은 것은 무엇입니까? (   )

① 즐겁다.   ② 무섭다.   ③ 슬프다.
④ 화가 난다. ⑤ 깜짝 놀랐다.

5 친했던 지아가 선을 외면했을 때, 선의 마음으로 알맞은 것은 무엇입니까? (   )

① 기쁘다.   ② 설렌다.   ③ 흐뭇하다.
④ 화가 난다. ⑤ 자랑스럽다.

6 피구를 할 때, 선은 지아가 금을 밟지 않았다고 용기를 내어 말했습니다. 그 말을 들은 지아의 마음은 어떠하겠습니까? (   )

① 무섭다.   ② 뿌듯하다.
③ 속상하다.   ④ 선에게 고맙다.
⑤ 선에게 샘이 난다.

[7~8] 다음 영화 「우리들」의 내용을 보고 물음에 답하시오.

❶ 지아가 시험에서 일 등을 하자, 그전까지 반에서 늘 일 등을 하던 보라가 운다.

❷ 선이 동생 윤에게 친구 연호와 싸우면서도 계속 노는 이유를 묻자 윤은 계속 싸우는 것보다도 같이 놀고 싶다고 대답하였다.

7 내용 **①**에서 보라가 학원에서 울고 있었던 까닭은 무엇이겠습니까? (   )

① 지아가 보라를 놀려서이다.

② 지아가 학원을 더 많이 다녀서이다.

③ 선생님께서 지아를 많이 칭찬하셔서이다.

④ 지아 부모님이 이혼했다고 소문을 내서이다.

⑤ 보라 부모님은 보라가 일 등을 해야 한다고 기대하고 있는데 지아가 일 등을 해서 속상해서이다.

8 영화 「우리들」의 주제와 관련지었을 때, 내용 **②**에서 윤이 연호와 계속 같이 놀고 싶다고 말한 까닭은 무엇이겠습니까? (   )

① 연호가 형처럼 느껴지기 때문이다.

② 연호가 장난감을 망가뜨린다고 했기 때문이다.

③ 놀지 않으면 연호가 또 때린다고 했기 때문이다.

④ 연호는 친구들 중에서 힘이 가장 세기 때문이다.

⑤ 잘잘못을 따지며 다투는 것보다는 함께 놀 친구가 필요하기 때문이다.

9 영화 「우리들」을 보고 가장 기억에 남는 대사나 인상 깊은 장면에 대해 알맞게 말하지 <u>못한</u> 것은 무엇입니까? (   )

① 광고지에 있는 봉숭아꽃은 선과 지아 사이의 우정을 뜻해.

② 지아가 다시 따돌림을 받지 않으려고 보라 편에서는 장면이 인상 깊었어.

③ 피구를 하려고 편을 나눌 때 선의 표정이 점점 변해 가는 것이 인상 깊었어.

④ 윤이 김치볶음밥 만드는 방법을 설명하면서 "섞어."라고 말하는 것이 친구들은 어울려 지내라는 뜻이 담긴 대사 같았어.

⑤ 선이 자주 말하던 "아니, 그게 아니고……."가 기억에 남아. 반에서 따돌림을 받아서 자신감이 없는 선의 태도가 엿보이기 때문이야.

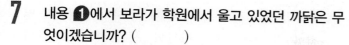

[10~13] 다음 만화 영화 「오늘이」의 줄거리를 읽고 물음에 답하시오.

오늘이는 야아, 여의주와 함께 원천강에서 행복하게 살았습니다. 그러던 어느 날 수상한 뱃사람들이 야아 몰래 오늘이를 데려가다가 야아를 화살로 쏘게 되는데, 그 뒤에 원천강은 얼어붙게 됩니다. 원천강으로 돌아가던 오늘이는 행복을 찾겠다며 책만 읽는 매일이를 만나게 됩니다. 그리고 ㉠<u>많은 꽃봉오리를 가졌지만 꽃이 한 송이밖에 피지 않는 연꽃나무를 만나게 됩니다.</u> 또, 사막에서 비와 구름을 벗어나고 싶은 구름이도 만나고, 많은 여의주를 가지고도 용이 되지 못한 이무기도 만나게 됩니다. 이무기는 갈라진 얼음 사이로 떨어지는 오늘이를 구해 마침내 용이 되고, 용이 불을 뿜자 원천강이 빛을 되찾게 됩니다. 구름이는 연꽃을 꺾어서 매일이에게 주고 행복한 만남을 가지게 되고, 야아와 다시 만난 오늘이는 행복하게 살게 됩니다.

10 등장인물로 알맞지 <u>않은</u> 것은 누구입니까? (   )

① 야아   ② 자두   ③ 오늘이

④ 매일이   ⑤ 연꽃나무

11 다음과 같은 매일이의 말이나 행동에서 알 수 있는 성격은 어떠합니까? (   )

> 오늘이에게 원천강으로 가는 길을 알려 준다.

① 심술궂다.   ② 성실하다.   ③ 친절하다.

④ 욕심이 많다.   ⑤ 용기가 있다.

12 ㉠에서 연꽃나무의 마음은 어떠하겠습니까? (   )

① 슬프다.   ② 놀랍다.   ③ 쑥스럽다.

④ 안심된다.   ⑤ 만족스럽다.

13 매일이는 무엇에 대해서 알고 싶어서 매일 책을 읽었습니까? (   )

① 용   ② 행복   ③ 연꽃

④ 이무기   ⑤ 원천강

단원 평가

[14~15] 다음 만화 영화 「오늘이」에서 등장인물의 고민이 해결된 내용을 보고 물음에 답하시오.

진도 완료 체크

등장 인물	오늘이	연꽃나무	이무기
고민 해결	매일이, 연꽃나무, 구름이, 이무기를 만나 원천강으로 가게 된다.	연꽃이 꺾어지자마자 송이송이 다른 꽃들이 피기 시작했다.	위험에 빠진 오늘이를 구하려고 품고 있던 ㉠ 를 모두 버려 마침내 용이 되었다.

14 오늘이의 고민은 무엇이었겠습니까? (   )

① 행복이 무엇인지 알고 싶다.
② 매일 비가 내리는 까닭을 알고 싶다.
③ 원천강으로 가야 하는데 가는 길을 모른다.
④ 여의주를 많이 가졌는데도 용이 되지 못한 까닭을 모른다.
⑤ 꽃봉오리를 많이 가지고 있는데 이상하게도 하나만 꽃이 핀 까닭을 알고 싶다.

15 ㉠ 에 알맞은 것은 무엇이겠습니까? (   )

① 책   ② 연꽃   ③ 깃털
④ 비늘   ⑤ 여의주

16 「오늘이」의 이어질 이야기를 상상할 때 중심인물에 대해 생각할 점이 아닌 것은 무엇입니까? (   )

① 성격   ② 생김새   ③ 생긴 일
④ 말이나 행동 ⑤ 생긴 일을 해결한 방법

[17~18] 다음 내용을 보고 물음에 답하시오.

남자아이: 오늘이에게 웃음을 찾아 주고자 용이 된 ㉠ 이무기가 오늘이를 등에 태우고 여행을 떠난다는 내용이 마음에 들어.

여자아이: 원천강에 갑자기 햇빛이 사라져 버리자 몇 날 며칠 어둠이 내려앉았어. 식물들은 말라 죽어 가고……. 야아가 용을 데리고 와서 빛을 잃어버린 해에게 불을 뿜자 햇빛이 원천강을 감쌌지. ㉡ 을 역할극으로 했으면 좋겠어.

17 ㉠에서 이무기가 할 대사는 무엇이겠습니까? (   )

① 야아야, 힘껏 날아 봐.
② 오늘아, 꼭 잡아. 여행 시작이야.
③ 오늘아, 잘 지내. 나는 이제 떠나야 해.
④ 오늘아, 여의주를 줄 테니 제발 웃어 봐.
⑤ 오늘아, 매일이에게 보낼 편지 좀 써 줄래.

18 ㉡ 에 들어갈 내용으로 알맞은 것은 무엇입니까? (   )

① 용이 해를 먹는 것
② 용이 야아와 싸우는 것
③ 식물이 모두 연꽃나무로 변하는 것
④ 원천강에서 모든 생명이 사라지는 것
⑤ 다시 식물들이 살아나서 잔치를 벌이는 것

19 역할극을 만들 때 생각할 점으로 알맞지 않은 것은 무엇입니까? (   )

① 연기에 필요한 소품은 모두 산다.
② 직접 연기해 보며 대사를 만든다.
③ 여러 번 연습하여 실감 나게 연기한다.
④ 대사를 또박또박 발음할 수 있도록 연습한다.
⑤ 역할을 이해하기 위해 인물의 마음을 생각해 본다.

20 역할극을 발표하고 감상할 때의 태도로 알맞은 것은 무엇입니까? (   )

① 잘 못한 모둠에는 박수를 치지 않는다.
② 다른 모둠이 발표할 때에는 조용히 본다.
③ 모둠 친구들만 잘 들릴 정도로 대사를 한다.
④ 발표하기가 부끄러울 때에는 몸짓을 생략한다.
⑤ 실제 영화의 인물보다 연기를 잘 하는지 평가한다.

· 답안 입력하기   · 평가 분석표 받기

개념 강의

마음을 전하는 글을 쓰는 방법

1. 계획하기
누구에게, 어떤 마음을 전할까?

2. 내용 떠올리기
내용을, 어떤 표현으로 쓸까?

3. 내용 조직하기
어떤 차례와 짜임으로 쓸까?

4. 표현하기
읽는 사람의 마음을 고려한, 알맞은 표현은 무엇일까?

✼ 강의를 들으며 중요한 내용을 메모하세요!

● 글쓴이의 마음을 파악하는 방법은?

● 마음을 나타내는 글의 특징은?

● 마음을 전하는 글을 쓰는 방법은?

2
단원

개념 확인하기 정답에 ✔표를 하시오.

정답 25쪽

1 글쓴이의 마음을 파악할 때 살펴보아야 할 것은 무엇입니까?

ㄱ 글을 쓴 장소 ☐

ㄴ 마음을 표현하는 낱말 ☐

2 마음을 나타내는 글에 들어가야 할 내용으로 알맞은 것은 무엇입니까?

ㄱ 마음을 나타내는 표현 ☐

ㄴ 의견과 그에 대한 까닭 ☐

3 마음을 전하는 글을 쓰는 방법으로 알맞은 것은 무엇입니까?

ㄱ 최대한 길게 쓴다. ☐

ㄴ 읽는 사람의 마음을 고려해 쓴다. ☐

4 다음 빈칸에 들어갈 말로 알맞은 것은 무엇입니까?

> 너와 다툴 때 나쁜 말을 해서 ( ).

ㄱ 고마워 ☐

ㄴ 미안해 ☐

ㄷ 사랑해 ☐

5 축하하는 마음을 전하고 싶은 상황으로 알맞은 것은 무엇입니까?

ㄱ 동생의 과자를 몰래 먹었을 때 ☐

ㄴ 친구가 글짓기 대회에서 상을 받았을 때 ☐

ㄷ 현장 체험학습을 가서 신기한 것을 보았을 때 ☐

연습 🦉 도움말을 참고하여 내 생각을 차근차근 써 보세요.

1 다음 태웅이가 쓴 편지를 읽고 마음을 드러내는 표현을 찾으며 물음에 답하시오. [8점]

> 운동회 날이 되면 나는 기쁘면서도 두려웠어. 달리기 경기를 하는 게 늘 걱정이 되었거든. ㉠달리기를 할 때면 나는 어디론가 숨고 싶었어. 잔뜩 긴장해서 달리다가 오늘도 그만 넘어지고 말았지. 그런데 그때 너희가 달리다가 돌아와서 나를 일으켜 주었지. 내 손을 꼭 잡은 너희의 따뜻한 마음이 느껴져서 눈물이 날 것 같았어. ㉡힘껏 달리고 싶었을 텐데 나 때문에 참았을 것 같아서 미안한 마음이 들어.
>
> 고마워, 친구들아!
>
> ㉢같이 달려 주고 응원해 준 너희의 따뜻한 마음 잊지 않을게.
>
> 20○○년 9월 12일
> 태웅이가

(1) ㉡, ㉢에 드러난 태웅이의 마음을 쓰시오. [각 2점]

🦉 마음을 나타내는 말을 찾아보세요.

㉠	부끄러운 마음
㉡	①
㉢	②

(2) 친구들은 어떤 마음에서 태웅이의 손을 잡아 주었을지 쓰시오. [4점]

🦉 달리다가 돌아와서 넘어진 태웅이를 일으켜 준 친구들의 마음을 생각해 보세요.

( )

2 글쓴이의 마음을 생각하며 지우가 쓴 글을 읽고 물음에 답하시오. [8점]

> 지난 체험학습에서 도자기를 만들 때였습니다. 저는 진흙 반죽을 물레 위에 놓고 그릇 모양을 만들려고 했습니다. 그런데 생각처럼 잘되지 않았습니다. 만들고 나니 상상했던 모양과 너무 달라서 당황스러웠습니다.
>
> 제가 속상해서 어찌할 바를 모를 때 선생님께서 오셨습니다. 그리고 어떻게 모양을 내는지 시범을 보여 주셨습니다. 저는 선생님을 따라서 다시 해 보았습니다. 그랬더니 신기하게도 그릇 모양이 잘 만들어졌습니다.
>
> 그날 만든 그릇은 지금도 제 책상 위에 놓여 있습니다. 이 그릇을 보면 친절하게 가르쳐 주시던 선생님 모습이 생각납니다.
>
> 선생님, 제 마음에 드는 그릇을 만들도록 도와주셔서 고맙습니다. 안녕히 계세요.
>
> 20○○년 9월 24일
> 제자 전지우 올림

(1) 지우와 선생님 사이에 있었던 일은 무엇인지 쓰시오. [4점]

> 지우가 도자기를 만들 때 생각처럼 잘되지 않고, 만든 도자기가 상상했던 모양과 너무 달랐다.

↓

> 선생님께서 _____

(2) 지우가 전하려는 마음은 무엇인지 다음에 알맞은 내용을 쓰시오. [각 2점]

전하려는 마음	①
마음을 전하려고 사용한 표현	②

2. 마음을 전하는 글을 써요

1 마음을 나타내는 표현이 알맞지 <u>않은</u> 것은 무엇입니까? ( )

① 엄마, 저도 사랑해요.
② 준비물을 빌려주어서 고마워.
③ 동생이 내 장난감을 망가뜨렸어.
④ 네가 싫어하는 별명을 불러서 미안해.
⑤ 줄넘기를 열심히 하더니 원하는 결과를 얻었구나. 축하해.

[2~5] 다음 글을 읽고 물음에 답하시오.

우리 반 친구들에게
친구들아, 안녕?
　나 태웅이야. 오늘 운동회에서 있었던 일을 생각하면 아직도 가슴이 두근거려. 그때 그 고마운 마음을 직접 말로 전하고 싶었지만 쑥스러워서 이렇게 편지를 쓰게 되었어.
　운동회 날이 되면 나는 기쁘면서도 두려웠어. 달리기 경기를 하는 게 늘 걱정이 되었거든. ㉠달리기를 할 때면 나는 어디론가 숨고 싶었어. 잔뜩 긴장해서 달리다가 오늘도 그만 넘어지고 말았지. 그런데 그때 너희가 달리다가 돌아와서 나를 일으켜 주었지. 내 손을 꼭 잡은 너희의 따뜻한 마음이 느껴져서 눈물이 날 것 같았어. 힘껏 달리고 싶었을 텐데 나 때문에 참았을 것 같아서 미안한 마음이 들어.
　고마워, 친구들아!
　같이 달려 주고 응원해 준 너희의 따뜻한 마음 잊지 않을게.

20○○년 9월 12일
태웅이가

2 이 글의 특성으로 알맞지 <u>않은</u> 것은 무엇입니까? ( )

① 보내는 사람과 받는 사람이 있다.
② 어떤 일이 일어났는지 알 수 있다.
③ 일어난 일에 대한 생각이나 느낌을 알 수 있다.
④ 어떤 일에 대하여 자세히 설명하기 위하여 쓴다.
⑤ '첫인사-전하는 말-끝인사-쓴 날짜-쓴 사람'의 순서대로 쓴다.

3 글쓴이는 어떤 마음을 전하기 위해 편지를 썼다고 하였습니까? ( )

① 슬픈 마음
② 고마운 마음
③ 화나는 마음
④ 그리운 마음
⑤ 즐거운 마음

4 ㉠에서 알 수 있는 마음으로 알맞은 것은 무엇입니까? ( )

① 미안한 마음　　② 고마운 마음
③ 즐거운 마음　　④ 화가 난 마음
⑤ 부끄러운 마음

5 태웅이의 편지를 받은 친구가 태웅이에게 마음을 전하는 말로 알맞지 <u>않은</u> 것은 무엇입니까? ( )

① 네가 좋은 기억을 얻게 되어서 나도 기뻐.
② 너의 손을 잡고 일으켜 주었을 때 나도 행복했어.
③ 우리의 마음을 따뜻한 마음이라고 해 주어서 고마워.
④ 힘든 일이 있을 때마다 숨고 싶다는 약한 마음을 버려.
⑤ 혼자만 빠르게 달리는 것보다 너를 일으켜 준 것이 더 좋았어.

[6~8] 다음 글을 읽고 물음에 답하시오.

지난 체험학습에서 도자기를 만들 때였습니다. 저는 진흙 반죽을 물레 위에 놓고 그릇 모양을 만들려고 했습니다. 그런데 생각처럼 잘되지 않았습니다. 만들고 나니 상상했던 모양과 너무 달라서 당황스러웠습니다.

제가 속상해서 어찌할 바를 모를 때 선생님께서 오셨습니다. 그리고 어떻게 모양을 내는지 시범을 보여 주셨습니다. 저는 선생님을 따라서 다시 해 보았습니다. 그랬더니 신기하게도 그릇 모양이 잘 만들어졌습니다.

그날 만든 그릇은 지금도 제 책상 위에 놓여 있습니다. 이 그릇을 보면 친절하게 가르쳐 주시던 선생님 모습이 생각납니다.

20○○년 9월 24일
제자 전지우 올림

6 지난 체험학습 때 지우가 당황했던 까닭은 무엇입니까? ( )

① 도자기를 만들다가 손을 다쳐서
② 선생님의 시범을 잘 이해하지 못하여서
③ 지우가 만든 도자기를 친구가 깨뜨려서
④ 도자기를 만들 때 생각처럼 잘되지 않아서
⑤ 도자기를 잘 만들지 못한다고 친구가 놀려서

7 지우를 생각하는 선생님의 마음이 느껴지는 모습은 무엇입니까? ( )

① 지우에게 편지를 썼다.
② 그릇을 만드는 책을 보여 주셨다.
③ 지우의 그릇을 대신 만들어 주셨다.
④ 당황하는 지우에게 위로의 말씀을 해 주셨다.
⑤ 곤란해하는 지우의 모습을 보고 직접 찾아와 시범을 보여 주셨다.

8 지우는 어떤 일 때문에 선생님을 떠올렸습니까? ( )

① 선생님의 편지를 받고
② 친구에게 그릇을 선물 받고
③ 책상 위에 놓인 그릇을 보고
④ 도자기 박물관으로 체험학습을 가서
⑤ 텔레비전에서 도자기를 만드는 모습을 보고

[9~13] 다음 글을 읽고 물음에 답하시오.

네가 넘어져 팔을 다쳤다는 소식이 들어 있어 매우 걱정되는구나. 팔이 낫거들랑 내게 바로 알려라. 한 학년 올라가게 된 것을 ⊙ . 아버지는 무척 기쁘구나. 나는 이곳에 편안히 잘 있다. 미국 국회 의원들이 동양에 온다고 해 홍콩으로 왔다만 그들이 이곳에 들르지 않아 만나지는 못했단다. 나는 곧 상하이로 돌아갈 거란다.

내 아들 필립아. ⓒ키가 크고 몸이 커지는 만큼 스스로 좋은 사람이 되려고 힘써야 한단다.

좋은 사람이 되려면 진실하고 깨끗해야 해.

9 이 글에 대한 설명으로 알맞은 것은 무엇입니까? ( )

① 아들이 아버지께 쓴 글이다.
② 아버지는 지금 상하이에 있다.
③ 아버지는 다친 아들을 걱정하고 있다.
④ 책을 읽지 않는 아들을 꾸짖는 내용이다.
⑤ 아버지는 좋은 사람이 되기 위해 노력하고 있다.

10 글쓴이가 편지를 쓴 까닭은 무엇입니까? ( )

① 당부할 말을 전하려고
② 미안한 마음을 전하려고
③ 고마운 마음을 전하려고
④ 교육의 중요성을 알리려고
⑤ 우리나라 독립의 필요성을 알리려고

11 ⬜️㉠⬜️에 들어갈 마음을 나타내는 표현으로 알맞은 것은 무엇입니까? (   )

① 설렌다
② 걱정한다
③ 축하한다
④ 미안해한다
⑤ 그리워한다

12 ㉡에서 마음을 나타내는 표현으로 알맞은 것은 무엇입니까? (   )

① 키가 크고
② 몸이 커지는
③ 만큼
④ 스스로
⑤ 좋은 사람이 되려고 힘써야 한단다

13 좋은 사람이 되려면 어떻게 해야 한다고 하였습니까?
(   )

① 항상 공부해야 한다.
② 친구를 잘 도와야 한다.
③ 운동을 많이 해야 한다.
④ 진실하고 깨끗해야 한다.
⑤ 정직하고 성실해야 한다.

[14~15] 다음 글을 읽고 물음에 답하시오.

더욱 부지런해져라. 어려운 일도 열심히 견디거라. 책은 부지런히 보고 있니? 아무 책이나 읽지 말고, 좋은 책을 골라 꾸준히 읽어라. 좋은 책을 가려 보는 것이 좋은 사람이 되는 두 번째 조건이란다. 좋은 친구를 사귀고 좋은 책을 읽는 일을 멈추지 말아라. 책은 두 종류를 택하렴. 첫째는 좋은 사람들의 이야기가 담겨 있어 본받을 수 있는 책이고, 둘째는 너의 공부에 필요한 지식을 얻기 위한 책이다. 또 우리글과 책을 잘 익혀라.

14 아버지가 아들에게 당부한 내용으로 알맞지 <u>않은</u> 것은 무엇입니까? (   )

① 더욱 부지런해져야 한다.
② 우리글과 책을 잘 익혀야 한다.
③ 어려운 일을 열심히 견디어야 한다.
④ 좋은 책을 골라 꾸준히 읽어야 한다.
⑤ 항상 감사하는 마음으로 생활해야 한다.

15 아버지가 아들에게 읽으라고 한 좋은 책은 무엇입니까? (   )

① 독서 습관을 가르쳐 주는 책
② 상상의 날개를 펼 수 있는 책
③ 과학적인 지식이 많이 있는 책
④ 우리나라 고유의 말이 많이 있는 책
⑤ 좋은 사람들의 이야기가 담겨 있어 본받을 수 있는 책

16 그림과 같은 마음을 전해야 하는 상황으로 알맞은 것은 무엇입니까? (   )

① 친구를 놀렸을 때
② 언니의 생일이 되었을 때
③ 가장 친한 친구가 전학을 갈 때
④ 어머니께서 새 신발을 사 주셨을 때
⑤ 보건 선생님께서 상처를 치료해 주셨을 때

단원 평가

[17~18] 다음 글을 읽고 물음에 답하시오.

> 재환이는 새로운 동네로 이사를 왔습니다. 재환이는 이웃들에게 인사를 하기로 했습니다. 그래서 재환이가 사는 아파트 승강기 안에 편지를 붙였답니다.
>
> > 안녕하세요? 저는 12층에 이사 온 열한 살 이재환입니다.
> > 새로 만난 이웃들에게 인사를 드리고 싶어 편지를 씁니다. 저희 가족은 엄마, 아빠, 귀여운 동생 그리고 저, 이렇게 넷입니다. 저희는 아직 이사 온 지 얼마 되지 않아 다니는 길도, 사람들도 낯설기만 합니다. 그래도 저는 나무도 많고 놀이터가 있는 이곳이 마음에 듭니다. ㉠
> >
> > 이재환 올림

17 재환이가 쓴 편지에 대한 설명으로 알맞은 것은 무엇입니까? (   )

① 친구에게 쓴 편지이다.
② 재환이는 이사를 온 지 오래되었다.
③ 재환이의 친구에 대하여 소개하였다.
④ 이웃들에게 인사하기 위해 쓴 편지이다.
⑤ 재환이가 이사한 동네에는 놀이터가 없다.

18 ㉠에 들어갈 마음을 나타내는 표현으로 알맞은 것은 무엇입니까? (   )

① 층간 소음에 조심해 주세요.
② 쓰레기 분리 배출을 잘 해 주세요.
③ 밤늦게 복도에서 떠들지 말아 주세요.
④ 아파트에서 반려동물을 키우지 말아 주세요.
⑤ 앞으로 여러분과 좋은 이웃이 되고 싶습니다.

[19~20] 다음 글을 읽고 물음에 답하시오.

> 하루, 이틀이 지날수록 재환이의 편지에는 신기한 일이 생겼어요.
>
> > 이사 온 것을 축하합니다. 앞으로도 자주 소통하는 이웃이 됩시다.
> >
> > 환영해요.
> >
> > 안녕하세요? 저도 12층에 살아요! 좋은 친구가 되었으면 좋겠네요.
> >
> > 반가워!
> >
> > 친하게 지내요. 전 7층에 살아요. 집 앞 공원에서 같이 운동해요.
> >
> > 반가워요.
> >
> > 좋은 이웃!
> >
> > ㉠
>
> 승강기를 탄 이웃 사람들이 편지를 보고 마음을 담은 쪽지를 붙인 것이었어요. 재환이도, 쪽지를 써서 붙인 이웃도 모두 훈훈한 마음이 한가득했습니다.

19 재환이가 쓴 편지를 본 이웃 사람들은 어떻게 하였습니까? (   )

① 재환이네 집에 찾아왔다.
② 재환이에게 편지를 보냈다.
③ 재환이를 집에 초대하였다.
④ 마음을 담은 쪽지를 붙였다.
⑤ 재환이를 환영하는 내용의 아파트 방송을 하였다.

20 ㉠에 들어갈 쪽지의 내용으로 알맞지 않은 것은 무엇입니까? (   )

① 참 예쁜 마음씨네요.
② 좋은 이웃으로 지내요.
③ 만나면 인사하고 지내요.
④ 이렇게 먼저 인사해 주어서 고마워요.
⑤ 놀이터에서 너무 늦게까지 놀지 마세요.

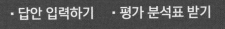
· 답안 입력하기   · 평가 분석표 받기

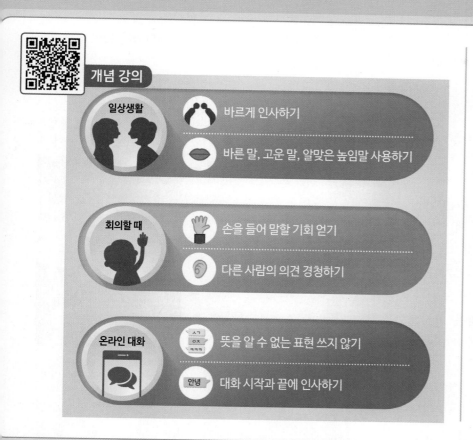

개념 강의

일상생활		
		바르게 인사하기
		바른 말, 고운 말, 알맞은 높임말 사용하기

회의할 때		
		손을 들어 말할 기회 얻기
		다른 사람의 의견 경청하기

온라인 대화		
		뜻을 알 수 없는 표현 쓰지 않기
		대화 시작과 끝에 인사하기

✳ 강의를 들으며 중요한 내용을 메모하세요!

● 예절에 주의하며 회의를 하는 방법은?

● 예절을 지키며 회의하면 좋은 점은?

● 온라인 대화를 할 때 지켜야 할 예절은?

3 단원

개념 확인하기   정답에 ✔표를 하시오.

정답 27쪽

1 예절을 지키며 회의할 때 지켜야 할 일로 알맞은 것은 무엇입니까?

⊙ 의견이 생각나면 바로 일어나서 말한다. ☐

ⓒ 다른 사람이 발표할 때 끼어들지 않는다. ☐

2 회의할 때 사용하여야 하는 말은 무엇입니까?

⊙ 높임말 ☐   ⓒ 예사말 ☐

3 예절을 지키면서 회의를 하면 좋은 점으로 알맞지 <u>않은</u> 것은 무엇입니까?

⊙ 회의가 원활하게 진행된다. ☐

ⓒ 회의에 편안하게 참여할 수 있다. ☐

ⓒ 회의에서 제안되는 의견이 적어진다. ☐

4 온라인 대화 상황에서 자신을 나타내는 또 다른 나의 이름은 무엇입니까?

⊙ 그림말 ☐

ⓒ 대화명 ☐

5 온라인 대화를 할 때 지켜야 할 예절로 알맞은 것은 무엇입니까?

⊙ 대화하기 전과 대화를 끝낼 때에는 인사를 한다. ☐

ⓒ 줄임 말이나 유행하는 말을 많이 사용한다. ☐

ⓒ 얼굴이 보이지 않으므로 하고 싶은 말을 마음대로 한다. ☐

3단원

연습 🐱 도움말을 참고하여 내 생각을 차근차근 써 보세요.

1 박 노인의 기분을 생각하며 다음 글을 읽고 물음에 답하시오. [8점]

> 윗마을 양반: 바우야, 쇠고기 한 근만 줘라.
>
> 박 노인: 알겠습니다.
>
> 해설: 이번에는 아랫마을 양반이 고기를 주문했다.
>
> 아랫마을 양반: 박 서방, 쇠고기 한 근만 주게.
>
> 박 노인: 아이고, 네, 조금만 기다리시지요.
>
> 해설: 박 노인은 젊은 양반들에게 각각 고기를 주는데 둘의 크기가 한눈에 봐도 다르게 보였다. 윗마을 양반이 가만히 보니 자기가 받은 고기보다 아랫마을 양반이 받은 고기가 더 좋아 보이고 양도 훨씬 많아 보였다.

(1) 두 양반의 말을 들은 박 노인의 기분은 어떠하였을지 쓰시오. [4점]

🐱 윗마을 양반은 '바우'라고 불렀고, 아랫마을 양반은 '박 서방'이라고 불렀어요.

① 윗마을 양반	
② 아랫마을 양반	

(2) 이 글을 읽고 알 수 있는 점을 쓰시오. [4점]

🐱 두 양반은 박 노인에게 똑같은 내용을 말하였지만 박 노인이 고기를 다르게 준 까닭은 무엇일지 생각해 보세요.

• 똑같은 이야기라도 _____

_____

2 대화 예절을 생각하며 다음 역할극을 보고 물음에 답하시오. [10점]

(1) 각 상황에서 다음 역할을 한 친구가 잘못한 점은 무엇인지 쓰시오. [각 2점]

❶의 사슴	대화 도중에 끼어들었다.
❷의 거북	①
❸의 사자	②

(2) ㉠~㉢을 예의 바른 말로 고쳐 쓰시오. [각 2점]

① ㉠	
② ㉡	
③ ㉢	

[1~3] 다음 대화를 읽고 물음에 답하시오.

> 윗마을 양반: 바우야, 쇠고기 한 근만 줘라.
> 박 노인: 알겠습니다.
> 아랫마을 양반: 박 서방, 쇠고기 한 근만 주게.
> 박 노인: 아이고, 네, 조금만 기다리시지요.
> 해설: 박 노인은 젊은 양반들에게 각각 고기를 주는데, 윗마을 양반이 가만히 보니 자기가 받은 고기보다 아랫마을 양반이 받은 고기가 더 좋아 보이고 양도 훨씬 많아 보였다.
> 윗마을 양반: 야, 바우야! 똑같은 한 근인데, 어째서 이렇게 다르게 주느냐?
> 박 노인: 그러니까 손님 것은 바우 놈이 자른 것이고, 이분 것은 박 서방이 자른 것이기 때문이랍니다.

1 대화를 통해 알 수 있는 것으로 알맞지 **않은** 것은 무엇입니까? (　　　)

① 박 노인은 고기를 팔고 있다.
② 박 노인은 두 양반에게 높임말을 사용하였다.
③ 아랫마을 양반은 박 노인을 존중하며 말하였다.
④ 박 노인은 윗마을 양반에게 고기를 더 많이 주었다.
⑤ 윗마을 양반과 아랫마을 양반이 사려는 고기의 양은 같다.

2 아랫마을 양반의 말을 들은 박 노인의 표정은 어떠하였겠습니까? (　　　)

① 지친 표정　　　② 당황한 표정
③ 즐거운 표정　　④ 짜증 난 표정
⑤ 화가 난 표정

3 대화를 읽고 가장 알맞게 말한 것은 무엇입니까?
(　　　)

① 동물을 함부로 대하면 안 돼.
② 양반들은 글공부를 많이 해야 해.
③ 자기 직업에 자부심을 가져야 해.
④ 나보다 힘이 약한 사람을 도와줘야 해.
⑤ 대화 예절을 지켜 말하면 기분이 좋아져.

4 다음 대화에 대한 설명으로 알맞은 것은 무엇입니까?
(　　　)

> 영철: (교실로 들어오는 민수를 보며) 어이, 키다리! 왔냐?
> 민수: 뭐야, 아침부터 듣기 싫은 별명을 부르고…….
> 채은: (밝은 목소리로) 민수야, 안녕?
> 민수: (밝은 목소리로) 안녕, 채은아?

① 영철의 별명은 '키다리'이다.
② 민수는 '키다리'라는 별명을 좋아한다.
③ 영철은 민수의 이름을 부르며 인사했다.
④ 채은은 민수의 별명을 부르며 인사했다.
⑤ 민수는 채은의 인사말을 듣고 기분이 좋아졌다.

[5~6] 다음 대화를 읽고 물음에 답하시오.

> 신유 어머니: 안녕? 어서 와라. 신유 친구들이구나. 반갑다.
> 지혜: 안녕하세요? 그런데 신유는 어디 갔나요? 어? 신유야, 생일 축하해!
> 원우: 야! 신유야, 생일 축하해! 하하하.

5 언제, 어디에서 있었던 일입니까? (　　　)

① 신유의 생일, 놀이터
② 신유의 생일, 신유의 집
③ 원우의 생일, 원우의 집
④ 신유 어머니의 생신, 놀이터
⑤ 신유 어머니의 생신, 신유의 집

6 원우가 잘못한 점은 무엇입니까? (　　　)

① 높임말을 쓰지 않았다.
② 지혜가 말하는 중간에 끼어들었다.
③ 신유에게 생일 축하를 하지 않았다.
④ 신유 어머니께 예의 바르게 인사를 하지 않았다.
⑤ 어머니의 허락을 받지 않고 신유네 집에 놀러 갔다.

3
단원

[7~9] 다음 대화를 읽고 물음에 답하시오.

> 원우: 신유야, 이제 네 방으로 가서 놀자.
> 신유: 여기야.
> 원우: 신유야, 여기는 책이 정말 많구나.
> 현영: (귓속말로) 신유는 이 많은 책을 다 봤나 봐.
> 지혜: (귓속말로) 정말 많다. 그래서 공부를 잘하나 봐.
> 원우: (귓속말로) 역시 책을 좋아하는 신유답다.
> 신유: 얘들아, 나만 빼고 너희끼리 귓속말로 비밀 이야기를 하는 것 같아 기분이 나빠.

7 신유 친구들의 대화 내용으로 알맞은 것은 무엇입니까? ( )

① 신유를 칭찬하였다.
② 신유에게 책을 빌려 달라고 하였다.
③ 신유 방에 장난감이 많다고 좋아하였다.
④ 신유 어머니의 음식 솜씨가 좋다고 말하였다.
⑤ 신유는 책을 읽지 않는데 책만 많다고 나쁜 말을 하였다.

8 신유가 기분이 나쁘다고 한 까닭은 무엇입니까?
( )

① 친구들이 귓속말을 했기 때문이다.
② 친구들이 신유의 별명을 불렀기 때문이다.
③ 친구들이 신유와 함께 놀지 않았기 때문이다.
④ 친구들이 신유의 말에 대답을 안 했기 때문이다.
⑤ 친구들이 신유의 말에 인사를 하지 않았기 때문이다.

9 다른 사람의 말을 들을 때 지켜야 할 예절로 알맞지 않은 것은 무엇입니까? ( )

① 적절히 반응하며 듣는다.
② 말하는 사람을 바라보며 듣는다.
③ 다른 사람이 하는 말을 끝까지 듣는다.
④ 자신에게 관심 없는 이야기는 듣지 않는다.
⑤ 다른 사람이 말하는 중에 끼어들지 않는다.

[10~11] 다음 회의 내용을 읽고 물음에 답하시오.

> 사회자: 자리를 정리해 주시기 바랍니다. 지금부터 제8회 학급 회의를 시작하겠습니다. 오늘 회의 주제를 무엇으로 정하면 좋을지 말씀해 주십시오. 고경희 친구가 의견을 발표해 주십시오.
> 고경희: 저는 "친구들과 사이좋게 지내자."를 주제로 제안합니다. 왜냐하면 요즘 우리 반 친구들이 자주 다투는 것을 봤기 때문입니다.
> 사회자: 김찬민 친구도 의견을 발표해 주십시오.
> 김찬민: 청소를 하고 나서도 교실이 깨끗하지 않습니다. 그래서 "교실을 깨끗이 사용하자."를 주제로 제안합니다.
> 사회자: 회의 주제는 다수결로 정하겠습니다. 첫 번째 주제에 찬성하시는 분은 손을 들어 주십시오. 두 번째 주제에 찬성하시는 분은 손을 들어 주십시오. 29명 가운데에서 19명이 첫 번째 주제를 선택했습니다. 오늘 회의 주제는 ⓐ 의 원칙에 따라 "친구들과 사이좋게 지내자."로 정하겠습니다.

10 ⓐ 에 들어갈 말로 알맞은 것은 무엇입니까?
( )

① 개회   ② 표결
③ 다수결   ④ 주제 선정
⑤ 주제 토의

11 학급 회의 주제는 무엇입니까? ( )

① 친구들과 인사를 하자.
② 교실을 깨끗이 사용하자.
③ 수업 시간에 떠들지 말자.
④ 화장실을 깨끗이 사용하자.
⑤ 친구들과 사이좋게 지내자.

사회자: 친구들과 사이좋게 지내려면 실천해야 할 일이 무엇인지 발표해 주십시오. 박태영 친구가 의견을 발표해 주십시오.

박태영: 제 의견은 "듣기 싫은 별명으로 부르지 말자."입니다. 기분이 나빠지면 서로 사이좋게 지내기가 어려워지기 때문입니다.

사회자: 좋은 의견입니다. 다른 의견이 더 있습니까? 이희정 친구가 의견을 발표해 주십시오.

이희정: 저는 고운 말을……

강찬우: 잠깐만. "심한 장난을 하지 말자."가 좋겠습니다. 왜냐하면 장난이 심해져서 싸우는 경우가 많기 때문입니다.

사회자: 강찬우 친구, 좋은 의견 감사합니다. ㉠

12 태영이의 의견은 무엇입니까? (　　　)

① 고운 말을 사용하자.
② 심한 장난을 하지 말자.
③ 칭찬하는 말을 자주 하자.
④ 친구의 마음을 이해해 주자.
⑤ 듣기 싫은 별명으로 부르지 말자.

13 ㉠ 에서 사회자가 했을 말은 무엇이겠습니까?

(　　　)

① 소수 의견도 존중해 주십시오.
② 이제 학급 회의를 시작하겠습니다.
③ 결정한 실천 내용을 모두 잘 지켜 주시기 바랍니다.
④ 회의 주제에 따라 실천해야 할 일을 발표해 주십시오.
⑤ 다음부터는 꼭 손을 들어 말할 기회를 얻고 나서 발표해 주시기 바랍니다.

가 이희정: 제 의견은 "고운 말을 사용하자."입니다. 친구들이 나쁜 말을 주고받으면 사이가 안 좋아지는 것을 자주 봤기 때문입니다.

고경희: 쳇, 친할 때 그런 말로 장난치는 것도 모르나?

이희정: 너는 그래서 날마다 친구들과 다투냐?

나 사회자: 김찬민 친구가 의견을 발표해 주십시오.

김찬민: 고운 말? 뭐였지? 아무튼 그 의견보다는 '이름 부르지 않기'로 정하면 좋겠습니다. 왜냐하면 우리 반 모두가 싫어할 것 같기 때문입니다.

사회자: "고운 말을 사용하자."는 의견이 있었고, 이름이 아니라 "듣기 싫은 별명으로 부르지 말자."라는 의견이 있었습니다.

14 희정이의 의견에 대한 근거는 무엇입니까? (　　　)

① 장난이 심해져서 싸우는 경우가 많기 때문이다.
② 칭찬하는 말을 들으면 기분이 좋아지기 때문이다.
③ 기분이 나빠지면 서로 사이좋게 지내기가 어려워지기 때문이다.
④ 친구의 마음을 이해해 주면 친구가 존중받는 느낌이 들기 때문이다.
⑤ 나쁜 말을 주고받으면 사이가 안 좋아지는 것을 자주 봤기 때문이다.

15 경희와 희정이가 잘못한 점은 무엇입니까? (　　　)

① 책을 보면서 회의에 참여하였다.
② 다른 친구가 발표할 때 장난을 쳤다.
③ 친한 친구의 의견이 옳다고 주장하였다.
④ 높임말을 사용하지 않고 거친 말을 사용하였다.
⑤ 회의 주제가 마음에 들지 않는다고 비난하였다.

16 회의할 때 지켜야 할 예절 중 찬민이가 잘 지키지 않은 점은 무엇입니까? (　　　)

① 높임말을 사용한다.
② 거친 말을 사용하지 않는다.
③ 말할 기회를 얻고 발표한다.
④ 다른 사람의 의견을 경청한다.
⑤ 의견에 대한 까닭도 함께 말한다.

단원 평가

[17~18] 다음 온라인 대화를 보고 물음에 답하시오.

진도 완료
체크

17 @.@에 대한 내용으로 알맞은 것은 어느 것입니까?
( )

① 어려운 한자어이다.

② 영철이임을 잘 표현한다.

③ 안경을 새로 샀다는 뜻이다.

④ 영철이라는 것이 잘 드러나지 않는다.

⑤ 온라인 대화 예절에 알맞은 대화명이다.

18 영철이와 지혜가 잘못한 점은 무엇입니까? ( )

① 줄임 말을 지나치게 썼다.

② 높임말을 사용하지 않았다.

③ 친구를 비난하는 말을 했다.

④ 고유어 대신 외국어를 사용했다.

⑤ 친구가 싫어하는 별명을 불렀다.

[19~20] 다음을 보고 물음에 답하시오.

19 그림 **가**에서 나타난 문제는 무엇입니까? ( )

① 험한 말을 사용했다.

② 그림말을 많이 사용했다.

③ 친구의 말을 듣지 않았다.

④ 높임말을 사용하지 않았다.

⑤ 뜻을 모르는 표현을 사용했다.

20 그림 **나**를 보고 알맞게 말한 것은 무엇입니까?
( )

① 말을 줄여서 쓰면 오해가 생기기 쉬워.

② 친근하게 그림말을 많이 쓰는 것이 좋아.

③ 얼굴이 보이지 않는다고 함부로 말하면 안 돼.

④ 자신이 할 말만 하고 대화방에서 나가면 안 돼.

⑤ 온라인 대화를 할 때에는 친구에게 질문을 하지 않는 것이 좋아.

· 답안 입력하기　· 평가 분석표 받기

개념 강의

이야기에
나오는 **누구**

인물

이야기
구성
3요소

사건

배경

이야기에서
인물들이
겪는 일

시간적 **배경**
공간적 **배경**

✳ 강의를 들으며 중요한 내용을 메모하세요!

● 인물, 사건, 배경이란?

● 「우진이는 정말 멋져!」에서 인물의 성격을
알 수 있는 말이나 행동은?

● 「젓가락 달인」에서 우봉이에게 일어난
일은?

4
단원

개념 확인하기 정답에 ✔표를 하시오.

정답 29쪽

1 이야기에서 어떤 일을 겪는 사람이나 사물을 무엇이라
고 합니까?

| ㉠ 인물 ☐ | ㉡ 사건 ☐ |

2 이야기가 펼쳐지는 장소를 무엇이라고 합니까?

| ㉠ 시간적 배경 ☐ | ㉡ 공간적 배경 ☐ |

3 「우진이는 정말 멋져!」의 다음과 같은 말에서 알 수 있
는 윤아의 성격은 어떠합니까?

"싫어, 그러다가 벌레라도 손에 닿으면 어떡해?"

㉠ 다정다감하다. ☐

㉡ 조심성이 많다. ☐

4 「젓가락 달인」 이야기의 시작 부분에서 일어난 일은 무
엇입니까?

㉠ 우봉이가 전학 온 주은이와 짝이 됨. ☐

㉡ 우봉이가 시장에서 주은이 어머니께서 손으
로 음식 드시는 것을 우연히 보게 됨. ☐

5 「젓가락 달인」 이야기의 마지막 부분에서 우봉이와 젓
가락 달인 결승전에서 겨루게 되는 인물은 누구입니
까?

㉠ 성규 ☐

㉡ 민지 ☐

㉢ 주은 ☐

연습 🐱 도움말을 참고하여 내 생각을 차근차근 써 보세요.

1 이야기의 구성 요소를 생각하며 다음 이야기를 읽고 물음에 답하시오. [10점]

> **가** 아침마다 사라는 어머니와 함께 버스를 탔습니다. 언제나 백인들이 앉는 자리와 구분된 뒷자리에 앉았습니다.
> **나** 어느 날 아침, 사라는 버스 앞쪽 자리가 얼마나 좋은 곳인지 알아보기로 마음먹었습니다. 사라는 자리에서 일어나 좁은 통로로 걸어 나갔습니다.
> **다** 사라는 계속 나아갔습니다. 앞쪽 끝까지 가서 운전사 옆자리에 앉았습니다. 사라는 운전사가 기어를 바꾸고 두 손으로 커다란 핸들을 돌리는 것을 지켜보았습니다. 운전사가 성난 얼굴로 사라를 쏘아보았습니다.
> "꼬마 아가씨, 뒤로 가서 앉아라. 너도 알다시피 늘 그래 왔잖니?"

(1) 글 **나**와 **다**의 배경을 정리하여 쓰시오. [4점]

> 🐱 사건이 일어나는 '때'를 시간적 배경, 사건이 일어나는 '장소'를 공간적 배경이라고 해요.

시간적 배경	①
공간적 배경	②

(2) 사라의 어떤 행동 때문에 버스 운전사가 화를 냈는지 쓰시오. [6점]

> 🐱 버스 운전사가 사라를 쏘아보며 한 말을 살펴보고 '꼭 들어가야 할 말'을 넣어 정리해 보세요.
> **꼭 들어가야 할 말** 백인 / 버스 앞쪽 자리

---

2 인물의 성격을 생각하며 다음 이야기를 읽고 물음에 답하시오. [10점]

> **가** 윤아는 공기 알을 못 잡은 게 억울해서, 나는 사물함 밑으로 굴러 들어간 내 공기 알이 걱정돼서 소리쳤어요. 우리 목소리에 놀랐는지 창훈이는 온몸을 움찔하더라고요. 그것도 잠시뿐, 창훈이는 미안하다는 소리 대신 혀만 쏙 내밀고는 휙 도망가 버리는 거 있죠.
> **나** 윤아와 나는 서로 울상이 되어 마주 보았어요.
> "이걸로 꺼내 보자."
> 우진이는 어디서 가져왔는지 기다란 자를 들고 나타났어요. 그리고는 바닥에 납작 엎드려 자로 사물함 밑을 더듬거렸어요. 사물함 밑에서 자가 빠져나올 때마다 먼지 뭉치가 잔뜩 붙은 10원짜리 동전, 연필, 지우개 들이 따라 나왔어요. 자가 다섯 번째쯤 사물함 밑을 더듬거리다가 나왔을 때에야 윤아와 내가 손뼉 치며 소리쳤어요.
> "어! 나왔다!"
> 자 끝에는 분홍색 꽃 모양의 작은 공기 알이 살짝 걸려 있었어요. 작은 물방울무늬가 있는 빨간색 나비 핀도요. 우진이는 공기 알과 나비 핀을 손에 들고 먼지를 툴툴 털어 냈어요. 그리고는 우리에게 공기 알과 나비 핀을 쏙 내밀었어요.
> "여기 공기 알. 그리고 이 핀 가질래?"

(1) 우진이는 어떤 방법으로 '나'와 윤아에게 공기 알을 꺼내 주었는지 쓰시오. [4점]

> **꼭 들어가야 할 말** 자 / 사물함

---

(2) 이 이야기에서 알 수 있는 우진이의 성격을 까닭과 함께 쓰시오. [6점]

1 이야기의 구성 요소 중, 이야기에서 일어나는 일을 무엇이라고 합니까? (　　　)

① 인물　　② 사건　　　③ 배경
④ 대사　　⑤ 상상

[2~4] 다음 글을 읽고 물음에 답하시오.

가 아침마다 사라는 어머니와 함께 버스를 탔습니다. 언제나 백인들이 앉는 자리와 구분된 뒷자리에 앉았습니다. 고개를 돌려 자기를 쳐다보는 백인 아이들에게 사라는 얼굴을 찡그렸습니다. 백인 아이들도 얼굴을 찡그리며 웃어 댔습니다. 그러다가 어머니들에게 잔소리를 들은 뒤에야 바로 앉았습니다.
　"지금까지 언제나 ⊙이래 왔단다. 자리에 앉을 수 있는 것만으로도 만족해야지."
　어머니께서는 두 손을 깍지 낀 채 이렇게 말씀하시고는 했습니다.
나 어느 날 아침, 사라는 버스 앞쪽 자리가 얼마나 좋은 곳인지 알아보기로 마음먹었습니다. 사라는 자리에서 일어나 좁은 통로로 걸어 나갔습니다. 별다른 것도 없어 보였습니다. 창문은 똑같이 지저분했고, 버스의 시끄러운 소리도 똑같았습니다.

2 이 글의 시간적 배경으로 알맞은 것은 무엇입니까?

（　　　）

① 아침　　② 오후　　　③ 미국
④ 버스　　⑤ 저녁

3 ⊙에 해당하는 내용은 무엇입니까? (　　　)
① 흑인은 버스를 탈 수 없었다.
② 언제나 백인들은 뒷자리에 앉았다.
③ 버스의 앞쪽 자리는 항상 깨끗했다.
④ 흑인은 앞쪽 자리에 앉을 수 없었다.
⑤ 백인과 흑인의 자리는 구분되지 않았다.

4 사라가 버스 앞쪽 자리로 간 까닭은 무엇입니까?

（　　　）

① 버스가 시끄러워서
② 백인 아이들이 사라를 놀려서
③ 버스 운전사가 사라를 불러서
④ 앞쪽에 앉은 친구들과 놀기 위해서
⑤ 앞쪽 자리가 얼마나 좋은 곳인지 알아보기 위해서

[5~6] 다음 글을 읽고 물음에 답하시오.

가 사라는 작지만 당당한 목소리로 말했습니다.
　"문 닫으셔도 돼요. 저는 학교까지 타고 가겠어요."
　운전사는 자리에서 일어나 쿵쾅거리며 버스 계단을 내려갔습니다. 버스 안에 있던 백인들이 화를 내며 소리쳤습니다.
　"빨리 가자고! 이러다 지각하겠어."
　잠시 뒤, 운전사는 경찰관과 함께 돌아왔습니다.
나 경찰관이 살짝 웃으며 말했습니다.
　"아무렴. 법에는 말이다, 너희 같은 사람은 버스 뒷자리에 앉아야 한다고 나와 있단다. 그래서 말인데, 법을 어기고 싶지 않다면 네 자리로 돌아가거라."
다 경찰관이 안타깝다는 듯 고개를 절레절레 흔들더니 사라를 번쩍 안아 올렸습니다. 그러고는 사람들 사이를 지나 경찰서로 향했습니다.

5 운전사가 버스를 세운 까닭은 무엇입니까? (　　　)
① 화장실이 급해서
② 경찰관이 버스를 세워서
③ 버스 앞에 사람이 있어서
④ 사라를 내리게 하기 위해서
⑤ 사라가 내려서 걸어가겠다고 해서

6 이 글에서 일어난 사건은 무엇입니까? (　　　)
① 사라가 버스에 올라탔다.
② 사라가 울면서 엄마를 찾았다.
③ 신문 기자가 사라의 사진을 찍었다.
④ 경찰관이 사라를 안고 경찰서로 갔다.
⑤ 사라의 어머니가 사라를 데리러 왔다.

[7~9] 다음 글을 읽고 물음에 답하시오.

이튿날 아침, 어머니께서 사라에게 버스를 타는 대신 걸어가는 것이 어떻겠느냐고 물으셨습니다. 어머니께서는 웃으려고 애를 쓰셨지만, 사라는 어머니의 눈에 고인 눈물을 보았습니다.

"어쨌든 날씨가 그리 춥지는 않구나. 하느님은 우리에게 낡은 버스가 아니라 두 다리를 주셨어. 그렇지?" / "그럼요, 어머니. 저는 걷는 것이 좋아요. 얼마든지요."

사라와 어머니는 버스 정류장을 천천히 지나갔습니다. 사람들이 고개를 돌려 수군거렸습니다. 사라 또래의 남자아이 하나가 신문과 연필을 가지고 뛰어왔습니다. / "사인 좀 해 줄래? 오랫동안 간직하고 싶어."

어머니께서는 소년한테서 신문을 받아 들고 싱긋 웃으셨습니다.

㉠"우리 딸이 영웅이라도 된 것 같구나."

사라는 신문 첫 장에 난 자신의 사진을 보고 몹시 쑥스러웠습니다. / "어머니, 얼른 가요."

사라가 어머니를 재촉했지만 이미 늦은 뒤였습니다. 흑인이고 백인이고 할 것 없이 많은 사람이 몰려와 사라에게 악수를 청했습니다. 신문 기자가 또다시 사진을 찍으려고 왔습니다. 사람들은 사라를 뒤따라 걸었습니다.

사라는 마음이 뿌듯했습니다.

어머니께서 말씀하셨습니다.

"웃어도 괜찮아. 넌 특별한 아이잖니?"

그날은 어떤 흑인도 버스를 타지 않았습니다. 그다음 날도 마찬가지였습니다. 버스 회사는 당황했습니다. 시장도 어쩔 줄 몰라 했습니다. 그리하여 사람들은 마침내 법을 바꾸었습니다.

7 법을 바꾼 까닭은 무엇입니까? ( )
① 사라가 혼자 걸어서 학교에 가서
② 흑인들이 법을 바꾸라고 주장해서
③ 사진 기사가 사라의 사진을 찍어서
④ 백인들이 아무도 버스를 타지 않아서
⑤ 흑인들이 아무도 버스를 타지 않아서

8 새롭게 바뀐 법의 내용을 알맞게 짐작한 것은 무엇입니까? ( )
① 흑인은 버스에 탈 수 없다.
② 흑인만 버스 요금을 할인해 준다.
③ 흑인만 탈 수 있는 버스가 생긴다.
④ 흑인과 백인이 버스를 타는 시간을 나눈다.
⑤ 흑인과 백인이 자리 구분 없이 버스에 탈 수 있다.

9 ㉠에서 알 수 있는, 딸에 대한 어머니의 마음은 어떠합니까? ( )
① 무섭다.   ② 미안하다.   ③ 부끄럽다.
④ 화가 난다.   ⑤ 자랑스럽다.

[10~12] 다음 글을 읽고 물음에 답하시오.

장난꾸러기 창훈이가 다른 아이들이랑 장난치며 뛰다가 윤아와 부딪친 거죠. 그 바람에 윤아 손등에 있던 공기 알이 와르르 떨어져 두 개는 책상 밑으로, 한 개는 우진이 다리 밑으로, 나머지 한 개는 사물함 밑으로 굴러 들어갔어요.

"김창훈! 너 때문에 죽었잖아!"

"김창훈! 너 때문에 내 공기 알이 사물함 밑으로 들어갔잖아!"

윤아는 공기 알을 못 잡은 게 억울해서, 나는 사물함 밑으로 굴러 들어간 내 공기 알이 걱정돼서 ㉠소리쳤어요.

윤아와 나는 교실 바닥에 엎드려 사물함 밑을 들여다봤지만, 사물함 밑은 너무 깜깜해서 아무것도 보이지 않았어요.

10 이 이야기의 공간적 배경은 어디입니까? ( )
① 교실   ② 공원   ③ 놀이터
④ 운동장   ⑤ 윤아네 집

11 이 글에 나오는 인물이 아닌 사람은 누구입니까? ( )
① '나'   ② 윤아   ③ 창훈
④ 우진   ⑤ 선생님

12 ㉠에서 윤아가 소리친 까닭은 무엇입니까? (   )

① 갑자기 놀라서
② 부딪친 것이 아파서
③ 창훈이가 심하게 장난쳐서
④ 공기 알을 못 잡은 것이 억울해서
⑤ 사물함 밑으로 굴러 들어간 공기 알이 걱정돼서

13 이 글에서 알 수 있는 내용으로 알맞은 것은 무엇입니까? (   )

① 윤아는 배려심이 많다.
② '나'는 적극적인 성격이다.
③ 창훈이는 장난을 좋아한다.
④ 우진이는 정의롭지 못하다.
⑤ 윤아는 물건에 욕심이 많다.

[13~15] 다음 글을 읽고 물음에 답하시오.

"여기 공기 알. 그리고 이 핀 가질래?"
나는 선뜻 손을 내밀지 못했어요. 어떻게 하면 좋을지 몰랐거든요.
그때 윤아가 얼굴을 찡그리며 말했어요.
"아유, 더러워! 그 핀을 어떻게 쓰냐?"
그러자 우진이는 공기 알만 나에게 건네주고 나비 핀은 쓰레기통에 넣어 버렸어요.
㉠"그래, 더러울 거야."
우진이의 목소리에는 부끄러운 마음이 묻어 있었어요. 마음 같아서는 윤아를 한 대 콩 쥐어박고 싶었지만 참았어요. 그런데 그때, 창훈이가 다시 나타나 윤아와 나를 또 밀치고 지나가는 거예요. 윤아와 나는 하마터면 같이 넘어질 뻔했지요. 그런데 우진이가 갑자기 창훈이 팔을 팍 잡아채더니 윤아와 내 앞으로 창훈이를 돌려세웠어요.
"너 왜 자꾸 여자애들 괴롭혀? 아까 일도, 지금 일도 얼른 사과해."
우진이는 작정한 듯이 굳은 얼굴로 창훈이를 다그쳤고, 창훈이는 싱글싱글 웃으며 우진이 손을 억지로 떼어 내려 했어요. 하지만 키가 한 뼘이나 더 큰 우진이를 창훈이가 어떻게 이겨 낼 수 있겠어요?
㉡"너 지금 사과 안 하면 선생님한테 다 이를 거야."
일이 이쯤 되자 창훈이는 슬슬 웃기기 작전을 쓰기 시작했어요.

14 ㉠에서 우진이의 말투로 알맞은 것은 무엇입니까? (   )

① 목소리가 당당하다.
② 목소리가 크고 밝다.
③ 목소리가 높고 활기차다.
④ 목소리에 울음이 섞여 있다.
⑤ 목소리가 작고 부끄러운 마음이 묻어 있다.

15 ㉡에서 알 수 있는 우진이의 성격으로 알맞은 것은 무엇입니까? (   )

① 배려심이 없다.
② 소심한 성격이다.
③ 의로운 성격이다.
④ 부끄러움이 많다.
⑤ 장난을 좋아한다.

단원 평가

[16~18] 다음 글을 읽고 물음에 답하시오.

"㉠손으로 밥 먹는 사람들도 있긴 있지. 인도라는 나라 알지? ㉡그 나라에도 그냥 맨손으로 밥을 먹는 사람들이 있어."

"㉢정말요? 인도는 내가 좋아하는 카레의 나라인데. 그런 나라에 야만인이 많다니."

뜻밖이어서 우봉이는 고개를 갸우뚱했어요. 그걸 보고 할아버지가 말씀하셨어요.

"손으로 먹는 걸 두고 나쁘다고, 또 야만인이라고 해서는 안 되는겨. 그게 그 나라 풍습이고 문화인 겨. 할아버지가 된장찌개 좋아하는데, 외국 사람이 냄새나는 된장 먹는다고 나를 야만인이라고 부르면 기분 나쁠겨. ㉣할아버지 말 알아듣겠능겨?"

"㉤그래도 맨손으로 밥을 조몰락거리는 건 더러워요. 병 걸릴 것 같아요."

16 우봉이네 가족은 무엇에 대해 이야기를 나누었습니까? ( )

① 인도의 특징
② 젓가락질하는 방법
③ 손으로 밥을 먹는 것
④ 야만인이 좋아하는 것
⑤ 된장에 냄새가 나는 이유

17 ㉠~㉤ 중, 인물의 성격이 잘 드러나는 말은 어느 것 입니까? ( )

① ㉠   ② ㉡   ③ ㉢
④ ㉣   ⑤ ㉤

18 할아버지의 성격으로 알맞은 것은 무엇입니까? ( )

① 다른 나라의 문화를 잘 이해한다.
② 외국의 것이라면 무조건 좋아한다.
③ 우리나라의 문화만이 최고라고 생각한다.
④ 원하는 것을 이루기 위해 끊임없이 노력한다.
⑤ 다른 사람의 사정을 헤아려서 양보를 잘한다.

[19~20] 다음 글을 읽고 물음에 답하시오.

"준비…… 시작."

주은이와 우봉이는 동시에 쇠젓가락을 집어 들었어요.

우봉이가 콩을 세 개 옮겼을 때, 귓바퀴에 저번처럼 감기는 말이 있었어요.

'더 좋은 것은 따로 있는디. 그냥 달인만 되는 거. 동무들 이길 생각일랑 말고.'

우봉이는 무시하듯 콩을 더 빨리 집어 옮겼어요. 그러자 할아버지 말씀이 귓바퀴에 더 칭칭 감겼어요. 그뿐만이 아니었어요. 주은이 일기도 눈앞에서 아른거리기 시작했어요. 상품권을 타서 젓가락과 머리핀을 사고 싶다던.

㉠'아, 싫은데. 저 주기 싫은데…….'

㉡우봉이는 젓가락질을 하면서 다른 손으로 옆통수를 벅벅 긁었어요.

19 할아버지께서 우봉이에게 하신 충고는 무엇입니까? ( )

① 친구와 정정당당하게 경기해야 한다.
② 젓가락질 연습은 어렸을 때부터 해야 한다.
③ 목표를 이루는 과정이 성실했다면 결과는 상관없다.
④ 경기에 걸린 상품보다는 경기 자체에 집중해야 한다.
⑤ 젓가락 실력만 달인이 되면 꼭 친구를 이기지 않아도 좋다.

20 ㉠과 ㉡에서 알 수 있는 우봉이의 성격은 어떠합니까? ( )

① 깔끔하다.   ② 소심하다.
③ 장난스럽다.   ④ 인정이 많다.
⑤ 욕심이 많다.

· 답안 입력하기   · 평가 분석표 받기

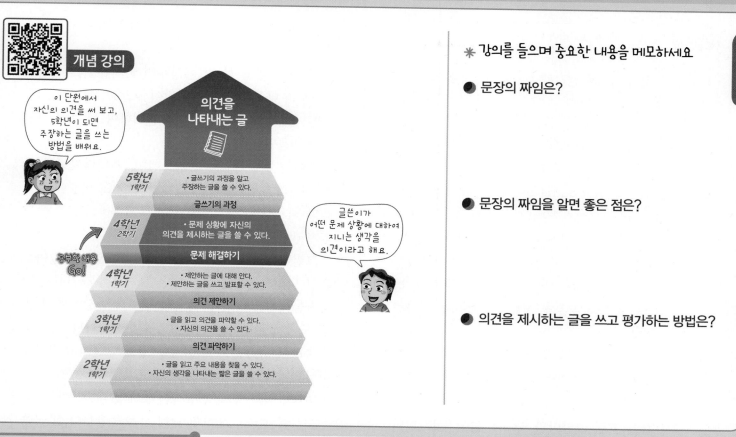

※ 강의를 들으며 중요한 내용을 메모하세요

● 문장의 짜임은?

● 문장의 짜임을 알면 좋은 점은?

● 의견을 제시하는 글을 쓰고 평가하는 방법은?

개념 확인하기 정답에 ✔표를 하시오.

정답 31쪽

1 다음 문장의 짜임으로 알맞은 것은 무엇입니까?

> 가을 하늘이 호수처럼 푸르다.

ㄱ 무엇이 + 어찌하다 ▢
ㄴ 무엇이 + 어떠하다 ▢

2 문장의 짜임에서 '어찌하다'에 해당하는 말로 알맞은 것은 무엇입니까?

ㄱ 달리다 ▢   ㄴ 빨갛다 ▢

3 문장의 짜임을 알면 좋은 점으로 알맞은 것은 무엇입니까?

ㄱ 의견을 잘 떠올릴 수 있다. ▢
ㄴ 문장의 내용을 이해하기 쉽다. ▢

4 의견을 제시하는 글에 들어갈 내용으로 알맞지 <u>않은</u> 것은 무엇입니까?

ㄱ 문제 상황 ▢
ㄴ 글쓴이가 살아온 과정 ▢
ㄷ 의견을 뒷받침하는 까닭 ▢

5 의견을 제시하는 글을 평가할 때 살펴볼 점은 무엇입니까?

ㄱ 연결이 자연스러운 문장을 썼는지 살펴본다. ▢

ㄴ 의견에 과학적인 지식이 들어가 있는지 살펴본다. ▢

5
단원

연습   🦉 도움말을 참고하여 내 생각을 차근차근 써 보세요.

1 문장의 짜임을 생각하며 다음 이야기를 읽고 물음에 답하시오. [10점]

가 어느 마을에 목화 장수 네 사람이 살았다. 그들은 싼 목화가 있으면 함께 사서 큰 광 속에 보관해 두었다가 값이 오르면 팔았다. 그런데 그 광에는 쥐가 많아 목화를 어지럽히기도 하고 오줌을 싸기도 했다. 목화 장수들은 궁리 끝에 광에 고양이를 기르기로 하고 똑같이 돈을 내어 고양이를 샀다. 그러고는 공동 책임을 지려고 고양이의 다리 하나씩을 각자 몫으로 정하고 고양이를 보살피기로 했다.

나 고양이가 다리 하나를 다쳤다. ㉠그 다리를 맡은 목화 장수는 고양이 다리에 산초기름을 발라 주었다. 그런데 마침 추운 겨울철이라, 아궁이 곁에서 불을 쬐던 고양이의 다리에 불이 붙고 말았다. 고양이는 얼른 시원한 광 속으로 도망을 쳐서 목화 더미 위에서 굴렀다. 순식간에 목화 더미에 불이 번져 광 속의 목화가 몽땅 타 버리고 말았다.

(1) 광 속의 목화가 몽땅 타 버리게 된 까닭은 무엇입니까? [2점]

• (①   )을 바른 고양이의 다친 다리에 불이 붙자, 고양이가 (②   )으로 들어가 목화 더미 위에서 굴렀기 때문이다.

(2) ㉠을 문장의 짜임에 따라 나누어 쓰시오. [8점]

> 🦉 '누가' 또는 '무엇이'를 나타내는 부분과, '무엇이다', '어떠하다', '어찌하다'를 나타내는 부분을 구별해야 해요.

① 누가	
② 어찌하다	

2 다음 편지를 읽고 물음에 답하시오. [10점]

저는 산 깊고 물 맑은 상수리에 사는 김효은입니다. 우리 마을은 앞으로 만강이 흐르고, 뒤로는 우뚝 솟은 산봉우리들이 병풍처럼 둘러싸여 한 폭의 그림처럼 아름답습니다.

숲에는 천연기념물인 황조롱이, 까막딱따구리 같은 새들과 하늘다람쥐가 삽니다. 그리고 만강에는 쉬리나 배가사리, 금강모치 같은 우리나라의 토종 물고기가 많이 삽니다.

그런데 어제 만강에 댐을 건설할 수 있는지 알아보려고 담당자들께서 우리 마을을 방문하셨습니다. 담당자들께서는 작년에 비가 많이 와서 만강 하류에 있는 도시에 물난리가 났다고 말씀하셨습니다. 그래서 홍수를 막으려면 우리 마을에 댐을 건설해야 한다고 하셨습니다.

하지만 저는 댐을 건설하는 것에 반대합니다. 우리 상수리에 댐을 건설하면 숲에 사는 동물들이 살 곳을 잃고, 우리는 만강의 물고기들을 다시는 볼 수 없게 될 것입니다. 그리고 마을 어른들께서는 평생 살아온 고향을 떠나야 한다고 말씀하십니다. 우리 마을에 댐을 건설하기로 한 계획을 취소해 주시기를 부탁합니다.

(1) 글쓴이의 의견을 쓰시오. [4점]

_____

_____

(2) 글쓴이가 의견에 대한 까닭으로 제시한 내용을 쓰시오. [6점]

①	
②	
③	

[1~2] 다음 문장을 읽고 물음에 답하시오.

> **가** 늙은 농부의 세 아들은 게을렀습니다.
> **나** 늙은 농부는 세 아들에게 밭에 보물이 있다고 말해 주었습니다.
> **다** 세 아들은 밭으로 달려갔습니다.
> **라** 아버지께서 밭에 묻어 두신 보물은 주렁주렁 열린 포도송이였습니다.
> **마** 세 아들은 깊게 깨달았습니다.

1 **가**~**마** 중, '무엇이 + 무엇이다'로 짜인 문장은 어느 것입니까? (   )

① **가**   ② **나**   ③ **다**
④ **라**   ⑤ **마**

2 **다**는 어떤 짜임으로 이루어진 문장입니까? (   )

① 누가 + 무엇이다
② 누가 + 어떠하다
③ 누가 + 어찌하다
④ 무엇이 + 무엇이다
⑤ 무엇이 + 어떠하다

[3~4] 다음 문장을 읽고 물음에 답하시오.

> ㉠ 김예지는 내 친구입니다.
> ㉡ 내 친구 예지는 친절합니다.
> ㉢ 친절한 예지는 친구들을 잘 도와줍니다.

3 ㉡과 같은 짜임의 문장으로 알맞은 것은 무엇입니까?

(   )

① 기차가 달린다.
② 동생이 열심히 공부한다.
③ 들판의 벼가 쑥쑥 자란다.
④ 어머니는 정말 부지런하시다.
⑤ 커다란 갈매기가 시원스럽게 날아다닌다.

4 ㉢을 '누가 + 어찌하다'로 알맞게 나눈 것은 무엇입니까? (   )

① 친절한 / 예지는 친구들을 잘 도와줍니다.
② 친절한 예지는 / 친구들을 잘 도와줍니다.
③ 친절한 예지는 친구들을 / 잘 도와줍니다.
④ 친절한 예지는 친구들을 잘 / 도와줍니다.
⑤ 친절한 예지는 친구들을 잘 도와 / 줍니다.

5 문장의 짜임을 생각하며 다음 문장을 두 부분으로 알맞게 나눈 것은 어느 것입니까? (   )

① 학교 / 화단에 예쁜 꽃이 활짝 피었습니다.
② 학교 화단에 / 예쁜 꽃이 활짝 피었습니다.
③ 학교 화단에 예쁜 / 꽃이 활짝 피었습니다.
④ 학교 화단에 예쁜 꽃이 / 활짝 피었습니다.
⑤ 학교 화단에 예쁜 꽃이 활짝 / 피었습니다.

6 다음 ㉠에 들어가기에 알맞은 말은 무엇입니까?

(   )

누가	무엇이다
정현이는	㉠

① 귀엽다.
② 도서관에 간다.
③ 매우 영리하다.
④ 게임을 잘한다.
⑤ 우리 집 첫째이다.

7 오른쪽과 같은 짜임의 문장이 **아닌** 것은 무엇입니까? ( )

> 현서는 부지런합니다.

① 흥부는 착합니다.　② 예지는 친절합니다.
③ 형이 축구를 합니다.　④ 지현이는 씩씩합니다.
⑤ 내 동생은 귀엽습니다.

8 목화 장수들이 광에 쥐가 많은 문제를 해결하기 위해 한 방법은 무엇입니까? ( )
① 쥐덫을 놓았다.
② 쥐약을 놓았다.
③ 고양이를 길렀다.
④ 광에 불을 질렀다.
⑤ 목화를 보관하는 장소를 바꿨다.

[8~10] 다음 글을 읽고 물음에 답하시오.

가 광에는 쥐가 많아 목화를 어지럽히기도 하고 오줌을 싸기도 했다. 목화 장수들은 궁리 끝에 광에 고양이를 기르기로 하고 똑같이 돈을 내어 고양이를 샀다. 그리고는 공동 책임을 지려고 고양이의 다리 하나씩을 각자 몫으로 정하고 고양이를 보살피기로 했다.

어느 날, 고양이가 다리 하나를 다쳤다. 그 다리를 맡은 목화 장수는 고양이 다리에 산초기름을 발라 주었다. 그런데 마침 추운 겨울철이라, 아궁이 곁에서 불을 쬐던 고양이의 다리에 불이 붙고 말았다. 고양이는 얼른 시원한 광 속으로 도망을 쳐서 목화 더미 위에서 굴렀다. 순식간에 목화 더미에 불이 번져 광 속의 목화가 몽땅 타 버리고 말았다.

나 고양이의 성한 다리를 맡았던 목화 장수 세 명이 투덜투덜 불평을 늘어놓았다.

"이번 불은 순전히 고양이의 아픈 다리를 맡았던 저 사람 때문이야. 하필이면 불이 잘 붙는 산초기름을 발라 줄 게 뭐야?"

"맞아. 그러니 목홧값을 그 사람에게 물어 달라고 하자."

세 사람은 고양이의 아픈 다리를 맡았던 사람에게 목홧값을 물어내라고 했다. 억울한 그 목화 장수는 절대 목홧값을 물어 줄 수 없다며 큰 싸움을 벌였다.

"불이 붙은 고양이가 광으로 도망칠 때는 성한 세 다리로 도망쳤잖아? 그러니까 광에 불이 난 것은 순전히 너희가 맡은 세 다리 때문이야."

아무리 싸워도 해결이 나지 않자, 네 사람은 고을 사또를 찾아가 판결을 해 달라고 부탁했다.

9 '고양이의 성한 다리를 맡았던 목화 장수 세 명'의 의견으로 알맞은 것은 무엇입니까? ( )
① 목화 장사를 그만두어야 한다.
② 광에서 고양이를 기르지 않아야 한다.
③ 고을 사또가 목홧값을 물어내야 한다.
④ 네 사람이 똑같이 목홧값을 물어내야 한다.
⑤ 고양이에게 산초기름을 바른 사람이 목홧값을 물어내야 한다.

10 밑줄 그은 부분의 문장의 짜임과 같은 것은 무엇입니까? ( )
① 목화는 하얗다.
② 목화 장수들은 키가 작았다.
③ 고양이는 쥐를 잡는 동물이다.
④ 목화 장수는 큰 싸움을 벌였다.
⑤ 목화 장수는 목화를 사고파는 사람이다.

[11~13] 다음 글을 읽고 물음에 답하시오.

안녕하세요?

어제 만강에 댐을 건설할 수 있는지 알아보려고 담당자들께서 우리 마을을 방문하셨습니다. 담당자들께서는 작년에 비가 많이 와서 만강 하류에 있는 도시에 물난리가 났다고 말씀하셨습니다. 그래서 홍수를 막으려면 우리 마을에 댐을 건설해야 한다고 하셨습니다.

하지만 저는 댐을 건설하는 것에 반대합니다. 우리 상수리에 댐을 건설하면 숲에 사는 동물들이 살 곳을 잃고, 우리는 만강의 물고기들을 다시는 볼 수 없게 될 것입니다. 그리고 마을 어른들께서는 평생 살아온 고향을 떠나야 한다고 말씀하십니다. ㉠우리 마을에 댐을 건설하기로 한 계획을 취소해 주시기를 부탁합니다.

20○○년 10월 ○○일

김효은 올림

11 이 글의 종류는 무엇입니까? (　　　)

① 편지　　　② 노랫말　　　③ 전기문
④ 이야기 글　　　⑤ 독서 감상문

12 효은이의 의견으로 알맞은 것은 무엇입니까? (　　　)

① 만강에 댐을 건설해야 한다.
② 물난리가 나지 않게 해야 한다.
③ 산에 있는 나무를 보호해야 한다.
④ 우리 마을에 댐을 건설하면 안 된다.
⑤ 홍수를 예방하기 위해 숲을 가꾸어야 한다.

13 ㉠은 누구에게 하는 말입니까? (　　　)

① 부모님　　　　② 선생님
③ 마을 이장님　　　④ 교육 기관 담당자
⑤ 댐 건설 기관 담당자

[14~15] 다음 글을 읽고 물음에 답하시오.

안녕하세요?

김효은 학생의 편지를 잘 읽었습니다.

아름다운 상수리가 댐 건설로 겪게 될 어려움을 잘 압니다. 하지만 상수리 주변에 사는 주민들이 홍수로 겪는 정신적·물질적 피해는 해마다 늘어나고 있습니다.

만강에 댐을 건설하면 여름철에 폭우로 생기는 문제를 막을 수 있습니다. 비가 내리는 대로 내버려 두면, 강 하류에서는 강물이 넘쳐서 논밭이 빗물에 잠기기도 합니다.

그리고 집과 길이 부서지고 심지어 사람이 목숨까지 잃을 만큼 위험합니다. 하지만 댐을 건설하면 홍수로 인한 이런 피해를 막을 수 있습니다.

상수리에 댐을 건설해야 합니다. 우리는 상수리 마을 주민들에게 피해가 가지 않도록 주민들이 이사하는 데 모든 지원을 아끼지 않을 것입니다. 댐 건설에는 상수리 마을 주민들의 협조가 필요합니다. 김효은 학생도 이러한 점을 잘 이해해 주시기를 바랍니다.

20○○년 10월 ○○일

댐 건설 기관 담당자 드림

14 댐 건설 기관 담당자가 효은이에게 편지를 쓴 까닭은 무엇입니까? (　　　)

① 댐 건설의 필요성을 말하기 위해
② 환경 보호의 중요성을 말하기 위해
③ 주민들이 이사 갈 곳을 알리기 위해
④ 효은이의 편지에 고마움을 말하기 위해
⑤ 댐 건설이 취소되었다는 것을 알리기 위해

15 글쓴이가 김효은 학생을 설득하기 위해 제시한 내용이 **아닌** 것은 무엇입니까? (　　　)

① 논과 밭이 빗물에 잠길 수 있다.
② 댐 건설은 돈을 벌 수 있는 일이다.
③ 댐을 건설하면 홍수 피해를 막을 수 있다.
④ 댐은 폭우로 생기는 문제를 막을 수 있다.
⑤ 상수리 주민들에게 모든 지원을 아끼지 않을 것이다.

5
단원

진도 완료
체크

16 다음 그림과 같은 상황에 제시할 의견으로 알맞은 것은 무엇입니까? (   )

① 화단을 꺾지 맙시다.
② 나무를 많이 심읍시다.
③ 음식물을 남기지 맙시다.
④ 일회용품 사용을 줄입시다.
⑤ 쓰레기를 함부로 버리지 맙시다.

17 다음 그림과 같은 상황에 제시할 의견으로 알맞은 것은 무엇입니까? (   )

○ 인터넷을 보고 숙제를 그대로 베끼고 있음

① 운동을 열심히 하자.
② 숙제를 미루지 말자.
③ 숙제는 자기 스스로 하자.
④ 컴퓨터를 가까이서 보지 말자.
⑤ 바른 자세로 공부하는 습관을 갖자.

18 의견을 제시하는 글을 쓰는 방법으로 알맞지 않은 것은 어느 것입니까? (   )

① 알맞은 짜임의 문장으로 쓴다.
② 친구에게 말하듯이 편하게 쓴다.
③ 자신의 의견이 잘 드러나게 쓴다.
④ 의견에 대한 까닭을 분명하게 쓴다.
⑤ 읽는 사람이 들어줄 수 있는 의견을 쓴다.

[19~20] 다음 대화를 읽고 물음에 답하시오.

민정: 우리 학급 신문의 주제가 뭐였지?
의철: 주제는 '독서'였지. 우리 모둠은 어떤 의견을 내면 좋을까?
동수: 책을 읽지 않는 친구들이 많으니 쉬는 시간 틈틈이 독서를 열심히 하자는 의견을 내 보자.
희영: 나는 의견을 뒷받침할 자료를 찾아봐야겠어.
의철: 그래. 동수 의견이 괜찮은 것 같다. 나도 희영이를 도와서 자료를 찾을게.

19 민정이네 학급 신문의 주제는 무엇입니까? (   )
① 공부   ② 운동
③ 독서   ④ 여름 방학
⑤ 현장 체험학습

20 희영이가 할 수 있는 행동으로 알맞지 않은 것은 무엇입니까? (   )
① 도서관에서 관련 자료를 찾는다.
② 학급 신문을 만들 재료를 사러 간다.
③ 의견을 뒷받침할 그림이나 사진을 떠올린다.
④ 필요한 자료를 찾기 위해 컴퓨터로 검색한다.
⑤ 독서의 좋은 점에 대해서 쓴 신문 기사를 찾아본다.

· 답안 입력하기   · 평가 분석표 받기

온라인 개념 강의

6. 본받고 싶은 인물을 찾아봐요

개념 강의

전기문의 특성

사실성
인물의 삶을 사실에 근거해 쓴 글이다.

시대 상황
인물이 살았던 시대 상황이 나타나 있다.

가치관
인물의 가치관이 나타나 있다.

업적
인물이 한 일이 나타나 있다.

✱ 강의를 들으며 중요한 내용을 메모하세요

● 전기문의 특성은?

● 전기문을 읽고 본받고 싶은 인물을 소개하는 방법은?

6 단원

개념 확인하기 정답에 ✔표를 하시오.

정답 33쪽

1 전기문에 대한 설명으로 알맞은 것은 어느 것입니까?

㉠ 인물의 삶을 사실대로 기록한 글이다. ☐

㉡ 인물의 삶을 재미있게 꾸며서 쓴 글이다. ☐

2 본받고 싶은 인물을 소개할 때 주로 소개할 내용이 아닌 것은 어느 것입니까?

㉠ 인물이 한 일 ☐

㉡ 인물이 싫어한 음식 ☐

㉢ 인물이 살았던 시대 상황 ☐

3 인물의 가치관을 짐작할 때 살펴볼 내용이 아닌 것은 어느 것입니까?

㉠ 인물의 생각 ☐

㉡ 인물이 한 일 ☐

㉢ 인물의 생김새 ☐

4 인물의 가치관을 파악하면 무엇을 찾을 수 있습니까?

㉠ 인물이 태어난 곳 ☐

㉡ 인물이 잘못한 점 ☐

㉢ 인물에게 본받을 점 ☐

연습 🐱 도움말을 참고하여 내 생각을 차근차근 써 보세요.

1 다음 대화를 읽고 물음에 답하시오. [16점]

> 정우: 주시경 선생님은 어떤 일을 하셨기에 본받고 싶다는 거니?
>
> 예원: 백 년 전만 해도 글을 읽지 못하는 사람들이 대부분이었는데, 주시경 선생님의 노력 덕분에 지금은 우리글을 쉽게 배울 수 있는 거래.
>
> 정우: 주시경 선생님은 왜 그런 노력을 하셨을까?
>
> 예원: 우리나라가 외세의 침략을 받지 않고 잘 살려면 우리글을 모두가 알아야 한다고 생각하셨고, 그래서 누구나 쉽게 배울 수 있도록 문법을 연구하셨대.

(1) 예원이가 주시경 선생님을 본받고 싶다고 한 까닭은 무엇인지 쓰시오. [2점]

> 🐱 주시경 선생님이 한 일로 지금은 어떻게 바뀌었는지 알아보세요.

• 주시경 선생님의 노력 덕분에 지금은 ☐☐☐을 쉽게 배울 수 있기 때문이다.

(2) 주시경 선생님이 살았던 시대 상황을 쓰시오. [4점]

_____

_____

(3) 주시경 선생님이 한 일과 그 일을 한 까닭을 쓰시오. [10점]

_____

_____

2 전기문의 특성을 생각하며 다음 글을 읽고 물음에 답하시오. [16점]

> **가** 김만덕은 장사를 하면서 세 가지 원칙을 지켰다. 첫째는 이익을 적게 남기고 많이 판다. 둘째는 적당한 가격에 물건을 사고판다. 그리고 셋째는 반드시 신용을 지키고 정직한 거래를 한다. 이러한 세 가지 원칙을 철저히 지켰기 때문에 김만덕의 사업은 나날이 번창하였다.
>
> **나** '제주도 사람들을 굶어 죽게 내버려 둘 수는 없다. 내가 나서서 그들을 살려야겠다.'
>
> 김만덕은 전 재산을 들여 육지에서 곡식을 사 오게 하였다. 그 곡식은 총 오백여 석이었다.
>
> "제가 전 재산을 들여 육지에서 사들인 곡식입니다. 굶주린 사람들에게 나누어 주십시오."
>
> 제주 목사는 김만덕의 말을 듣고 깜짝 놀랐다.
>
> '양반도 아닌 상인이 피땀 흘려 모은 재산을 제주도 사람들을 구하겠다고 모두 내놓다니 정말 어진 사람이구나.'
>
> 관청 마당에는 곡식이 산더미같이 쌓여 있었다. 제주 목사는 곡식을 풀어 굶주린 사람들에게 나누어 주었다. 그리하여 제주도 사람들은 목숨을 건질 수 있었다.

(1) 글 **나**에서 김만덕이 한 일은 무엇인지 쓰시오. [6점]

_____

_____

(2) 글 **가**와 **나**에서 알 수 있는 김만덕의 가치관은 무엇인지 쓰시오. [각 5점]

① 글 **가**	
② 글 **나**	

1 다음은 어떤 인물에 대한 설명입니까? (   )

> 우리글이 있었지만 글을 읽지 못하는 사람이 대부분이었던 시대에 우리나라 최초로 국어 문법의 틀을 세웠다.

① 유관순　　　② 주시경　　　③ 정약용
④ 김만덕　　　⑤ 세종 대왕

2 전기문에서 인물의 가치관을 파악할 때 알아볼 것은 무엇입니까? (   )

① 인물의 신분　　　② 인물의 생김새
③ 인물이 한 일　　　④ 인물이 태어난 곳
⑤ 인물의 친구 이름

[3~4] 다음 글을 읽고 물음에 답하시오.

> 김만덕은 1739년에 제주도의 가난한 선비 집안에서 태어났다. 비록 가난하였으나 사랑과 정이 깊은 부모님 밑에서 자랐다. 그러나 열두 살이 되던 해에 심한 흉년과 전염병 때문에 부모님을 차례로 여의고 말았다. 친척 집을 이리저리 옮겨 다니며 살던 김만덕은 기생의 수양딸이 되었다가 스물세 살이 되던 해에 드디어 기생의 신분에서 벗어났다.
> 자유의 몸이 된 김만덕은 제주도의 포구에 객줏집을 열었다. 객줏집은 상인의 물건을 맡아 팔기도 하고 물건을 사고파는 데 흥정을 붙이기도 하며, 상인들을 먹여 주고 재워 주기도 하는 집을 말하였다.

3 김만덕에 대해 잘못 말한 것은 무엇입니까? (   )

① 제주도에서 태어났다.
② 포구에서 장사를 시작하였다.
③ 어릴 적에 친척 집에 맡겨졌다.
④ 가난한 선비 집안에서 태어났다.
⑤ 전쟁 때문에 부모님을 잃게 되었다.

4 이 글을 읽고 알 수 있는 시대 상황으로 알맞은 것은 무엇입니까? (   )

① 신분 제도가 있었다.
② 여자는 장사를 할 수 없었다.
③ 개인이 물건을 사고팔 수 없었다.
④ 전염병을 간단하게 치료할 수 있었다.
⑤ 부모를 잃은 아이들을 나라에서 돌보아 주었다.

[5~7] 다음 글을 읽고 물음에 답하시오.

> 가 김만덕은 장사를 하면서 세 가지 원칙을 지켰다. 첫째는 이익을 적게 남기고 많이 판다. 둘째는 적당한 가격에 물건을 사고판다. 그리고 셋째는 반드시 신용을 지키고 정직한 거래를 한다. 이러한 세 가지 원칙을 철저히 지켰기 때문에 김만덕의 사업은 나날이 번창하였다.
> 나 김만덕은 돈이 많다고 하여 함부로 돈을 낭비하지 않았다. 오히려 더 절약하고 검소한 생활을 하였다.
> "풍년에는 흉년을 생각하여 더욱 절약해야 돼. 어렵게 사는 사람을 생각하여 하늘의 은혜에 감사하며 검소하게 살아야 하고……."
> 김만덕은 주위 사람들에게 늘 이렇게 말하였다.

5 김만덕의 사업이 나날이 번창한 까닭은 무엇입니까?
(   )

① 싼 물건을 비싸게 팔아서
② 비싼 가격에 물건을 팔아서
③ 비싼 물건들만 골라 팔아서
④ 이익을 많이 남기고 물건을 팔아서
⑤ 신용을 지키고 정직한 거래를 해서

6 가 에서 알 수 있는 김만덕의 가치관은 무엇입니까?
(   )

① 돈을 중요시하는 마음
② 건강을 중요시하는 마음
③ 정직을 중요시하는 마음
④ 효도를 중요시하는 마음
⑤ 독서를 중요시하는 마음

7 ㉯에서 본받을 만한 김만덕의 삶은 무엇입니까?

( )

① 부모를 공경하는 삶

② 항상 배우고자 하는 삶

③ 정직하게 장사를 하는 삶

④ 나라에 충성을 다하는 삶

⑤ 절약하고 검소한 생활을 하는 삶

8 ㉠이 가리키는 것은 누구입니까? ( )

① 임금 ② 김만덕

③ 제주 목사 ④ 자신의 부모님

⑤ 육지에서 온 상인

9 이 글의 내용으로 보아 김만덕이 한 일은 무엇이겠습니까? ( )

① 제주도를 떠나 장사를 했다.

② 임금을 만나고 싶어서 전 재산을 내놓았다.

③ 관청 마당에 곡식을 쌓아 놓고 장사를 했다.

④ 금강산을 구경하게 해 달라고 임금을 졸랐다.

⑤ 전 재산을 내놓아 굶주린 제주도 사람들을 살렸다.

[8~11] 다음 글을 읽고 물음에 답하시오.

"㉠그분이 없었다면 우리는 어떻게 되었을까?"

"모두 굶어 죽었겠지. ㉠그분은 제주도 사람들의 은인이야."

제주도 사람들은 모이기만 하면 김만덕의 업적과 어진 덕을 칭찬하였다. 제주 목사는 임금에게 김만덕의 행동을 칭찬하는 글을 올렸다. 임금은 제주 목사의 편지를 받고 눈이 화등잔만 해졌다.

"제주도에 사는 여인이 전 재산을 내놓아 굶주린 사람들을 살렸다고? 참으로 고마운 일이로구나. 김만덕의 소원을 들어주도록 하여라."

제주 목사가 김만덕에게 소원을 묻자, 김만덕은 임금의 용안을 뵙는 것과 금강산 구경을 말하였다. 임금은 김만덕에게 벼슬을 내려 임금을 만날 수 있게 해 주었다. 양민의 신분으로는 임금을 만날 수 없었기 때문이다. 그리고 제주도 여자는 제주도를 떠날 수 없었던 그 당시의 규범을 깨고 김만덕에게 금강산을 구경하도록 해 주었다.

김만덕은 일 년여 동안 서울에서 지낸 뒤에 다시 고향 제주도로 돌아왔다. 그리고 예전과 다름없이 장사를 하며 어려운 사람들을 도왔다. 김만덕은 자신만 풍요롭게 살기보다는 자신이 가진 것을 사람들과 나누며 함께 살았다. 김만덕의 삶은 이웃과 더불어 살며 나누고 베푸는 따뜻한 마음이 무엇인지 우리에게 잘 보여 준다.

10 임금이 김만덕에게 벼슬을 내린 까닭은 무엇입니까?

( )

① 금강산을 여행하려면 벼슬을 해야 해서

② 양민의 신분으로는 임금을 만날 수 없어서

③ 여자가 제주도를 떠나려면 벼슬을 해야 해서

④ 제주 목사가 김만덕에게 벼슬을 내려 달라고 간청해서

⑤ 김만덕이 전 재산을 내놓으며 벼슬을 하고 싶다고 말해서

11 이 글을 읽고 김만덕에 대하여 잘못 말한 것은 어느 것입니까? ( )

① 김만덕은 서울에서 일 년 정도 지냈다.

② 김만덕의 소원은 임금을 만나는 것과 금강산을 구경하는 것이었다.

③ 서울을 다녀온 김만덕은 제주도로 돌아와 예전과 다른 생활을 했다.

④ 김만덕이 한 일에서 가진 것을 나누고 베푸는 삶을 살았다는 것을 알 수 있다.

⑤ 김만덕이 여자는 제주도를 떠날 수 없다는 당시의 규범을 깬 것으로 보아 도전하는 가치관을 지녔다는 것을 알 수 있다.

[12~14] 다음 글을 읽고 물음에 답하시오.

가 열다섯 살 때, 아버지를 따라 한양으로 간 정약용은 많은 사람을 만나 학문을 배우고 익혔어요. 훗날 정약용에게 큰 영향을 준 이익의 책을 처음 본 것도 이즈음이었지요. 그때까지 정약용은 사람이 바르게 사는 도리를 따지는 성리학을 주로 공부했어요. 그런데 이익이 사물에 폭넓게 관심을 두고 해박한 지식을 쌓은 것을 보면서 정약용의 생각도 조금씩 달라졌어요. 백성이 잘 사는 데 도움이 되는 실학에 관심을 갖게 된 거예요.

나 1792년 진주 목사로 있던 정약용의 아버지가 돌아가셨어요. 정약용은 벼슬을 그만두고 아버지의 무덤을 지키는 '시묘살이'를 했어요. 조선 시대에는 부모님이 돌아가시면 삼 년간 그 무덤 앞에 움막을 짓고 살면서 부모님의 명복을 빌었거든요.

하지만 정조는 시묘를 살던 정약용을 가만히 내버려 두지 않았어요. 그즈음 정조는 수원에 성을 크게 쌓을 계획을 세우고 있었어요. 정조는 정약용에게 책을 보내며 좋은 방법을 생각해 보라고 했어요.

"수원에 새로이 성을 지으려 하네. 성을 짓는 데 드는 돈을 줄이면서 백성의 수고도 덜 수 있는 방법을 찾아보게."

12 다음 정약용에 대한 설명 중 알맞지 <u>않은</u> 것은 무엇입니까? ( )

① 열다섯 살 때 한양으로 왔다.
② 1792년에 아버지가 돌아가셨다.
③ 성리학에 대해 더욱더 열심히 공부하였다.
④ 이익의 책은 정약용에게 큰 영향을 끼쳤다.
⑤ 백성이 잘 사는 데 도움이 되는 실학에 관심을 갖게 되었다.

13 성을 지으려 할 때 정조가 정약용에게 무엇을 찾아보라고 하였습니까? ( )

① 성을 빨리 짓는 방법
② 성을 튼튼하게 짓는 방법
③ 성을 짓는 데 드는 돈을 모을 수 있는 방법
④ 성을 짓는 데 백성을 많이 동원할 수 있는 방법
⑤ 성을 짓는 데 드는 돈을 줄이면서 백성의 수고도 덜 수 있는 방법

14 이 글을 읽고 알 수 있는 시대 상황으로 알맞은 것은 무엇입니까? ( )

① 관리가 되려면 학교에 갔다.
② 벼슬은 누구나 할 수 있었다.
③ 양반보다 백성이 더 편안하게 살았다.
④ 부모님이 돌아가시면 시묘살이를 했다.
⑤ 성리학보다 실학을 더 중요하게 여겼다.

[15~16] 다음 글을 읽고 물음에 답하시오.

정약용은 정조가 보내 준 책들을 꼼꼼히 읽으며 고민에 빠졌어요. 정약용이 생각하기에 성을 쌓을 때 가장 큰 문제는 돌을 옮기는 일이었어요. 힘을 덜 들이고 크고 무거운 돌을 옮길 방법을 찾던 정약용은 서른한 살 되던 해, 마침내 ㉠거중기를 만들었어요. 도르래의 원리를 이용해 작은 힘으로도 무거운 물건을 들 수 있도록 만든 기계였지요.

거중기 덕분에 백성은 성을 짓는 일에 자주 나오지 않아도 되어 마음 편히 농사를 지을 수 있었어요. 나라에서도 성을 짓는 데 드는 비용을 크게 줄일 수 있었어요. 정약용 덕분에 나라 살림도 아끼고 백성의 수고도 덜게 된 거예요.

15 정약용은 성을 쌓을 때 가장 큰 문제가 무엇이라고 생각하였습니까? ( )

① 땅을 파는 일   ② 돌을 옮기는 일
③ 나무를 베는 일   ④ 기와를 굽는 일
⑤ 일할 사람을 모으는 일

단원 평가

16 ⊙의 효과로 알맞은 것은 무엇입니까? (   )

① 나라의 살림을 아낄 수 있었다.
② 관청을 더 짓지 않아도 되었다.
③ 신하들의 재산을 지킬 수 있었다.
④ 세금을 전혀 내지 않아도 되었다.
⑤ 백성을 전혀 동원하지 않아도 되었다.

6
단원

진도 완료
체크

[17~20] 다음 글을 읽고 물음에 답하시오.

가 1887년 3월 3일은 헬렌 켈러의 생애에서 가장 중요한 날입니다. 헬렌의 운명을 바꾸어 놓은 앤 설리번 선생님을 만난 날이기 때문입니다. 헬렌은 여덟 살 때 설리번 선생님을 만난 것입니다.

나 잠시 후 헬렌이 앤에게 다가왔습니다. 그러더니 손으로 이 낯선 사람을 만지기 시작했습니다. 얼굴을 만지고 코와 입과 먼지 묻은 옷을 차례로 만지는 것이었습니다. 앤은 헬렌의 손이 곧 눈이라는 것을 바로 알아차렸습니다. 이 손을 통해 헬렌에게 새로운 세계를 열어 주어야 할 일이 앤에게 맡겨진 것입니다.

다 앤 선생님에게 ⊙ 새로운 생각이 번쩍 떠올랐습니다. 헬렌은 펌프 주변의 마당에서 노는 것을 좋아했는데, 펌프를 이용해 '물'이라는 낱말의 관계를 실감 나게 알게 해 줄 수 있지 않을까 하는 생각이 들었습니다. 선생님은 헬렌의 손을 잡고 펌프가로 데리고 갔습니다. 펌프로 물을 올리자 헬렌의 손바닥으로 시원한 물이 쏟아져 내렸습니다. 선생님은 헬렌의 손바닥에 처음에는 천천히, 나중에는 빨리 'w-a-t-e-r'라고 거듭 써 주었습니다. 그러자 헬렌의 얼굴이 환히 빛났습니다. 그 순간 헬렌은 자기 손에 쏟아지는 물을 나타내는 낱말이 'water'이고, 세상의 모든 것은 각각 이름을 가지고 있다는 것을 비로소 깨닫게 된 것입니다. 마침내 헬렌의 앞에 빛의 세계가 열렸습니다. 헬렌은 배우고 싶다는 뜨거운 마음이 생겼습니다. 헬렌은 아침에 일찍 일어나자마자 글자를 쓰기 시작해 하루 종일 글을 쓰고는 했습니다. 결국 헬렌은 글자를 통해 다른 사람에게 자기 생각을 전할 수 있게 되었습니다.

17 이 글에서 헬렌에게 일어난 일이 <u>아닌</u> 것은 무엇입니까? (   )

① 헬렌의 손바닥 위로 물이 쏟아져 내렸다.
② 헬렌은 손으로 앤 선생님의 얼굴을 만졌다.
③ 1887년 3월 3일에 처음으로 앤 선생님을 만났다.
④ 헬렌은 세상의 모든 것은 이름이 있다는 것을 깨달았다.
⑤ 앤 선생님을 처음 만난 날에 헬렌은 계속해서 앤 선생님을 피해 다녔다.

18 글 **나** 에서 앤 선생님은 헬렌의 무엇이 곧 눈이라는 것을 알아차렸습니까? (   )

① 코   ② 입   ③ 귀
④ 손   ⑤ 발

19 ⊙이 뜻하는 것으로 알맞은 것은 무엇입니까?
(   )

① 헬렌에게 바느질을 가르쳐 줄 생각
② 헬렌에게 물 긷는 방법을 알려 줄 생각
③ 헬렌이 무서움을 이겨내는 방법을 알려 줄 생각
④ 헬렌에게 펌프를 이용해 사물과 이름의 관계를 알려 줄 생각
⑤ 헬렌이 낯선 사람에게 다정하게 다가가는 방법을 알려 줄 생각

20 이 글을 읽고 헬렌에게 본받을 점은 무엇입니까?
(   )

① 물과 같은 자원을 아껴 쓰는 점
② 다른 사람에게 다정하게 대하는 점
③ 힘들어도 포기하지 않고 노력한 점
④ 노래 부르기와 책 읽기를 좋아한 점
⑤ 장애를 가졌지만 부모님께 효도하는 점

· 답안 입력하기   · 평가 분석표 받기

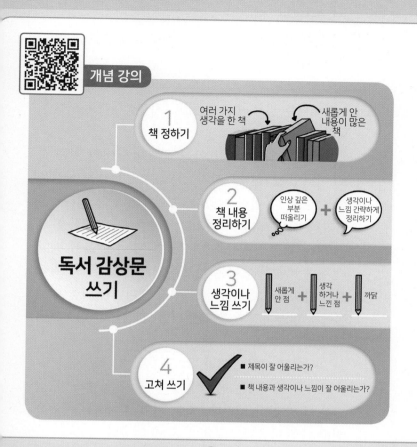

✻ 강의를 들으며 중요한 내용을 메모하세요

● 독서 감상문에 들어가는 내용은?

● 독서 감상문을 쓰는 방법은?

● 독서 감상문을 쓰면 좋은 점은?

● 글에서 감동받은 부분을 찾는 방법은?

7
단원

개념 확인하기 정답에 ✔표를 하시오.

정답 35쪽

1 독서 감상문에 들어가는 내용이 <u>아닌</u> 것은 어느 것입니까?

  ㉠ 책 내용 ☐

  ㉡ 책을 읽은 동기 ☐

  ㉢ 도서관에서 책이 꽂혀 있는 위치 ☐

2 독서 감상문을 쓰면 좋은 점이 <u>아닌</u> 것은 어느 것입니까?

  ㉠ 내가 읽은 책 내용을 모두 기억할 수 있다. ☐

  ㉡ 읽은 책 내용을 다시 한번 생각할 수 있다. ☐

  ㉢ 글을 읽고 느낀 감동을 다른 사람과 나눌 수 있다. ☐

3 글을 읽고 감동받은 부분에 대한 생각이나 느낌을 쓸 때 무엇과 연관 지어 써야 합니까?

  ㉠ 친구의 생각 ☐   ㉡ 자신의 경험 ☐

4 독서 감상문을 쓸 때 생각이나 느낌을 쓰는 방법으로 알맞은 것은 어느 것입니까?

  ㉠ 까닭은 쓰지 않는다. ☐

  ㉡ 친구와 같은 생각을 쓴다. ☐

  ㉢ 새롭게 알게 된 점을 쓴다. ☐

5 책을 읽고 느낀 감동을 생각이나 느낌이 잘 드러나게 짧은 말로 표현한 것은 어떤 형식의 독서 감상문입니까?

  ㉠ 시 ☐   ㉡ 편지 ☐   ㉢ 일기 ☐

연습 🐱 도움말을 참고하여 내 생각을 차근차근 써 보세요.

1 다음 독서 감상문을 읽고 물음에 답하시오. [10점]

가 학교 도서관에서 책을 고르다가 『세시 풍속』이라는 책을 읽었습니다. 이 책은 우리 조상이 농사일로 고된 일상 속에서 빼먹지 않고 지켜 오던 일 년의 세시 풍속을 담은 책입니다.

나 책은 계절의 차례대로 봄, 여름, 가을, 겨울의 세시 풍속을 소개했습니다. 지금 계절이 겨울이므로 겨울 부분부터 읽어 보았습니다. 겨울의 세시 풍속 가운데에서 인상 깊었던 것은 동지의 풍속입니다.

다 『세시 풍속』을 읽고 나니 조상의 지혜를 더 잘 알 수 있었습니다. 계절의 변화 하나하나에 의미를 부여하고 삶을 즐겁게 보내려는 마음을 듬뿍 느꼈습니다.

(1) 『세시 풍속』은 어떤 내용의 책인지 쓰시오. [2점]

🐱 책 내용을 알 수 있는 문장에 밑줄을 긋고 그 내용을 정리해 보세요.

• 우리 조상이 일상 속에서 지켜 오던 일 년의

　　　　　　　　　을 담은 책이다.

(2) 이 글의 내용을 다음에 맞게 쓰시오. [각 4점]

🐱 **가**~**다**에 어떤 내용이 들어 있는지 생각해 보세요.

① 책을 읽은 동기	
② 책을 읽고 생각하거나 느낀 점	

2 감동받은 부분을 생각하며 다음 글을 읽고 물음에 답하시오. [20점]

　　어머니는 발로 이슬을 털고, 지겟작대기로 이슬을 털었다.

　　그런다고 뒤따라가는 아들 교복 바지가 안 젖는 것도 아니었다. 신작로까지 십오 분이면 넘을 산길을 삼십 분도 더 걸려 넘었다. 어머니의 옷도, 그 뒤를 따라간 내 옷도 흠뻑 젖었다. 어머니는 고무신을 신고 나는 검은색 운동화를 신었다. 걸음을 옮길 때마다 물에 빠졌다가 나온 것처럼 시커먼 땟국물이 찔꺽찔꺽 발목으로 올라왔다. 그렇게 어머니와 아들이 무릎에서 발끝까지 옷을 흠뻑 적신 다음에야 신작로에 닿았다.

　　"자, 이제 이걸 신어라."

　　거기서 어머니는 품속에 넣어 온 새 양말과 새 신발을 내게 갈아 신겼다. 학교 가기 싫어하는 아들을 위해 아주 마음먹고 준비해 온 것 같았다.

　　"앞으로는 매일 털어 주마. 그러니 이 길로 곧장 학교로 가. 중간에 다른 데로 새지 말고."

　　그 자리에서 울지는 않았지만, 왠지 눈물이 날 것 같았다.

　　"아니, 내일부터 나오지 마. 나 혼자 갈 테니까."

(1) 어머니가 아들 앞에 서서 이슬을 털며 산길을 걸은 까닭은 무엇일지 쓰시오. [4점]

_____

_____

(2) 이 글을 읽고 감동받은 부분과 그 까닭을 쓰시오.

[각 8점]

① 감동받은 부분	② 그 까닭

1 책 목록에서 다음과 같은 책 내용을 썼다면 책 제목은 무엇입니까? (　　　)

> 옥황상제 때문에 은하수를 사이에 두고 만나지 못하는 견우와 직녀 이야기

① 심청전
② 춘향전
③ 홍길동전
④ 견우와 직녀
⑤ 해와 달이 된 오누이

2 『이순신 위인전』을 읽고 책의 내용을 설명하는 것 중 알맞지 <u>않은</u> 것은 무엇입니까? (　　　)

① 조선 시대의 장군이다.
② 나라를 구한 영웅이다.
③ 행주산성 전투가 유명하다.
④ 거북 모양의 배를 만들었다.
⑤ 적은 수의 군사로 많은 적을 물리쳤다.

3 예지는 자신이 읽은 『심청전』의 무엇에 대해 이야기하였습니까? (　　　)

> 예지: 『심청전』에서 어린 딸이 공양미 삼백 석에 팔려 가는 모습을 보며 울부짖는 아버지를 보면서 너무 안타까웠어.
> 진규: 『세종 대왕 위인전』에서……

① 인물의 생각
② 인물이 살던 시기
③ 책을 읽고 느낀 점
④ 사건이 일어난 장소
⑤ 인물이 좋아하는 것

[4~7] 다음 글을 읽고 물음에 답하시오.

> **가** 학교 도서관에서 책을 고르다가 『세시 풍속』이라는 책을 읽었습니다. 이 책은 우리 조상이 농사일로 고된 일상 속에서 빼먹지 않고 지켜 오던 일 년의 세시 풍속을 담은 책입니다.
>
> **나** 책은 계절의 차례대로 봄, 여름, 가을, 겨울의 세시 풍속을 소개했습니다. 지금 계절이 겨울이므로 겨울 부분부터 읽어 보았습니다. 겨울의 세시 풍속 가운데에서 인상 깊었던 것은 동지의 풍속입니다.
>
> **다** 동지는 음력 십일월인데, 세시 풍속으로 팥죽을 끓여 먹습니다. 얼마 전에 학교에서 팥죽이 나온 것이 떠올라 반가워서 읽었습니다. 동짓날이 그냥 팥죽을 먹는 날인 줄만 알았는데 생각보다 재미있는 이야기가 얽혀 있었습니다. 옛날 사람들은 병을 옮기는 나쁜 귀신이 팥을 싫어한다고 믿었답니다. 그래서 동지에 팥으로 죽을 만들어 귀신이 못 오게 집 앞에 뿌렸답니다. 이 일에서 동지에 팥죽 먹는 풍습이 생겼답니다.
>
> 이런 재미있는 이야기를 지닌 동지는 낮이 길어지기 시작하는 날로, 사람들은 이날부터 태양의 기운이 다시 살아난다고 생각했다고 합니다. 동지가 밤이 가장 길고 낮이 가장 짧은 날이라고만 생각했는데, 우리 조상은 태양의 기운이 다시 살아나면서 낮이 길어지는 것이라고 생각한 점이 인상 깊었습니다. 그래서 한 가지를 볼 때 여러 가지 시각으로 봐야겠다고 생각했습니다.
>
> **라** 『세시 풍속』을 읽고 나니 조상의 지혜를 더 잘 알 수 있었습니다. 계절의 변화 하나하나에 의미를 부여하고 삶을 즐겁게 보내려는 마음을 듬뿍 느꼈습니다.

4 글쓴이가 책을 읽은 동기는 무엇입니까? (　　　)

① 친구가 추천해서
② 책 읽기 숙제여서
③ 책을 선물 받아서
④ 책 표지가 예뻐서
⑤ 도서관에서 책을 고르다가

5 글쓴이가 책에서 세시 풍속인 동지 부분을 읽었을 때 반가운 마음이 든 까닭은 무엇입니까? (   )

① 동지가 겨울이어서
② 글쓴이가 팥죽을 좋아해서
③ 가족이 유난히 팥죽을 좋아해서
④ 동지에 대한 어린 시절의 추억이 있어서
⑤ 얼마 전에 학교에서 팥죽이 나온 것이 떠올라서

6 이 책을 읽고 알 수 있는 내용으로 알맞지 <u>않은</u> 것은 무엇입니까? (   )

① 동짓날에 팥죽을 먹는 유래가 있다.
② 동지는 음력 십일월의 세시 풍속이다.
③ 팥죽 먹기는 농사가 잘되기를 바라는 마음에서 지켰다.
④ 우리 조상은 계절의 변화 하나하나에 의미를 부여하였다.
⑤ 우리 조상은 동짓날을 태양의 기운이 회복되는 날이라고 생각했다.

7 이 독서 감상문에 제목을 붙이는 방법을 <u>잘못</u> 설명한 것은 무엇입니까? (   )

① 글쓴이를 알 수 있게 붙인다.
② 인상 깊은 장면이 잘 드러나게 붙인다.
③ 책을 읽고 생각한 점이 잘 드러나게 붙인다.
④ 독서 감상문의 형식이 돋보이게 제목을 붙인다.
⑤ 『세시 풍속』이라는 책의 제목이 드러나게 붙인다.

[8~12] 다음 글을 읽고 물음에 답하시오.

가 ㉠"자, 여기서부터는 네가 가방을 들어라."

나는 어머니가 내가 학교에 가기 싫어하니 중간에 학교로 가지 않고 다른 길로 샐까 봐 신작로까지 데려다주는 것으로 생각했다.

"너는 뒤따라오너라."

거기에서부터는 이슬받이였다. 사람 하나 겨우 다닐 좁은 산길 양옆으로 풀잎이 우거져 길 한가운데로 늘어져 있었다.

나 어머니는 내게 가방을 넘겨준 다음 내가 가야 할 산길의 이슬을 털어 내기 시작했다. 어머니의 일 바지 자락이 이내 아침 이슬에 흥건히 젖었다. 어머니는 발로 이슬을 털고, 지겟작대기로 이슬을 털었다.

그런다고 뒤따라가는 아들 교복 바지가 안 젖는 것도 아니었다. 신작로까지 십오 분이면 넘을 산길을 삼십 분도 더 걸려 넘었다. 어머니의 옷도, 그 뒤를 따라간 내 옷도 흠뻑 젖었다.

다 그렇게 어머니와 아들이 무릎에서 발끝까지 옷을 흠뻑 적신 다음에야 신작로에 닿았다.

"자, 이제 ㉡이걸 신어라."

거기서 어머니는 품속에 넣어 온 새 양말과 새 신발을 내게 갈아 신겼다.

라 다음 날도 그다음 날도 어머니가 매일 이슬을 털어 준 것은 아니었다. 그러나 어떤 날 가끔 어머니는 그렇게 아들 학굣길에 이슬을 털어 주었다. 또 새벽처럼 일어나 그 길의 이슬을 털어놓고 올 때도 있었다.

어른이 된 지금도 나는 그렇게 생각한다. ㉢그때 어머니가 이슬을 털어 주신 길을 걸어 지금 내가 여기까지 왔다고.

8 이 글에 대한 설명으로 알맞은 것은 무엇입니까?

(   )

① 의견이 강하게 드러나 있는 글이다.
② 자신의 감정을 짧은 말로 표현한 글이다.
③ 어떤 사실에 대해 설명하고 있는 글이다.
④ 어릴 적 경험을 감동적으로 그려낸 글이다.
⑤ 어떤 인물의 한평생을 사실에 근거하여 쓴 글이다.

9 아들을 학교에 보내기 위해 어머니가 한 것은 무엇입니까? (　　　)

① 학교에 잘 다니도록 아들을 설득했다.
② 아들의 손을 잡고 학교까지 데려다주었다.
③ 아들의 가방을 신작로까지 들어다 주었다.
④ 이슬을 털며 아들의 앞에 서서 산길을 걸었다.
⑤ 아들의 옷이 젖지 않도록 아들을 업고 산길을 걸었다.

10 어머니가 ㉠처럼 한 이유는 무엇입니까? (　　　)

① 아들이 원해서
② 산길을 쉽게 오르기 위해
③ 목적지에 다 왔기 때문에
④ 가방을 드는 것이 힘이 들어서
⑤ 지겟작대기로 이슬을 털기 위해

11 ㉡이 가리키는 것은 무엇입니까? (　　　)

① 가방　　　　　② 장화
③ 새 옷　　　　　④ 지겟작대기
⑤ 새 양말과 새 신발

12 ㉢에서 글쓴이가 가질 수 있는 마음으로 알맞은 것은 무엇입니까? (　　　)

① 신나는 마음　　　② 분노하는 마음
③ 미워하는 마음　　④ 감사해하는 마음
⑤ 어리둥절해하는 마음

[13~15] 다음 글을 읽고 물음에 답하시오.

가 "엄마, 물이 마당까지 들어와요."
둥근달이 떠오르는 보름이 되자 바닷물이 마당으로 들이닥쳤어.
"바닷물이 불어나서 큰일이구나!"
물은 자꾸만 불어났어. 투발루는 안절부절못하더니 나무 위로 올라갔지.

나 "아빠, 바닷물이 왜 자꾸 불어나요?"
로자가 파란 바다를 보며 나직이 물었어.
"지구가 더워져서 빙하가 녹아내리고 있거든. 그래서 바닷물이 불어나는 거야."
"바다가 저렇게 넓은데 빙하가 녹는다고 물이 불어나요?"
"엄청나게 큰 빙하가 녹아내리니까 불어날 수밖에……."

다 "로자야, 투발루는 할아버지한테 맡기고 가자!"
로자는 깜짝 놀랐어.
"아빠, 투발루를 두고 갈 수는 없어요. 그럼 나도 안 갈 거예요!"
"다른 나라에 가면 지금보다 훨씬 힘들게 살 거야. 그러니까 투발루를 할아버지한테 맡기고 가자."
"싫어요. 절대로 안 돼요! 투발루는 수영을 못하니까 물이 불어나면 물에 빠져 죽을 거예요. 꼭 데려가야 해요. 아빠, 투발루도 데리고 가요! 네?"
로자는 아빠의 팔에 매달리며 애원했어.
"그럼 어쩔 수 없구나."

13 글 **가**에서 일어난 일은 무엇입니까? (　　　)

① 고양이 투발루가 수영을 했다.
② 고양이 투발루를 할아버지에게 맡겼다.
③ 바닷물이 로자네 집 마당까지 들어왔다.
④ 날이 흐려서 하늘의 달이 보이지 않았다.
⑤ 수도가 고장 나서 욕실에 물이 넘쳐 흘렀다.

14 글 ❹에서 로자가 이해할 수 없는 것은 무엇입니까?
( )

① 지구가 더워지는 것
② 사람들이 환경을 오염시키는 것
③ 지구가 더워져서 빙하가 녹는 것
④ 빙하가 녹는다고 바닷물이 불어나는 것
⑤ 바닷물이 불어나서 이사를 가야 하는 것

15 글 ❹에서 로자가 고양이 투발루를 데려가야 한다고 한 까닭은 무엇입니까? ( )

① 고양이는 더운 것을 좋아해서
② 할아버지가 고양이를 싫어해서
③ 고양이 투발루가 수영을 못해서
④ 고양이 투발루에게 수영을 배워야 해서
⑤ 고양이를 데리고 있으면 빙하가 녹지 않아서

7
단원

진도 완료
체크

[16~20] 다음 글을 읽고 물음에 답하시오.

"투발루다!"
그 순간 창밖으로 멀리 콩알만 하게 투발루가 보였어. 로자는 안전띠를 풀려고 했어. 하지만 그럴 수 없었어.
"로자야, 안 돼! 비행기는 이미 출발했잖아. 멈출 수 없어!"
로자는 창밖으로 작아지는 투발루를 보며 후회하고 또 후회했지.
"투발루에게 수영을 가르칠 걸 그랬어!"
"로자야, 사람들이 환경을 오염시키지 않으면 다시 투발루에 돌아올 수 있을 거야."
아빠의 말을 들으며 로자는 간절히 빌었어.
"저는 투발루에서 투발루와 함께 살고 싶어요. 제발 도와주세요!"

16 어디에서 일어난 일입니까? ( )

① 비행기 안   ② 로자의 방
③ 야자나무 숲   ④ 로자의 집 마당
⑤ 로자의 할아버지 댁

17 로자는 어떤 후회를 하였습니까? ( )

① 비행기를 타지 말걸.
② 투발루에 돌아오지 말걸.
③ 환경을 오염시키지 말걸.
④ 고양이 투발루를 기르지 말걸.
⑤ 고양이 투발루에게 수영을 가르칠걸.

18 로자의 바람은 무엇입니까? ( )

① 수영 대회에서 상을 받는 것
② 비행기를 타고 여행을 하는 것
③ 고양이가 아닌 강아지를 키우는 것
④ 고양이 투발루와 함께 수영을 하는 것
⑤ 투발루에서 고양이 투발루와 함께 사는 것

19 로자네 가족이 투발루섬에 돌아올 수 있는 방법은 무엇입니까? ( )

① 사람들이 성금을 보내 주어야 한다.
② 비행기 표를 살 돈을 마련해야 한다.
③ 사람들이 바닷물을 많이 사용해야 한다.
④ 사람들이 환경을 오염시키지 않아야 한다.
⑤ 투발루의 국민들이 모두 부자가 되어야 한다.

20 이 글을 읽고 생각이나 느낌을 표현하는 형식으로 알맞지 않은 것은 무엇입니까? ( )

① 동물을 보호하자고 설득하는 글 쓰기
② 고양이 투발루에게 하고 싶은 말을 편지로 쓰기
③ 고양이 투발루와 헤어지는 로자의 마음을 시로 표현하기
④ 고양이 투발루와 로자가 헤어지는 장면을 만화로 표현하기
⑤ 내가 만약 로자라면 어떤 생각이 들었을지 일기로 표현하기

· 답안 입력하기   · 평가 분석표 받기

* 강의를 들으며 중요한 내용을 메모하세요!

● 의견이 적절한지 판단해야 하는 까닭은?

● 글쓴이의 의견을 평가하는 방법은?

● 자신의 의견이 드러나게 글을 쓰는 방법은?

8
단원

개념 확인하기 정답에 ✔표를 하시오.

정답 37쪽

1 의견이 적절한지 판단해야 하는 까닭으로 알맞지 <u>않은</u> 것은 무엇입니까?

ㄱ 사람마다 생각이 다르기 때문이다. ☐

ㄴ 다른 사람의 의견은 항상 옳기 때문이다. ☐

ㄷ 잘못된 의견을 따르면 문제를 해결하지 못할 수도 있기 때문이다. ☐

2 글쓴이의 의견을 평가하는 방법으로 알맞지 <u>않은</u> 것은 무엇입니까?

ㄱ 의견이 주제와 관련 있는지 살펴본다. ☐

ㄴ 의견과 뒷받침 내용이 상상인지 확인한다. ☐

ㄷ 뒷받침 내용이 믿을 만한지 확인한다. ☐

3 글을 읽고 글쓴이의 의견을 평가할 때 기준이 되는 것은 무엇입니까?

ㄱ 의견의 적절성 ☐

ㄴ 내용의 창의성 ☐

ㄷ 문제의 심각성 ☐

4 자신의 의견이 드러나게 글을 쓸 때 무엇을 정리해야 합니까?

ㄱ 선생님의 말씀 ☐

ㄴ 학교 친구들의 생각 ☐

ㄷ 자신의 의견과 뒷받침 내용 ☐

연습 🦉 도움말을 참고하여 내 생각을 차근차근 써 보세요.

1 의견이 적절한지 판단해야 하는 까닭을 생각하며 다음 글을 읽고 물음에 답하시오. [8점]

시장에 거의 다다랐을 때, 그 모습을 본 청년이 말했어요.

"불쌍한 당나귀! 이 더운 날 두 명이나 태우고 가느라 힘이 다 빠졌네. 나라면 당나귀를 메고 갈 텐데."

청년의 말을 듣고 보니 그런 것 같았어요.

'그래, 이대로 가다가는 시장에 가기도 전에 당나귀가 지쳐 쓰러져 버릴 거야.'

둘은 당나귀에서 내렸어요. 그러고 나서 아버지는 당나귀의 앞발을, 아이는 뒷발을 각각 어깨에 올렸지요.

이제 외나무다리 하나만 건너면 시장이에요.

"으히힝."

그때 당나귀가 버둥거리는 바람에 두 사람은 그만 당나귀를 놓치고 말았답니다. 강에 빠진 당나귀는 물살에 떠내려가고 말았어요.

"다른 사람의 말만 듣다가 결국 귀한 당나귀를 잃고 말았구나!"

(1) 청년의 의견은 무엇인지 쓰시오. [4점]

> 🦉 청년이 아버지와 아이에게 한 말을 살펴보세요.

(   )

(2) 아버지와 아이의 행동이 적절한지 판단하여 쓰시오. [4점]

> 🦉 아버지와 아이가 당나귀를 잃고 후회하게 된 까닭을 생각해 보세요.

2 글쓴이의 의견을 평가하는 방법을 생각하며 다음 글을 읽고 물음에 답하시오. [8점]

바람직한 독서 방법은 도서관의 편의 시설을 늘리는 것입니다. 휴게실을 많이 만들면 편안히 쉴 수 있습니다. 체육관이 생기면 운동을 자주 할 수 있습니다. 컴퓨터를 많이 설치하면 인터넷을 쉽게 이용할 수 있습니다. 이와 같이 올바른 독서 방법은 도서관의 편의 시설을 늘리는 것입니다.

(1) 글쓴이의 의견과 뒷받침 내용을 정리하여 쓰시오. [4점]

의견	바람직한 독서 방법은 ① _____
뒷받침 내용	• 휴게실을 많이 만들면 편안히 쉴 수 있다. • ② _____ • 컴퓨터를 많이 설치하면 인터넷을 쉽게 이용할 수 있다.

(2) 글쓴이의 의견이 적절한지 **조건** 의 판단 기준에 따라 평가하여 쓰시오. [4점]

> **조건**
> 의견은 주제와 관련 있는가?

[1~4] 다음 글을 읽고 물음에 답하시오.

가 아버지와 아이가 당나귀를 끌고 시장에 가고 있었어요. 아버지와 아이는 땀을 뻘뻘 흘렸어요. 그 모습을 본 농부가 비웃으며 말했어요.

"쯧쯧, 당나귀를 타고 가면 될 걸 저렇게 미련해서야……"

농부의 말을 듣고 보니 정말 그렇지 않겠어요?

'맞아, 당나귀는 원래 짐을 싣거나 사람을 태우는 동물이잖아.'

아버지는 당장 아이를 당나귀에 태웠어요.

나 그렇게 한참을 가는데 한 노인이 호통을 쳤어요.

"아버지는 걷게 하고 자기는 편하게 당나귀를 타고 가다니. 요즘 아이들이란 저렇게 버릇이 없단 말이지!"

노인의 말을 듣고 보니 정말 그렇지 않겠어요?

아이는 얼른 당나귀에서 내리고 아버지를 태웠어요.

다 시장에 거의 다다랐을 때, 그 모습을 본 청년이 말했어요.

"불쌍한 당나귀! 이 더운 날 두 명이나 태우고 가느라 힘이 다 빠졌네. 나라면 당나귀를 메고 갈 텐데."

청년의 말을 듣고 보니 그런 것 같았어요.

'그래, 이대로 가다가는 시장에 가기도 전에 당나귀가 지쳐 쓰러져 버릴 거야.'

둘은 당나귀에서 내렸어요. 그러고 나서 ㉠아버지는 당나귀의 앞발을, 아이는 뒷발을 각각 어깨에 올렸지요.

라 이제 외나무다리 하나만 건너면 시장이에요.

"으히힝."

그때 당나귀가 버둥거리는 바람에 두 사람은 그만 당나귀를 놓치고 말았답니다. 강에 빠진 당나귀는 물살에 떠내려가고 말았어요.

"다른 사람의 말만 듣다가 결국 귀한 당나귀를 잃고 말았구나!"

아버지와 아이는 뒤늦게 후회했지만 아무 소용이 없었답니다.

1 아버지와 아이가 농부의 의견을 받아들인 까닭은 무엇입니까? ( )

① 당나귀는 몸이 약하기 때문이다.

② 당나귀는 탈 수 없는 동물이기 때문이다.

③ 당나귀는 물을 많이 먹는 동물이기 때문이다.

④ 당나귀는 밭을 갈 때 이용하는 동물이기 때문이다.

⑤ 당나귀는 원래 짐을 싣거나 사람을 태우는 동물이기 때문이다.

2 노인의 의견을 아이가 받아들인 까닭으로 알맞은 것은 무엇입니까? ( )

① 아버지가 아이보다 잘났기 때문이다.

② 어른인 아버지가 우선이기 때문이다.

③ 아이는 아버지를 좋아하기 때문이다.

④ 아이는 아버지를 싫어하기 때문이다.

⑤ 아버지는 아이를 사랑하기 때문이다.

3 청년의 의견으로 알맞은 것은 무엇입니까? ( )

① 당나귀를 타고 가야 한다.

② 당나귀를 끌고 가야 한다.

③ 힘이 빠진 당나귀를 메고 가야 한다.

④ 아버지 대신 아이가 타고 가야 한다.

⑤ 아이 대신 아버지가 당나귀를 타고 가야 한다.

4 아버지와 아이는 누구의 말을 듣고 ㉠과 같이 행동했습니까? ( )

① 농부　　② 노인　　③ 아낙

④ 청년　　⑤ 소녀

[5~6] 다음 글을 읽고 물음에 답하시오.

"불쌍한 당나귀! 이 더운 날 두 명이나 태우고 가느라 힘이 다 빠졌네. 나라면 당나귀를 메고 갈 텐데."
청년의 말을 듣고 보니 그런 것 같았어요.
'그래, 이대로 가다가는 시장에 가기도 전에 당나귀가 지쳐 쓰러져 버릴 거야.'
둘은 당나귀에서 내렸어요. 그러고 나서 아버지는 당나귀의 앞발을, 아이는 뒷발을 각각 어깨에 올렸지요. / 이제 외나무다리 하나만 건너면 시장이에요.
"으히힝." / 그때 당나귀가 버둥거리는 바람에 두 사람은 그만 당나귀를 놓치고 말았답니다. 강에 빠진 당나귀는 물살에 떠내려가고 말았어요.
"다른 사람의 말만 듣다가 결국 귀한 당나귀를 잃고 말았구나!"
㉠ 아버지와 아이는 뒤늦게 후회했지만 아무 소용이 없었답니다.

5 ㉠에서 아버지와 아이가 후회한 것은 무엇입니까?
( )

① 다른 사람의 말만 들은 것
② 시장에 빨리 오지 않은 것
③ 당나귀를 끌고 시장에 온 것
④ 다른 사람의 말을 듣지 않은 것
⑤ 당나귀에게 먹이를 주지 않은 것

6 아버지와 아이의 행동이 적절한지 알맞게 판단한 사람은 누구입니까? ( )
① 연수: 다른 사람의 의견은 항상 옳기 때문에 적절하다고 생각해.
② 아라: 아버지와 아이가 다른 사람을 배려했기 때문에 적절하다고 생각해.
③ 은서: 다른 사람의 의견은 들을 필요가 없기 때문에 적절하지 않다고 생각해.
④ 하린: 아버지와 아이가 서로 원하는 것을 아무 말 없이 들어주고 있기 때문에 적절하다고 생각해.
⑤ 정현: 다른 사람의 의견이 적절한지 판단해 보지도 않고 따랐기 때문에 적절하지 않다고 생각해.

[7~11] 다음 글을 읽고 물음에 답하시오.

가 혜원: 바람직한 독서 방법은 도서관의 편의 시설을 늘리는 것입니다. 휴게실을 많이 만들면 편안히 쉴 수 있습니다. 체육관이 생기면 운동을 자주 할 수 있습니다. 컴퓨터를 많이 설치하면 인터넷을 쉽게 이용할 수 있습니다. 이와 같이 올바른 독서 방법은 도서관의 편의 시설을 늘리는 것입니다.

나 민서: 바람직한 독서 방법은 여러 분야의 책을 읽는 것입니다. 여러 분야의 책을 읽으면 배경지식이 풍부해집니다. 풍부한 배경지식은 학교 공부를 하는 데 도움을 줍니다. 한 분야의 책만 읽으면 시력이 나빠집니다. 제가 여러 분야의 책을 읽었을 때는 시력이 좋아졌는데 한 분야의 책만 읽었을 때는 시력이 나빠졌습니다. 따라서 여러 분야의 책을 읽는 것은 좋은 독서 방법입니다.

다 준우: 바람직한 독서 방법은 자신이 좋아하는 책만 읽는 것입니다. 좋아하는 분야의 책을 읽으면 흥미를 느끼며 즐겁게 읽을 수 있습니다. 그 분야에 깊이 있는 지식을 쌓을 수 있습니다. 자신이 좋아하는 분야이기 때문에 책 내용을 더 쉽게 이해할 수 있습니다. 따라서 저는 이보다 더 바람직한 독서 방법은 없다고 생각합니다.

7 혜원이와 민서, 준우가 쓴 글의 주제는 무엇입니까?
( )

① 안전한 학교생활
② 바람직한 독서 방법
③ 친구와 잘 지내는 방법
④ 효율적으로 공부하는 방법
⑤ 깨끗한 교실을 만드는 방법

8 혜원이의 의견을 뒷받침하는 내용으로 알맞은 것은 무엇입니까? ( )
① 도서관의 편의 시설을 늘려야 한다.
② 편의점을 만들면 물건을 쉽게 살 수 있다.
③ 운동장이 생기면 운동을 자주 할 수 있다.
④ 수련관을 만들면 문화 활동을 할 수 있다.
⑤ 컴퓨터를 많이 설치하면 인터넷을 쉽게 이용할 수 있다.

9 민서의 의견은 무엇입니까? (   )

① 도서관에서 빌려 보는 것이다.

② 여러 분야의 책을 읽는 것이다.

③ 공부에 도움이 되는 책만 읽는 것이다.

④ 진로에 도움이 될 만한 책만 읽는 것이다.

⑤ 자신이 좋아하는 분야의 책만 읽는 것이다.

10 준우의 글에 나타난 의견과 뒷받침 내용이 <u>아닌</u> 것은 무엇입니까? (   )

① 좋아하는 책만 읽는 것이 바람직한 독서 방법이다.

② 독서 시간이 길어져서 한 권을 천천히 읽을 수 있다.

③ 좋아하는 분야에 대한 깊이 있는 지식을 쌓을 수 있다.

④ 좋아하는 분야의 책을 읽으면 흥미를 느끼며 즐겁게 읽을 수 있다.

⑤ 자신이 좋아하는 분야이기 때문에 책 내용을 더 쉽게 이해할 수 있다.

11 준우의 의견을 따랐을 때 생길 수 있는 문제는 무엇이겠습니까? (   )

① 시력이 나빠진다.

② 밤에 잠을 자지 않는다.

③ 한 분야의 책만 읽게 된다.

④ 책을 읽는 시간이 부족해진다.

⑤ 관심 없는 분야에 대한 흥미가 생긴다.

[12~15] 다음 글을 읽고 물음에 답하시오.

　　　　ⓐ　　　　 문화재를 직접 관람하면 옛 조상이 살았던 때를 생생하게 느낄 수 있습니다. 저는 가족과 함께 고인돌 유적지를 보러 갔습니다.

　또 문화재를 개방해야만 문화재 훼손을 막을 수 있습니다. 　ⓑ　인데 문을 닫고만 있어서 바람이 통하지 않아 곰팡이가 궁궐 안으로 퍼진 것입니다. 사람들이 드나들면서 바람이 통하게 하면 이와 같은 문제는 해결될 것입니다.

문화재를 개방하면 자신이 체험한 문화재를 보호하려고 노력하는 사람이 늘어날 것입니다. 어디에 있는지도 모르는 유물이 아니라 우리 곁에 있는 문화재가 되어야 합니다. 우리가 함께 가꾸고 보존해 나간다고 생각한 뒤에 힘을 모으면 '살아 있는' 문화재가 될 것입니다.

12 이 글의 내용으로 보아 　ⓐ　에 들어갈 의견으로 알맞은 것은 무엇입니까? (   )

① 문화재를 개방해야 합니다.

② 문화재를 개방하지 말아야 합니다.

③ 문화재 체험 기회를 늘려야 합니다.

④ 문화재 관련 정보를 보호해야 합니다.

⑤ 문화재를 훼손하지 않도록 조심해야 합니다.

13 글쓴이의 의견을 뒷받침하는 내용으로 알맞은 것은 무엇입니까? (   )

① 문화재의 가격을 올릴 수 있다.

② 더 많은 문화재를 찾아낼 수 있다.

③ 다른 나라의 문화재를 체험할 수 있다.

④ 우리의 귀한 문화재를 외국인에게 알릴 수 있다.

⑤ 자신이 체험한 문화재를 보호하려고 노력하는 사람이 늘어날 것이다.

14 　ⓑ　에 들어가기에 알맞은 시기는 무엇입니까?

(   )

① 폭염　　　② 혹한　　　③ 방학

④ 장마　　　⑤ 휴가

15 글쓴이의 의견이 적절하지 않다고 생각하였다면, 그 까닭으로 알맞은 것은 무엇입니까? (   )

① 문화재는 우리 모두의 것이기 때문이다.

② 살아 있는 문화가 되어야 하기 때문이다.

③ 문화재는 누구나 즐길 수 있는 것이기 때문이다.

④ 문화재는 한 번 훼손되면 복원되기 어렵기 때문이다.

⑤ 문화재는 관람객이 직접 체험해야 더 가치 있기 때문이다.

단원 평가

16 글쓴이의 의견이 적절한지 평가하는 방법으로 빈칸에 알맞은 말은 무엇입니까? (   )

> 뒷받침 내용이 [   ]이고, 믿을 만한지 확인한다.

① 의견   ② 주제   ③ 문제
④ 상황   ⑤ 사실

8단원

진도 완료 체크

17 뒷받침 내용이 믿을 만한지 알아보는 방법이 <u>아닌</u> 것은 무엇입니까? (   )
① 책을 찾아본다.
② 친구에게 물어본다.
③ 전문가에게 물어본다.
④ 관련된 전문 자료를 참고한다.
⑤ 인터넷을 검색해 정보를 얻는다.

18 다음은 어떤 현상에 대한 생각을 자유롭게 적은 것입니다. 이 현상에 알맞은 것은 무엇입니까? (   )

> **보기**
> (1) 건강하지 못함
> (2) 개인의 선택임
> (3) 부모님이 걱정하심
> (4) 영양소를 불균형하게 섭취할 가능성이 높음

① 지각
② 편식
③ 환경오염
④ 교통 체증
⑤ 도로 무단 횡단

19 편식과 관련하여 의견을 뒷받침할 수 있는 내용을 찾는 방법으로 알맞지 <u>않은</u> 것은 무엇입니까? (   )
① 친구들에게 물어본다.
② 건강 관련 책을 찾아본다.
③ 건강 전문가에게 물어본다.
④ 건강 관련 연구소의 누리집을 찾아본다.
⑤ 편식의 결과를 보여 주는 기사를 찾아본다.

20 즐겁고 행복한 학교 만들기에 대한 의견으로 알맞은 것은 어느 것입니까? (   )
① 매일 일기 쓰기
② 음식 만들어 먹기
③ 이부자리 정리하기
④ 친구에게 비속어 쓰지 않기
⑤ 공원에 쓰레기 버리지 않기

· 답안 입력하기   · 평가 분석표 받기

개념 강의

시에 나오는 장면 그림으로 꾸미기

시 소개하기

시를 노래로 부르기

시의 인물이 되어 역할놀이 하기

난 비행기가 좋아.
비행기를 구경하는 것도
비행기를 그리는 것도
비행기를 생각하는 것도

커서 뭐가 되고 싶으냐고 묻지 마.
내 마음에는 비행기가 날아.

✳ 강의를 들으며 중요한 내용을 메모하세요!

● 시를 읽고 경험을 말하는 방법은?

● 시를 읽고 느낌을 표현하는 방법은?

● 이야기를 보고 내용에 대한 생각을 나누는 방법은?

9 단원

개념 확인하기   정답에 ✔표를 하시오.

정답 39쪽

1 시를 읽고 경험을 말할 때 떠올릴 수 있는 것으로 알맞지 <u>않은</u> 것은 무엇입니까?

ㄱ 시에 나오는 장면 ☐

ㄴ 시의 내용과 관련된 경험 ☐

ㄷ 어제 있었던 일에 대한 생각 ☐

2 시에 대한 느낌을 떠올리는 방법으로 알맞지 <u>않은</u> 것은 무엇입니까?

ㄱ 시에 나오는 인물이 되어 본다. ☐

ㄴ 시에 나오는 장면을 떠올려 본다. ☐

ㄷ 시에 나오는 인물과 친구의 경험을 비교해 본다. ☐

3 시에 대한 느낌을 표현하는 방법이 <u>아닌</u> 것은 무엇입니까?

ㄱ 영화 보기 ☐

ㄴ 노랫말 만들기 ☐

ㄷ 장면을 이야기로 들려주기 ☐

4 이야기를 읽고 다른 사람에게 들려주기 위한 방법으로 알맞지 <u>않은</u> 것은 무엇입니까?

ㄱ 인물의 특성은 고려하지 않는다. ☐

ㄴ 이야기를 읽고 인물의 특성을 정리한다. ☐

ㄷ 강조하고 싶은 부분을 실감 나게 표현한다. ☐

연습 🦉 도움말을 참고하여 내 생각을 차근차근 써 보세요.

1 다음 시를 읽고 시와 관련된 경험을 떠올리며 물음에 답하시오. [7점]

> 조종석에는 언제나
> 내가 앉아 있어.
>
> 조수석에는 엄마도 앉고
> 동생도 앉고
> 송이도 앉아.
> 오늘은 우리 집 개가 앉았어.
>
> 난 비행기가 좋아.
> 비행기를 구경하는 것도
> 비행기를 그리는 것도
> 비행기를 생각하는 것도.
>
> 커서 뭐가 되고 싶으냐고 묻지 마.
> 내 마음에는 비행기가 날아.

(1) 이 시를 읽고 떠오르는 장면을 쓰시오. [3점]

🦉 시에서 말하는 이는 어떤 상상을 하는지 살펴보고 장면을 떠올려 봅니다.

_____

_____

(2) 이 시의 내용과 관련된 경험을 떠올려 쓰시오. [4점]

🦉 시에서 말하는 이와 비슷한 일을 한 경험을 떠올려 봅니다.

_____

_____

2 시에 대한 느낌을 떠올리며 다음 시를 읽고 물음에 답하시오. [6점]

> 지하 주차장으로
> 차 가지러 내려간 아빠
> 한참 만에
> 차 몰고 나와 한다는 말이
>
> 내려가고 내려가고 또 내려갔는데 글쎄, 계속 지하로 계단이 있는 거야! 그러다 아이쿠, 발을 헛디뎠는데 아아아…… 이상한 나라의 앨리스처럼 깊은 동굴 속으로 끝없이 떨어지지 않겠니? 정신을 차려 보니까 호빗이 사는 마을이었어. 호박처럼 생긴 집들이 미로처럼 뒤엉켜 있는데 갑자기 흰머리 간달프가 나타나 말하더구나. 이 새 자동차가 네 자동차냐? 내가 말했지. 아닙니다, 제 자동차는 10년 다 된 고물 자동차입니다. 오호, 정직한 사람이구나. 이 새 자동차를…….
>
> 에이, 아빠!
> 차 어디에 세워 놨는지 몰라서 그랬죠?
> 차 찾느라
> 온 지하 주차장 헤매고 다닌 거
> 다 알아요.
> 피이!

(1) 이 시에서 일어난 일은 무엇인지 쓰시오. [2점]

- ① [   ] 으로 차를 가지러 가신 아빠께서

  ② [   ] 헤매고 다니셨습니다.

(2) 이 시에 대한 느낌을 **조건**에 맞게 떠올려 쓰시오. [4점]

조건
아빠가 겪은 일에 대한 느낌

_____

_____

[1~5] 다음 시를 읽고 물음에 답하시오.

내 스케치북에는 비행기가 날아.

필통에도
지우개에도
비행기가 날아.

조종석에는 언제나
내가 앉아 있어.

조수석에는 엄마도 앉고
동생도 앉고
송이도 앉아.
오늘은 우리 집 개가 앉았어.

난 비행기가 좋아.
비행기를 구경하는 것도
비행기를 그리는 것도
비행기를 생각하는 것도.

㉠ 커서 뭐가 되고 싶으냐고 묻지 마.
내 마음에는 비행기가 날아.

1 다음 **보기** 의 빈칸에 알맞은 말은 무엇입니까?

( )

> **보기**
> 이 시는 ☐ 를 좋아하는 아이의 모습이 나
> 타난 시이다. 조종석에 언제나 자신이 앉아 있다
> 고 하는 부분에서 말하는 이의 상상이 잘 드러나
> 있다.

① 기차   ② 기구   ③ 비행기
④ 자동차   ⑤ 미끄럼틀

2 시에서 말하는 이가 하고 싶은 일로 알맞은 것은 무엇
입니까? ( )
① 자동차를 수리하는 일
② 아이들을 가르치는 일
③ 비행기와 관련 있는 일
④ 아픈 동물들을 돌보는 일
⑤ 여러 종류의 빵을 만드는 일

3 이 시를 읽고 떠오르는 장면으로 알맞지 않은 것은 무
엇입니까? ( )
① 말하는 이가 비행기를 그리는 장면
② 말하는 이가 비행기를 구경하는 장면
③ 말하는 이가 바다에서 수영하는 장면
④ 말하는 이의 머릿속에 비행기가 떠다니는 장면
⑤ 말하는 이가 필통에 그려진 비행기를 바라보는
장면

4 말하는 이가 ㉠과 같이 말한 까닭은 무엇입니까?
( )
① 대답하고 싶지 않기 때문이다.
② 알려 주고 싶지 않기 때문이다.
③ 되고 싶은 것이 없기 때문이다.
④ 물어볼 필요 없이 정해져 있기 때문이다.
⑤ 무엇이 되고 싶은지 생각하지 않았기 때문이다.

5 다음 중 말하는 이와 비슷한 경험을 말한 사람은 누구
입니까? ( )
① 서준: 어제 친구를 우연히 길에서 만났어.
② 지연: 지난주에 가족들과 맛있는 음식을 먹었어.
③ 예리: 체육 시간에 달리기 경기를 했는데 1등을
했어.
④ 상호: 학교에서 청소를 열심히 해서 선생님께
칭찬을 받았어.
⑤ 희원: 축구에 관심이 많아 아빠와 함께 축구 경
기장에 가서 선수들이 뛰는 모습을 보았어.

9
단원

9 단원

[6~9] 다음 시를 읽고 물음에 답하시오.

> 지하 주차장으로
> 차 가지러 내려간 아빠
> 한참 만에
> 차 몰고 나와 한다는 말이
>
> 내려가고 내려가고 또 내려갔는데 글쎄, 계속 지하로 계단이 있는 거야! 그러다 아이쿠, 발을 헛디뎠는데 아아아…… 이상한 나라의 앨리스처럼 깊은 동굴 속으로 끝없이 떨어지지 않겠니? 정신을 차려 보니까 호빗이 사는 마을이었어. 호박처럼 생긴 집들이 미로처럼 뒤엉켜 있는데 갑자기 흰머리 간달프가 나타나 말하더구나. 이 새 자동차가 네 자동차냐? 내가 말했지. 아닙니다, 제 자동차는 10년 다 된 고물 자동차입니다. 오호, 정직한 사람이구나. 이 새 자동차를…….
>
> 에이, 아빠!
> 차 어디에 세워 놨는지 몰라서 그랬죠?
> 차 찾느라
> 온 지하 주차장 헤매고 다닌 거
> 다 알아요.
> 피이!

6 지하 주차장에 가신 아빠께 실제로 일어난 일로 알맞은 것은 무엇입니까? (   )
① 발을 헛디뎌서 넘어졌다.
② 흰머리 간달프와 대화를 나누었다.
③ 깊은 동굴 속으로 끝없이 떨어졌다.
④ 지하로 이어지는 계단으로 계속 내려갔다.
⑤ 차를 어디에 두었는지 기억이 나지 않아 이리저리 찾으러 다녔다.

7 이 시에서 아빠의 마음으로 알맞은 것은 무엇입니까?
(   )
① 기쁘다.   ② 반갑다.   ③ 다급하다.
④ 행복하다.   ⑤ 편안하다.

8 아빠가 자신의 실수를 변명하는 방법은 무엇입니까?
(   )
① 가족의 이름을 말하는 방법
② 동물의 이름을 말하는 방법
③ 자동차의 이름을 말하는 방법
④ 아이의 친구 이름을 말하는 방법
⑤ 책에 나온 인물의 이름을 말하는 방법

9 이 시를 읽고 떠올린 느낌을 알맞게 말하지 <u>못한</u> 사람은 누구입니까? (   )
① 현우: 나는 노랫말을 지어 보니 아빠께서 새 차를 사기를 바라는 아이의 마음이 느껴졌어.
② 진아: 시에 나오는 장면을 만화로 표현해 보니 아빠가 말씀하신 부분이 더 재미있게 느껴졌어.
③ 수하: 시에 나오는 내용을 이야기로 표현해 보니 아빠를 기다리는 아이의 마음을 느낄 수 있었어.
④ 지수: 시 속의 경험과 비슷한 경험을 역할극으로 나타내 보니 다른 사람의 마음도 잘 이해할 수 있었어.
⑤ 영남: 아빠의 처지에서 물음에 답해 보니 아이에게 실수를 들키고 싶지 않은 아빠의 속마음이 느껴졌어.

10 시의 느낌을 생생하게 떠올리는 방법이 <u>아닌</u> 것은 무엇입니까? (   )
① 시에 나오는 인물이 되어 본다.
② 시에 나오는 장면을 떠올려 본다.
③ 시에 나오는 인물과 자신의 경험을 비교해 본다.
④ 시에 나온 내용 중 실제로 일어난 일만 떠올려 본다.
⑤ 시에 나오는 인물에게 하고 싶은 물음을 만들어 본다.

❖ 동숙이는 세상에서 제일 부러운 사람은 소풍 때 김밥에 달걀을 넣을 수 있는 친구라고 말한다. 동숙이는 엄마께 달걀이 들어간 김밥을 싸 달라고 하지만 엄마께서는 집안 사정이 어렵다고 동숙이를 나무라신다.

❖ 동숙이는 달걀을 사기 위해 직접 뜯은 쑥을 장에 내다 팔려고 했지만 아무도 쑥을 사지 않아 주저앉아 운다.

❖ 편찮으신 아버지께서 병원비로 쓰시려던 돈을 주셨고, 동숙이는 그 돈으로 달걀을 사서 신나게 뛰어오다가 돌에 걸려 넘어져 달걀을 깨뜨린다.

❖ 어머니께서 겨우 선생님 도시락만 싸 주셔서 동숙이는 쑥개떡 도시락을 먹게 된다. 선생님께서는 그 사실을 알고 설사병이 나서 못 먹는다며 자신의 김밥을 주신다.

11 동숙이가 소풍 때 가장 부러워하는 친구는 누구입니까? (   )

① 부침개를 가져올 수 있는 친구
② 김밥에 달걀을 넣을 수 있는 친구
③ 사탕을 마음껏 먹을 수 있는 친구
④ 맛있는 빵을 가져올 수 있는 친구
⑤ 시원한 음료수를 가져올 수 있는 친구

12 이 이야기의 내용으로 알맞지 <u>않은</u> 것은 무엇입니까?
(   )

① 동숙이네는 가난하다.
② 동숙이의 아버지는 편찮으시다.
③ 선생님은 소풍날 설사병이 났다.
④ 어머니는 선생님의 김밥만 싸 주셨다.
⑤ 동숙이는 달걀을 사서 가지고 오다가 깨뜨렸다.

13 동숙이가 달걀을 사기 위해 한 행동으로 알맞은 것은 무엇입니까? (   )

① 쑥을 팔려고 하였다.
② 엄마의 일을 도우려고 하였다.
③ 친구에게 돈을 빌리려고 하였다.
④ 선생님께 도와달라고 말씀드렸다.
⑤ 삼촌에게 용돈을 받으려고 하였다.

14 ❹에서 볼 수 있는 선생님의 성격으로 알맞은 것은 무엇입니까? (   )

① 소심하다.　　　　② 용감하다.
③ 자상하다.　　　　④ 화를 잘 내신다.
⑤ 거짓말을 잘 한다.

단원 평가

[15~20] 다음 글을 읽고 물음에 답하시오.

가 멸치 대왕이 망둥 할멈에게 꿈 이야기를 해 주자 망둥 할멈은 벌떡 일어나 절을 하면서 "대왕마마, 용이 될 꿈입니다."라고 말했어. 그러면서 하늘을 오르락내리락 구름 속을 왔다가 갔다가 하는 것은 용이 되어서 하늘을 날아다니는 것이고, 흰 눈이 내리면서 추웠다가 더웠다가 하는 것은 용이 되어 날씨를 마음대로 다스리게 되는 것이라고 풀이해 주었어. 망둥 할멈의 꿈풀이에 멸치 대왕은 기분이 좋아 ㉠덩실덩실 춤을 추었지.

나 하지만 넓적 가자미는 멸치 대왕한테 용이 되는 꿈이 아니라 큰 변을 당하게 될, 아주 나쁜 꿈이라고 말했어. 그러면서 하늘을 오르락내리락한다는 것은 낚싯대에 걸린 것이고, 구름은 모락모락 숯불 연기이고, 또 흰 눈은 소금이고, 추웠다가 더웠다가 한다는 것은 잘 익으라고 뒤집었다 엎었다 하는 것이라고 멸치 대왕의 꿈을 풀이했어.

다 넓적 가자미의 꿈풀이를 듣던 멸치 대왕은 화가 나 얼굴이 점점 붉어졌어. 꿈풀이를 다 듣고 난 뒤 멸치 대왕은 너무나도 화가 나 넓적 가자미의 뺨을 때렸는데 어찌나 세게 때렸던지 넓적 가자미의 눈이 한쪽으로 찍 몰려가 붙어 버리고 말았던 거야.

15 이 이야기에서 다음과 같은 상황에 처한 인물은 누구입니까? ( )

- 이상한 꿈을 꾸었다.
- 망둥 할멈에게 좋은 꿈풀이를 들었다.
- 넓적 가자미에게 나쁜 꿈풀이를 들었다.

① 용왕　　　② 자라 대신　　　③ 망둥 할멈
④ 멸치 대왕　　⑤ 넓적 가자미

16 멸치 대왕이 ㉠과 같이 행동한 까닭은 무엇입니까? ( )

① 오래 산다고 하여서　　② 용이 된다고 하여서
③ 사람이 된다고 하여서　④ 부자가 된다고 하여서
⑤ 나라가 평온해진다고 하여서

17 멸치 대왕이 망둥 할멈의 꿈풀이를 듣고 할 말로 알맞은 것은 무엇입니까? ( )

① "정말 나한테 너무하는군."
② "고생한 나를 이런 식으로 대접해?"
③ "오, 아주 훌륭한 꿈풀이로다. 하하하!"
④ "뭐라고? 너 이놈! 감히 그런 말을 하다니."
⑤ "이렇게나 반갑게 맞아 주시니 고맙습니다."

18 다음과 같은 꿈풀이를 한 인물은 누구입니까? ( )

멸치 대왕의 꿈은 큰 변을 당할 아주 나쁜 꿈이다.

① 오징어　　　② 꼴뚜기　　　③ 망둥 할멈
④ 불가사리　　⑤ 넓적 가자미

19 멸치 대왕의 성격으로 알맞은 것은 무엇입니까? ( )

① 신중하다.
② 겸손하다.
③ 참을성이 있다.
④ 거짓말을 잘한다.
⑤ 화를 참지 못한다.

20 다음 멸치 대왕의 말을 실감 나게 들려주기 위한 방법으로 알맞은 것은 무엇입니까? ( )

"뭐라고? 너 이놈! 감히 그런 꿈풀이를 하다니, 괘씸하다!"

① 울먹이는 목소리로 말한다.
② 겁에 질린 목소리로 말한다.
③ 깜짝 놀란 목소리로 말한다.
④ 화를 내며 큰 목소리로 말한다.
⑤ 다정하게 부드러운 목소리로 말한다.

· 답안 입력하기　· 평가 분석표 받기

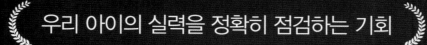
우리 아이의 실력을 정확히 점검하는 기회

40년의 역사
전국 초·중학생 213만 명의 선택

HME 학력평가
해법수학·해법국어

응시 학년
수학	초등 1학년 ~ 중학 3학년
국어	초등 1학년 ~ 초등 6학년

응시 횟수
수학	연 2회 (6월 / 11월)
국어	연 1회 (11월)

주최 **천재교육** | 주관 **한국학력평가 인증연구소** | 후원 **서울교육대학교**

*응시 날짜는 변동될 수 있으며, 더 자세한 내용은 HME 홈페이지에서 확인 바랍니다.

온라인
학습북

수학 전문 교재

● 연산 학습

| 빅터연산 | 예비초~6학년, 총 20권 |
| 창의융합 빅터연산 | 예비초~4학년, 총 16권 |

● 개념 학습

| 개념클릭 해법수학 | 1~6학년, 학기용 |

● 수준별 수학 전문서

| 해결의법칙(개념/유형/응용) | 1~6학년, 학기용 |

● 단원평가 대비

| 수학 단원평가 | 1~6학년, 학기용 |

● 단기완성 학습

| 초등 수학전략 | 1~6학년, 학기용 |

● 상위권 학습

최고수준 S 수학	1~6학년, 학기용
최고수준 수학	1~6학년, 학기용
최강 TOT 수학	1~6학년, 학년용

● 경시대회 대비

| 해법 수학경시대회 기출문제 | 1~6학년, 학기용 |

예비 중등 교재

● 해법 반편성 배치고사 예상문제   6학년
● 해법 신입생 시리즈(수학/영어)   6학년

맞춤형 학교 시험대비 교재

● 열공 전과목 단원평가   1~6학년, 학기용(1학기 2~6년)

한자 교재

● 해법 NEW 한자능력검정시험 자격증 한번에 따기   6~3급, 총 8권
● 씽씽 한자 자격시험   8~7급, 총 2권
● 한자전략   1~6학년, 총 6단계

배움으로 행복한 내일을 꿈꾸는
천재교육 커뮤니티 안내 ‥‥

교재 안내부터 구매까지 한 번에!
천재교육 홈페이지

자사가 발행하는 참고서, 교과서에 대한 소개는 물론
도서 구매도 할 수 있습니다. 회원에게 지급되는 별을 모아
다양한 상품 응모에도 도전해 보세요!

다양한 교육 꿀팁에 깜짝 이벤트는 덤!
천재교육 인스타그램

천재교육의 새롭고 중요한 소식을 가장 먼저 접하고 싶다면?
천재교육 인스타그램 팔로우가 필수!
깜짝 이벤트도 수시로 진행되니 놓치지 마세요!

수업이 편리해지는
천재교육 ACA 사이트

오직 선생님만을 위한, 천재교육 모든 교재에 대한 정보가 담긴
아카 사이트에서는 다양한 수업자료 및 부가 자료는 물론
시험 출제에 필요한 문제도 다운로드하실 수 있습니다.

https://aca.chunjae.co.kr

천재교육을 사랑하는 샘들의 모임
천사샘

학원 강사, 공부방 선생님이시라면 누구나 가입할 수 있는 천사샘!
교재 개발 및 평가를 통해 교재 검토진으로 참여할 수 있는 기회는 물론
다양한 교사용 교재 증정 이벤트가 선생님을 기다립니다.

아이와 함께 성장하는 학부모들의 모임공간
튠맘 학습연구소

튠맘 학습연구소는 초·중등 학부모를 대상으로 다양한 이벤트와 함께
교재 리뷰 및 학습 정보를 제공하는 네이버 카페입니다.
초등학생, 중학생 자녀를 둔 학부모님이라면 튠맘 학습연구소로 오세요!

단계별 수학 전문서

[개념·유형·응용]

수학의 해법이 풀리다!

해결의 법칙
시리즈

단계별 맞춤 학습

개념, 유형, 응용의 단계별 교재로
교과서 차시에 맞춘 쉬운 개념부터
응용·심화까지 수학 완전 정복

혼자서도 OK!

이미지로 구성된 핵심 개념과 셀프 체크,
모바일 코칭 시스템과 동영상 강의로
자기주도 학습 및 홈 스쿨링에 최적화

300여 명의 검증

수학의 메카 천재교육 집필진과
300여 명의 교사·학부모의
검증을 거쳐 탄생한 친절한 교재

흔들리지 않는 탄탄한 수학의 완성! (초등 1~6학년 / 학기별)

우등생

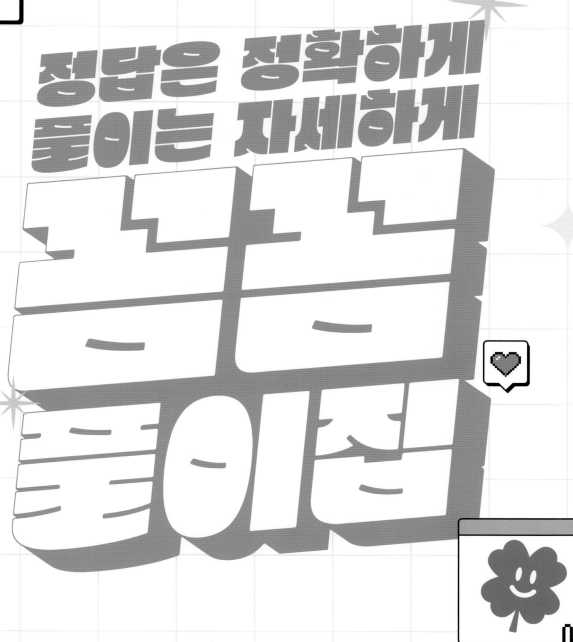

#홈스쿨링

우등생

정답은 정확하게
풀이는 자세하게

홈 풀이집

국어 4·2

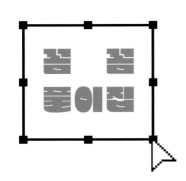

정답과 풀이

4-2

6
1. 이어질 장면을 생각해요

1 「니모를 찾아서」 **2** ③ **3** 걱정 **4** ①
5 ③, ④ **6** ㉡ **7** (2) ○ **8 예** 피구를 하려고 편을 나눌 때 선의 표정이 점점 어둡게 변해 가는 것이 가장 인상 깊다. 선의 속상한 마음이 느껴졌기 때문이다. / 보라가 학원에서 엎드려 우는 장면이 가장 인상 깊다. 보라는 절대 울지 않는 강한 아이라고 생각했기 때문이다.
9 ⑤ **10** ① **11** 오늘이 **12** 오늘이 **13** 구름이, 이무기 **14** (1) ㉣ (2) ㉠ (3) ㉢ (4) ㉡ **15** (1) ② (2) ① **16** ④ **17** ㉢, ㉣, ㉡, ㉠ **18** ③
19 ②, ④ **20** ④ **21** ⑤ **22** ⑤
23 예 어느 날 여의주가 사라지자 오늘이는 용에게 편지를 보냈다. 용은 깊은 물속으로 들어가서 여의주를 찾아다 주었다. **24** ①

1 「니모를 찾아서」는 아들 물고기 니모가 사람에게 잡혀 가자 아빠 물고기가 니모를 찾아 나서는 내용입니다.

4 등장인물이나 가장 기억에 남는 장면 등에 대하여 떠올립니다.

5 선은 반에서 따돌림을 당하는 처지여서 이름이 불리지 않다가 맨 마지막에 선택할 친구가 하나도 없자 겨우 이름이 불렸습니다. 선은 자기 이름이 언제 불릴까 기대하는 마음을 가졌다가 이름이 불리지 않자 실망하는 마음이 들었을 것입니다.

6 여름 방학에 선네 집에서 일주일 동안 지내게 된 지아는 어느 날 아침에 선과 엄마가 친하게 장난치는 모습을 보고 자신의 처지와 비교하여 심술이 났습니다.

7 생일잔치를 한다고 하면 선을 초대해야 하는데, 다른 친구들이 지아가 선과 친하다는 것을 알면 자신도 따돌림을 모른다고 생각하였기 때문에 지아는 생일잔치를 하지 않는다고 거짓말을 하였습니다.

8
채점 기준	
평가	답안 내용
상	**예** 피구를 할 때 선이 지아가 금을 밟지 않았다고 친구들에게 말한 것이 가장 인상 깊다. 선이 용기 있었고 지아와 다시 친해질지도 모른다고 생각했다.
	→ 예시 답안처럼 가장 인상 깊은 내용을 까닭 등과 함께 구체적으로 쓰면 정답으로 인정
중	→ 내용을 썼지만 왜 가장 인상 깊은지 알 수 없게 씀.

9 오늘이는 원천강에서 야아와 행복하게 지냈습니다. 그래서 야아를 다시 만나 원천강으로 가려고 하였습니다.

10 행복이 무엇인지 알고 싶어서 책을 읽는 매일이에게 오늘이는 자신이 원천강에서 행복했다고 말하였습니다.

11 오늘이가 갈라진 얼음 사이로 떨어지려고 하자 이무기는 용이 되려고 모았던 소중한 여의주를 버리면서 오늘이를 구하였습니다.

12 오늘이는 원천강으로 돌아가는 길을 알기 위해 처음 만난 인물들에게 스스럼없이 말을 걸고 그들의 고민을 들어줍니다.

13 원천강으로 가는 길을 알려 달라는 오늘이의 말에 연꽃나무는 구름이를 만나라고 했고, 구름이는 이무기를 만나라고 하였습니다.

14 오늘이는 원천강으로 가야 하는데 가는 길을 모릅니다. 연꽃나무는 많은 꽃봉오리를 가지고 있는데 이상하게 하나만 꽃을 피워서 왜 그런지 알고 싶어 합니다. 이무기는 많은 여의주를 가졌는데도 용이 되지 못한 까닭을 모릅니다. 매일이는 행복이 무엇인지 알고 싶어 합니다.

15 용이 구름이 머리 위에 있던 구름을 몰고 가고, 구름이는 날아가다가 연꽃을 꺾게 됩니다. 연꽃이 꺾이자 연꽃나무에 있던 꽃봉오리에서 모두 꽃이 핍니다. 그리고 연꽃을 꺾어서 날아간 구름이는 매일이를 만나고 매일이는 구름이를 만나서 행복해집니다.

16 이어질 이야기를 계획할 때에는 등장인물들이 지닌 고민이 해결된 뒤에 어떤 사건이 일어날지도 상상해 보아야 하고, 이어질 이야기에 새로운 인물이 등장해서 사건이 전개될 수도 있습니다.

17 임금님의 귀가 커진 것에서 일이 시작됩니다.

18 임금님의 귀가 커진 것을 다른 사람들에게 말하고 싶은데 말하지 못하여서 답답하였을 것입니다.

19 노인은 답답해서 임금님의 비밀을 말하고 싶었지만 아무도 듣지 못하게 하려고 대나무 숲에 갔습니다.

20 처음에는 큰 귀를 부끄럽게 생각했지만 나중에는 어진 임금이 되라는 뜻으로 받아들인 임금님을 보고 훌륭하다고 느꼈습니다.

21 오늘이에게 웃음을 찾아 주려는 행동으로 알맞은 것을 찾습니다.

22 이어지는 내용에 다시 식물들이 살아났다고 하였으므로 이것과 관련지어서 생각해 봅니다.

23

채점 기준	
평가	답안 내용
상	예 연꽃나무가 점점 시들어서 걱정이라는 편지가 오늘이에게 온다. 오늘이는 연꽃나무를 만나러 떠난다. → 예시 답안 외에도 앞의 이야기와 자연스럽게 이어지면서 인물의 특성이나 성격과도 어울리게 이어질 이야기를 꾸몄으면 정답으로 인정
중	예 매일이와 구름이가 싸우게 된다. → 이어질 이야기를 짧게 씀.

부족한 답안 오늘이가 원천강에서 사는데 갑자기 수상한 뱃사람들이 쳐들어와서 여의주를 훔쳐 간다.
→ 이어질 이야기를 쓸 때에는 앞의 이야기와 자연스럽게 이어지면서도 새로운 사건이 나타나게 쓰는 것이 좋아요.

24 대본을 쓰거나 외우지 않으므로 실감 나게 연기하기 위해서는 여러 번 연습합니다.

단원 평가

교과서 진도북 **17~20**쪽

1 아빠 물고기　　**2** (1) ② (2) ①　　**3** ②
4 ①　　**5** ⑤　　**6** ①　　**7** ②　　**8** 예 선과 지아가 더 이상 싸우지 않고 다시 친하게 지냈으면 좋겠다.
9 민준　　**10** ①　　**11** 구름　　**12** 이무기
13 ⑤　　**14** (1) ① (2) ②　　**15** ②　　**16** 원천강
17 ⑤　　**18** (1) 예 행복이 무엇인지 알고 싶다.
(2) 예 책에서 벗어나 구름이와 행복한 시간을 보낸다.
19 ④　　**20** 예 진정한 친구, 오늘이

1 딸은 아버지에게 아빠 물고기 같다고 하였습니다.
2 딸은 아빠 물고기가 니모를 많이 걱정한다고 생각하고, 아버지는 니모를 무척 사랑한다고 생각합니다.
3 등장인물의 이름을 보면 만화 영화의 제목을 짐작할 수 있습니다.
4 선과 지아가 손톱에 들이는 봉숭아 꽃물은 둘 사이의 우정을 뜻합니다. 광고지를 보면서 선과 지아의 사이가 어떻게 될지 상상해 볼 수 있습니다.
5 선은 반에서 따돌림을 당하는 처지여서 친구들이 선을 가장 마지막에 선택하였습니다.
6 가장 인상 깊은 장면에 대하여 말하였습니다.
7 선은 방학 동안에 친하게 지냈던 지아와 다투면서 속상하고 화가 났을 것입니다.

8

채점 기준	
평가	답안 내용
상	정답 키워드 선/지아/친하게(화해) 예 선이 지아와 화해하고 다시 친하게 지냈으면 좋겠다. → 친구와 싸울 때는 싸우더라도 노는 것이 좋다는 윤의 대답을 통해서 선과 지아가 싸우지 않고 다시 친하게 지냈으면 하는 뜻을 전하고 있다는 내용을 씀.
중	예 선과 지아가 놀았으면 좋겠다. → 전하고 싶은 뜻을 짧게 씀.

9 영화의 내용, 등장인물의 말과 행동 등과 관련지어 느낀 점으로 알맞아야 합니다.
10 영화를 감상할 때에는 등장인물의 마음을 생각하며 자신이라면 어땠을지 상상해 봅니다.
11 구름이의 머리 위에서는 늘 비가 내리고 있었습니다.
12 이무기는 여의주를 버리고 오늘이를 구했기 때문에 마음씨가 착하다는 것을 알 수 있습니다.
13 용이 되려고 모았던 여의주를 버리면서 오늘이를 구한 이무기의 행동 때문에 이무기는 용이 될 수 있었습니다.
14 오늘이는 어려움에도 포기하지 않고 원천강으로 돌아가기 위해 노력하였고, 매일이는 성실하게 매일 책을 읽고 오늘이에게 원천강으로 가려면 연꽃나무에게 가라고 친절하게 알려 주었습니다.
15 인상 깊은 내용을 말할 때에는 까닭을 함께 말하는 것이 좋습니다.
16 수상한 뱃사람들이 오늘이를 원천강에서 데려가서 오늘이는 다시 원천강으로 돌아가고 싶어 합니다.
17 구름이가 날아가면서 피어 있던 연꽃 한 송이를 꺾어 가자 다른 꽃봉오리들에서 연꽃이 피기 시작하였습니다.

18

채점 기준	
평가	답안 내용
상	정답 키워드 (1) 행복 (2) 구름이 (1) 예 행복이 무엇인지 알고 싶다. (2) 예 책에서 벗어나 구름이와 행복한 시간을 보낸다. → 예시 답안처럼 (1)과 (2)의 내용을 구체적으로 씀.
중	(1) 예 행복해지고 싶어 한다. (2) 예 구름이를 만났다. → 예시 답안처럼 (1)과 (2)의 내용을 짧게 쓰거나 (1)과 (2)의 내용 중에서 하나만 알맞게 씀.

20 내용에 어울리는 제목을 씁니다.

2. 마음을 전하는 글을 써요

1 (1) 태웅 (2) 반 친구들   **2** (1) 부끄러운 마음
(2) 미안한 마음 (3) 고마운 마음   **3** ②   **4** ②
5 ③   **6** ①, ③   **7** (1) 예 지난 체험학습에서 도자기
를 만들 때 선생님께서 도와주신 일 (2) 고맙습니다.
8 (2) ○   **9** ①, ③, ⑤   **10** ④   **11** (1) 진실
(2) 깨끗   **12** ④, ⑤   **13** ④   **14** (1) ② (2) ①
15 ⑤   **16** ㉢   **17** (1) ③ (2) ② (3) ①   **18** ③
19 (1) ② (2) ③ (3) ①   **20** (1) 예 미안한 마음 (2) 예 내가
실수로 팔을 쳐서 짝이 그림을 망쳤다.   **21** ①, ③
22 쪽지   **23** (1) ○   **24** ⑤

1 편지에서 받는 사람은 처음에 나오고 편지를 쓴 사람은 마지막에 나옵니다.

2 "달리기를 할 때면 나는 어디론가 숨고 싶었어."라는 표현에서는 부끄러운 마음을 알 수 있습니다. "같이 달려 주고 응원해 준 너희의 따뜻한 마음 잊지 않을게."라는 표현에서 고마운 마음을 알 수 있습니다.

3 태웅이는 반 친구들에게 고마운 마음을 전하려고 편지를 썼습니다.

4 태웅이가 친구들에게 고마운 마음을 전하였으므로 이에 알맞은 대답을 해야 합니다.

5 지우는 선생님께 고마운 마음을 전하려고 편지를 썼습니다.

6 도자기를 만들 때 생각처럼 잘되지 않고, 만든 도자기가 상상했던 모양과 너무 달라서 지우가 당황하였습니다.

7 채점 기준

평가	답안 내용
상	정답 키워드 (1) 체험학습 / 도자기 / 선생님 (2) 고맙습니다 (1) 예 체험학습에서 도자기 만드는 것을 선생님께서 도와주신 일 (2) 고맙습니다 → 예시 답안처럼 (1)에 있었던 일을 구체적으로 쓰고 (2)에 '고맙습니다'라는 낱말을 정확하게 씀.
중	(1) 예 도자기 만드는 것을 도와주신 일 (2) 예 고마운 마음 → 예시 답안처럼 (1)에 있었던 일을 간단하게 쓰거나 (2)에 마음을 전하려고 사용한 표현을 정확하게 찾아 쓰지 못함.

8 선생님께서는 지우가 당황해하고 속상해하는 모습을 보고 지우를 도와주려고 하였습니다.

9 안창호 선생은 아들이 다친 일을 걱정하고, 아들이 한 학년 올라가는 것을 축하하였으며, 아들에게 좋은 사람이 되기 위해 힘쓰기를 당부하였습니다.

10 '돌아갈 거란다.'는 하려는 일을 알려 준 것입니다.

11 좋은 사람이 되려면 진실하고 깨끗해야 하며 좋은 친구를 가려 사귀어야 한다고 하였습니다.

12 좋은 사람들의 이야기가 담겨 있어 본받을 수 있는 책과 공부에 필요한 지식을 얻기 위한 책을 읽으라고 하였습니다.

13 엄마는 일상생활에서 딸들에게 느끼는 마음에 대하여 썼습니다.

14 엄마는 큰딸이 건강하고 좋아하는 일을 열심히 하기를 바라고, 작은딸이 밝고 씩씩하게 자라길 바랍니다.

15 "언제나 사랑한다."는 말에서 엄마가 딸들에게 전하려는 마음이 무엇인지 알 수 있습니다.

16 "퇴근해서 집으로 돌아오면 가장 먼저 현관으로 뛰어나오는"은 작은딸이 엄마를 맞는 모습을 표현한 것입니다.

17 ㉠에서는 학년 달리기 대회에서 상을 받은 친구를 축하하는 마음을, ㉡에서는 병원에 입원한 친구를 위로하는 마음을, ㉢에서는 친구를 그리워하는 마음을 전해야 합니다.

18 동생과 다투었을 때에는 동생에게 사과하거나 미안한 마음을 전해야 합니다.

19 마음을 전하는 편지의 가운데 부분에는 읽는 사람과 함께 겪은 일과 그 일에 대한 생각이나 느낌을 써야 합니다.

20 채점 기준

평가	답안 내용
상	(1) 예 축하하는 마음 (2) 예 동생이 그림 그리기 대회에서 상을 받음. → 예시 답안 외에도 (1)에 위로하는 마음, 그리운 마음, 고마운 마음 등 전하고 싶은 마음을 쓰고, (2)에 있었던 일을 구체적으로 쓰면 정답으로 인정
중	(1) 예 고마운 마음 (2) 예 어머니께 고맙다. → (1)에 전하고 싶은 마음을 썼지만 (2)에 있었던 일을 구체적으로 쓰지 못함.

21 재환이는 새로운 동네로 이사를 와서 이웃에게 자신의 소식을 알리고 인사를 하려고 편지를 써서 승강기 안에 붙였습니다.

22 재환이의 편지를 본 이웃 사람들은 마음을 담은 쪽지를 써서 재환이의 편지 위에 붙였습니다.

23 재환이에게 반갑다거나 환영한다는 내용의 쪽지를 쓰는 것이 알맞습니다.

24 재환이도, 쪽지를 써서 붙인 이웃도 모두 훈훈한 마음이 한가득했다고 하였습니다.

단원 평가
교과서 진도북 **29~32** 쪽

1 (1) ② (2) ① (3) ③ **2** ⑩ **3** ④
4 고마운 마음 **5** 예 내가 깜빡했어. 많이 속상했겠다. / 미안해, 그 생각을 못 했어. **6** (2) ○ **7** ④, ⑤
8 아들 필립 / 아들 / 필립 **9** ⓒ **10** ⑤
11 ③ **12** (1) 본받을 (2) 지식 **13** ① **14** ④
15 (1) ② (2) ① **16** 편지 **17** ③ **18** (2) ○
19 ⑤ **20** 예 반가워요. 만나면 서로 인사해요.

1 그림 **1**에서는 전시 해설사 선생님 덕분에 많은 것을 알게 되었다고 하였으므로 고마운 마음을, 그림 **2**에서는 친구가 이사 가서 슬픈 마음을 전해야 합니다. 그림 **3**에서는 언니와 함께한 잠자리 잡기가 재미있었다고 하였으므로 즐거운 마음을 전해야 합니다.

2 이사를 가서 보고 싶은 친구에게 그리운 마음을 전하는 내용으로 편지를 쓰는 것이 알맞습니다.

3 운동회 날 달리기 경기를 하다가 태웅이가 넘어졌을 때 친구들이 달리다가 돌아와서 태웅이를 일으켜 주었습니다.

4 "고마운 마음", "고마워" 같은 표현에서 태웅이가 친구들에게 전하고 싶은 마음을 알 수 있습니다.

5 채점 기준

평가	답안 내용
상	정답 키워드 예 미안해. 예 미안해. 다음에는 꼭 말해 줄게. → 친구가 자기 글의 좋은 점을 말해 주지 않아서 서운한 마음을 표현하였으므로 미안한 마음을 전하는 표현을 씀.
중	예 미안해. → 미안한 마음을 표현하는 내용을 간단하게 씀.

6 속상해하는 지우를 보고 선생님께서 오셔서 그릇을 만드는 시범을 보여 주셨습니다.

7 그릇을 만들 때 선생님께서 도와주셨던 일을 기억하고 자신이 직접 멋진 그릇을 만들었다는 것이 뿌듯해서 책상 위에 그릇을 두고 있었을 것입니다.

8 편지의 처음에 받는 사람이 나와 있습니다.

9 아버지는 아들이 다친 일을 걱정하고, 아들이 한 학년 올라간 일을 축하하고 있습니다.

10 아들이 좋은 사람이 되기 위해 힘쓰기를 당부하고 있습니다.

11 우리글과 책을 잘 익히라고 당부하였습니다.

12 좋은 사람들의 이야기가 담겨 있어 본받을 수 있는 책과 공부에 필요한 지식을 얻기 위한 책을 읽으라고 하였습니다.

13 친구가 싫어하는 별명을 부르며 놀렸으므로 미안하다고 사과해야 합니다.

14 축하하는 마음을 전할 때에는 진심을 담아서 좋은 말을 사용해서 기뻐해 주어야 합니다.

15 그림 **3**에서는 병원에 입원한 친구를 위로하는 마음을, 그림 **4**에서는 친구를 그리워하는 마음을 전해야 합니다.

16 재환이는 이사 와서 이웃들에게 인사하려고 아파트 승강기 안에 편지를 붙였습니다.

17 재환이는 좋은 이웃이 되고 싶다는 마음을 전하였습니다.

18 재환이의 편지를 읽은 이웃 사람들이 쪽지를 써서 재환이의 편지 위에 붙였습니다.

19 재환이가 이사 온 것을 환영하고 재환이와 좋은 이웃이 되고 싶은 마음을 전하였습니다.

20 채점 기준

평가	답안 내용
상	정답 키워드 예 반가워요 / 환영해요 / 좋은 이웃 예 이사 온 것을 환영해요. 앞으로 좋은 이웃이 되어서 사이좋게 지내요. → 예시 답안처럼 반가운 마음을 나타내고 이웃으로서 사이좋게 지내자는 내용을 씀.
중	예 반가워요. → 예시 답안처럼 반가운 마음이나 환영하는 마음을 나타내는 말을 짧게 씀.

부족한 답안 층간 소음에 주의해 주세요.
└ 이웃이 되어서 반가워요. 앞으로 인사하면서 사이좋게 지내요

→ 재환이가 좋은 이웃이 되고 싶다는 마음을 전하였으므로 재환이의 기분을 생각하며 쪽지를 써야 해요.

3. 바르고 공손하게

진도 학습

교과서 진도북 35~42쪽

1 (1) 바우 (2) 박 서방 **2** ④ **3** ④ **4** 별명
5 남자아이 **6** ④ **7** 남자아이 **8** 예 엘리베이터 문을
잡아 주셔서 고맙습니다. **9** ④ **10** 예 고맙다
11 (2) ○ **12** 수연 **13** ②, ④ **14** ② **15** 정인
16 예 "그래, 다른 친구부터 하고 나서 할게."
17 (1) ⑤ (2) 예 알맞은 크기의 목소리로 말한다.
18 ④ **19** ①, ②, ③ **20** ③ **21** ⑤
22 ⑤ **23** ② **24** ⑤ **25** (3) ○ **26** ⑤
27 ⑤ **28** 정선 **29** ⑤ **30** ③ **31** 예 자신
이 할 말만 하고 대화방에서 나가 버렸다.

1 윗마을 양반은 '바우'라고 불렀고, 아랫마을 양반은 '박
서방'이라고 불렀습니다.

2 박 노인은 아랫마을 양반에게 더 좋은 고기를 더 많이
주었습니다.

3 박 노인의 마지막 말에서 알 수 있습니다.

4 민수는 영철이의 인사를 듣고 "뭐야, 아침부터 듣기 싫
은 별명을 부르고……."라고 말했습니다.

5 남자아이가 '내가'라고 말한 부분이 대화 예절에 어긋
납니다.

6 웃어른께 말할 때에는 '제가'라는 표현이 예절에 맞습
니다.

7 웃어른께 "수고하셨어요."라고 말씀드리는 것은 예절
에 어긋납니다.

8

채점 기준

평가	답안 내용
상	정답 키워드 고맙습니다 예 아저씨, 도와주셔서 고맙습니다. → 고마운 마음을 전하는 말을 대화 예절에 맞게 직접적으로 표현하여 씀.
중	예 아저씨 덕분에 편하게 탈 수 있어요. → 대화 예절에 맞는 말이지만 고마운 마음을 나타내는 표현을 쓰지 못함.

9 집에 들어갔을 때는 신유 어머니께 예의 바르게 인사를
해야 합니다.

10 어른께서 음식을 준비해 주시면 고맙다고 인사해야 합
니다.

11 친구들이 신유만 빼고 귓속말을 해서 신유는 기분이 나
빴습니다.

12 웃어른을 만나면 예의 바르게 인사해야 합니다.

13 사슴은 대화 예절을 지키지 않고 토끼가 말하는데 끼어
들어 말하였습니다.

14 사슴은 토끼의 말을 끝까지 들은 후에 말해야 합니다.

15 거북은 토끼에게 거친 말을 사용하였으므로 고운 말을
사용하자는 말을 하는 것이 가장 알맞습니다.

16

채점 기준

평가	답안 내용
상	예 그래, 다른 친구의 말을 들은 후에 내가 말할게. → 남의 말을 듣고 나서 말하겠다는 내용을 대화 예절에 맞게 씀.
중	예 그래, 일단 한번 들어 보자. → 남의 말을 다 듣고 나서 말하겠다는 내용이지만 대화 예절에 맞지 않은 부분이 있음.

부족한 답안 내가 먼저 말한 후에 ~~다른 사람의 의견을 들을~~ 게. (들은 후에 내 의견을 말할게.)

→ 말 차례를 지켜 말해야 해요. 남이 하는 말을 잘 듣는 것이
알맞은 대화 예절이므로 다른 사람을 배려해서 다른 사람이 말
한 후에 자신의 말을 한다는 내용을 쓰는 것이 좋아요.

17

채점 기준

평가	답안 내용
상	정답 키워드 알맞은 크기의 목소리 (1) ⑤ (2) 예 상황에 알맞은 크기의 목소리로 말한다 → (1)에 ⑤를 쓰고, (2)에 알맞은 크기의 목소리로 말한다는 내용을 씀.
중	(1) ⑤ (2) 예 알맞게 말한다. → (1)에 ⑤를 썼지만 (2)에 알맞은 대화 예절을 구체적으로 쓰지 못함.

18 예절을 지키며 말하면 듣는 사람과 말하는 사람의 기분
이 모두 좋아집니다.

19 자신에게 관심이 없는 이야기라도 잘 들어야 합니다.
그리고 대화를 할 때에는 상대를 바라보며 주의 깊게
듣습니다.

20 엄마께 칭찬을 받은 이야기를 들을 때 적절한 반응은
밝게 웃으며 맞장구치는 것입니다.

21 민우가 어머니 심부름으로 영수네 집에 가는 상황이 나
타나 있습니다.

22 예절에 맞게 말한 것은 "어머니께서 이것을 가져다드리라고 하셨어요."입니다.

23 자신이 찬 공에 친구가 맞은 상황에서는 미안한 마음을 전하는 말을 해야 합니다.

24 친구가 사과를 하면 화를 내지 않고 고운 말로 사과를 받아 주는 것이 좋습니다.

25 다수결의 원칙에 따라 "친구들과 사이좋게 지내자."로 정해졌습니다.

26 희정이가 말하는 도중에 찬우가 끼어들어 말하였습니다.

27 찬우는 희정이가 말하는데 끼어들어 말하였으므로 손을 들고 말할 기회를 얻은 후에 말해야 합니다.

28 찬민이는 다른 사람의 의견을 잘 듣지 않아서 다른 사람의 의견을 잘 알지 못하였으므로 다른 사람의 의견을 경청해야 한다고 말하는 것이 알맞습니다.

29 영철이는 대화명으로 이름 대신 @.@을 사용하였습니다.

30 줄임 말을 처음 보아서 뜻을 몰라 무슨 뜻이냐고 물어보았습니다.

31 그림에서 친구가 자신이 할 말만 하고 대화방에서 나가 버렸습니다.

단원 평가
교과서 진도북 **43~46**쪽

1 (1) ② (2) ①　　**2** 아랫마을 양반　　**3** 민영
4 ①, ②　**5** 예 미안해. 다음부터는 네 이름으로 부를게.
6 ②　　**7** 예 아버지, 제가 수저를 놓을게요. **8** (2) ○
9 (1) 책 (2) 공부　　**10** ①　　**11** (3) ○
12 (1) 예 듣기 싫은 별명으로 부르지 말자. (2) 예 기분이 나빠지면 서로 사이좋게 지내기가 어려워지기 때문이다.
13 ⑤　　**14** ①, ②, ④　　**15** 희서　**16** ①
17 ②, ④　**18** ㉠　　**19** ②　　**20** 예 복도에서 넘어졌을 때 친구가 일으켜 주어서 "정말 고마워."라고 말하였다.

1 윗마을 양반은 '바우'라고 불렀고, 아랫마을 양반은 '박 서방'이라고 불렀습니다.

2 자신을 존중하며 말한 아랫마을 양반에게 고기를 더 많이 주었을 것입니다.

3 아랫마을 양반의 말을 듣고 더 존중받는 느낌이 들었을 것입니다.

---

4 영철이는 민수가 싫어하는 별명을 부르며 인사하였고, 채은이는 민수의 이름을 바르게 부르며 인사하였습니다.

5

채점 기준	
평가	답안 내용
상	예 그래, 미안해. 이제 이름으로 부를게. / 기분을 나쁘게 해서 미안해. 이제 듣기 싫은 별명을 부르지 않을게.
	→ 민수가 고운 말로 말한 것에 대한 대답으로 알맞은 말을 씀.
중	→ '미안해.'와 같이 민수가 고운 말로 말한 것에 대한 대답이지만 너무 짧게 씀.

6 웃어른께 말할 때 '내가'라고 말하는 것은 예절에 어긋나는 표현입니다.

7 '내가'라고 말한 부분을 '제가'라고 고쳐 말해야 합니다.

8 웃어른께 "수고하셨어요."라고 말씀드리는 것은 예절에 어긋납니다.

9 친구들이 귓속말로 한 말을 살펴봅니다.

10 신유는 "나만 빼고 너희끼리 귓속말로 비밀 이야기를 하는 것 같아 기분이 나빠."라고 말하였습니다.

11 친구에게 고운 말로 사과하는 것이 알맞습니다.

12 태영이의 의견과 근거를 살펴봅니다.

13 찬우는 희정이가 말하는데 끼어들어 말하였습니다.

14 사회자의 마지막 말에 나타나 있습니다.

15 친한 친구의 의견이라고 해서 무조건 좋다고 말하는 것은 회의할 때 알맞은 예절이 아닙니다.

16 화난 기분을 나타내는 그림말입니다.

17 대화명은 자신을 잘 나타내는 것으로 해야 하고, 줄임 말을 지나치게 사용하면 대화가 잘 안 될 수 있습니다.

18 뜻을 모르는 표현을 그냥 사용하면 오해가 생기거나 대화가 어려울 수 있습니다.

19 표어는 너무 길지 않게 나타내는 것이 좋습니다.

20

채점 기준	
평가	답안 내용
상	예 밥을 먹기 전에 어머니께 "잘 먹겠습니다."라고 인사하고 밥을 먹었다. / 할머니께서 무거운 물건을 들고 가시는 것을 보고 "할머니, 제가 들어 드릴게요."라고 말하였다.
	→ 대화 예절을 지켜 말한 상황과 그때 자신이 한 말을 구체적으로 밝혀 씀.
중	예 지난주에 선생님께 "고맙습니다."라고 인사했다.
	→ 자신이 겪은 상황과 그때 한 말을 구체적으로 쓰지 못함.

4. 이야기 속 세상

진도 학습

교과서 진도북 49~64쪽

1 백인 **2** 앞쪽 **3** 버스 **4** ④ **5** ⑤
6 (2) ○ **7** 예 사라가 버스의 앞쪽 자리에 계속 앉아 있다가 경찰관과 이야기를 하게 되었다. **8** ㉯, ㉰ **9** 법
10 (1) ① (2) ② **11** ㉰ **12** ② **13** (1) ○
14 사라의 방 **15** ②, ③ **16** ⑤ **17** ②
18 ㉰ **19** 예 모든 흑인들이 버스를 타지 않자 버스 회사와 시장이 당황하였다. **20** ⑤ **21** ②, ③
22 공기놀이 **23** ③ **24** ②
25 (1) ○ (2) ○ **26** (1) 창훈 (2) 윤아
27 (1) ② (2) ① **28** (1) 예 소심하다. / 겁이 많다.
(2) 예 벌레가 있을까 봐 손을 뺐기 때문이다. / 벌레를 무서워하였기 때문이다. **29** ②, ⑤ **30** (1) 예 "이걸로 꺼내 보자." (2) 예 기다란 자를 들고 나타났다. / 바닥에 엎드려 사물함 밑을 더듬거렸다. **31** 공기 알, 나비 핀(핀) **32** (3) ○
33 (1) ③ (2) ① (3) ② **34** 예 화가 났다.
35 ④ **36** ③ **37** (1) ○ (2) ○ **38** 교실
39 ④ **40** (1) ○ (2) ○ **41** (1) 주은 (2) 짝
42 할아버지 **43** ④ **44** (1) 삼십 초 (2) 다섯 개 **45** 예 할아버지께 젓가락을 바르게 사용한다는 칭찬을 받아서이다. / 할아버지께서 조금만 더 연습하면 잘할 것이라고 말씀해 주셔서이다. **46** ③
47 (1) 예 야채 (2) 예 점포, 상점, 점방 **48** ③
49 (2) ○ **50** 야만인 / 원시인 **51** (1) ② (2) ①
52 융통성이 없는 **53** ③, ④ **54** 왕딱지
55 (1) 할아버지의 말씀 (2) 주은이의 일기 **56** ③
57 (2) ○

자습서 확인 문제 58쪽

1 ㉡ **2** ㉠ **3** 배려심

자습서 확인 문제 64쪽

1 ㉢ **2** 바둑알 **3** ㉡

1 사라는 흑인이기 때문에 백인만 앉을 수 있는 버스의 앞자리에 앉지 못하고 뒷자리에만 앉아야 합니다.

2 사라는 버스의 앞쪽 자리가 얼마나 좋은지 알아보려고 자리에서 일어나 좁은 통로로 걸어 나갔습니다.

4 백인들이 버스 앞자리에 불만이 있는지는 나타나 있지 않습니다.

7

채점 기준	
평가	답안 내용
상	예 사라가 규칙을 어겨 버스의 앞자리에 앉았다가 경찰관이 출동하게 되었다.
	→ 이야기의 중요한 사건을 간단히 씀.
중	예 사라가 버스 운전사와 이야기하였다. / 버스 운전사가 사라에게 내리라고 하였다.
	→ 사라가 겪은 사건이지만, 중요한 내용이 포함되지 않음.

8 버스 운전사는 사라가 뒷자리로 옮겨 앉지 않자 경찰관을 불러왔고, 경찰관 역시 법을 지켜야 한다고 말했습니다.

9 사라가 흑인들은 버스 뒷자리에 앉아야 한다는 법을 어겼기 때문에 경찰서에 가게 되었습니다.

10 인물이 한 말을 살펴보면, 사라가 어긴 법에 대한 생각이 각각 다르다는 점을 알 수 있습니다.

11 사라의 소식을 듣고 사라를 보러 온 사람이 초콜릿 과자를 주고 갔다고 하였습니다.

12 사라의 어머니는 사라가 경찰서에 올 만큼 잘못을 저지르지는 않았다고 생각하였습니다.

13 사라의 어머니는 사라가 아무것도 잘못한 것이 없다고 말했습니다.

14 사라의 방에서 사라와 어머니가 대화를 주고받는 내용입니다.

15 '이튿날 아침'을 통해 시간적 배경이 바뀌었음을 알 수 있습니다.

16 흑인인 사라가 버스 앞자리에 타면 안 된다는 내용의 법이 있었던 때입니다.

17 사람들이 사라와 사라의 어머니를 보고 수군거리는 것으로 보아 사라의 일을 알고 있음을 짐작할 수 있습니다.

18 사라와 어머니가 사람들의 뒤를 따라 걸은 것이 아니라, 사람들이 사라의 뒤를 따라 걸었습니다.

19

채점 기준	
평가	답안 내용
상	정답 키워드 버스, 버스 회사, 시장 예 어떤 흑인도 버스를 타지 않자 버스 회사와 시장이 당황하였다.
	→ 모든 흑인이 버스를 타지 않은 일과 그로 인해 버스 회사 및 시장이 당황한 사건까지 포함하여 씀.
하	예 흑인이 버스를 안 타서 / 시장이 당황하여서
	→ 정답 키워드 중 빠뜨린 부분이 있음.

20 사라의 용기 있는 행동 때문에 사람들은 흑인과 백인의 자리를 구분하지 않고 버스를 타도록 법을 바꾸었습니다.

21 사라의 어머니의 두 눈에 자랑과 행복이 가득하였다는 부분에서 그 마음을 짐작할 수 있습니다.

22 윤아와 '나'는 선생님이 오기 전까지 공기놀이를 하기로 하였습니다.

23 '나'는 윤아보다 공기놀이를 더 잘하지만 우진이가 나타나면서 실수를 하고 있습니다.

24 윤아에게 질투를 느끼고 있는 장면이므로, 샘을 잘 내는 성격으로 볼 수 있습니다.

25 공기 알들을 챙기며 일어선 것은 '내'가 한 행동입니다.

26 창훈이와 윤아가 부딪치면서 윤아의 손등에 있던 공기 알 하나가 사물함 밑으로 굴러 들어갔습니다.

27 윤아는 공기 알을 못 잡은 게 억울해서, '나'는 사물함 밑으로 굴러 들어간 공기 알이 걱정돼서 소리를 질렀습니다.

28

평가	답안 내용
상	소심하거나 겁이 많은 '나'의 성격을 적절한 까닭과 함께 씀.
하	벌레라는 말을 듣자마자 손을 뺀 행동과 거리가 먼 성격을 씀.

채점 기준

29 창훈이가 장난을 치며 부딪치고도 그냥 간 것으로 보아 장난을 좋아하는 성격, 배려심이 없는 성격을 알 수 있습니다.

30 **채점 기준**

평가	답안 내용
상	우진이가 한 말을 정확하게 찾아 쓰고, 성격을 짐작할 수 있는 행동을 한 가지 씀.
하	우진이가 한 말이나 행동 중, 한 가지만 정확하게 씀.

31 우진이는 공기 알과 나비 핀을 손에 들고 먼지를 툴툴 턴 다음 '우리'에게 내밀었습니다.

32 '나'는 우진이를 좋아하기 때문에 우진이에게 면박을 준 윤아가 얄미워서 한 대 콩 쥐어박고 싶었을 것입니다.

33 인물이 한 말이나 행동으로 인물의 성격을 짐작할 수 있습니다.

34 우진이는 창훈이가 여자아이들을 밀치고도 사과하지 않자 화가 나서 사과하라고 말하고 있습니다.

35 창훈이의 우스꽝스러운 행동을 보고 웃지 않으려고 억지로 참은 것은 '나'와 윤아의 행동입니다.

36 우진이를 멋진 아이라고 생각하고 짝이 되고 싶어 하므로, '나'는 우진이를 좋아하고 있습니다.

37 머리핀은 사물함 밑에서 나온 물건으로 '내'가 잃어버렸던 물건이 아닙니다.

38 선생님이 교실로 주은이를 데리고 들어오는 장면에서 이야기의 공간적 배경을 알 수 있습니다.

39 우봉이는 가무잡잡한 피부색 때문이 아니라 크고 맑은 눈 때문에 전학 온 여자아이에게서 눈을 떼지 못하였습니다.

40 '김해 김치'라는 말은 주은이의 소개를 듣고 누군가가 웃으며 장난스럽게 한 말입니다.

41 우봉이는 전학 온 주은이와 짝이 되었습니다.

42 우봉이는 할아버지와 함께 젓가락질 연습을 하고 있습니다.

43 우봉이는 빈 접시에 바둑알을 옮기는 연습을 하였습니다.

44 할아버지 말씀을 통해 초급에 합격하는 방법을 확인할 수 있습니다.

45 **채점 기준**

평가	답안 내용
상	**정답 키워드** 할아버지의 말씀(칭찬) 정답 키워드 중 하나를 포함하여, 할아버지의 말씀이나 칭찬을 들었기 때문이라는 내용으로 까닭을 씀.
하	'칭찬을 들어서' 등과 같이 누구의 칭찬이나 말씀인지 알 수 없는 내용으로 까닭을 씀.

46 주은이는 채소 가게 안에서 강낭콩을 들었다 놓았다 하며 젓가락질 연습을 하고 있었습니다.

47 바꾸어 썼을 때 뜻이 통하는 낱말을 생각해 봅니다.

48 젓가락을 내밀고 주위를 두리번거리는 것으로 보아, 어머니를 창피하게 생각한다는 것을 알 수 있습니다.

49 우봉이가 젓가락질 연습을 하느라 콩장과 메추리알, 묵만 먹었기 때문에 부모님들은 못 말린다는 표정을 지었습니다.

50 우봉이는 손으로 밥을 먹는 것을 나쁘다고 생각해서 야만인이나 원시인이라고 말하였습니다.

51 우봉이는 손으로 밥을 먹는 것을 나쁘다고 생각하고 있고, 할아버지는 손으로 밥을 먹는 것은 문화라고 생각하고 있습니다.

52 손으로 음식을 먹는 나라의 문화를 인정하지 않는 모습을 통해 우봉이가 융통성이 없는 성격이라는 것을 알 수 있습니다.

53 우봉이가 '악어 입 탁탁'을 쓴 아이(성규)를 이겼고, 주은이가 민지를 이겨서 결승에 오른 상황입니다.

54 우봉이는 왕딱지를 사고 싶어서 열심히 젓가락질 연습을 했습니다.

55 우봉이는 할아버지의 말씀과 주은이의 일기를 떠올리며 머뭇거리게 되었습니다.

56 우봉이가 할아버지의 말씀이나 주은이의 사정을 떠올리며 머뭇거린 것으로 보아 인정이 많은 성격임을 짐작할 수 있습니다.

57 우봉이가 만약 승부욕이 강한 성격이었다면 오로지 이기는 것만 생각했을 것입니다.

단원 평가　　교과서 진도북 **65~68**쪽

1 (1) ○　**2** 뒷자리　**3** ④　**4** (1) 어느 날 아침
(2) 버스 안 **5** 주현　**6** ①　**7** 나, 우진(이), 윤아, 창훈(이)　**8** ④　**9** ②, ⑤　**10** 예 창훈이는 '나'와 윤아에게 사과하고 함께 공기 알을 찾으려고 했을 것이다.
11 ⑤　　**12** 정우　**13** 사건　**14** (1) 선생님
(2) (김)주은　(3) 선생님 **15** 예 우봉이가 전학 온 주은이와 짝이 되었다.　　**16** ①　**17** ③　**18** 예 우봉이는 손으로 음식을 먹는 것에 대해 더럽다고 생각한다.
19 2, 1, 3　**20** (2) ○

1 흑인은 늘 차별을 받아 왔기 때문에 사라의 어머니는 체념하는 마음이 있습니다.

2 백인 아주머니가 흑인인 사라에게 '네 자리'로 돌아가라고 했으므로 버스의 뒷자리를 가리킵니다.

3 흑인들은 백인들이 앉는 자리와 구분된 뒷자리에 앉아야 한다고 하였습니다.

4 (나)의 이야기가 펼쳐지는 시간과 장소는 각각 '어느 날 아침'과 '버스 안'입니다.

5 사라는 버스의 앞자리와 뒷자리가 어떤 차이가 있는지 확인하려고 하므로 호기심이 많고 적극적인 성격임을 알 수 있습니다.

6 이야기에서 어떤 일을 겪는 사람이나 사물을 인물이라고 합니다.

7 이야기에 등장하는 인물은 '나'와 반 친구인 '우진이, 윤아, 창훈이'입니다.

8 '나'는 사물함 밑으로 굴러 들어간 공기 알을 찾지 못할까 봐 걱정하고 있습니다.

9 '나'는 우진이에게 소리치지 않았고, 창훈이가 사과를 하지 않고 도망간 것을 통해 배려심이 없다는 것을 짐작할 수 있습니다.

10

채점 기준	
평가	답안 내용
상	정답 키워드 사과, 공기 알 예 창훈이가 미안하다고 사과하고 공기 알을 찾는 것을 도와주었을 것이다. → 정답 키워드를 모두 포함시켜 창훈이가 사과한다는 내용과 도와준다는 내용을 모두 씀.
중	예 창훈이가 사과하였을 것이다. / 창훈이가 공기 알을 함께 찾아 주었을 것이다. → 정답 키워드 중 하나만을 포함시켜 배려심이 많은 성격이 드러나는 행동을 씀.

11 '내'가 손을 내밀지 못했다는 것은 내성적인 성격을, 윤아가 핀을 더럽다고 한 것은 깔끔하고 솔직한 성격을 나타냅니다.

12 인물의 성격에 따라 사건이 달라질 수 있으므로, 우진이가 친절하지 않은 성격이었다면 그와 같은 성격이 드러난 행동을 하였을 것입니다.

13 인물의 성격은 사건의 흐름에 영향을 줍니다.

14 우봉이 외에 선생님과 전학 온 친구 주은이가 등장하여 사건이 전개되고 있습니다.

15

채점 기준	
평가	답안 내용
상	정답 키워드 주은(이), 짝 예 우봉이가 주은이와 짝이 되었다. → 정답 키워드를 포함시켜 우봉이가 겪은 사건을 씀.
중	예 우봉이는 주은이에게서 눈을 떼지 못하였다. → 짝이 된 내용을 빠뜨리고 씀.

16 아줌마의 말투가 이상하게 느껴지긴 했지만, 사투리를 사용한 것은 아닙니다.

18

채점 기준	
평가	답안 내용
상	손으로 음식을 먹는 것에 대해 좋지 않게 생각한다는 내용을 정확한 표현으로 씀.
중	손으로 음식을 먹는 것에 대해 좋지 않게 생각한다는 내용이지만 문장에 어색한 표현이 있음.
하	'싫다', '더럽다' 등 우봉이의 느낌으로 알맞지만 지나치게 단순한 내용만 씀.

5. 의견이 드러나게 글을 써요

진도 학습

교과서 진도북 **71~78**쪽

1 (1) ② (2) ① **2** ③ **3** ④
4 (1) 예 친절합니다. (2) 어찌하다 **5** 고양이
6 (1) ① (2) ② **7** ㉠, ㉢, ㉣ **8** ③
9 ② **10** (1) 물난리 (2) 홍수 (3) 댐 **11** ②
12 ②, ④, ⑤ **13** (1) 홍수 (2) 피해 **14** (1) 의견
(2) 까닭 (3) 까닭 **15** ⑤ **16** 예 댐 건설에 찬성한
다. 왜냐하면 홍수로 인한 피해를 막는 것이 중요하기 때문이
다. / 댐 건설에 반대한다. 왜냐하면 천연기념물을 보호해야
하기 때문이다. **17** ③, ⑤ **18** (1) 문제 상황
(2) 의견 **19** 예 화단 옆에 쓰레기통을 놓아야 합니다. 그
러면 쓰레기를 함부로 버리는 사람이 줄어들 것입니다.
20 ④ **21** ④ **22** ①, ②, ④
23 민국, 주현 **24** (1) 예 음식을 골고루 먹읍시다.
(2) 예 편식을 하면 건강에도 좋지 않고 키가 크는 데에도 좋
지 않기 때문입니다.

자습서 확인 문제 73쪽

1 산초기름 **2** 성한 **3** ㉡

자습서 확인 문제 76쪽

1 반대 **2** 폭우, 홍수 **3** (2) ○

---

1 '세 아들은'은 '누가'에 해당되고, '열심히 땅을 팠습니
다.'는 움직임으로 '어찌하다'에 해당됩니다.
2 게으른 세 아들이 밭으로 달려간 것은 보물을 찾기 위
해서입니다.
3 '달려가다'는 움직임을 나타내는 낱말로 '어찌하다'에
해당됩니다.
4 움직임을 나타내는 낱말이 들어가야 하는지, 성질이나
상태를 나타내는 낱말이 들어가야 하는지 생각해 봅니다.
5 목화 장수들은 목화를 잘 보관하기 위해 고양이를 샀습
니다.
6 목화 장수들의 말을 통해 의견을 확인할 수 있습니다.
7 목화 장수들은 고양이를 산 뒤, 고양이가 피해를 주자
서로 목홧값을 물어내라고 하다가, 사또에게 판결을
부탁하였습니다.
10 댐 건설 기관 담당자들은 만강 하류에 있는 도시에 물
난리가 난다는 것을 까닭으로 들면서 만강에 댐을 건설
해야 한다고 말하였습니다.

11 효은이는 상수리에 댐을 건설하는 것을 반대한다는 의
견을 내세웁니다.
12 편지의 마지막 부분에 효은이의 의견과 의견을 뒷받침
하는 까닭이 잘 나타나 있습니다.
13 첫인사 다음에 문제 상황이 나타나 있습니다.
14 댐 건설 기관 담당자는 상수리에 댐을 건설해야 한다는
의견을 내세웁니다.
15 의견은 명확한 문장으로 제시하고, 읽는 사람이 들어
줄 수 있는 의견인지 생각합니다.

16

평가	답안 내용
상	**정답 키워드** 댐, 찬성 / 반대 의견을 잘 뒷받침하는 까닭을 들어 댐 건설에 찬성하는지, 반대하는지 의견을 분명하게 씀.
중	적절한 까닭을 들어 댐 건설에 찬성하는지 반대하는지 의견을 분명하게 썼으나 문장에 틀린 표현이 있음.
하	댐 건설에 대한 의견을 분명하게 썼으나 적절한 까닭으로 보기 어려운 내용을 씀.

17 '도움이 필요한 사람에게 도움을 주는 상황'은 문제 상
황으로 보기 어렵습니다. '거친 말을 함부로 하여 친구
에게 상처를 주는 상황'은 그림에 나타나 있지 않은 상
황입니다.
18 의견을 제시하는 글에는 문제 상황, 의견, 까닭이 제시
되어야 합니다.

19

평가	답안 내용
상	예 화단에 쓰레기를 함부로 버리지 맙시다. 쓰레기를 함부로 버리면 보기에도 좋지 않고, 좋지 않은 냄새도 나기 때문입니다. → 그림에 나타난 문제 상황이 해결될 수 있는 의견과 의견을 뒷받침하는 까닭을 정확한 문장으로 씀.
중	예 화단에 쓰레기통을 설치해야 합니다. 쓰레기통이 없기 때문입니다. → 문제 상황을 해결할 수 있는 의견을 분명히 썼으나 의견을 뒷받침하는 까닭의 설득력이 부족함.
하	예 쓰레기를 아무렇게나 버리면 안 된다. → 문제 상황과 관련된 의견만 쓰고, 의견을 뒷받침하는 까닭을 쓰지 않았으며, 예의 바른 표현도 아님.

20 문제 상황, 의견, 뒷받침하는 까닭이 잘 드러나게 글을
써야 하며 읽는 사람이 들어줄 수 있는 의견인지 생각
해야 합니다.
21 학급 신문을 만들 때에는 신문의 이름, 주제, 신문에
제시할 의견, 뒷받침할 자료 등을 계획해야 합니다.

22 의견을 뒷받침할 자료를 준비하고, 읽는 사람에게 예의를 갖추어 글을 써야 합니다.

23 신문의 이름은 주제와 어울리게 정하는 것이 좋으며, 의견을 바르게 제시하는 것이 중요합니다.

24

채점 기준	
평가	답안 내용
상	문제 상황을 해결할 수 있는 의견과 적절한 까닭을 예의 바른 문장으로 씀.
중	문제 상황을 해결할 수 있는 의견과 적절한 까닭을 예의 바른 문장으로 썼으나 어색한 표현이나 틀린 글자가 있음.

단원 평가   교과서 진도북 **79~82** 쪽

1 ③   **2** ⓒ, ⓔ   **3** (나)   **4** 종윤
5 (1) ○ (2) × (3) ○   **6** (1) 늙은 농부는 (2) 세 아들에게 밭에 보물이 있다고 말해 주었습니다.   **7** ④
8 ⓔ   **9** (1) 네 사람은 (2) 고을 사또를 찾아가 판결을 해 달라고 부탁했다.   **10** (1) '아픈' 또는 '성한'에 ○
(2) 예 아픈 다리를 맡은 사람이 산초기름을 발라서 불이 났기 때문이다. / 불이 붙은 고양이가 광에 들어갈 때는 성한 다리로 움직인 것이기 때문이다.   **11** (1) 김효은 (2) 댐 건설 기관 담당자   **12** 예 상수리에 댐을 건설하는 것을 반대한다.   **13** ②, ③, ④   **14** ③
15 (2) ○ (3) ○   **16** 예 작은 고추가 더 맵다. / 등잔 밑이 어둡다.   **17** ⑤   **18** 민하   **19** ㉠
20 (1) ○ (2) × (3) ○

1 (가)는 '누가 + 무엇이다'로 짜인 문장입니다.

2 ㉠과 ㉣은 '무엇이다', ㉡은 '어떠하다'를 나타냅니다.

3 '누가 + 어떠하다'로 짜인 문장입니다.

4 '열심히 공부를 하는 예지는'이 '누가'에 해당되고, '과학자를 꿈꿉니다.'는 '어찌하다'를 나타냅니다.

5 문장의 짜임을 아는 것과 글씨를 쓰는 속도는 관련이 없습니다.

6 '늙은 농부는' 부분이 '누가'에 해당하고, 나머지 부분이 '어찌하다'에 해당합니다.

7 목화 장수들은 목홧값을 누가 물어야 하는지 서로의 탓을 하며 다투고 있습니다.

8 고양이 다리에 불이 잘 붙는 산초기름을 발라 주어 불이 붙었기 때문에 아픈 다리를 맡은 사람이 목홧값을 물어야 한다고 주장했습니다.

9 '네 사람은'이 '누가'에 해당하고, 나머지 부분이 '어찌하다'에 해당합니다.

10

채점 기준	
평가	답안 내용
상	(1)에 고른 의견을 적절하게 뒷받침하는 까닭을 (2)에 알맞은 문장으로 씀.
중	(2) 예 성한 다리로 들어가서이다.
	→ (1)에 고른 의견을 적절하게 뒷받침하는 까닭을 (2)에 썼지만, 까닭이 적절하지 않거나 부족한 부분이 있음.
하	(1)에 의견만 표시하고 (2)에 까닭을 제대로 쓰지 못함.

11 김효은 어린이가 댐 건설에 반대하며 댐 건설 기관 담당자에게 쓴 편지입니다.

12

채점 기준	
평가	답안 내용
상	예 상수리에 댐을 건설하지 말아야 한다. / 상수리에 댐을 건설하면 안 된다.
	→ 상수리 댐 건설에 반대하는 효은이의 의견을 분명하게 씀.
중	(2) 예 공사를 하지 말아야 한다. / 건설에 반대한다.
	→ 효은이의 의견을 정확하게 알 수 없게 씀.

13 효은이가 댐 건설을 반대하는 까닭은 편지 마지막 부분에 나타나 있습니다.

14 '담당자들께서는~말씀하셨습니다.'이므로 '누가 + 어찌하다'에 해당됩니다.

15 의견만 반복해서 쓰면 설득력이 떨어지므로, 의견을 뒷받침하는 까닭도 함께 써야 합니다.

16

채점 기준	
평가	답안 내용
상	'무엇이 + 어떠하다' 짜임의 속담을 정확하게 씀.
하	속담을 썼지만 '무엇이 + 어떠하다'의 짜임이 아님.

17 댐 건설 기관 담당자는 댐 건설을 계획하고 있으며, 댐 건설에 반대하는 효은이를 설득하기 위해 편지를 쓴 것입니다.

18 댐 건설 기관 담당자는 댐을 건설해야 하는 까닭을 자세히 설명하면서 마을 주민인 효은 학생의 협조와 이해를 부탁하였습니다.

19 휴대 전화만 보며 횡단보도를 건너는 위험한 상황이므로, 이와 관련된 의견을 제시할 수 있습니다.

20 신문의 사진이나 그림은 의견을 뒷받침하기 위한 근거나 글의 내용을 이해하는 데 도움이 되므로 필요한 만큼만 싣는 것이 좋습니다.

6. 본받고 싶은 인물을 찾아봐요

1 ④ 　　**2** 역사 　　**3** 세종 대왕 　　**4** ⑤
5 ③ 　　**6** (1) 외세 (2) 우리글 　**7** (1) ○ 　**8** ④
9 (심한) 흉년과 전염병 　**10** ㉮ 　**11** (3) × 　**12** ⑤
13 ②, ③, ⑤ 　　**14** (2) ○ 　**15** 흉년 　**16** ⑤
17 예 절망스럽다. 　**18** 지혜 　**19** ① 　**20** ①, ④
21 예 당시에는 양민의 신분으로는 임금을 만날 수 없었기 때문이다. 　**22** ① 　**23** ㉠ 　**24** ㉰ 　**25** 열다섯
26 ① 　**27** (2) ○ 　**28** 예 성을 짓는 일에 자주 나오지 않아도 되어 마음 편히 농사를 지을 수 있게 되었다.
29 ⑤ 　**30** 백성 　**31** 열병 　**32** (4) × 　**33** 얼굴
34 ① 　**35** ② 　**36** ② 　**37** ⑤ 　**38** ②
39 ⑤ 　**40** ④ 　**41** ② 　**42** ㉯ 　**43** ④
44 ② 　**45** ⑤ 　**46** ⑤ 　**47** (1) ○ 　**48** 은지
49 예 자신처럼 장애를 지닌 어린이가 교육받을 수 있게 나선 점을 본받고 싶다. 　**50** ① 　**51** ② 　**52** ③, ⑤
53 재경 　**54** 예 사회사업가 / 어려운 사람에게는 다른 사람의 작은 관심이 엄청난 힘이 될 수 있기 때문입니다.
55 (3) ○

자습서 확인 문제 92쪽

1 ㉢ 　**2** 성 　**3** 암행어사 　　**4** 백성

자습서 확인 문제 98쪽

1 ㉢ 　**2** 손 　**3** (2) ○

1 장면 ❶에서 정원이가 한 말을 살펴봅니다.

2 수아가 전기문이 있는 '역사' 책꽂이로 가 보자고 했습니다.

3 훈민정음을 만든 분은 세종 대왕입니다.

4 백 년 전만 해도 우리글을 읽지 못하는 사람들이 대부분이었습니다.

5 주시경 선생님은 우리글을 누구나 쉽게 배울 수 있도록 문법을 연구하셨습니다.

6 주시경 선생님은 우리글을 모두가 알아야 외세의 침략을 받지 않고 잘 산다고 생각하셨기 때문에 문법을 연구하셨습니다.

7 김만덕은 어쩔 수 없이 기생이 되었다며 양민의 신분으로 되돌려 달라고 부탁했습니다.

8 김만덕은 제주 목사에게 어쩔 수 없이 기생이 된 사정을 말했습니다.

9 김만덕이 열두 살이 되던 해에 심한 흉년과 전염병 때문에 부모님을 차례로 여의었습니다.

10 '양민의 신분', '기생의 수양딸' 등에서 신분 제도가 있었다는 것을 짐작할 수 있습니다.

11 김만덕은 제주도의 특산물을 제주도 사람에게 사들여 육지 상인들에게 팔았습니다.

12 육지 상인들은 제주도의 특산물을 적당한 가격에 사들일 수 있어 김만덕의 객줏집으로 몰려들었습니다.

13 이익을 적게 남기고 많이 판다는 원칙을 지켰습니다.

14 풍년에는 흉년을 생각해 절약해야 하고, 검소하게 살아야 한다고 했습니다.

15 제주도에 흉년이 계속되어 제주도 사람들이 굶어 죽을 위기에 처해 있었습니다.

16 태풍으로 농사를 망쳐 제주도 사람들이 모두 굶어 죽을 위기에 처한 일을 말합니다.

17 제주도 사람들은 갑자기 태풍이 불어닥쳐 곡식을 실은 배가 침몰했다는 소식을 듣고 모두 굶어 죽게 되었다고 절망했습니다.

18 김만덕이 제주도 사람들이 굶주린 모습을 보고 자신의 곡식을 기꺼이 내준 것으로 보아, 김만덕은 나눔을 가치 있게 생각했습니다.

19 '눈이 화등잔만 해졌다.'는 말은 놀라 눈이 커졌다는 뜻입니다.

20 양민은 임금을 만날 수 없었고, 제주도 여자는 평생 제주도를 떠날 수 없었습니다.

21

평가	답안 내용
채점 기준	
상	**정답** **키워드** 양민의 신분 / 임금 예 당시에 양민의 신분으로는 임금을 만날 수 없기 때문이다. → 임금이 김만덕에게 벼슬을 내린 까닭을 신분 제도와 연관지어 알맞게 씀.
하	예 임금을 만나야 하기 때문이다. → 왜 김만덕에게 벼슬을 내렸는지 정확하게 드러나지 않게 씀.

22 제주도 여자는 제주도를 떠날 수 없다는 규범을 깬 것으로 보아 김만덕은 도전하는 가치관을 지녔다는 것을 알 수 있습니다.

23 ㉠에 백성의 삶에 대한 시대 상황이 드러나 있습니다.

24 백성은 이른 아침부터 해가 떨어질 때까지 한시도 쉬지 않고 열심히 일해도 늘 배불리 먹지 못했습니다. 세금을 내지 못해 남의 집 머슴살이를 하는 사람도 많았습니다.

25 열다섯 살 때 아버지를 따라 한양에 갔습니다.

26 정약용은 1792년에 아버지가 돌아가시자 시묘살이를 했습니다.

27 정조는 정약용에게 성을 짓는 데 드는 돈을 줄이는 것과 백성의 수고를 덜 수 있는 방법을 찾아보라고 했습니다.

28

채점 기준	
평가	답안 내용
상	예 성을 짓는 일에 자주 나오지 않아도 되어 마음 편히 농사를 지을 수 있게 되었다.
	→ 거중기의 발명이 백성에게 어떤 도움을 주었는지 정확하게 씀.
하	예 농사를 지을 수 있었다. / 백성의 수고를 덜게 되었다.
	→ 어떻게 농사를 지을 수 있는지 알 수 있는 내용이나 백성의 수고를 어떻게 덜게 되었는지 알 수 있는 내용을 거중기의 발명과 연관지어 쓰지 못함.

29 정약용은 백성을 조금이라도 편안하게 해 주고 싶어 하였습니다.

30 정약용은 백성에게 도움이 되려고 맡은 일을 열심히 했습니다.

31 헬렌은 태어난 지 열아홉 달밖에 안 되었을 때 열병을 앓았습니다.

32 의사도 열병 때문에 헬렌에게 무슨 일이 일어났는지 알지 못했습니다.

33 헬렌의 눈 가까이에 손을 흔들어도 눈을 깜박이지 않아서 램프를 얼굴 가까이 비춰 보았습니다.

34 헬렌은 열병을 앓고 난 뒤부터 보지 못하게 되었습니다.

35 헬렌이 아무것도 듣지 못하는 것 같아 돌을 넣은 깡통 딸랑이를 흔들어 본 것입니다.

36 ㉡의 앞에서 무엇에 대해 이야기했는지 살펴봅니다.

37 헬렌은 자신이 듣지도 보지도 못한다는 생각은 하지 못하고 그냥 밤이 되었다고 생각한 것입니다.

38 헬렌은 다른 사람과 의사소통을 할 수 없게 되자 제멋대로였고 난폭해졌습니다.

39 헬렌이 앤 설리번 선생님을 만난 날입니다.

40 헬렌은 앤 설리번 선생님의 얼굴을 만지고 코와 입과 먼지 묻은 옷을 차례로 만졌습니다.

41 앤 설리번 선생님은 헬렌이 손을 통해서 느끼고 배울 수 있다는 것을 알아차렸습니다.

42 손을 통해 교육을 해서 다른 사람과 의사소통을 할 수 있게 됨을 표현한 것입니다.

43 헬렌이 낱말과 사물의 관계가 어떤 것인지 처음으로 알게 된 일을 뜻합니다.

44 앤 설리번 선생님은 보지도 듣지도 못하는 헬렌에게 직접 사물을 만져 보게 한 다음 사물의 이름을 알려 주었습니다.

45 볼 수 없었던 헬렌에게 빛의 세계가 열린 느낌이 들었을 것입니다.

46 헬렌은 아침 일찍 일어나 글자를 쓰기 시작해 하루 종일 글을 쓰고는 했습니다.

47 자신도 말을 배우게 해 달라고 앤 설리번 선생님을 졸랐습니다.

48 헬렌이 토미를 도와주는 것에서 어려운 사람을 도와야 한다는 가치관을 알 수 있습니다.

49

채점 기준	
평가	답안 내용
상	예 자신처럼 장애를 지닌 어린이가 교육받을 수 있게 나선 점을 본받고 싶다.
	→ 헬렌이 한 일을 보고 헬렌에게서 본받을 점을 알맞게 씀.
중	예 모금에 참여한 점을 본받고 싶다. / 사치스러운 물건을 사지 않은 점을 본받고 싶다.
	→ 헬렌이 한 일을 통해 본받을 점을 구체적으로 쓰지 못하고 글에 나타난 행동 중심으로 씀.
하	예 학교를 잘 다닌 점을 본받고 싶다. / 사치스러운 물건을 가진 점을 본받고 싶다.
	→ 헬렌이 한 일을 통해 본받을 점을 알맞게 쓰지 못함.

50 ㉠ 다음에 나타나 있는 내용은 유관순이 살았던 시대 상황에 대한 설명입니다.

51 일본이 강제로 학교 문을 닫게 해서 학교에 다닐 수 없었습니다.

52 유관순은 어려움을 이겨 내기 위하여 고향에 돌아와 태극기를 만들고, 아우내 장터에서 사람들과 독립 만세를 외쳤습니다.

53 일본에 맞서 독립 만세를 외친 유관순에게서 나라를 사랑하는 마음을 본받을 수 있습니다.

54 채점 기준

평가	답안 내용
상	**예** 사회사업가 / 어려운 사람에게는 다른 사람의 작은 관심이 엄청난 힘이 될 수 있기 때문입니다. → 김만덕이 한 일을 통해 미래의 자기 모습을 쓰고, 그에 맞게 까닭을 씀.
중	**예** 사회사업가 / 불쌍한 사람을 돕고 싶어서 → 김만덕이 한 일을 통해 미래의 자기 모습을 썼지만 까닭은 아주 간단하게 씀.
하	**예** 사회사업가 → 미래의 자기 모습만 씀.

55 환경 오염이 심해져서 공기를 사 마셔야 한다면 지구 환경을 깨끗하게 하려는 노력이 필요할 것입니다.

단원 평가

1 전기문 **2** ①, ⑤ **3** 헬렌 켈러 **4** ④
5 ④ **6** ⑤ **7** (3) ○ **8** ⑤ **9** ⑤
10 (1) 임금의 용안 (2) 금강산 **11** ①, ③, ④
12 ④ **13** ⑤ **14 예** 백성은 이른 아침부터 해가 떨어질 때까지 한시도 쉬지 않고 일했지만 늘 배불리 먹지 못했다. **15** ① **16** ③ **17** ⑤ **18** (2) ○
19 ②, ④ **20 예** 힘들어도 포기하지 않고 노력한 점을 본받고 싶다.

1 정원이는 전기문을 찾고 있다고 했습니다.

2 정원이는 책에서 본 인물이 남달리 한 일, 수아는 인물이 살았던 시대가 지금과 어떻게 달랐는지 궁금했다고 했습니다.

3 장애에 대한 편견을 없애는 데 큰 역할을 한 인물은 헬렌 켈러입니다.

4 본받고 싶은 인물을 소개할 때 인물이 좋아한 음식까지 소개할 필요는 없습니다.

5 백 년 전에는 글을 읽지 못하는 사람들이 대부분이었습니다.

6 주시경 선생님은 우리나라가 외세의 침략을 받지 않고 잘 살려면 우리글을 모두가 알아야 한다고 생각했기 때문에 문법을 연구하셨습니다.

7 전기문은 인물의 삶을 사실에 근거해 쓴 글로, 인물의 가치관을 알 수 있습니다.

8 임금이 한 말을 읽어 보면 제주도 사람들이 말하는 김만덕의 업적을 알 수 있습니다.

9 임금이 놀라서 한 말에 까닭이 나타나 있습니다.

10 김만덕은 소원을 묻는 제주 목사에게 자신의 소원은 임금의 용안을 뵙는 것과 금강산을 구경하는 것이라고 말했습니다.

11 양민의 신분으로 임금을 만날 수 없다는 것에서 신분 차별이 있었다는 것을 알 수 있습니다.

12 김만덕은 장사를 해서 돈을 많이 벌었지만 함부로 쓰지는 않았습니다.

13 정약용은 지방 관리였던 아버지 덕분에 백성의 삶을 가까이서 지켜볼 수 있었습니다.

14 채점 기준

평가	답안 내용
상	**예** 백성은 이른 아침부터 해가 떨어질 때까지 한시도 쉬지 않고 일했지만 늘 배불리 먹지 못했다. → 두 번째 문단에서 알 수 있는 시대 상황을 잘 정리하여 씀.
하	**예** 백성은 배가 고팠다. → 시대 상황을 정확하게 쓰지 못함.

15 노르웨이의 소녀가 말하는 법을 배웠다는 소식을 듣고 헬렌도 말하는 법을 배웠습니다.

16 헬렌은 너무 힘들었지만 포기하지 않고 끊임없이 노력했습니다.

17 뜻대로 말이 되지 않아도 포기하지 않는 점에서 의지가 강한 성격을 짐작할 수 있습니다.

18 헬렌은 토미를 퍼킨스학교에 데려와 교육을 받을 수 있게 모금을 했습니다.

19 헬렌은 토미를 도와 달라는 글을 여러 사람과 신문사에 보내고, 모금에 참여하기 위해 돈을 보태기도 하였습니다.

20 채점 기준

평가	답안 내용
상	**예** 힘들어도 포기하지 않고 노력한 점을 본받고 싶다. / 자신처럼 어려운 사람을 도와주는 모습을 본받고 싶다. → 글 (가)와 (나)에서 헬렌이 한 일을 통해 본받을 점을 알 맞게 씀.
하	**예** 노력한 점을 본받고 싶다. → 본받을 점을 구체적으로 쓰지 못함.

7. 독서 감상문을 써요

1 ⑤	**2** ④	**3** 『견우와 직녀』
4 예 『금도끼 은도끼』	**5** ②	**6** (1) 『이순신 위인전』
(2) 『흥부 놀부』	**7** (1) ④ (2) ㉮ (3) ㉮ (4) ㉰ (5) ㉰
8 예 재미있는 『세시 풍속』	**9** ②	**10** ④
11 ②	**12** (1) ③ (2) ① (3) ②	**13** 지율
14 ①	**15** 학교	**16** (2) ○	**17** ①	**18** ㉰
19 싫어도 가야 한다	**20** 이슬	**21** ⑤	**22** ①
23 ⑤	**24** ③	**25** 세진	**26** ④	**27** (3) ○
28 ㉰	**29** ③	**30** ④	**31** ①
32 (1) ① (2) ③ (3) ②	**33** 다	**34** ①
35 (1) ○ (2) ○	**36** 투발루 **37** ㉰	**38** ⑤
39 빙하 **40** ⑤	**41** 할아버지	**42** ㉰
43 야자나무 숲	**44** ④	**45** (2) ○
46 예 투발루섬을 떠나는 로자가 안타깝게 느껴져서 로자를 위로하는 편지를 써서 내 생각을 전하고 싶다.

1 자신이 재미있게 읽은 책을 떠올려야 합니다.

3 책 내용에 나오는 인물을 보면 알 수 있습니다.

4 정직한 나무꾼이 산신령으로부터 도끼를 얻는다는 내용의 이야기는 『금도끼 은도끼』입니다.

5 미소는 조나단이 진정한 자유를 얻는 장면이 가장 인상 깊었다고 했습니다.

6 책에 대한 설명에서 '거북 모양의 배', '제비 다리' 등의 말을 보고 책 제목을 떠올립니다.

7 책을 읽은 동기, 책 내용, 책을 읽고 생각하거나 느낀 점을 구별해 봅니다.

8

채점 기준	
평가	답안 내용
상	**정답 키워드** 『세시 풍속』 예 재미있는 『세시 풍속』 / 조상의 지혜가 담긴 『세시 풍속』 → 책 제목인 『세시 풍속』을 넣어 독서 감상문의 제목을 씀.
하	예 내가 몰랐던 동지 → 책 제목이 드러나지 않게 독서 감상문의 제목을 씀.

9 독서 감상문은 읽은 책을 친구에게 자랑하기 위해 쓰는 것은 아닙니다.

10 나연이는 『꿈의 다이어리』를 읽고 자신도 꿈에 대해 깊이 생각해 볼 수 있었다며 책을 추천해 주었습니다.

11 하은이는 꿈의 다이어리를 받고 꿈을 이루려면 노력해야 한다는 사실을 깨달았습니다.

12 '책을 읽은 동기'는 글의 처음 부분에, '책 내용'은 가운데 부분에, '앞으로의 다짐'은 글의 끝부분에 주로 드러나 있습니다.

13 글쓴이가 책을 읽고 자신을 되돌아본 부분입니다.

14 학교에 가기 싫어서 여러 가지 핑계를 대고 있습니다.

15 '나'는 공부도 재미없고 학교 가는 것도 재미없다고 했습니다.

16 농사짓는 것이 어려워 아무나 지을 수 없다는 뜻입니다.

17 어머니는 아들을 어떻게든 학교에 보내려고 설득하고 있습니다.

18 '나'는 지겟작대기로 말 안 듣는 '나'를 때리려고 그런 줄 알았습니다.

19 어머니는 누구든 재미로 학교 다니는 사람은 없다고 했습니다.

20 지겟작대기로 이슬을 털어야 해서 '나'에게 가방을 다시 주었습니다.

21 어머니는 아들을 위해 아들 앞에 걸으며 산길의 이슬을 털어 주었습니다.

23 어머니는 품속에 넣어 온 아들의 새 양말과 새 신발을 꺼냈습니다.

24 아들에 대한 어머니의 큰 사랑을 느낄 수 있습니다.

25 희주는 글의 내용을 말했습니다.

26 그림보다는 책 내용을 보고 독서 감상문을 쓸 책을 정합니다.

27 친구들의 대화를 보면 책의 종류가 같더라도 책을 고른 까닭은 다를 수 있다는 것을 알 수 있습니다.

28 독서 감상문을 쓸 책을 정할 때 관심이 있거나 새롭게 안 내용이 많은 책을 고릅니다.

30 지구와 달에 관련된 내용이기 때문에 지구와 태양과의 거리에 관련된 내용은 알맞지 않습니다.

31 글의 길이보다는 글의 내용을 중심으로 이야기하는 것이 중요합니다.

32 글 ㉮는 『아름다운 꼴찌』를 읽고 시 형식으로 쓴 독서 감상문, 글 ㉯는 『나무 그늘을 산 총각』을 읽고 일기 형식으로 쓴 독서 감상문, 글 ㉰는 『초록 고양이』를 읽고 편지 형식으로 쓴 독서 감상문입니다.

34 날씨는 글 ㉯에 들어 있습니다.

35 여러 가지 형식으로 바꾸어 쓰면 같은 내용을 읽어도 다른 느낌을 받을 수 있다는 것을 알 수 있습니다.

36 섬으로 이루어진 나라 투발루에 산다고 했습니다.

37 로자가 수영을 하러 바다로 가면 고양이 투발루는 야자나무 숲으로 들어갑니다.

39 아빠는 지구가 더워져 빙하가 녹아내리고 있어서 바닷물이 불어난다고 했습니다.

40 바닷물이 점점 불어나 나라 전체가 물에 잠기게 되어 로자네 가족이 투발루섬을 떠나기로 결정했습니다.

41 아빠는 다른 나라에 가면 힘들게 살 것이므로 고양이 투발루를 할아버지한테 맡기고 가자고 했습니다.

42 로자는 수영을 못하는 투발루를 걱정하고 있습니다.

43 로자가 바다로 수영을 하러 가면 고양이 투발루는 야자나무 숲으로 들어갑니다.

44 로자는 투발루섬에서 고양이 투발루와 함께 살고 싶다고 간절히 빌었습니다.

45 사람들이 환경을 오염시키지 않으면 빙하가 녹지 않아 투발루섬으로 돌아올 수 있습니다.

46

채점 기준	
평가	답안 내용
상	예 투발루섬을 떠나는 로자가 안타깝게 느껴져서 로자를 위로하는 편지를 써서 내 생각을 전하고 싶다.
	→ 형식과 표현할 생각이나 느낌을 알맞게 씀.
중	예 로자의 마음을 표현할 시를 쓰고 싶다.
	→ 형식은 정했지만 표현할 내용을 너무 간단하게 씀.
하	→ 시, 편지, 일기, 만화 등의 형식만 씀.

단원 평가

교과서 진도북 **116~118**쪽

1 (3) ○ **2** ㉮ **3** 예 거짓말을 했을 때 생각나는
4 ㉠ **5** ① **6** (다) **7** ② **8** ㉯
9 이슬 **10** (1) 예 어머니께서 아들을 위해 이슬을 털어 주다가 옷을 흠뻑 적신 모습 (2) 예 아들이 학교에 가기 싫어하는 마음을 되돌리려고 노력하는 마음이 느껴졌기 때문이다.
11 시 **12** ② **13** 꼴찌 **14** ② **15** 민규
16 ㉡ **17** ⑤ **18** 아영 **19** 예 로자가 투발루에서 투발루와 함께 살고 싶다고 비는 장면이 인상 깊었어. 로자의 안타까운 마음이 느껴졌기 때문이야.
20 (1) ㉯ (2) ㉮ (3) ㉰

1 미소는 조나단이 포기하지 않고 계속 노력한 끝에 진정한 자유를 얻는 장면이 인상 깊었다고 했습니다.

2 『흥부 놀부』는 형제가 주인공입니다.

3

채점 기준	
평가	답안 내용
상	예 거짓말을 했을 때 생각나는 / 거짓말하는 동생에게 들려주고 싶은
	→ 『피노키오』와 관련된 내용을 씀.
하	예 인형이 생각나는 / 할아버지가 보고 싶은
	→ 『피노키오』와 관련된 내용이지만 부족한 부분이 있음.

4 ㉠에 글쓴이가 책을 읽은 동기가 드러나 있습니다.

7 독서 감상문을 쓸 책을 먼저 고른 뒤 책 내용과 느낌을 떠올립니다.

9 어머니는 '내' 옷에 이슬이 묻지 않도록 하기 위해 '내' 앞에 서서 이슬을 털며 산길을 걸었습니다.

10

채점 기준	
평가	답안 내용
상	(1) 예 어머니께서 아들을 위해 이슬을 털어 주다가 옷을 흠뻑 적신 모습 (2) 예 아들이 학교에 가기 싫어하는 마음을 되돌리려고 노력하는 마음이 느껴졌기 때문이다.
	→ 감동받은 부분과 그 까닭을 알맞게 씀.
중	→ (1)과 (2) 중 하나만 알맞게 씀.
하	→ (1)과 (2) 중 하나를 썼지만 내용이 적절하지 못함.

12 책을 읽기 전에 글쓴이는 꼴찌만 아니면 될 줄 알았습니다.

14 시는 긴 문장 대신에 짧은 글로 씁니다.

15 이 글은 편지 형식으로 쓴 독서 감상문이므로 민규가 썼을 것입니다.

18 환경 오염을 줄이려면 재활용품 분리 배출을 잘하거나 일회용품 사용을 줄여야 합니다.

19

채점 기준	
평가	답안 내용
상	예 로자가 투발루에서 투발루와 함께 살고 싶다고 비는 장면이 인상 깊었어. 로자의 안타까운 마음이 느껴졌기 때문이야.
	→ 인상 깊은 내용과 까닭을 알맞게 씀.
중	예 로자가 투발루에서 투발루와 함께 살고 싶다고 비는 장면이 인상 깊었어. 로자가 철이 없게 느껴졌기 때문이야.
	→ 인상 깊은 장면을 쓴 까닭이 적절하지 못함.
하	예 로자가 안타깝다.
	→ 인상 깊은 장면은 쓰지 않고 까닭만 간단하게 씀.

8. 생각하며 읽어요

6

진도 학습

교과서 진도북 **121~128** 쪽

1 ②   **2** 농부   **3** (2) ○   **4** ⑤
5 (1) ①   (2) ②   **6** ㉠   **7** ②
8 예 적절하지 않다. 다른 사람의 의견을 받아들이기 전에 그 의견이 적절한지 판단해 보지 않았기 때문이다.
9 바람직한 독서 방법   **10** ③   **11** ㉠
12 예 한 분야의 책만 읽게 된다.   **13** (1) ○   **14** ㉠
15 ②   **16** 창수   **17** ③   **18** (2) ○   **19** ⑤
20 ㉢   **21** (2) ○   **22** ㉣   **23** ㉢   **24** 시현
25 ㉢, ㉣   **26** 예 좋아하는 음식 위주로 다양하게 먹어도 충분히 영양소를 섭취할 수 있다.   **27** 상미   **28** ④
29 (1) 예 비속어를 쓰지 않아야 한다.   (2) 예 말싸움을 하다가 다른 큰 싸움으로 번지는 경우가 많기 때문이다.
30 ③   **31** ⑤   **32** ㉠

자습서 확인 문제 124쪽

1 (3) ○   **2** 여러   **3** 희도

1 햇볕이 내리쬐는 무척 더운 날에 일어난 일입니다.

2 아버지는 당나귀를 타고 가야 한다는 농부의 말을 듣고 당장 아이를 당나귀에 태웠습니다.

3 노인은 아이가 아닌 아버지가 당나귀를 타고 가야 한다고 생각합니다.

4 어른이 우선이라고 생각했기 때문입니다.

5 아낙은 둘 다 당나귀를 타고 가야 한다고, 청년은 당나귀를 메고 가야 한다고 생각합니다.

6 아낙은 둘 다 탈 수 있기 때문에 아버지와 아이 둘 다 당나귀에 타고 가야 한다고 생각합니다.

7 외나무다리를 건너다가 당나귀가 강에 빠져 물살에 떠내려가서 당나귀를 잃었습니다.

8 아버지와 아이가 당나귀를 잃은 까닭을 생각해 봅니다.

채점 기준

평가	답안 내용
상	예 적절하지 않다. 다른 사람이 말한 의견이 좋은지 생각해 보지도 않고 따랐기 때문이다.
	→ 아버지와 아이의 행동이 적절하지 않은 까닭을 알맞게 씀.
하	예 적절하지 않다.
	→ 적절하지 않다고 판단한 까닭을 쓰지 않음.

더 알아보기

의견이 적절한지 판단해야 하는 까닭

- 사람마다 생각이 다를 수 있는데 그 가운데에서 더 좋은 의견을 선택해야 하기 때문입니다.
- 적절하지 못한 의견을 따라 결정하면 잘못된 판단을 할 수 있기 때문입니다.
- 잘못된 의견을 따르면 문제를 해결하지 못할 수도 있기 때문입니다.
- 뜻하지 않게 잘못된 결과가 나올 수 있기 때문입니다.

9 혜원이와 민서, 준우는 '바람직한 독서 방법'을 주제로 글을 썼습니다.

10 바람직한 독서 방법은 책을 어떻게 읽는지와 관련된 것이어야 하기 때문에 글쓴이의 의견은 주제와 관련이 매우 적습니다.

더 알아보기

글쓴이의 의견이 적절한지 평가하는 방법

- 글쓴이의 의견이 주제와 관련 있는지 살펴봅니다.
- 글쓴이의 의견과 뒷받침 내용이 관련 있는지 따져 봅니다.
- 뒷받침 내용이 사실이고 믿을 만한지 확인합니다.
- 글쓴이의 의견이 문제 상황을 해결할 수 있는지 살펴봅니다.

11 여러 분야의 책을 읽으면 배경지식이 풍부해져서 학교 공부에 도움을 준다는 뒷받침 내용은 믿을 만한 내용입니다.

더 알아보기

뒷받침 내용이 믿을 만한지 알아보는 방법

- 책을 찾아봅니다.
- 인터넷을 검색해 정보를 얻습니다.
- 전문가에게 물어봅니다.
- 관련한 전문 자료를 참고합니다.
  → 자료를 찾아 뒷받침 내용으로 쓸 때에는 출처를 반드시 확인하고, 그 출처가 믿을 만한지 점검해야 합니다.

12 준우의 의견대로 자신이 좋아하는 책만 읽을 경우에 발생할 수 있는 문제점에 대해 생각해 봅니다.

채점 기준

평가	답안 내용
상	예 한 가지 문제만 생각해 다양한 사고를 할 수 없다. / 관심 없는 분야는 전혀 알 수 없게 된다.
	→ 자신이 좋아하는 책만 읽었을 때 생길 수 있는 문제점에 대하여 알맞게 씀.
중	예 생각이 단순해진다.
	→ 글쓴이의 의견대로 했을 경우에 생길 문제점에 대하여 자세히 쓰지 않음.

준우의 의견과 뒷받침 내용

의견	자신이 좋아하는 책만 읽는 것이다.
뒷받침 내용	① 흥미를 느끼며 즐겁게 읽을 수 있어 그 분야에 깊이 있는 지식을 쌓을 수 있다. ② 자신이 좋아하는 분야이기 때문에 책 내용을 더 쉽게 이해할 수 있다.

13 글쓴이는 관람객에게 문화재를 개방해야 한다고 생각합니다.

14 글에서 글쓴이의 의견을 뒷받침하는 내용이 무엇인지 살펴봅니다.

15 글쓴이는 의견을 뒷받침하기 위한 내용을 신문 기사에서 찾았습니다.

16 창수는 문화재를 직접 체험해야 더 가치 있다고 생각하기 때문에 문화재를 개방해야 한다는 글쓴이의 의견이 적절하다고 판단했습니다.

'문화재를 개방해야 한다'는 의견을 평가한 두 글 예

• 글 1: '문화재를 개방해야 한다'는 글쓴이의 의견은 적절합니다. 이에 대한 뒷받침 내용으로 제시된 세 가지가 모두 사실이며 믿을 만하기 때문입니다. 또 그 의견을 선택했을 때 또 다른 문제 상황이 나타나지 않을 것이기 때문입니다.
• 글 2: '문화재를 개방해야 한다'는 글쓴이의 의견은 적절하지 않습니다. 많은 사람이 문화재를 관람하다 보면 어쩔 수 없이 훼손되기 마련입니다. 한번 망가진 문화재는 돌이킬 수 없습니다. 만약 고칠 수 있다고 하더라도 많은 시간과 돈이 들 것이기 때문입니다. 따라서 저는 글쓴이의 의견이 적절하지 않다고 생각합니다.

17 ㉮와 ㉯에는 숲이 파괴되어 생물들의 보금자리가 사라지고 있는 문제 상황이 나타나 있습니다.

18 사람들이 숲에서 생활에 필요한 여러 가지 물건들을 얻으면서 숲이 파괴되었기 때문입니다.

19 글쓴이는 숲을 보호하고 생물들의 보금자리를 지켜 주어야 한다는 의견을 썼습니다.

20 숲의 파괴를 최소화해야 한다고 했습니다.

21 "한식은 반찬의 가짓수가 많아."는 사실에 대한 내용입니다.

22 '음식의 조리 방법의 하나임.'은 편식에 관련한 생각이 아닙니다.

23 자신의 의견을 뒷받침할 수 있는 내용을 찾을 때에는 관련 있는 책 읽기, 믿을 만한 누리집 찾아보기, 전문가에게 물어보기 등의 방법으로 정보를 찾을 수 있습니다.

24 편식과 관련한 의견을 뒷받침하는 내용으로 시현이가 말한 내용은 알맞지 않습니다.

25 음식을 골고루 먹어야 하는 까닭과 편식을 하면 나쁜 점에 대한 내용 등이 뒷받침 내용으로 알맞다.

26 의견과 관련 있고 믿을 만한 뒷받침 내용을 생각해 봅니다.

채점 기준

평가	답안 내용
상	예 싫어하는 음식까지 억지로 먹을 필요는 없다. → 편식해도 된다는 의견을 뒷받침하는 내용을 알맞게 씀.
중	예 선택이기 때문이다. → 의견을 뒷받침하는 내용을 자세히 쓰지 않음.

부족한 답안 ~~기분이 좋아지기 때문이다.~~ 좋아하는 음식을 먹으면 기분이 좋아져서 스트레스를 안 받기 때문이다.
→ 뒷받침 내용을 자세히 써야 해요.

27 즐겁고 행복한 학교의 모습에 대하여 말한 사람은 상미입니다.

28 '지하철을 탈 때 차례를 지켜야 한다.'는 즐겁고 행복한 학교를 만들기 위한 의견으로 알맞지 않습니다.

29 즐겁고 행복한 학교로 만들기 위해 학생들이 할 수 있는 일을 생각해 봅니다.

채점 기준

평가	답안 내용
상	즐겁고 행복한 학교 만들기에 대한 의견과 까닭을 알맞게 씀.
하	즐겁고 행복한 학교 만들기에 대한 의견을 썼지만 까닭을 쓰지 않음.

30 역할을 나누어 책임감 있게 자료를 모아야 합니다.

31 모둠 구성원의 역할은 뒷받침 내용을 찾는 방법과 장소에 따라 나눌 수 있고, 모둠 활동을 이끌어 가는 역할과 친구들이 모은 자료를 정리하는 역할이 필요합니다.

32 의견이 드러나는 글을 쓸 때 사실 근거의 경우는 출처를 더 확실히 밝혀야 합니다.

단원 평가

교과서 진도북 **129~132**쪽

1 ①   **2** ㉡, ㉢, ㉠   **3** (1) ③ (2) ④ (3) ①
(4) ②   **4** (2) ○   **5** 시은   **6** 예 아무도 타지 않고
당나귀를 끌고 갔을 것이다. 왜냐하면 당나귀가 힘이 들어 지
치면 팔리지 않을 수 있기 때문이다.   **7** ④
8 ㉠   **9** ㉡   **10** (2) ○   **11** ㉠
12 개방해야   **13** ③, ④, ⑤   **14** (2) ○
15 예 문화재를 아끼려면 문화재 관람료를 올려야 한다.
16 ㉡   **17** ②   **18** (1) ㉠ (2) ㉢ (3) ㉡ **19** 남수
20 ㉢, ㉣, ㉡, ㉠

1 아버지와 아이는 시장에 가는 길에 농부, 노인, 아낙, 청년 들을 차례대로 만났습니다.

2 이야기를 읽고, 아버지와 아이가 겪은 일의 과정을 시간의 순서대로 정리해 봅니다.

3 농부, 노인, 아낙, 청년이 아버지와 아이에게 한 말을 찾아봅니다.

4 당나귀를 메고 가야 한다는 청년의 말을 듣고 아버지와 아이가 생각한 내용을 통해 알 수 있습니다.

5 아버지와 아이는 농부, 노인, 아낙, 청년이 말한 것에 대해 적절한지 그렇지 않은지 판단해 보지 않았습니다.

6 당나귀를 타고 갈 것인지 타지 않을 것인지에 대한 자신의 의견과 까닭을 생각해 봅니다.

채점 기준

평가	답안 내용
상	예 아이를 태우고 갈 것이다. 왜냐하면 아직 어리기 때문에 먼 길을 걸어가기가 힘들기 때문이다.
	→ 당나귀를 타고 가는 것에 대한 자신의 의견을 알맞은 까닭과 함께 씀.
중	예 번갈아 타고 갔을 것이다.
	→ 의견을 썼지만 알맞은 까닭을 쓰지 않음.

7 사람마다 생각이 다를 수 있지만 그중에 더 나은 의견을 선택하기 위해 의견이 적절한지 판단해야 합니다.

8 글쓴이는 바람직한 독서 방법은 자신이 좋아하는 책만 읽는 것이라고 하였습니다.

9 자신이 좋아하는 분야이기 때문에 내용을 더 쉽게 이해할 수 있다고 하였습니다.

10 글쓴이의 의견이 적절한지 평가하려면 그 의견을 따랐을 때 생길 문제점을 고려해 봐야 합니다.

11 배경지식이 풍부해진다는 뒷받침 내용은 바람직한 독서 방법이 여러 분야의 책을 읽는 것이라는 의견과 밀접한 관련이 있습니다.

12 문화재 개방에 대하여 글쓴이는 찬성하는 의견입니다.

13 문화재를 개방해야 한다는 의견에 대한 뒷받침 내용을 세 가지 들었습니다.

14 (1)은 글쓴이의 의견이 적절하지 않다고 판단한 까닭으로 알맞습니다.

15 문화재 보호 방법과 관련 있는 의견을 생각해 봅니다.

채점 기준

평가	답안 내용
상	예 문화재 보호 활동을 자주 하며 지속적으로 문화재 보호 교육을 해야 한다.
	→ 문화재를 보호하는 방법에 대하여 알맞게 씀.
중	예 문화재를 아끼는 마음을 가져야 한다.
	→ 문화재를 실질적으로 보호하는 방법에 대해 쓰지 않음.

16 ㉠과 ㉢은 편식하지 않아야 한다는 의견의 뒷받침 내용으로 알맞습니다.

17 뒷받침 내용으로 보아 ②의 의견이 알맞습니다.

18 책, 전문가, 동영상 자료가 어떤 점에서 효과적인지 생각해 봅니다.

더 알아보기

의견을 뒷받침하는 자료를 모을 수 있는 방법

• 동영상: 생생하고 인상적으로 기억할 수 있습니다. 소리를 효과적으로 전달할 수 있습니다.
• 책: 내용이 검증이 되어 있을 가능성이 높습니다.
• 전문가: 수십 년 동안 한 분야만 연구해 온 전문가는 관련된 지식과 전문성이 풍부해서 비전문가들이 해결할 수 없는 여러 문제를 해결할 수 있기 때문입니다.
• 표나 도표: 수나 결과의 변화를 한눈에 파악할 수 있고 비교하기가 편합니다.

19 뒷받침 내용을 찾는 방법과 장소에 따라 역할을 나눌 수 있습니다.

더 알아보기

모둠 구성원별로 의견을 뒷받침할 내용을 찾고 정리하기 위하여 모둠 활동을 이끌어 가는 역할과 친구들이 모은 자료를 정리하는 역할도 필요합니다.

20 글을 다 쓴 뒤에 자신의 계정으로 접속한 뒤에 학급 누리집 게시판에 글을 올립니다. 학급 누리집 게시판에 올린 글을 읽고 평가한 뒤에 댓글을 남길 때에는 온라인에 글을 쓸 때 지켜야 할 예절을 떠올리며 씁니다.

9. 감동을 나누며 읽어요

진도 학습   교과서 진도북 135~140 쪽

1 ⑤   **2** ③   **3** ⑤   **4** 경수   **5** ⑤
6 ⑤   **7** (2) ○   **8** 도진   **9** ④   **10** ㉰
11 ㉱   **12** 예 딸이 원하는 음식을 만들어 주지 못했던 엄마도 많이 속상했을 것 같다.   **13** ①   **14** ②
15 ④   **16** ⑤   **17** (1) ① (2) ②   **18** (2) ○
19 (1) ㉮ (2) ㉱   **20** 예 화가 난 표정으로 큰 목소리로 말한다.

자습서 확인 문제 140쪽

1 넓적 가자미   **2** ㉠   **3** (2) ○

1 시에서 말하는 이는 비행기 조종석에 앉아 있는 상상을 합니다.

2 비행기 조수석에 개가 앉아 있는 장면이 떠오릅니다.

3 시에서 말하는 이는 비행기를 좋아하기 때문에 커서 비행기와 관련된 일을 하는 것을 당연하게 생각하고 있습니다.

4 말하는 이는 비행기를 좋아해서 온통 비행기 생각뿐입니다. 무엇인가를 좋아해서 그와 관련된 일을 하거나 그것만 생각했던 경험을 떠올려 봅니다.

5 지하 주차장으로 차를 가지러 가신 아빠께서 차를 찾지 못해 헤매고 다니셨습니다.

6 아빠께서 차를 지하 주차장 어디에 두었는지 기억나지 않아 한참을 찾으셨기 때문에 늦게 나타나셨습니다.

7 아이는 아빠의 이야기가 말이 안 돼서 변명이라고 생각합니다.

8 아이는 한참을 기다려도 지하 주차장에서 나오지 않는 아빠를 기다리면서 지쳤을 것입니다.

9 동숙이는 소풍에 달걀이 들어간 김밥을 가져가고 싶었습니다.

10 동숙이는 어머니께 선생님 김밥을 싸야 한다고 말씀드려서 아버지의 병원비로 달걀 한 줄을 샀습니다.

11 동숙이가 달걀이 들어간 김밥을 먹을 수 있게 배려해 주신 선생님께서는 마음이 따뜻한 분입니다.

12 동숙이를 나무란 엄마의 행동에 대한 자신의 생각을 떠올려 봅니다.

평가	답안 내용
채점 기준	
상	예 엄마는 집안 사정을 생각하지 않고 달걀이 들어간 김밥을 싸 달라는 동숙이를 나무라지만 그 마음도 편하지는 않았을 것 같다.
	→ 엄마의 행동에 대한 자신의 생각을 자세히 씀.
중	예 이해한다. / 속상하다.
	→ 엄마의 행동에 대한 자신의 생각을 구체적으로 밝혀 쓰지 않음.

13 멸치 대왕은 자신이 꾼 이상한 꿈이 무슨 의미인지 궁금했습니다.

14 멸치 대왕의 꿈 내용 중 굵은 비가 잔뜩 내렸다는 내용은 나와 있지 않습니다.

15 멸치 대왕의 꿈을 좋게 풀이한 것으로 보아 아부를 잘하는 성격이라는 것을 알 수 있습니다.

16 힘들게 망둥 할멈을 데려갔는데 멸치 대왕이 넓적 가자미에게는 알은척도 하지 않고 먹을 것도 주지 않아서 화가 났습니다.

17 멸치 대왕의 꿈을 망둥 할멈은 좋게 풀이하고, 넓적 가자미는 나쁘게 풀이했습니다.

18 넓적 가자미가 멸치 대왕에게 뺨을 맞는 것을 보고 자기도 뺨을 맞을까 봐 겁이 나서 눈을 떼어서 엉덩이에 붙였습니다.

19 인물의 특성을 생각하며 상황에 맞는 인물의 말을 생각해 봅니다.

더 알아보기

이야기를 읽고 인물의 말을 생각하는 방법

· 어떤 상황인지 떠올립니다.
· 그 상황에서 인물의 생각이나 느낌은 어떠할지 파악합니다.
· 상황과 인물의 마음에 어울리는 말을 생각합니다.

20 멸치 대왕은 화를 참지 못하고 기분이 쉽게 변하는 성격이므로 이러한 성격에 어울리는 표정과 목소리로 말해야 실감 납니다.

평가	답안 내용
채점 기준	
상	예 찌푸린 표정으로 고함을 친다.
	→ 인물의 표정과 말투, 행동 등을 실감 나게 씀.
중	예 눈살을 찌푸리며 말한다. / 화가 난 목소리로 말한다.
	→ 인물의 표정, 말투, 행동 중에서 한 가지에 해당하는 내용을 씀.

단원 평가

교과서 진도북 141~144쪽

1 조종석 **2** ② **3** ④ **4** ④
5 예 책을 읽다가 다 못 읽은 부분이 궁금해 계속 머릿속에서 생각난 적이 있다. **6** ④ **7** ②
8 (1) ② (2) ① **9** 선우 **10** ② **11** ②
12 ㉮ **13** 근수 **14** (2) ○ **15** 예 아무리 달걀이 들어간 김밥을 먹고 싶어도 어머니께 투정을 부린 동숙이의 행동은 잘못된 행동이라고 생각한다. **16** ⑤ **17** ①
18 ③ **19** ① **20** (1) ① (2) ②

1 말하는 이는 비행기 조종석에 자신이 앉아 있는 상상을 합니다.

2 말하는 이가 조수석에 개를 태우고 비행기를 조종하는 모습을 상상한 것입니다.

3 이 시에서 말하는 이의 머릿속에 비행기가 떠다니는 장면이 떠오릅니다.

4 이 시에서 말하는 이가 하고 싶은 일은 비행기와 관련된 일입니다.

5 말하는 이가 비행기를 좋아해서 머릿속에 비행기 생각뿐인 것처럼 자신의 머릿속에 어떤 생각으로 가득했던 경험을 떠올려 봅니다.

채점 기준

평가	답안 내용
상	예 조립을 완성하지 못했던 장난감이 학교에 와서도 계속 생각이 났던 적이 있다.
	→ 말하는 이가 비행기를 좋아해서 머릿속에 비행기 생각뿐인 것처럼 어떤 생각으로 가득했던 경험을 씀.
중	예 만화 생각만 했다.
	→ 어떤 생각으로 머릿속에 가득했던 경험에 대하여 썼지만 구체적인 상황에 대하여 쓰지 않음.
하	예 꽃을 좋아해서 꽃 그림을 그렸던 적이 있다.
	→ 말하는 이와 비슷한 경험에 대하여 썼지만, 머릿속에 어떤 생각으로 가득했던 경험에 대하여 쓰지 않음.

6 아빠께서 차를 지하 주차장 어디에 두었는지 기억나지 않아 한참을 찾으셨습니다.

7 아이는 지하 주차장으로 차를 가지러 가신 아빠를 기다렸습니다.

8 아빠는 차를 빨리 찾지 못해서 걱정되고 다급했을 것이고, 아이는 아빠를 기다리다가 지쳤을 것입니다.

9 선우의 질문은 아이에게 할 수 있습니다.

10 느낌을 떠올리기 위해서 시 속의 인물과 면담을 할 수 있습니다.

11 동숙이는 달걀이 들어간 김밥을 먹고 싶었습니다.

12 동숙이는 쑥을 팔아서 달걀을 사려고 하였습니다.

13 동숙이는 김밥을 준 친구가 고맙게 느껴질 것입니다.

14 선생님께서는 김밥을 못 먹고 있는 동숙이가 안쓰러워서 동숙이에게 자신의 김밥을 주려고 하셨습니다.

더 알아보기

「김밥」을 보고 인물에 대한 자신의 생각을 글로 쓴 예

이 이야기를 보고 달걀이 들어간 김밥이 먹고 싶었던 동숙이가 안쓰러웠습니다. 특히 동숙이가 달걀을 사 오다가 돌부리에 발이 걸려 넘어졌을 때 정말 안타까웠습니다. 넘어지지만 않았어도 달걀이 들어간 김밥을 마음껏 먹을 수 있었을 텐데 그러지 못해서 동숙이는 무척 서운할 것 같습니다. 그리고 동숙이가 달걀이 들어간 김밥을 먹을 수 있게 배려해 주신 동숙이 아버지와 담임 선생님의 마음이 따뜻하다고 생각했습니다.

15 동숙이가 엄마께 투정을 부린 행동에 대하여 어떻게 생각하는지 떠올려 봅니다.

채점 기준

평가	답안 내용
상	예 달걀이 들어간 김밥이 얼마나 먹고 싶었으면 엄마께 투정을 부렸을까 생각하니 동숙이가 안쓰러웠다.
	→ 동숙이의 행동에 대한 자신의 생각을 자세히 씀.
중	예 잘못이다. / 이해한다.
	→ 동숙이의 행동에 대한 자신의 생각을 구체적으로 밝혀 쓰지 않음.

16 멸치 대왕이 망둥 할멈은 반갑게 맞이하면서 넓적 가자미에게는 알은척도 하지 않고 먹을 것도 주지 않아서 화가 났습니다.

17 망둥 할멈은 멸치 대왕이 용이 될 꿈이라고 좋게 풀이하였습니다.

18 멸치 대왕은 망둥 할멈의 꿈풀이를 듣고 기분이 좋아 춤을 추었으므로 "오, 아주 훌륭한 꿈풀이로다. 하하하!"와 같이 말할 것입니다.

19 멸치 대왕에게 토라져서 멸치 대왕의 꿈을 나쁘게 풀이한 것으로 보아 넓적 가자미는 속이 좁은 성격입니다.

20 넓적 가자미는 멸치 대왕에게 세게 뺨을 맞아서 눈이 한쪽으로 몰렸고, 망둥 할멈은 그 모습을 보고 너무 놀라서 눈이 툭 튀어나왔습니다.

1. 이어질 장면을 생각해요

개념 확인하기

온라인 학습북 **4**쪽

1 ㉠   2 ㉠   3 ㉠

4 ㉢   5 ㉡

서술형·논술형

온라인 학습북 **5**쪽

|연습|

1 (1) 예 실망스럽다. / 속상하다.

　(2) 예 선과 친구가 되어서 기분이 좋다.

|실전|

2 (1) 매일이, 연꽃나무, 구름이, 이무기

　(2) 예 행복이 무엇인지 알고 싶었기 때문이다.

|연습|

1 (1) 선은 이름이 불리지 않자 실망하는 마음이 들었을 것입니다.

> **더 알아보기**
>
> **영화 「우리들」에서 일어난 사건의 차례**
>
> ❶ 체육 시간에 피구를 하려고 편을 가르는데 반에서 따돌림을 당하는 선은 맨 마지막까지 선택을 받지 못한다.
>
> ❷ 언제나 혼자인 외톨이 선은 여름 방학을 시작하는 날, 전학생인 지아를 만나 친구가 된다.
>
> ❸ 지아와 선은 봉숭아 꽃물을 들이며 여름 방학을 함께 보내고 순식간에 세상 누구보다 친한 사이가 된다.
>
> ❹ 개학을 하고 학교에서 선을 만난 지아는 선을 따돌리는 보라 편에 서서 선을 외면한다. 지아는 전 학교에서 따돌림을 받았던 경험이 있어서 선과 친하게 지내면 자신도 따돌림을 받게 될까 봐 선을 외면하는 것이다.
>
> ❺ 선은 지아와 예전처럼 친해지려고 노력하지만 결국 크게 싸우고 만다.
>
> ❻ 피구를 하는 날, 친구들은 지아가 금을 밟지 않았는데도 금을 밟았다고 말한다. 그러자 선은 지아가 금을 밟지 않았다고 용기를 내어 친구들에게 말한다.

(2) 지아는 전 학교에서 따돌림을 당하다가 전학을 와서 선과 친구가 되어 기분이 좋았을 것입니다.

채점 기준

	실망스럽다거나 속상하다는 내용을 썼는가?		배점
(1)			4점
	그렇다.	아니다.	
	4점	0점	
	선과 친구가 된 지아의 마음을 알맞게 썼는가?		배점
			4점
(2)	예시 답안 외에 '선과 친구가 되어 행복하다.' 등과 같이 지아의 마음을 알맞게 썼다.	'기분이 좋다.' 등과 같이 지아의 마음을 간단하게 썼다.	'놀고 싶다.' 등과 같이 다소 부정확한 내용을 썼다.
	4점	2점	1점

|실전|

2 (1) 오늘이는 차례대로 만난 인물들에게 그들이 가진 고민도 듣고 원천강으로 가는 길을 물어봅니다.

(2) 매일이는 행복이 무엇인지 알고 싶어서 매일 책을 읽었습니다.

> **더 알아보기**
>
> **만화 영화 「오늘이」에서 등장인물의 고민이 해결된 방법**
>
> • 오늘이: 매일이, 연꽃나무, 구름이, 이무기를 만나 원천강으로 가게 된다.
>
> • 연꽃나무: 연꽃이 꺾어지자마자 송이송이 다른 꽃들이 피기 시작했다.
>
> • 이무기: 위험에 빠진 오늘이를 구하려고 품고 있던 여의주를 모두 버려 마침내 용이 되었다.
>
> • 매일이: 책에서 벗어나 구름이와 행복한 시간을 보낸다.

채점 기준

(1)	모범 답안과 같이 표기한 정답만 인정		배점
			4점
	행복이 무엇인지 알고 싶어서라는 내용을 알맞게 썼는가?		배점
			4점
(2)	'행복이 무엇인지 알고 싶었기 때문이다.'라는 내용을 썼다.	'행복해지고 싶어서' 등과 같이 간단하게 썼다.	'책을 좋아해서' 등과 같은 내용을 썼다.
	4점	2점	1점

정답을 확인하기 전에 자기가 푼 단원 평가의 정답을 큐알을 찍어 올려 보세요.

단원 평가

온라인 학습북 6~8쪽

문항 번호	정답	평가 내용	난이도
1	④	대화에 나오는 만화 영화의 제목 추측하기	쉬움
2	①	아버지의 생각 파악하기	보통
3	⑤	영화를 감상하기 위해 미리 살펴볼 것 알기	어려움
4	①	인물의 마음 파악하기	보통
5	④	인물의 마음 파악하기	보통
6	④	인물의 마음 파악하기	보통
7	⑤	영화의 내용 알기	어려움
8	⑤	인물의 말 추측하기	어려움
9	①	영화를 보고 기억에 남는 대사나 인상 깊은 장면에 대해 말하기	보통
10	②	만화 영화의 등장인물 알기	쉬움
11	③	인물의 성격 파악하기	보통
12	①	인물의 마음 파악하기	어려움
13	②	만화 영화의 내용 알기	쉬움
14	③	등장인물의 고민 파악하기	보통
15	⑤	등장인물의 고민이 해결된 방법 알기	보통
16	②	만화 영화의 이어질 내용을 상상하는 방법 알기	보통
17	②	등장인물의 대사 떠올리기	보통
18	⑤	만화의 내용 떠올리기	보통
19	①	역할극을 할 때 생각할 점 알기	쉬움
20	②	역할극을 발표하고 감상할 때의 태도 알기	쉬움

1 아빠 물고기가 나오는 것으로 보아 만화 영화의 제목이 「니모를 찾아서」임을 짐작할 수 있습니다.

2 아버지는 아빠 물고기가 자식을 무척 사랑한다고 생각합니다.

3 영화를 감상하려면 제목과 광고지, 예고편을 보고 내용을 미리 상상해 봅니다.

4 외톨이였던 선은 지아와 친구가 되어서 즐거웠을 것입니다.

5 친했던 지아가 자신을 외면하자 선은 화가 났을 것입니다.

6 선이 금을 밟지 않았다고 말해 주어서 선에게 고마웠을 것입니다.

7 보라는 늘 자신이 일 등이었는데 지아가 일 등을 해서 속이 상했습니다.

8 영화 「우리들」은 친구 사이의 다툼과 화해를 통해 우정에 대해 생각하게 합니다.

9 "광고지에 있는 봉숭아꽃은 선과 지아 사이의 우정을 뜻해."는 광고지를 보고 영화에 대해 생각한 것입니다.

10 오늘이, 야아, 여의주, 뱃사람들, 매일이, 연꽃나무, 구름이, 이무기가 나옵니다.

11 오늘이에게 원천강으로 가는 길을 알려 주는 것으로 보아 친절한 성격임을 알 수 있습니다.

12 연꽃나무는 많은 꽃봉오리를 가졌지만 꽃이 하나밖에 피지 않아서 슬펐을 것입니다.

13 매일이는 행복에 대해 알고 싶어서 매일 책을 읽었습니다.

14 오늘이가 원천강으로 가게 되는 것이 고민의 해결이므로 원천강으로 가야 하는데 가는 길을 몰랐다는 것이 오늘이의 고민이었다는 것을 알 수 있습니다.

15 이무기는 용이 되기 위해서 여의주를 모았지만 오늘이가 갈라진 얼음 사이로 떨어지려고 하자 여의주를 버리고 오늘이를 구합니다.

16 등장인물의 고민이 해결된 뒤에 어떤 사건이 일어났을지 상상해 봅니다. 이어질 이야기에 새로운 인물이 등장해서 사건을 전개할 수도 있습니다.

17 이무기가 오늘이를 등에 태우고 여행을 떠나는 내용에 어울리는 대사를 해야 합니다.

18 햇빛이 원천강을 감쌌다고 하였으므로 다시 식물들이 살아나는 내용이 알맞습니다.

19 연기에 필요한 소품은 사거나 만듭니다.

20 역할극을 발표할 때에는 어울리는 몸짓과 표정으로 또박또박 대사를 해야 합니다. 또한 역할극을 감상할 때에는 조용히 집중하여 감상하도록 합니다.

2. 마음을 전하는 글을 써요

온라인 학습북 **9**쪽

개념 확인하기

1 ㉡   **2** ㉠   **3** ㉡
4 ㉡   **5** ㉡

서술형·논술형

온라인 학습북 **10**쪽

|연습|

1 (1) ① 미안한 마음 ② 고마운 마음

(2) 예 태웅이를 돕고 싶은 마음

|실전|

2 (1) 예 오셔서 그릇 모양을 만드는 시범을 보여 주셨다.

(2) ① 고마운 마음

② 고맙습니다.

|연습|

1 (1) ㉡에서 "미안한 마음"이라는 표현에서 태웅이의 마음을 알 수 있습니다. ㉢에서 "너희의 따뜻한 마음 잊지 않을게."라는 표현에서 고마운 마음이라는 것을 짐작할 수 있습니다.

더 알아보기

태웅이가 쓴 편지의 내용 파악하기

- 태웅이가 반 친구들에게 쓴 편지임.
- 태웅이는 고마운 마음을 전하려고 편지를 썼음.
- 태웅이가 쓴 편지에서 마음을 나타내는 낱말: 쑥스러워서, 미안한, 고마워
- 편지에 드러난 태웅이의 마음 찾기

편지 내용	마음
달리기를 할 때면 나는 어디론가 숨고 싶었어.	부끄러운 마음
힘껏 달리고 싶었을 텐데 나 때문에 참았을 것 같아서 미안한 마음이 들어.	미안한 마음
같이 달려 주고 응원해 준 너희의 따뜻한 마음 잊지 않을게.	고마운 마음

(2) 친구들은 달리다가 돌아와서 넘어진 태웅이를 일으켜 주었습니다.

채점 기준

		배점
(1)	①과 ② 모두 모범 답안과 같이 표기한 정답만 인정	각 2점

	넘어진 태웅이를 일으켜 준 친구들의 마음을 알맞게 썼는가?		배점
			4점
(2)	'돕고 싶은 마음', '따뜻한 마음', '배려하는 마음' 등과 같이 친구들의 마음을 알맞게 썼다.	'넘어진 태웅이가 불쌍한 마음' 등과 같이 썼다.	'태웅이를 일으켜 주고 싶은 마음'과 같이 행동을 그대로 옮겨 썼다.
	4점	2점	1점

|실전|

2 (1) 속상한 지우를 보고 선생님께서는 직접 오셔서 어떻게 그릇의 모양을 내는지 시범을 보여 주셨습니다.

(2) 지우는 선생님께 고마운 마음을 전하려고 편지를 썼습니다.

더 알아보기

지우가 쓴 편지의 내용 파악하기

- 지난 체험학습 때 지우가 당황했던 까닭
  - 도자기를 만들 때 생각처럼 잘되지 않음.
  - 만든 도자기가 상상했던 모양과 너무 다름.
- 지우를 생각하는 선생님의 마음이 느껴지는 모습
  - 어찌할 바를 모르고 곤란해하는 지우의 모습을 보고 직접 찾아와 도와주심.
  - 그릇 만들기를 어려워하는 지우가 따라 해 볼 수 있도록 직접 시범을 보여 주심.
- 지우가 책상 위에 그릇을 두는 까닭
  - 선생님께서 도와주셨던 일을 기억하려고.
  - 자신이 직접 멋진 그릇을 만들었다는 사실이 뿌듯해서.

채점 기준

	어떻게 그릇의 모양을 내는지 시범을 보여 주셨다는 내용을 알맞게 썼는가?		배점
			4점
(1)	'어떻게 그릇의 모양을 내는지 시범을 보여 주셨다.' 등과 같이 구체적으로 썼다.	'시범을 보여 주셨다.' 등과 같이 간단하게 썼다.	'오셨다.' 등과 같이 다소 부정확하게 썼다.
	4점	2점	1점

		배점
(2)	①과 ② 모두 모범 답안과 같이 표기한 정답만 인정	각 2점

온라인 학습북 6~10쪽

정답을 확인하기 전에 자기가 푼 단원 평가의 정답을 큐알을 찍어 올려 보세요.

단원 평가

온라인 학습북 **11~14**쪽

문항 번호	정답	평가 내용	난이도
1	③	마음을 나타내는 표현 알기	보통
2	④	글의 특성 파악하기	어려움
3	②	글쓴이의 마음 알기	보통
4	⑤	표현에 나타난 마음 파악하기	어려움
5	④	편지를 받은 친구가 되어 마음 전하기	어려움
6	④	글의 내용 파악하기	보통
7	⑤	마음이 나타난 행동 찾기	보통
8	③	글의 내용 파악하기	보통
9	③	글의 특징 알기	보통
10	①	글의 내용 파악하기	어려움
11	③	마음을 나타내는 알맞은 표현 찾기	보통
12	⑤	마음을 나타내는 표현 알기	보통
13	④	글의 내용 파악하기	쉬움
14	⑤	글의 내용 파악하기	쉬움
15	⑤	글의 내용 파악하기	쉬움
16	①	마음을 전해야 하는 상황 알기	보통
17	④	편지의 내용 파악하기	보통
18	⑤	마음을 나타내는 표현 떠올리기	어려움
19	④	글의 내용 파악하기	쉬움
20	⑤	쪽지의 내용 추측하기	어려움

1 '동생이 내 장난감을 망가뜨려서 화가 났어.'와 같이 표현해야 마음을 나타내는 표현으로 알맞습니다.

2 어떤 일에 대하여 자세히 설명하기 위하여 쓰는 글은 설명하는 글입니다.

3 반 친구들에게 고마운 마음을 전하기 위해 편지를 썼다고 했습니다.

4 "숨고 싶었어."라는 표현에서 부끄러운 마음을 알 수 있습니다.

5 친구에게 응원하는 말을 할 때에는 명령하는 말투로 하기보다는 부드럽게 표현하는 것이 좋습니다.

6 도자기를 만들 때 생각처럼 잘되지 않고, 만든 도자기가 상상했던 모양과 너무 달라서 지우가 당황하였습니다.

7 어찌할 바를 모르고 곤란해하는 지우의 모습을 보고 직접 찾아와 도와주셨습니다. 그리고 그릇 만들기를 어려워하는 지우가 따라 해 볼 수 있도록 직접 시범을 보여 주셨습니다.

8 지우는 책상 위에 놓인 그릇을 보니 선생님 모습이 떠올랐습니다.

9 아버지가 아들과 관련된 일을 떠올리며 쓴 편지입니다.

10 아들에게 당부할 말을 전하려고 편지를 썼습니다.

11 글의 내용으로 보아 아들이 한 학년 올라가게 된 것을 축하하는 것임을 알 수 있습니다.

12 "힘써야 한단다"라는 표현에서 좋은 사람이 되기 위해 힘쓰기를 당부하는 마음을 알 수 있습니다.

13 좋은 사람이 되려면 진실하고 깨끗해야 한다고 하였습니다.

14 항상 감사하는 마음으로 생활하라고 당부하는 내용은 나오지 않습니다.

15 좋은 사람들의 이야기가 담겨 있어 본받을 수 있는 책과 공부에 필요한 지식을 얻기 위한 책을 읽으라고 하였습니다.

16 ②는 축하하는 마음, ③은 섭섭하거나 슬픈 마음, ④, ⑤는 고마운 마음을 전해야 하는 상황입니다.

17 재환이는 이사를 와서 이웃들에게 인사를 하려고 편지를 썼습니다.

18 좋은 이웃이 되고 싶다는 마음을 전하는 표현이 알맞습니다.

19 마음을 담은 쪽지를 써서 재환이의 편지 위에 붙였습니다.

20 재환이가 쪽지를 붙인 것을 칭찬하거나 이웃이 되어 환영한다거나 사이좋게 지내자는 내용이 알맞습니다.

3. 바르고 공손하게

개념 확인하기
온라인 학습북 15쪽

1 ㉡ **2** ㉠ **3** ㉢
4 ㉡ **5** ㉠

서술형·논술형
온라인 학습북 16쪽

|연습|

1 (1) ① 예 무시당하는 것 같아서 기분이 나쁘다.
　　② 예 존중받는 것 같아서 기분이 좋다.
　(2) 예 말하는 사람의 말투에 따라 듣는 사람의 기분이 달라진다.

|실전|

2 (1) ① 예 거친 말을 하였다.
　　② 예 남이 하는 말은 듣지 않고 자기 말만 하였다.
　(2) ① 예 미안해. 네 말이 끝날 때까지 기다릴게.
　　② 예 기분을 상하게 해서 미안해. 이제 그만할게.
　　③ 예 그래, 다른 친구부터 하고 나서 할게.

|연습|

1 (1) 박 노인은 아랫마을 양반에게 더 좋은 고기를 더 많이 주었습니다.

> **더 알아보기**
>
> **대화 내용 살펴보기**
>
> • 고기를 사러 온 젊은 양반들이 박 노인을 부른 말: 윗마을 양반은 바우라고, 아랫마을 양반은 박 서방이라고 부름.
> • 윗마을 양반의 말을 들은 박 노인은 짜증 난 표정을 지었을 것이고, 아랫마을 양반의 말을 들은 박 노인은 즐거운 표정을 지었을 것임.
> • 박 노인은 아랫마을 양반에게 고기를 더 많이 줌. 그 까닭은 자신을 더 존중해 주는 느낌이 들었기 때문임.

　(2) 두 양반은 똑같은 내용을 말하였지만 말투에 따라서 듣는 사람의 기분과 태도 등이 달라집니다.

> **더 알아보기**
>
> **대화 예절의 중요성을 강조한 속담**
>
> • 가는 말이 고와야 오는 말이 곱다: 자기가 남에게 말이나 행동을 좋게 하여야 남도 자기에게 좋게 한다는 말.
> • 말 한마디에 천 냥 빛도 갚는다: 말만 잘하면 어려운 일이나 불가능해 보이는 일도 해결할 수 있다는 말.

채점 기준

(1)	①에 기분이 나쁘다는 내용을 쓰고, ②에 기분이 좋다는 내용을 썼는가?		배점 4점
	두 가지 모두 썼다.		한 가지만 썼다.
	4점		2점

(2)	말하는 사람의 말투에 따라 듣는 사람의 기분 등이 달라진다는 내용을 썼는가?	배점 4점
	모범 답안의 내용과 비슷하게 썼다.	무엇이 달라지는지 구체적으로 쓰지 못하였다.
	4점	1점

|실전|

2 (1) 각 장면에서 예의 바르지 않은 말이 무엇인지 살펴봅니다.
　(2) 어떻게 말하면 토끼 역할을 한 친구가 기분이 상하지 않을지 생각해 봅니다.

> **더 알아보기**
>
> **대화 예절을 지키며 대화하는 방법**
>
> • 웃어른께는 높임말을 쓴다.
> • 친구 집에 놀러 갔을 때 웃어른이 계시면 예의 바르게 인사하고, 음식을 주시면 고맙다는 말을 한다.
> • 친구 앞에서 귓속말을 하지 않는다.
> • 친구가 말을 할 때에는 끼어들지 않고 친구의 말이 끝나면 한다.
> • 친구의 별명을 부르거나 나쁜 말로 친구를 놀리지 않는다.
>
> ----
>
> **대화 예절을 지키며 대화하면 좋은 점**
>
> • 대화가 부드럽게 이어진다.
> • 다른 사람과의 사이가 더 좋아진다.

채점 기준

(1)	①에 거친 말을 하였다는 내용을 쓰고, ②에 자기 말만 하였다는 내용을 썼는가?		배점 4점
	두 가지 모두 썼다.		한 가지만 썼다.
	4점		2점

(2)	①~③을 예의 바른 말로 고쳐 썼는가?		배점 6점
	세 가지 모두 썼다.	두 가지만 썼다.	한 가지만 썼다.
	6점	4점	2점

정답을 확인하기 전에 자기가 푼 단원 평가의 정답을 큐알을 찍어 올려 보세요.

단원 평가

온라인 학습북 17~20쪽

문항 번호	정답	평가 내용	난이도
1	④	대화 내용 파악하기	보통
2	③	인물의 표정 떠올리기	어려움
3	⑤	대화를 통해 주제 파악하기	어려움
4	⑤	대화 내용 파악하기	쉬움
5	②	대화의 배경 파악하기	쉬움
6	④	대화 예절 알기	보통
7	①	대화 내용 파악하기	쉬움
8	①	대화 내용 파악하기	보통
9	④	대화 예절 알기	보통
10	③	회의할 때 쓰는 말 알기	어려움
11	⑤	학급 회의 주제 찾기	보통
12	⑤	친구의 의견 알기	쉬움
13	⑤	사회자의 말 떠올리기	어려움
14	⑤	의견에 대한 근거 파악하기	보통
15	④	회의 예절 알기	보통
16	④	회의 예절 알기	어려움
17	④	온라인 대화의 대화명에 대해 알기	쉬움
18	①	온라인 대화 예절 알기	어려움
19	⑤	온라인 대화의 내용 파악하기	쉬움
20	④	온라인 대화 예절 알기	보통

1 박 노인은 아랫마을 양반에게 고기를 더 많이 주었습니다.

2 아랫마을 양반이 박 노인을 존중하며 말하여서 박 노인은 기분이 좋았을 것입니다.

3 두 양반이 박 노인에게 한 말과 박 노인의 반응으로 보아 대화 예절을 지켜 말해야 한다는 점을 알 수 있습니다.

4 민수가 채은의 인사말을 듣고 밝은 목소리로 대답한 것으로 보아, 채은의 인사말을 듣고 기분이 좋았다는 것을 알 수 있습니다.

5 신유의 생일에 신유의 집에서 있었던 일입니다.

6 친구 집에 놀러 갔을 때 웃어른이 계시면 예의 바르게 인사해야 합니다.

7 신유 방에 책이 많은 것을 보고 신유가 책을 좋아해서 공부를 잘한다고 칭찬하였습니다.

8 친구들이 신유 앞에서 귓속말을 했기 때문에 신유가 기분이 나쁘다고 했습니다.

9 말하는 사람을 바라보며 들어야 하고, 자신에게 관심 없는 이야기라도 잘 들어야 합니다.

10 회의에서 나온 의견 중에서 더 많은 사람이 찬성하는 것으로 결정하는 것을 다수결이라고 합니다.

11 마지막을 보면 회의의 주제는 '친구들과 사이좋게 지내자.'로 정해졌습니다.

12 태영이는 듣기 싫은 별명으로 부르지 말자고 하였습니다.

13 찬우는 희정이가 말을 할 때에 끼어들어 말하였습니다.

14 희정이는 고운 말을 사용하자는 의견을 제시하였습니다.

15 경희와 희정이는 말할 기회를 얻지 않고 말했으며 높임말을 사용하지 않고 거친 말을 사용하였습니다.

16 찬민이는 다른 사람의 의견을 잘 듣지 않았습니다.

17 영철이는 자신을 표현하지 않는 대화명을 사용하여 지혜가 알아보지 못했습니다.

18 줄임 말을 지나치게 사용해서 서로 무슨 말인지 이해하지 못하였습니다.

19 뜻을 모르는 표현을 그냥 사용하고 있습니다.

20 자신이 할 말만 하고 대화방에서 나가 버리는 것은 대화 예절에 어긋납니다.

6 4. 이야기 속 세상

개념 확인하기

1 ㉠　　　　**2** ㉡　　　　**3** ㉡
4 ㉠　　　　**5** ㉢

서술형·논술형

|연습|

1 (1) ① 어느 날 아침
　　　② (사라가 탄) 버스 안
　(2) 예 사라가 백인들만 앉을 수 있는 버스의 앞쪽 자리에 가
　　　서 앉았다.

|실전|

2 (1) 예 어디선가 자를 가져와서 바닥에 엎드려 사물함 밑을
　　　더듬거렸다.
　(2) 예 사물함 밑에서 공기 알을 얼른 찾아 먼지를 털고 친절
　　　한 말과 함께 주는 우진이는 다정다감한 성격을 가졌다.

|연습|

1 (1) 시간을 나타내는 말 '어느 날 아침'을 통해 시간적
　　배경을 알 수 있고, 이야기의 내용을 통해 버스 안
　　에서 벌어지는 이야기임을 알 수 있습니다.

더 알아보기
**「사라, 버스를 타다」에서 장소의 변화와 각 장소에서
일어난 일**

장소	일어난 일
버스 안	사라가 버스 앞자리에 앉았다.
경찰서	사라가 경찰서에 잡혀갔다. 기자가 사라의 사진을 찍어 가고 많은 사람이 사라를 보러 왔다.
사라의 방	사라의 어머니께서 법은 언젠가는 바뀐다 며 사라를 위로하셨다.
버스 정류장 앞	사라는 버스를 타지 않기로 하고, 사람들 도 사라와 함께 버스를 타지 않았다.
버스 안	사람들이 마침내 법을 바꾸고 사라는 버스 에 올라 앞자리에 앉을 수 있게 되었다.

　(2) 글 **가**로 미루어 보아, 사라는 백인이 아님을 알 수
　　있습니다. 그래서 백인들만 앉는 자리에 사라가 앉
　　자 버스 운전사가 화를 냈습니다.

채점 기준

(1)	시간적 배경과 공간적 배경을 모두 정확하게 썼는 가?	배점 4점
	모두 정확하게 썼다.	시간적 배경과 공간적 배경 중 한 가지만 정확하게 썼다.
	4점	2점

(2)	꼭 들어가야 할 말을 모두 포함시켜 사라가 한 행 동을 썼는가?	배점 6점
	그렇다.	꼭 들어가야 할 말을 한 가지 빠뜨렸다.
	6점	3점

|실전|

2 (1) 우진이는 자를 가져와서 사물함 밑을 더듬거렸습니다.
　(2) 공기 알을 찾아 주는 모습, 먼지를 털어 건네주는
　　모습, 공기 알과 나비 핀을 내밀며 하는 말 등 우진
　　이의 다정한 성격이 드러나는 부분을 까닭으로 써
　　야 합니다.

더 알아보기
**「우진이는 정말 멋져!」에서 인물의 성격을 알 수 있는
말이나 행동**

인물	말이나 행동	인물의 성격
나	우진이 칭찬을 듣고 헤벌쭉 웃는 윤아가 참 얄미웠어요.	샘이 많다.
	윤아 입에서 '벌레'라는 말이 나오자마자 사물함 밑으로 반 쯤 넣었던 손을 얼른 뺐어요.	소심하다. / 내성적이다.
우진	자를 들고 와 사물함 밑을 더 듬거려 공기 알을 빼냈다. "여기 공기 알, 그리고 이 핀 가질래?"	적극적이다./ 다정다감하다.
창훈	창훈이는 미안하다는 소리 대신 혀만 쏙 내밀고는 휙 도망 가 버렸다.	장난스럽다./ 배려심이 없다.
윤아	"싫어. 그러다가 벌레라도 손 에 닿으면 어떡해?"	조심성이 많 다. / 깔끔하다.

채점 기준

(1)	꼭 들어가야 할 말을 포함시켜 예시 답안과 비슷하 게 쓴 내용만 정답으로 인정		배점 4점
(2)	우진이의 다정한 성격이 드러나는 말이나 행동을 까닭으로 썼는가?		배점 6점
	우진이의 말과 행 동을 바탕으로 까 닭을 썼다.	우진이의 말이나 행동만 썼다.	우진이의 다정한 성격 등에 대해서 만 썼다.
	6점	3점	2점

정답을 확인하기 전에 자기가 푼 단원 평가의 정답을 **큐알**을 찍어 올려 보세요.

단원 평가

온라인 학습북 **23~26**쪽

문항 번호	정답	평가 내용	난이도
1	②	이야기의 구성 요소 알기	어려움
2	①	시간적 배경 파악하기	보통
3	④	이야기에서 가리키는 내용 알기	어려움
4	⑤	이야기의 내용 파악하기	쉬움
5	④	이야기의 내용 파악하기	보통
6	④	이야기의 사건 알기	보통
7	⑤	이야기의 내용 파악하기	보통
8	⑤	이야기의 내용 파악하기	어려움
9	⑤	인물의 마음 알기	보통
10	①	공간적 배경 파악하기	쉬움
11	⑤	이야기에 나오는 인물 알기	쉬움
12	④	이야기의 내용 파악하기	쉬움
13	③	이야기의 내용 파악하기	쉬움
14	⑤	인물의 말투 떠올리기	보통
15	③	인물의 성격 파악하기	어려움
16	③	이야기의 내용 알기	쉬움
17	⑤	인물의 성격이 잘 드러나는 말 찾기	보통
18	①	인물의 성격 파악하기	어려움
19	⑤	이야기의 내용 파악하기	보통
20	④	인물의 성격 파악하기	어려움

1 이야기에서 일어나는 일을 사건이라고 합니다.

2 아침에 있었던 일입니다.

3 흑인은 차별을 당해 왔기 때문에 백인과 구분된 뒷자리에 앉았습니다.

4 사라는 버스 앞쪽 자리가 얼마나 좋은 곳인지 알아보기로 마음먹었습니다.

5 운전사는 사라를 버스에서 내리게 하기 위해서 버스를 세워 경찰관과 함께 돌아왔습니다.

6 경찰관이 사라를 안고 경찰서로 간 것을 알 수 있습니다.

7 흑인들이 아무도 버스를 타지 않자 버스 회사와 시장은 당황하였고 결국 법을 바꾸게 되었습니다.

8 흑인과 백인의 차별이 없어지는 내용으로 바뀌었을 것입니다.

9 딸이 훌륭한 일을 해서 신문 첫 장에 실렸기 때문에 어머니는 자랑스러웠을 것입니다.

10 이야기의 공간적 배경은 교실입니다.

11 이야기에서 선생님은 나오지 않습니다.

12 윤아는 공기 알을 못 잡은 것이 억울해서 소리쳤습니다.

13 창훈이는 장난을 좋아합니다.

14 윤아가 핀을 더럽다고 했기 때문에 우진이의 말투에는 부끄러운 마음이 드러났을 것입니다.

15 친구들을 괴롭히는 창훈이에게 사과하라고 하는 것으로 보아 우진이의 성격은 의롭습니다.

16 우봉이와 할아버지는 손으로 밥을 먹는 것에 대해 어떻게 생각하는지 이야기하고 있습니다.

17 "그래도 맨손으로 밥을 조몰락거리는 건 더러워요. 병 걸릴 것 같아요."에서 우봉이의 융통성이 없는 성격이 잘 드러납니다.

18 우봉이는 다른 문화를 이해하지 못하고 융통성이 없는 반면, 할아버지는 문화의 차이를 이해하는 개방적인 성격입니다.

19 우봉이 할아버지는 동무들(친구들) 이길 생각은 말고, 그냥 달인만 되는 것도 좋다고 말씀하셨습니다.

20 져 주기 싫다면서도 주은이의 사정을 떠올리며 계속 고민을 하는 우봉이의 생각과 모습을 통해 인정이 많고 배려심이 있는 성격임을 알 수 있습니다.

5. 의견이 드러나게 글을 써요

온라인 학습북 **27**쪽

개념 확인하기

1 ㉡	**2** ㉠	**3** ㉡
4 ㉡	**5** ㉠	

서술형·논술형

온라인 학습북 **28**쪽

|연습|

1 (1) ① 산초기름 ② 광

(2) ① 그 다리를 맡은 목화 장수는

② 고양이 다리에 산초기름을 발라 주었다.

|실전|

2 (1) 예 상수리에 댐을 건설하는 것을 반대한다.

(2) ① 예 숲에 사는 동물들이 살 곳을 잃기 때문이다.

② 예 만강의 물고기들을 다시는 볼 수 없기 때문이다.

③ 예 마을 어른들께서 평생 살아온 고향을 떠나셔야 하기 때문이다.

|연습|

1 (1) 불에 잘 타는 '산초기름'에 불이 붙자, 고양이가 시원한 '광'에 들어가 목화 더미에 굴렀습니다.

> 더 **알아보기**
>
> **「목홧값을 누가 물어야 하나」에서 등장인물의 의견**
>
> | 고양이의 성한 다리를 맡은 목화 장수 세 명 | 고양이의 아픈 다리를 맡은 목화 장수 |
> |---|---|
> | 이번 불은 순전히 고양이의 아픈 다리에 불이 잘 붙는 산초기름을 발라 준 저 사람 때문이야. 그러니 목홧값은 저 사람이 물어야 해. | 다리에 불이 붙은 고양이가 광으로 도망칠 때는 성한 세 다리로 도망쳤으니 광에 불이 난 것은 순전히 너희가 맡은 세 다리 때문이야. |

(2) '그 다리를 맡은 목화 장수는'이 '누가'에 해당하고, 나머지 부분이 '어찌하다'에 해당합니다.

> 더 **알아보기**
>
> **이야기의 흐름을 생각하며 문장을 나누기**
>
> | 누가 | 어찌하다 |
> |---|---|
> | 목화 장수들이 | 고양이를 샀다. |
> | 목화 장수들은 | 고양이 때문에 큰 손해를 입어 투덜거렸다. |
> | 목화 장수들은 | 사또에게 판결을 부탁했다. |

> **채점 기준**
>
> | | '산초기름'과 '광'을 정확하게 썼는가? | | 배점 2점 |
> |---|---|---|---|
> | (1) | 그렇다. | ①과 ② 중 틀린 글자가 한 군데 있다. | |
> | | 2점 | 1점 | |
> | | 문장의 짜임에 맞게 '누가'에 해당하는 부분과 '어찌하다'에 해당하는 부분을 정확하게 나누었는가? | | 배점 8점 |
> | (2) | 그렇다. | ①과 ② 중 틀린 글자가 들어간 부분이 있다. | |
> | | 8점 | 4점 | |

|실전|

2 (1) 효은이는 댐을 건설하면 안 된다고 생각합니다.

> 더 **알아보기**
>
> **의견을 제시하는 글을 쓴 뒤에 평가하는 기준**
>
> • 문제 상황을 제시했는지 확인합니다.
> • 의견과 의견에 알맞은 까닭이 잘 제시됐는지 살펴봅니다.
> • 읽는 사람을 생각하며 예의 바르게 글을 썼는지 확인합니다.
> • 짜임이 자연스러운 문장을 썼는지를 살펴봅니다.

(2) 효은이가 제시한 세 가지 까닭을 정리하여 씁니다.

> **채점 기준**
>
> | | 댐 건설에 반대한다는 의견을 분명하게 썼는가? | | 배점 4점 |
> |---|---|---|---|
> | (1) | 그렇다. | '댐 건설이 싫다.' 등과 같이 부정적인 입장인 것만 알 수 있게 씀. | |
> | | 4점 | 2점 | |
> | | 글쓴이가 제시한 세 가지 까닭을 모두 정확하게 썼는가? | | 배점 6점 |
> | (2) | 그렇다. | 글쓴이가 제시한 까닭 중 두 가지를 정확하게 씀. | 글쓴이가 제시한 까닭 중 한 가지만 씀. |
> | | 6점 | 4점 | 2점 |

> 더 **알아보기**
>
> **효은이의 의견에 반대하는 댐 건설 기관 담당자의 의견**
>
> | 문제 상황 | 상수리 주변에 사는 주민들이 홍수로 겪는 정신적·물질적 피해는 해마다 늘어나고 있다. |
> |---|---|
> | 의견 | 상수리에 댐을 건설해야 한다. |
> | 그렇게 생각한 까닭 | • 폭우로 생기는 문제를 막을 수 있다.
• 홍수로 인한 피해를 막을 수 있다. |

온라인 학습북 **23~28**쪽

정답을 확인하기 전에 자기가 푼 단원 평가의 정답을 큐알을 찍어 올려 보세요.

단원 평가

온라인 학습북 **29~32**쪽

문항 번호	정답	평가 내용	난이도
1	④	문장의 짜임 알기	어려움
2	③	문장의 짜임 알기	어려움
3	④	문장의 짜임 알기	어려움
4	②	문장의 짜임 알기	보통
5	④	문장의 짜임 알기	보통
6	⑤	문장의 짜임 알기	어려움
7	③	문장의 짜임 알기	어려움
8	③	이야기의 내용 파악하기	쉬움
9	⑤	인물의 의견 알기	보통
10	④	문장의 짜임 알기	어려움
11	①	글의 종류 알기	쉬움
12	④	글쓴이의 의견 파악하기	보통
13	⑤	편지를 읽을 대상 알기	보통
14	①	글쓴이의 의견 파악하기	쉬움
15	②	글쓴이의 의견에 대한 까닭 알기	보통
16	⑤	문제 상황 파악하기	쉬움
17	③	문제 상황에 알맞은 의견 제시하기	쉬움
18	②	의견을 제시하는 글을 쓰는 방법 알기	쉬움
19	③	신문의 주제 파악하기	쉬움
20	②	의견을 뒷받침하는 자료를 찾는 방법 알기	보통

1 **가**는 '누가 + 어떠하다', **나**, **다**, **마**는 '누가 + 어찌하다'로 짜인 문장입니다.

2 '세 아들은'이 '누가'에, '밭으로 달려갔습니다.'가 '어찌하다'에 해당하는 부분입니다.

3 '누가 + 어떠하다'의 짜임으로 된 문장을 찾습니다.

4 '친절한 예지는'이 '누가'에 해당하는 부분이고, '친구들을 잘 도와줍니다.'가 '어찌하다'에 해당하는 부분입니다.

5 '학교 화단에 예쁜 꽃이'는 '무엇이'에 해당되고, '활짝 피었습니다.'가 '어찌하다'에 해당합니다.

6 '무엇이다'는 '누가'를 좀 더 자세히 설명해 주는 역할을 합니다.

7 '누가 + 어떠하다'의 짜임인데, '형이 축구를 합니다.'는 '누가 + 어찌하다'의 짜임입니다.

8 목화 장수들은 쥐를 잡기 위해 고양이를 기르기로 하였습니다.

9 고양이의 성한 다리를 맡은 목화 장수들은 아픈 다리를 맡은 목화 장수가 목홧값을 물어야 한다고 말했습니다.

10 '누가 + 어찌하다'의 문장 짜임입니다.

11 편지 형식으로 자신의 의견을 드러내고 있습니다.

12 효은이는 마을에 댐을 건설하면 안 된다는 의견을 내세우고 있습니다.

13 효은이는 댐 건설 기관 담당자에게 편지를 썼습니다.

14 댐 건설의 필요성을 말하기 위해 편지를 썼습니다.

15 글쓴이는 댐 건설을 하지 않으면 생기는 문제 등을 말하며 김효은 학생을 설득하고 있습니다.

16 화단에 쓰레기가 널려 있으므로 '쓰레기를 함부로 버리지 맙시다.'와 같은 주장을 할 수 있습니다.

17 인터넷을 보고 숙제를 그대로 베끼고 있으므로 숙제를 스스로 하자는 의견을 내세울 수 있습니다.

18 의견을 제시하는 글을 쓸 때에는 읽는 사람의 기분을 고려하여 예의를 갖추어야 합니다.

19 의철이의 말에서 학급 신문의 주제 '독서'를 알 수 있습니다.

20 어떤 자료가 필요한지 떠올려 본 다음, 도서관에서 관련된 책을 찾거나 컴퓨터로 자료를 검색할 수 있습니다.

6. 본받고 싶은 인물을 찾아봐요

개념 확인하기
온라인 학습북 **33**쪽

1 ㉠ **2** ㉢ **3** ㉣
4 ㉣

서술형·논술형
온라인 학습북 **34**쪽

|연습|

1 (1) 우리글 / 한글

(2) 예 우리글을 읽지 못하는 사람들이 대부분이었다.

(3) 예 누구나 쉽게 배울 수 있도록 문법을 연구하셨다. 우리나라가 외세의 침략을 받지 않고 잘 살려면 우리글을 모두가 알아야 한다고 생각하셨기 때문이다.

|실전|

2 (1) 예 전 재산을 들여 육지에서 곡식을 사 와 굶주린 사람들에게 나누어 주었다.

(2) ① 예 정직을 중요하게 생각한다.

② 예 자신이 가진 것을 나누고 베푸는 삶

|연습|

1 (1) 정우의 질문에 대한 예원이의 대답에서 예원이가 주시경 선생님을 본받고 싶다고 한 까닭을 찾을 수 있습니다. 예원이는 백 년 전만 해도 글을 읽지 못하는 사람들이 대부분이었는데, 주시경 선생님의 노력 덕분에 지금은 우리글을 쉽게 배울 수 있는 것이라고 대답하였습니다.

(2) 백 년 전만 해도 글을 읽지 못하는 사람들이 대부분이었다는 예원이의 말에서 시대 상황을 알 수 있습니다.

> **더 알아보기**
>
> **본받고 싶은 인물을 소개할 때 말할 내용**
> • 인물의 이름
> • 인물이 살았던 시대 상황
> • 인물이 한 일

(3) 예원이의 마지막 말에 주시경 선생님이 한 일과 그 일을 한 까닭이 잘 나타나 있습니다. 주시경 선생님은 우리나라가 외세의 침략을 받지 않고 잘 살려면 우리글을 모두가 알아야 한다고 생각하셨기 때문에 누구나 쉽게 배울 수 있도록 문법을 연구하셨습니다.

채점 기준

(1)	모범 답안과 같이 표기한 정답만 인정	배점 2점	
(2)	시대 상황을 예원이가 말한 내용에서 알맞게 찾아 썼는가?	배점 4점	
	그렇다.	아니다.	
	4점	0점	
(3)	주시경 선생님이 한 일과 그 일을 한 까닭을 알맞게 썼는가?	배점 10점	
	한 일과 까닭을 모두 정확하게 썼다.	한 일만 정확하게 썼다.	까닭만 정확하게 썼다.
	10점	4점	6점

|실전|

2 (1) '제주도 사람들을 굶어 죽게 내버려 둘 수는 없다.' 부분을 통해 당시 제주도에 흉년이 들어 사람들이 굶어 죽을 위기에 처해 있었다는 것을 알 수 있습니다. 이런 상황에서 김만덕은 전 재산을 들여 육지에서 곡식을 사 와 굶주린 사람들에게 나누어 주게 했습니다.

(2) 가치관은 사람이 어떤 행동이나 일을 선택하고 실천하는 데 바탕이 되는 생각을 말합니다. 인물이 한 말과 행동을 통해 가치관을 파악할 수 있습니다. 글 **가**에서는 김만덕이 장사를 하면서 지킨 세 가지 원칙을 통해 정직을 중요하게 생각한다는 것을 파악할 수 있고, 글 **나**에서는 김만덕이 제주도 사람들을 위해 전 재산을 내놓은 것을 통해 자신이 가진 것을 나누고 베푸는 삶을 추구한다는 것을 파악할 수 있습니다.

채점 기준

(1)	글 **나**에서 김만덕이 한 일을 찾아 썼는가?	배점 6점	
	전 재산을 들여 곡식을 사 와 굶주린 사람들에게 나누어 주었다는 내용이 들어가게 썼다.	'전 재산을 내놓았다.'나 '굶주린 사람들에게 나누어 주었다.'라고만 간단하게 썼다.	
	6점	2점	
(2)	글 **가**와 **나**에서 알 수 있는 가치관을 썼는가?	배점 10점	
	두 가지 다 썼다.	한 가지만 썼다.	
	10점	5점	

온라인 학습북 **29~34**쪽

정답을 확인하기 전에 자기가 푼 단원 평가의 정답을 큐알을 찍어 올려 보세요.

단원 평가

온라인 학습북 **35~38**쪽

문항 번호	정답	평가 내용	난이도
1	②	본받고 싶은 인물 소개하기	보통
2	③	인물의 가치관을 파악하는 방법 알기	쉬움
3	⑤	글의 내용 파악하기	보통
4	①	인물이 살았던 시대 상황 파악하기	어려움
5	⑤	글의 내용 파악하기	쉬움
6	③	인물의 가치관 파악하기	보통
7	⑤	인물의 삶에서 본받을 점 찾기	보통
8	②	글의 내용 파악하기	보통
9	⑤	인물이 한 일 파악하기	보통
10	②	글의 내용 파악하기	어려움
11	③	글의 내용 파악하기	쉬움
12	③	글의 내용 파악하기	보통
13	⑤	글의 내용 파악하기	보통
14	④	인물이 살았던 시대 상황 파악하기	어려움
15	②	글의 내용 파악하기	쉬움
16	①	글의 내용 파악하기	보통
17	⑤	인물에게 일어난 일 알기	보통
18	④	글의 내용 파악하기	보통
19	④	글의 내용 파악하기	어려움
20	③	인물에게서 본받을 점 찾기	보통

1 주시경 선생님은 외세의 침략을 받지 않고 잘 살려면 우리글을 모두가 알아야 한다고 생각하여 누구나 쉽게 배울 수 있도록 문법을 연구하였습니다.

2 인물이 한 일로 그 인물의 가치관을 파악할 수 있습니다.

3 김만덕은 심한 흉년과 전염병 때문에 부모님을 여의었습니다.

4 김만덕이 살던 시대에는 신분 제도가 있었습니다.

5 김만덕의 사업은 신용을 지키고 정직한 거래를 해서 나날이 번창하였습니다.

6 신용을 지키고 정직한 거래를 한다는 것에서 정직을 중요시하는 가치관을 알 수 있습니다.

7 김만덕은 돈이 많다고 하여 함부로 돈을 낭비하지 않고 절약하고 검소한 삶을 살았습니다.

8 이어지는 내용을 통해 김만덕을 가리킨다는 것을 알 수 있습니다.

9 임금이 한 말에서 김만덕이 한 일을 알 수 있습니다.

10 조선 시대에는 양민의 신분으로 임금을 만날 수 없었습니다.

11 서울에서 돌아온 김만덕은 예전과 다름없이 장사를 하며 어려운 사람들을 도왔습니다.

12 정약용은 성리학을 공부하다가 점차 실학에 관심을 가지게 되었습니다.

13 정조는 정약용에게 성을 짓는 데 드는 돈을 줄이면서 백성의 수고도 덜 수 있는 방법을 찾아보라고 하였습니다.

14 정약용이 살던 조선 시대에는 부모님이 돌아가시면 삼 년간 그 무덤 앞에 움막을 짓고 살면서 부모님의 명복을 빌었습니다.

15 정약용은 성을 쌓을 때 가장 큰 문제가 돌을 옮기는 일이라고 생각하였습니다.

16 거중기 때문에 나라에서도 성을 짓는 데 드는 비용을 크게 줄여 나라의 살림을 아낄 수 있게 되었습니다.

17 앤 선생님을 처음 만난 날에 헬렌은 앤 선생님의 얼굴과 옷 등을 만졌습니다.

18 앤 선생님은 헬렌이 자신을 만지는 것을 보고 헬렌의 손이 곧 눈이라는 것을 알아차렸습니다.

19 앤 선생님은 헬렌에게 펌프의 물을 이용해 물이라는 사물에 이름이 있다는 것을 가르치고자 하였습니다.

20 헬렌은 장애를 지니고 있으면서도 이를 극복하기 위해 끊임없이 노력하였습니다.

7. 독서 감상문을 써요

온라인 학습북 **39**쪽

개념 확인하기

1 ㉢   **2** ㉠   **3** ㉡
4 ㉢   **5** ㉠

서술형·논술형

온라인 학습북 **40**쪽

|연습|

1 (1) 세시 풍속

(2) ① 예 학교 도서관에서 책을 고르다가 『세시 풍속』이라는 책을 읽었습니다.

② 예 『세시 풍속』을 읽고 나니 조상의 지혜를 더 잘 알 수 있었습니다. / 계절의 변화 하나하나에 의미를 부여하고 삶을 즐겁게 보내려는 마음을 듬뿍 느꼈습니다.

|실전|

2 (1) 예 학교에 가기 싫어하는 아들을 학교에 보내기 위해서이다.

(2) ① 예 어머니가 이슬받이 길을 모두 지난 뒤에 품에서 새 양말과 새 신발을 꺼내 주시는 부분

② 예 자신은 물에 젖어도 상관없지만 아들에게는 새 양말과 새 신발을 신기고 싶은 어머니의 마음이 느껴졌기 때문이다.

|연습|

1 (1) 글 **가**에 글쓴이가 책을 읽은 동기와 함께 책 내용에 대한 소개가 나타나 있습니다. 『세시 풍속』은 우리 조상이 농사일로 고된 일상 속에서 빼먹지 않고 지켜 오던 일 년의 세시 풍속을 담은 책이라고 하였습니다.

(2) 책을 읽은 동기는 책을 읽게 된 까닭을 말합니다. 글쓴이가 책을 읽은 동기는 글 **가**의 처음에, 책을 읽고 생각하거나 느낀 점은 글 **다**에 나타나 있습니다.

> ### 더 알아보기
> 글 **나**에서 '책은 계절의 차례대로 봄, 여름, 가을, 겨울의 세시 풍속을 소개했습니다.'라는 부분은 책의 내용을 소개한 부분입니다.

채점 기준

(1)	모범 답안과 같이 표기한 정답만 인정	배점 2점
(2)	①에는 학교 도서관에서 책을 고르다가 읽게 되었다는 내용을, ②에는 조상의 지혜를 더 잘 알 수 있었고 계절의 변화 하나하나에 의미를 부여하고 삶을 즐겁게 보내려는 마음을 느꼈다는 내용을 썼는가?	배점 8점

두 가지 모두 썼다.	한 가지만 썼다.
8점	4점

|실전|

2 (1) 산길을 지난 다음 어머니가 아들에게 한 말에서 어머니가 이슬을 털며 산길을 걸은 까닭을 짐작할 수 있습니다. 어머니는 "앞으로는 매일 털어 주마. 그러니 이 길로 곧장 학교로 가. 중간에 다른 데로 새지 말고."라고 말하였습니다. 이를 통해 어머니는 아들을 학교에 보내기 위해 산길의 이슬을 털어 주셨다는 것을 알 수 있습니다.

(2) 글을 읽고 감동받은 부분은 사람에 따라 다를 수 있습니다. 글의 내용과 관련하여 감동받은 부분을 쓴 답안은 모두 정답으로 인정합니다. 그러나 감동을 받은 부분에 대한 까닭을 쓸 때에는 감동받은 부분에 어울리는 내용으로 써야 합니다.

> ### 더 알아보기
> **글에서 감동받은 부분을 찾는 방법**
> • 내 경험이나 생각이 글 내용과 비슷해 공감할 수 있는 부분
> • 질문이나 생각이 많이 생기는 부분
> • 인물의 행동이나 말에서 교훈을 얻을 수 있는 부분
> • 기쁨, 슬픔, 화남, 즐거움 같은 감정을 강하게 느낀 부분

채점 기준

(1)	어머니가 아들 앞에 서서 이슬을 털며 산길을 걸은 까닭을 알맞게 썼는가?		배점 4점
	아들을 학교에 보내기 위해서라는 내용을 넣어 썼다.	아들이 학교에 가지 않아서라고 단순하게 썼다.	
	4점	1점	

(2)	감동받은 부분과 그 까닭을 글의 내용과 관련되게 썼는가?		배점 각 8점
	감동받은 부분을 썼고 그 까닭도 감동받은 부분과 어울리게 썼다.	감동받은 부분은 정확하게 썼지만 그 까닭은 감동받은 부분과 어울리지 않는다.	
	16점	8점	

온라인 학습북 35~40쪽

정답을 확인하기 전에 자기가 푼 단원 평가의 정답을 큐알을 찍어 올려 보세요.

단원 평가

온라인 학습북 41~44쪽

문항 번호	정답	평가 내용	난이도
1	④	책 내용으로 책 제목 알아맞히기	쉬움
2	③	책의 내용을 설명하기	어려움
3	③	읽은 책에 대한 생각이나 느낌 말하기	쉬움
4	⑤	글쓴이가 책을 읽은 동기 파악하기	보통
5	⑤	글의 내용 파악하기	보통
6	③	글의 내용 파악하기	보통
7	①	독서 감상문의 제목을 붙이는 방법 알기	어려움
8	④	글의 내용 파악하기	보통
9	④	글에 나타난 인물의 행동 파악하기	보통
10	⑤	글의 내용 파악하기	보통
11	⑤	글의 내용 파악하기	쉬움
12	④	글에서 인물의 마음을 짐작하기	보통
13	③	글의 내용 파악하기	보통
14	④	글의 내용 파악하기	보통
15	③	글의 내용 파악하기	보통
16	①	글의 내용 파악하기	쉬움
17	⑤	글의 내용 파악하기	보통
18	⑤	글에 나타난 인물의 바람 파악하기	보통
19	④	글의 내용 파악하기	보통
20	①	글을 읽고 생각이나 느낌을 여러 가지 형식으로 표현하기	어려움

1 『견우와 직녀』는 옥황상제 때문에 은하수를 사이에 두고 만나지 못하는 견우와 직녀 이야기입니다.

2 행주산성 전투로 유명한 사람은 권율 장군입니다.

3 예지는 읽은 책에서 느낀 점을 말하고 있습니다.

4 학교 도서관에서 책을 고르다가 읽게 되었다고 했습니다.

5 글쓴이는 얼마 전에 학교에서 팥죽이 나온 것이 떠올라 동지에 대한 세시 풍속을 읽었을 때 반가웠습니다.

6 팥죽을 먹는 풍속은 병을 옮기는 무서운 귀신을 쫓아내려고 했던 데에서 시작되었다고 하였으므로 팥죽은 병이 들지 않기를 바라는 마음에서 먹었다고 할 수 있습니다.

7 독서 감상문의 제목에 글쓴이의 이름을 알 수 있게 할 필요는 없습니다.

8 이 글은 어릴 적 '내'가 겪은 일을 감동적으로 그려내고 있는 이야기입니다.

9 아들을 학교에 보내기 위해 어머니는 이슬을 털며 아들의 앞에 서서 산길을 걸었습니다.

10 어머니는 들고 있던 가방을 아들에게 건네주고 양손을 사용하여 지겟작대기로 이슬을 털고자 한 것입니다.

11 ⓒ은 '새 양말과 새 신발'을 가리킵니다.

12 글쓴이는 어머니가 자신을 위해 베풀어 주신 사랑에 감사하는 마음을 가질 것입니다.

13 바닷물이 로자네 집 마당까지 들어와서 투발루섬을 떠나야 합니다.

14 로자는 바다가 넓은데 빙하가 녹는다고 바닷물이 불어나는 것을 이해할 수 없습니다.

15 로자는 고양이 투발루가 수영을 못하기 때문에 물이 불어나면 물에 빠져 죽을 것이라고 걱정하고 있습니다.

16 비행기가 이미 출발해서 멈출 수 없다고 한 부분에서 알 수 있습니다.

17 로자는 창밖으로 작아지는 투발루를 보며 고양이 투발루에게 수영을 가르칠 걸 그랬다고 후회하였습니다.

18 로자는 투발루에서 투발루와 함께 살고 싶다고 간절히 빌었습니다.

19 아빠는 사람들이 환경을 오염시키지 않으면 다시 투발루에 돌아올 수 있다고 했습니다.

20 동물을 보호하자고 설득하는 글은 이 글을 읽고 자신의 생각이나 느낌을 표현하기에 적절하지 않습니다.

8. 생각하며 읽어요

개념 확인하기
온라인 학습북 **45**쪽

1 ㉡ **2** ㉡ **3** ㉠
4 ㉢

서술형·논술형
온라인 학습북 **46**쪽

|연습|

1 (1) 예 당나귀를 메고 가야 한다.

(2) 예 다른 사람의 의견을 받아들이기 전에 그 의견이 적절한지 판단해 보지 않았기 때문에 적절하지 않다.

|실전|

2 (1) ① 예 도서관의 편의 시설을 늘리는 것입니다.

② 예 체육관이 생기면 운동을 자주 할 수 있다.

(2) 예 바람직한 독서 방법은 책을 읽는 방법이나 태도 등에 대한 내용이어야 하기 때문에 주제와 관련이 매우 적다.

|연습|

1 (1) 청년은 아버지와 아이가 둘 다 당나귀를 타고 가는 모습을 보고 자신이라면 당나귀를 메고 갈 것이라고 말했습니다.

> **더 알아보기**
>
> **아버지와 아이에게 의견을 말한 인물과,**
> **아버지와 아이가 그 의견을 받아들인 까닭**
>
> | 인물 | 의견 | 까닭 |
> |---|---|---|
> | 농부 | 당나귀를 타고 가야 한다. | 당나귀는 원래 짐을 싣거나 사람을 태우는 동물이기 때문이다. |
> | 노인 | 아이 대신 아버지가 당나귀를 타고 가야 한다. | 어른인 아버지가 우선이기 때문이다. |
> | 아낙 | 둘 다 당나귀를 타고 가야 한다. | 당나귀에 둘 다 탈 수 있기 때문이다. |
> | 청년 | 당나귀를 메고 가야 한다. | 시장에 가기 전에 당나귀가 지쳐 쓰러질 것이다. |

(2) 아버지와 아이는 청년의 의견대로 했을 경우에 일어날 일에 대해 생각해 보지도 않고 그대로 따랐기 때문에 당나귀를 잃게 되었습니다.

> **더 알아보기**
>
> **자신이라면 어떻게 했을지 말해 보기** 예
>
> | 의견 | 까닭 |
> |---|---|
> | 아무도 타지 않고 당나귀를 끌고 갔을 것이다. | 당나귀가 힘들어 지치면 팔리지 않을 수 있기 때문이다. |
> | 아이를 태우고 갈 것이다. | 아이는 아직 어리기 때문에 길을 걸어가기가 힘들기 때문이다. |

> **채점 기준**
>
> | (1) | 청년의 의견을 알맞게 썼는가? | | 배점 4점 |
> |---|---|---|---|
> | | 아버지와 아이의 행동이 적절한지 알맞게 판단했는가? | | 배점 4점 |
> | (2) | 아버지와 아이의 행동이 적절하지 않은 까닭을 밝혀 썼다. | '청년의 말을 그대로 따랐기 때문에 적절하지 않다.'와 같이 간단하게 썼다. | |
> | | 4점 | 2점 | |

|실전|

2 (1) 바람직한 독서 방법에 대한 글쓴이의 의견과 뒷받침 내용을 찾아봅니다.

(2) 도서관의 편의 시설을 늘리자는 의견이 바람직한 독서 방법과 관련이 있는지 생각해 봅니다.

> **더 알아보기**
>
> **글쓴이의 의견이 주제와 관련 있는지 살펴보기**
>
> • 글쓴이의 의견을 평가할 때에는 가장 먼저 주제와 관련 있는지 살펴본다.
> • 주제와 관련 없는 의견은 뒷받침 내용이 믿을 만하다고 해도 적절하다고 볼 수 없다.
> • 의견이 적절한지 알아보려면 주제와 얼마나 관련 있는지 따져 보아야 한다.

> **채점 기준**
>
> | | 글쓴이의 의견과 뒷받침 내용을 알맞게 썼는가? | | 배점 4점 |
> |---|---|---|---|
> | (1) | ①에 글쓴이의 의견을, ②에 뒷받침 내용을 알맞게 썼다. | ①과 ② 중에서 한 가지만 알맞게 썼다. | |
> | | 4점 | 2점 | |
> | | 의견과 주제와의 관련성을 알맞게 판단하여 썼는가? | | 배점 4점 |
> | (2) | 의견과 주제와의 관련성을 알맞은 까닭을 들어 판단하였다. | '관련성이 적다.'와 같이 써서 그렇게 생각한 까닭은 쓰지 못하였다. | |
> | | 4점 | 2점 | |

정답을 확인하기 **전**에 자기가 푼 단원 평가의 정답을 **큐알**을 찍어 올려 보세요.

단원 평가

온라인 학습북 **47~50**쪽

문항 번호	정답	평가 내용	난이도
1	⑤	글의 내용 파악하기	보통
2	②	글의 내용 파악하기	보통
3	③	인물의 의견 알기	보통
4	④	글의 내용 파악하기	쉬움
5	①	글의 내용 파악하기	보통
6	⑤	의견이 적절한지 판단하기	어려움
7	②	글의 주제 파악하기	어려움
8	⑤	뒷받침 내용 알기	쉬움
9	②	글쓴이의 의견 파악하기	보통
10	②	글쓴이의 의견과 뒷받침 내용 알기	보통
11	③	의견을 따랐을 때 생길 문제점을 고려하기	어려움
12	①	글쓴이의 의견 파악하기	어려움
13	⑤	의견을 뒷받침하는 내용 알기	보통
14	④	알맞은 낱말 파악하기	쉬움
15	④	글쓴이의 의견 평가하기	어려움
16	⑤	글쓴이의 의견이 적절한지 평가하는 방법 알기	쉬움
17	②	뒷받침 내용이 믿을 만한지 알아보는 방법 알기	쉬움
18	②	문제 상황 파악하기	보통
19	①	의견을 뒷받침하는 내용을 찾는 방법 알기	쉬움
20	④	학교에서 일어난 일에 대한 의견 말하기	보통

1 아버지와 아이는 농부의 말을 듣고 당나귀는 원래 짐을 싣거나 사람을 태우는 동물이라는 것을 생각하고 있습니다.

2 아이는 어른인 아버지가 우선이라는 생각 때문에 아버지를 당나귀에 태웠습니다.

3 청년의 의견을 당나귀를 메고 가야 한다는 것입니다.

4 아버지와 아이는 청년의 말을 듣고 아버지는 당나귀의 앞발을, 아이는 뒷발을 각각 어깨에 올렸습니다.

5 아버지와 아이는 다른 사람의 말만 들은 것을 후회하였습니다.

6 다른 사람의 의견이 적절한지 판단해 보고 따를 것인지 말 것인지를 결정해야 합니다.

7 바람직한 독서 방법에 대해 서로의 의견을 말하고 있습니다.

8 의견을 뒷받침하는 내용 세 가지를 파악합니다.

9 민서는 바람직한 독서 방법은 여러 분야의 책을 읽는 것이라는 의견을 내세우고 있습니다.

10 준우는 자기가 좋아하는 분야의 책을 읽으면 그 분야에 깊이 있는 지식을 쌓을 수 있다고 하였습니다.

11 글쓴이의 의견대로 독서를 할 경우 한 분야의 책만 읽게 되고, 한 가지 문제만 생각해 다양한 사고를 할 수 없습니다.

12 글쓴이는 관람객에게 문화재를 개방해야 한다는 의견을 내세우고 있습니다.

13 글쓴이는 문화재를 개방하면 자신이 체험한 문화재를 보호하려고 노력하는 사람이 늘어날 것이라고 하였습니다.

14 곰팡이가 피는 시기는 주로 장마철입니다.

15 문화재는 한 번 훼손되면 복원하기 어렵습니다.

16 의견에 대한 뒷받침 내용이 사실이고 믿을 만한지 확인해야 합니다.

17 자료를 찾아 뒷받침 내용으로 쓸 때에는 출처를 반드시 확인하고, 그 출처가 믿을 만한지 점검해야 합니다.

18 제시된 것은 모두 편식과 연관되는 것들입니다.

19 편식과 관련하여 의견을 뒷받침할 수 있는 내용을 찾는 방법으로 친구들에게 물어보는 것은 적절하지 않습니다.

20 즐겁고 행복한 학교를 만들기 위한 의견으로 '친구에게 비속어 쓰지 않기'가 알맞습니다.

9. 감동을 나누며 읽어요

개념 확인하기

온라인 학습북 **51**쪽

1 ⓒ   **2** ⓒ   **3** ㉠
4 ㉠

채점 기준

		배점
(1)	시를 읽고 떠오르는 장면을 알맞게 썼는가?	3점
	시의 내용과 관련된 경험을 알맞게 썼는가?	배점
		4점
(2)	시에서 말하는 이처럼 관심을 기울이고 있는 일과 관련된 경험을 떠올려 썼다.	시에서 말하는 이와 똑같은 경험을 썼다.
	4점	1점

서술형·논술형

온라인 학습북 **52**쪽

|연습|

1 (1) ⓔ 비행기를 조종하는 말하는 이의 모습 / 말하는 이의 머릿속에 비행기가 떠다니는 장면
(2) ⓔ 동물을 좋아해 여러 동물을 그렸던 경험이 생각난다. / 책을 읽다가 다 못 읽은 부분이 궁금해 계속 머릿속에서 생각난 적이 있다.

|실전|

2 (1) ① 지하 주차장
② ⓔ 차를 찾지 못해
(2) ⓔ 아빠가 아이에게 차를 찾지 못해서 헤맨 것을 들키고 싶지 않았던 마음이 느껴졌다.

|연습|

1 (1) 시를 읽고 장면을 떠올릴 때에는 시의 내용을 파악하고 내용과 관련된 경험을 떠올려 봅니다.

> **더 알아보기**
> **시 「온통 비행기」를 읽고 떠오르는 장면 ⓔ**
>
> • 비행기를 그리는 아이의 모습
> • 비행기를 상상하며 웃음 짓는 얼굴
> • 가족과 비행기를 타며 좋아하는 장면

(2) 시에서 말하는 이처럼 무엇인가를 좋아해서 그와 관련된 일을 하거나 머릿속에 온통 그 생각으로 가득했던 경험을 떠올려 봅니다.

> **더 알아보기**
> **시 「온통 비행기」를 읽고 떠오르는 자신의 경험 말하기 ⓔ**
>
> • 자동차에 관심이 있어서 자동차 박람회를 구경해 본 경험이 떠오른다.
> • 방학 때 가족 여행을 가기로 했는데 기대가 되어서 가족 여행이 떠올랐다.

|실전|

2 (1) 시의 내용 가운데에서 어디에서, 무슨 일이 있었는지 떠올려 봅니다.

> **더 알아보기**
> **시 「지하 주차장」의 내용 파악하기**
>
> | 차를 가지러 지하 주차장에 가신 아빠께 일어난 일 | 아빠께서 차를 어디에 두었는지 기억나지 않아 이리저리 찾아다니셨을 것 같다. |
> |---|---|
> | 아빠의 변명에서 재미있는 부분 | 앨리스, 간달프처럼 책에 나오는 인물을 만났다고 말씀하시는 부분 |
> | 아이가 아빠께 "다 알아요."라고 말한 의미 | • 아빠의 이야기가 말이 안 돼서 변명이라고 생각했다. • 아빠께서 이번에만 그러신 것이 아니라 자주 있었던 일이라서 오늘도 차를 찾느라 늦게 나오셨다는 것을 알아차린 것이다. |
> | 아빠의 마음 | 차를 빨리 찾지 못해서 걱정되고 다급하셨을 것이다. |
> | 아이의 마음 | 아빠를 기다리다가 지쳤을 것이다. |

(2) 아빠가 겪은 일을 알아보고 그에 대한 느낌을 떠올려 봅니다.

채점 기준

		배점
(1)	예시 답안과 비슷한 내용으로 썼는가?	2점
	①과 ② 모두 알맞게 썼다.	한 가지만 알맞게 썼다.
	2점	1점
(2)	시를 읽고 느낀 점을 알맞게 썼는가?	배점 4점
	인물이 겪은 일에 대해 느낀 점을 알맞게 썼다.	'아빠의 행동이 재미있다.'와 같이 느낀 점을 간단히 썼다.
	4점	2점

정답을 확인하기 前에 자기가 푼 단원 평가의 정답을 **큐알**을 찍어 올려 보세요.

단원 평가

온라인 학습북 **53~56**쪽

문항 번호	정답	평가 내용	난이도
1	③	시의 내용 파악하기	쉬움
2	③	시의 내용 파악하기	쉬움
3	③	시를 읽고 떠오르는 장면	보통
4	④	말하는 이의 마음 파악하기	어려움
5	⑤	말하는 이와 비슷한 경험 떠올리기	어려움
6	⑤	시의 내용 파악하기	보통
7	③	인물의 마음 파악하기	보통
8	⑤	시의 내용 파악하기	보통
9	①	시에 대한 느낌을 표현하기	어려움
10	④	시의 느낌을 떠올리기	보통
11	②	이야기의 내용 파악하기	쉬움
12	③	이야기의 내용 파악하기	보통
13	①	이야기의 내용 파악하기	보통
14	③	인물의 마음 알기	어려움
15	④	인물에 대해 알기	보통
16	②	인물이 그렇게 행동한 까닭 알기	보통
17	③	상황에 알맞은 인물의 말 알기	보통
18	⑤	이야기의 내용 파악하기	쉬움
19	⑤	인물의 성격 파악하기	어려움
20	④	인물의 말을 실감 나게 표현하기	어려움

1 비행기를 좋아해 머릿속에 온통 비행기 생각으로 가득 차 있는 말하는 이의 모습이 잘 나타난 시입니다.

2 말하는 이는 비행기를 매우 좋아하여 비행기와 관련 있는 일을 하고 싶어 합니다.

3 시에서 바다와 관련된 내용은 나오지 않습니다.

4 말하는 이는 비행기를 좋아하기 때문에 비행기와 관련된 일 말고는 다른 것을 생각할 수 없습니다.

5 시에서 말하는 이처럼 자신이 좋아하고 관심을 기울이는 일을 떠올려 말한 사람은 희원입니다.

6 아빠는 차를 어디에 두었는지 기억이 나지 않아 이리저리 찾으러 다녔을 것입니다.

7 아빠는 차를 빨리 찾지 못해서 걱정되고 다급했을 것입니다.

8 아빠는 자신의 실수를 변명하는 방법으로 책에 나온 인물의 이름을 말하고 있습니다.

9 시에서는 주차장에 차를 가지러 간 아빠가 빨리 나오기를 기다리는 아이의 마음을 엿볼 수 있습니다.

10 시에 나온 내용 중 실제로 일어난 일만 떠올려 보는 것은 시의 느낌을 생생하게 떠올리는 방법이 아닙니다.

11 동숙이는 가장 부러운 친구는 소풍 때 김밥에 달걀을 넣을 수 있는 친구라고 하였습니다.

12 선생님은 동숙이에게 김밥을 주기 위해 가짜로 설사병이 났다고 한 것입니다.

13 동숙이는 달걀이 들어간 김밥을 소풍에 가져가기 위해 쑥을 팔려고 하였습니다.

14 동숙이에게 일부러 거짓말을 하고 김밥을 주신 모습에서 선생님의 자상하신 성격을 알 수 있습니다.

15 이상한 꿈을 꾸고 망둥 할멈과 넓적 가자미에게 꿈풀이를 들은 인물은 멸치 대왕입니다.

16 멸치 대왕은 자신이 용이 된다는 망둥 할멈의 꿈풀이에 기분이 좋아져 덩실덩실 춤을 추었습니다.

17 멸치 대왕은 망둥 할멈의 꿈풀이를 듣고 기분이 좋았습니다.

18 넓적 가자미는 멸치 대왕이 꾼 꿈에 대해 좋지 않은 꿈풀이를 하였습니다.

19 넓적 가자미의 꿈풀이를 듣고 넓적 가자미의 뺨을 때린 것을 볼 때 멸치 대왕은 화를 참지 못한다는 것을 알 수 있습니다.

20 멸치 대왕의 말은 좋지 않은 꿈풀이를 한 넓적 가자미에게 한 것입니다. 따라서 이때에는 화를 내며 큰 목소리로 말하는 것이 어울립니다.

영어 알파벳 중에서 가장 위대한 세 철자는
N, O, W
곧 지금(NOW)이다.

The three greatest English alphabets are N, O, W,
which means now.

월터 스콧

언젠가는 해야지, 언젠가는 달라질 거야!
'언젠가는'이라는 말에 자신의 미래를 맡기지 마세요.
해야 할 일, 하고 싶은 일은 지금 당장 실행에 옮기세요.
가장 중요한 건 과거도 미래도 아닌 바로 지금이니까요.

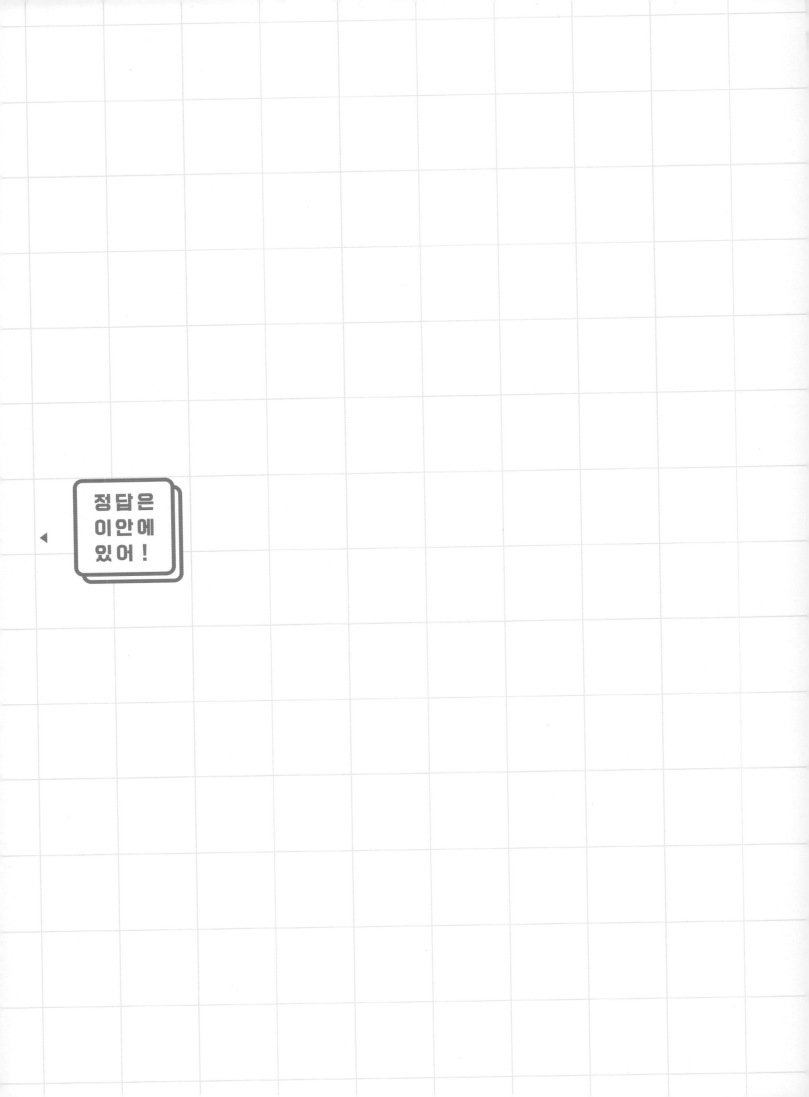

어떤 교과서를
쓰더라도 언제나

어떤 교과서를
쓰더라도 언제나

우리 아이만
알고 싶은
상위권의
시작

완성

최고수준

초등수학

5-2

최고를
경험해 본 아이의 성취감은
학년이 오를수록
빛을 발합니다

* 1~6학년 / 학기 별 출시
동영상 강의 제공